카자흐스탄 고려인 생애사 스토리텔링 연구

대원 다문화연구 총서 6
카자흐스탄 고려인 생애사 스토리텔링 연구

2018년 6월 10일 초판 인쇄
2018년 6월 15일 초판 발행

지은이 | 김영순 · 최영은 외
펴낸이 | 이찬규
펴낸곳 | 북코리아
등록번호 | 제03-01240호
주소 | 13209 경기도 성남시 중원구 사기막골로 45번길 14
우림2차 A동 1007호
전화 | 02-704-7840
팩스 | 02-704-7848
이메일 | sunhaksa@korea.com
홈페이지 | www.북코리아.kr
ISBN | 978-89-6324-604-8(94300)
978-89-6324-506-5(세트)

값 20,000원

*본 대원 다문화연구 총서는 대원 서윤석 회장의 연구발전기금을 지원받아 인하대 아시아다문화융합연구소에 의해 발간되었습니다.

대원 다문화연구 총서 6

카자흐스탄 고려인 생애사 스토리텔링 연구

김영순·최영은·윤희진·강현민·갈라노바 딜노자·윤현희·김정복·이영우 지음

북코리아

서문:
슬픈 아름다운 고려인의 생애

'슬프다'와 '아름답다'는 둘 다 기분이나 상태를 나타내는 형용사이다. 이 둘의 조합은 '슬프지만 아름답다'와 같은 역접 관계로, 혹은 거의 쓰지 않지만 '슬프고 아름다운'과 같은 순접 관계로 쓰일 수 있다. 그러나 이 두 형용사의 어떤 조합으로도 연구자가 고려인을 대하는 감정을 표현할 수 없다고 본다. 그래서 연구자는 문법에도 어긋나고 잘 쓰지도 않는 어색한 '슬픈 아름다운' 조합을 선택했다. 그 이유는 많은 사람들이 고려인에 대해 언론을 통해 대략은 알지만 구체적으로 그들이 누구인지, 어떠한 삶을 살고 있는지에 대해 잘 모르고 있는 데 기인한다. 마치 우리가 잘 사용하지 않는 어색한 형용사 조합 '슬픈 아름다운'처럼 말이다.

이 책에서 우리 인하대 아시아다문화융합연구소 고려인 연구팀은 카자흐스탄 고려인 어르신들의 생애 이야기를 하고자 한다. 그러기 위해서 우리는 먼저 고려인 과연 그들은 누구인가에 대해 말해야 할 책임이 있다. 고려인, 이들을 알기 위해서는 약간의 역사 공부가 필요하다. 1860년 당시 제정 러시아는 청나라와 베이징조약으로 극동지역의 영토를 두만강 하류 유역으로 확장시켰다. 이로써 제정 러시아는 조선과 국경을 접하게 되었다. 당시의 국경관리는 당연히 허술했다. 그 때문에 사람들의 일시적 이동은 빈번한 일이었다. 그러나 조선 사람들이 영구 거주를 목적으로 러시아령으로 이주하기 시작한 때는 러시아 정부 기록에 의하면 1864년이다. 이것은 훗날 1914년에 이주 50주년을 기념하려고 했던 러시아 극동지방 한인들의 준비 과정에서도 뒷받침되고 있다. 지난 2014년 고려인 이주 150주년 행사가 곳곳에서 열린 이후 '고려인'이란 단어가 우리에게 익숙해진 것은 사실이다. 인터넷 검색에서도 '고려인'을 치면 상당수의 자료들이 존재함을 알 수 있다. 뿐만 아니라 전국 몇몇 지역에 고려인 집거지역이 나타나기도 한다. 이제 고려인들은 우리의 기억 속에서 한 핏줄을 나눈 이주민이라는 인식을 넘어서 우리와 다름없는 가까운 이웃으로 다가오고 있다.

제정 러시아 지역에 살던 고려인들이 지금 왜 중앙아시아에서 살고 있는가. 이들이 고국과 수만 리 떨어진 이국땅에서 살게 된 이유는 1937년 스탈린이라는 독재자에 의해 강행된 강제이주 정책의 결과이다. 일본 간첩이라는 허위 누명을 쓰고 약 18만 명의 러시아 극동 연해주 지역 한인은 19세기 중순부터 살아온 삶의 터전에서 강제이주를 당했다. 짐짝처럼 화물 열차에 태워져 한 달 동안을 이동하여 도착한 곳이 카자흐스탄 우슈토베이다. 이곳에서 고려인들은 우즈베키스탄 타슈켄트나, 키르기스스탄 비슈케크, 크질-오르다 등으로 보내졌다. 그래서 우슈토베는 고려인들에게 연해주에 이어 두 번째 정서적 고향인 셈이다.

황량한 중앙아시아 초원에 버려진 이들은 추위를 피하기 위해 카자흐스탄 사람들의 헛간을 이용하기도 했고, 또 다른 사람들은 땅을 파고 움막을 쳐서 추위를 피했다. 강제이주 후 400여 개의 한인학교와 민족 간부를 양성하는 대학이 폐교되었고, 도서관 및 문화활동단체들이 문을 닫았다. 민족 신문 및 잡지 등이 폐간되어 한민족의 언어, 문화, 전통이 강제적으로 탄압 받았다. 그러던 중 소연방이 해체되고 이들은 고스란히 중앙아시아에서 소연방으로부터 독립한 이른바 5개 스탄 국가에 남게 되었다. 이들 나라에 지금 우리 민족인 고려인이 약 40만 명 정도 살고 있다. 고려인들이 가장 많이 사는 나라는 우즈베키스탄공화국(22만 명)과 카자흐스탄공화국(11만 명)이다. 우즈베키스탄공화국 수도인 타슈켄트 부근의 집단농장과 사마르칸트 등에 고려인들이 집중적으로 분포되어 있으며, 카자흐스탄공화국에서도 알마티주의 주도인 알마티와 동북부 우슈토베 지방에 많이 거주하고 있다. 이 외에도 타지키스탄, 키르기스스탄, 투르크메니스탄 등 회교계가 다수를 차지하는 중앙아시아 각국에서 소수민족으로 존재하고 있다.

중앙아시아에서 가장 큰 문제는 소련의 지배로부터 해체 이후에 불거진 민족 간의 갈등이다. 타지키스탄 내의 종교집단과 민족 간의 분쟁으로 수만 명의 고려인이 난민이 되어 유랑생활을 하거나 연해주로 재이주하였다. 우즈베키스탄에서도 고려인이라는 이유만으로 일자리에서 쫓겨나는 민족차별을 받고 차별을 견디지 못한 고려인들이 연해주로 이주하고 있다. 뿐만이 아니다. 이들 고려인들은 한국의 경제적 성장과 더불어 이주노동자의 신분으로 혹은 결혼이민자의 신분으로 할아버지 나라로의 재이주가 성행하고 있다.

고려인들의 이러한 이주 역사는 조국으로부터 버림받은 역사였고, 그들의 생존권조차 저버린 당시 국가의 무능과 무관심의 역사라고 볼 수 있다. 사정이 그럴 수밖에 없었던 이유는 국권을 상실한 조국이 이들의 운명에 무관심했기 때문이다. 이어 해방이 되었지만 조국이 남북분단으로 대치되어 재소한인들은 소련의 국민으로 살아갈 수밖에 없었을 것이다. 이제 우리들은 1937년 강제이주라는 고통을 체험하면서도 한민족의 정체성을 지키려고 노력해온 중앙아시아 고려인들에 대한 올바른 이해와 이에 대한 정책적 대안 모색이 절실하다.

이런 고려인들을 연구하기 위해 우리 연구팀은 2014년에 알마티 한국교육원과 연구협약을 했고, 한국교육원 부설 주말 고려노인대학 어르신들에게 자기생애사 쓰기 교육을 수행하였다. 여기에는 당시 알마티의 한국교육원 김종일 원장과 고려노인대학 김정복 교장 등이 기여하였다. 2014년 말 러시아어로 쓰인 자기생애사 원고는 연구자가 소장으로 있는 아시아다문화융합연구소의 재정지원으로 한국어로 번역되었으며, 이들 원고를 통해 심층인터뷰 대상자를 선정하였고 이듬해인 2015년 5월에 생애사 인터뷰 조사팀이 현지를 방문하였다. 이 기간 동안 한국교육원에서 이들에 대한 인터뷰와 더불어 각종 생애자료를 수집하는 등 현지연구를 수행하였다. 원래 이 책은 2017년 5월 6차 카자흐스탄 알마티고려노인대학의 한국방문에 맞추어 출간하려 했으나 현지로 보낸 자기생애사 원고의 연구참여자, 즉 본인

확인 절차가 늦어져 지금까지 미루어지게 된 것이다.

이 연구를 수행하는 도중 본 아시아다문화융합연구소는 2014년 9월부터 2015년 1월까지 인천 월미도에 위치한 한국이민사박물관에서 '황무지에서 지켜낸 민족혼'이란 주제로 고려인 이주 150주년 기념 특별전을 열었다. 당시 김상열 관장은 중앙아시아 현지를 돌며 자료를 수집하여 고려인의 존재를 알리는 데 기여를 했기에 우리 연구팀과 쉽게 의기투합할 수 있었다. 또한 2015년 5월에는 제3차 고려인 노인대학 모국방문단이 직접 인하대를 방문하여 고국의 대학을 탐방하고 고국의 청년들과 대화를 나눌 수 있는 장을 만들었다. 이는 우리 청년 대학생들이 고려인을 기억하고 그들의 지난한 삶과 개척 정신을 이해하고 본받아야 한다는 맥락에서 개최한 것이다.

이 책은 모두 3부로 이루어졌다. 1부에서는 고려인의 존재를 이해할 수 있도록 고려인의 개념과 고려인에 관한 기존 연구들을 살폈으며, 이들의 생애사를 수집한 연구의 여정에 대해 기술하였다. 2부에서는 여러 경로를 통해 모은 고려인 어르신들의 생애사 중에 대표적인 것을 선별한 후 스토리텔링 기법을 활용하여 누구나 그들의 생애사를 읽기 쉽게 재구성하였다. 3부에서는 고려인 어르신 생애사에 글을 제출해주시고 인터뷰에 응해주셨던 분들의 러시아어 원고를 번역하여 가나다 순으로 구성하였다. 아울러 수집한 사진 자료들을 글과 병치하여 재배치하고자 했다. 이 번역 작업에서는 본 연구소의 러시아어권 유학생들이 수고를 해주었으며, 알마티의 고려인 청년들도 자원봉사를 아끼지 않았다. 그러나 이들 고려인 어르신 분들의 육성을 살리고자 한국어 보정작업을 일부러 깊이 있게 하지 않았다. 그런 이유로 독자들에게는 상당히 투박스런 문장일 수도 있으리라 생각한다.

저자들은 이렇게 생각한다. 독자들이 혹여 이런 언어의 투박함을 느끼는 것은 아무 문제가 되지 않는다. 고려인들의 뼛속에 흐르는 동포의 피를 투박하게 생각하는 것이 문제라고 본다. 우리 연구팀은 이 연구과정 내내 고려인 어르신들의 개인적인 '민족 투쟁'에 대해 높은 존경을 표한다. 어떻게 한 개인이 자신의 정체성, 자신의 민족정체성을 지켜나가는지를 이 한 권의 책에서, 이들의 목소리에서 충분히 느낄 수 있을 것이라 본다.

우리는 매해 조상으로부터 지금까지 행해온 설날을 기념한다. 조상을 기억하고 새로운 마음가짐으로 새해를 맞이하고자 하는 우리 민족의 전통이다. 올해도 어김없이 설날이 찾아온다. 이번 설 만큼은 우리의 또 다른 조상 고려인을 기억하는 시간을 가졌으면 한다. 이 책을 통해서 말이다.

2018년

누군가의 그리움으로 가득 찬 구정 연휴에

김영순 · 최영은

CONTENTS

TABLE CONTENTS

PICTURE CONTENTS

PICTURE CONTENTS

PICTURE CONTENTS

PICTURE CONTENTS

I

카자흐스탄 고려인의 생애 탐구하기

1장
고려인, 그들은 누구인가

1. 고려인의 역사[1)]

1) 고려인 이주의 역사

고려인은 구한말과 일제강점기, 러시아 연해주 지역으로 이주한 한민족 동포이다. 연해주에 동포사회를 만들고 독립운동의 거점으로 삼았으나, 1937년 스탈린의 강제이주로 중앙아시아 각지에 흩어져 살게 되었고, 고난의 역사 속에서도 150년 이상 한민족정체성을 유지하며 살아왔다.[2)]

고려인들의 러시아 이주 역사는 조선 후기인 1864년,[3)] 함경도 농민 13가구의

1) 고려인의 역사는 '고려인 돕기 운동본부 홈페이지'(http://koreis.com/main/00_main/main.asp)에 게시된 사진 및 자료들을 선행연구와 함께 재구성하여 기술하였다.

2) 출처: "너머(고려인 지원센터)", http://www.jamir.or.kr/bbs/board.php?bo_table=sub_2_1&wr_id=1, 검색일: 2017. 12. 27.

3) 고려인의 연해주 이주의 시작은 1860년, 1863년, 1864년 등 고려인 관련 기관이나 연구들마다 조금씩 추정 시기가 다르다. 본고에서는 2014년을 '러시아 한인 이주 150주년'으로 인정하고 공식적인 행사를 진행

러시아 포세트 지역 이주로부터 시작된 것으로 알려져 있으나, 연해주에서 한인들이 최초로 살게 된 시점은 1860년보다 훨씬 이전으로 추정된다. 이들은 조선 내 봉건 지주들의 가혹한 수탈 및 가난과 굶주림 등 정치적 혼란과 생활고를 피해 만주 지방으로 이주하였으며, 그들 중 일부는 또다시 우수리강을 건너 러시아 연해주 지역으로 다시 이동하며 러시아로의 이주가 시작된 것으로 알려졌다(윤경호, 2013).

1860년 이전, 한민족의 초기 이주는 대부분 함경도 지방의 농어민들로부터 시작되었다. 함경도는 조선 정부의 차별 정책으로 인해 홀대받던 지역이었고, 농민들은 타락한 벼슬아치와 양반들에게 수탈당하며 거의 노예 수준의 소작인으로 살아갈 수밖에 없었다. 소작인들에 대한 지배 계층의 착취는 다른 지방보다 훨씬 심했고, 거듭되는 수탈로 인해 일반 농민들은 늘 궁핍을 면치 못했다. 변방 지대 농민들의 어려운 상황은 스스로 살 길을 찾아 나서게 되는 중요한 계기로 작용하였고, 국경을 넘어 새로운 땅에서 새로운 삶을 살아가고자 하는 이들이 이주와 개척을 시작하는 원동력이 되었다. 한민족의 본격적인 이주가 이루어지기 전부터 우수리나 연해주에서 농사를 짓거나 사냥을 하는 사람들이 있었기 때문에 연해주 지방으로의 이주가 더욱 활발해진 것으로 추측된다.

이후 1864년부터 한인들의 연해주 이주가 본격적으로 시작되었고, 1867년에는 약 1천여 명에 이르는 집단 거주지가 형성되기 시작하였다. 그러던 중 1869년 발생한 한반도 북녘 대기근으로 한민족의 이주가 급증하며, 1만 명에 달하는 한인이 연해주로 이동해왔다. 1902년에는 한인 이민자수가 3만 2천여 명에 달할 정도로 대규모 한인 동포 사회가 형성되었으며, 일제의 강제점령 직후에 조선의 많은 주민들이 두만강을 건너 만주와 연해주로 이주하게 되었다. 특히, 연해주 지역에 많은 지식인들이 정착하게 되면서 1905년 을사조약 체결 전후부터는 수많은 애국지사들의 망명, 항일운동의 중심지로 떠오르기 시작하였으며, 독립운동의 거점이 되었다(김중관, 2016).

한 우리 정부의 입장을 취하여 1864년으로 기록하였다.

1910년 경술국치[4] 후 한인의 이민은 더욱 급증하였다. 1914년에는 조선 내부의 격변 속에서 이주민의 숫자가 급격히 증가하여 6만 3천여 명에 이르며 블라디보스토크에 신한촌[5]을 건설하게 되었으며, 이는 당시 가장 규모가 큰 한인 거주지로 1910년대 항일운동의 구심점이 되기도 하였다.

1926년에는 소련 극동 남부지역의 조선인 인구가 16만 7,400명이 되었고, 실제 추산 25만 명 이상이 거주할 정도로 한인의 이주가 계속되며 코리아타운을 형성하였다. 당시 스탈린 정부는 조선인의 인구증가를 위협으로 인식하고, 간첩이라는 누명을 씌워서 극동지방에서부터 중앙아시아로 1937년 9월부터 11월까지 2개월간 3만 6,442가구, 총 17만 1,781명을 강제이주 시키며 고려인의 비극적인 역사가 시작되었다(김중관, 2016).

2) 고려인 디아스포라

(1) 고려인 강제이주

고려인 디아스포라의 시작은 연해주에 살던 고려인들로, 1937년 스탈린의 강제이주정책에 의해 이주된 약 17만 명의 한인과 그 후손들이다. 1937년 8월 21일, 소련 정부는 "극동지방에 일본 첩보원들이 침투하는 것을 차단하기 위한" 명목으로 소비에트 인민위원부와 소련공산당 중앙위원회 제1428-326호로 "극동 국경지

4) 1910년 8월 29일, 우리나라 역사상 처음으로 국권을 상실한 치욕의 날을 이른다. 1910년 8월 22일, 대한제국과 일본 제국 사이에 합병조약(合倂條約)이 강제로 체결되었다. 대한제국의 내각 총리대신 이완용과 제3대 한국 통감인 데라우치 마사타케가 형식적인 회의를 거쳐 조약을 통과시켰으며, 8월 29일 조약이 공포되어 대한제국은 국권을 상실하게 되었다. 이로써 1905년 을사조약 이후 실질적 통치권을 잃었던 대한제국은 일본 제국에 편입되었고, 일제강점기가 시작되었다. 국가적 치욕이라는 의미에서 경술국치(庚戌國恥)라고 부르며, 일제는 조선의 국권을 침탈한 자신들의 행위에 정당성을 부여하기 위해 한일합방(韓日合邦), 한일합병(韓日合倂) 등의 용어를 썼다. [출처: 네이버 지식백과]

5) 일제강점기에 러시아 연해주의 블라디보스토크에 자리 잡고 있던 한인집단 거주지(한국민족문화대백과)

<표 1-1> 고려인 강제이주 조치 명령

[명령번호 1428-326]
소비에트 사회주의 공화국연방 인민위원회 및 중앙위원회는 아래와 같이 명한다. 일본의 간첩행위가 극동지방에 침투하는 것을 저지하기 위해 다음과 같은 조치를 취한다.

- 연해주 극동 국경지역에 거주하는 모든 한인들을 카자흐스탄과 아랄해, 발하슈 호수 및 우즈베키스탄공화국으로 이주시킨다.
- 지체 없이 추방을 시작하여 1938년 1월 1일까지 추방작업을 종결한다.
- 한인들이 재산, 농기구 및 가축을 갖고 이주하는 것을 허락한다.
- 이주자들이 남기고 가는 동산 부동산 및 파종된 종자에 대해서 보상이 이루어질 것이다.
- 추방 시 발생하는 무질서를 방지하기 위하여 조치를 취해야 한다.
- 카자흐스탄공화국, 우즈베키스탄공화국 인민위원회는 한인들의 거주 지역과 주거지를 결정하고, 이주자들이 경제적 적응을 할 수 있도록 협조하는 등 필요한 조치를 취해야 한다.
- 국가철도는 한인들을 극동지역에서 카자흐스탄과 우즈베키스탄으로 옮기는 데 있어 적시에 기차 편을 제공한다.
- 이주경로, 출발하는 이주자 수, 도착하는 이주자 수, 그리고 해외로 이주하는 이주자 수를 10일마다 전보로 보고해야 한다.
- 한인들이 이주해가는 지역 경비를 강화하기 위하여 국경수비대를 3천 명으로 증원한다.
- 인민위원회는 한인들이 비운 곳에 국경수비대가 주둔할 수 있도록 허락한다.

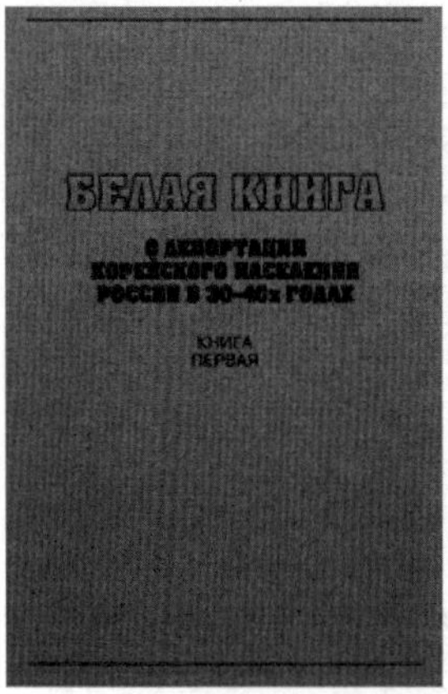

ПОСТАНОВЛЕНИЕ № 1647-377сс
СОВЕТА НАРОДНЫХ КОМИССАРОВ СОЮЗА ССР

28 сентября 1937 г. Москва, Кремль

О выселении корейцев с территории Дальне-Восточного края

Совет Народных Комиссаров Союза ССР постановляет:
1. Выселить со всей территории Дальне-Восточного края всех оставшихся корейцев. Выселение провести в течение октября месяца 1937 года в порядке, установленном для первой очереди выселения.
2. Выселение провести, как и первой очереди: на территорию Казахской ССР (в пределах Актюбинской, Западно-Казахстанской, Карагандинской, Южно-Казахстанской областей и Гурьевского округа) — 12.000 хозяйств и на территорию Узбекской ССР (север-нее железной дороги) — 9.000 хозяйств.
3. Отпустить Дальне-Восточному крайисполкому и СНК Казахской и Узбекской ССР из резервного фонда Совнаркома Союза ССР средства по утвержденным постановлением СНК СССР от 11 сентября 1937 года за № 1571—356сс расчетам на дополнительную численность в 21.000 хозяйств и стройматериалы — по заявкам СНК Казахской и Узбекской ССР.
4. Обязать Наркомвод и НКПС предоставить, по заявкам Дальрайисполкома и СНК Казахской и Узбекской ССР, морской, речной и железнодорожный транспорт для перевозки переселяемых.
5. Предложить Народному Комиссару Машиностроения отпустить и немедленно отгрузить для Наркомвнуделов Казахской и Узбекской ССР на нужды переселения: грузовых автомобилей (1 и 3-тонных) — по 60 каждой республике, легковых автомобилей М1 — по 3 и тракторов — по 45 штук.
6. Обязать Наркомат Обороны отпустить для оборудования эшелонов 60 походных кухонь.

Председатель СНК Союза ССР — В. Молотов

Управляющий Делами СНК Союза ССР — Н. Петрунычев

ПОСТАНОВЛЕНИЕ № 1428-326сс
СОВЕТА НАРОДНЫХ КОМИССАРОВ СОЮЗА ССР И ЦЕНТРАЛЬНОГО КОМИТЕТА ВКП(б)

21 августа 1937 года

О выселении корейского населения из пограничных районов Дальневосточного края

Совет Народных Комиссаров Союза ССР и Центральный Комитет ВКП(б) постановляют:
В целях пресечения проникновения японского шпионажа в Дальневосточный край провести следующие мероприятия:
1. Предложить Дальневосточному крайкому ВКП(б), крайисполкому и УНКВД Дальневосточного края выселить все корейское население пограничных районов Дальневосточного края: Посьетского, Молотовского, Гродековского, Ханкайского, Хорольского, Черниговского, Спасского, Шмаковского, Постышевского, Бикинского, Вяземского, Хабаровского, Суйфунского, Кировского, Калининского, Лазо, Свободненского, Благовещенского, Тамбовского, Михайловского, Архаринского, Сталинского и Блюхерово и переселить в Южно-Казахстанскую область, в районы Аральского моря и Балхаша и Узбекскую ССР.
Выселение начать с Посьетского района и прилегающих к Гродеково районов.
2. К выселению приступить немедленно и закончить к 1-му января 1938 года.
3. Подлежащим переселению корейцам разрешить при переселении брать с собою имущество, хозяйственный инвентарь и живность.
4. Возместить переселяемым стоимость оставляемого ими движимого и недвижимого имущества и посевов.
5. Не чинить препятствий переселяемым корейцам к выезду, при желании, заграницу, допуская упрощенный порядок перехода границы.
6. Наркомвнуделу СССР принять меры против возможных эксцессов и беспорядков со стороны корейцев в связи с выселением.
7. Обязать Совнаркомы Казахской ССР и Узбекской ССР немедленно определить районы и пункты вселения и наметить мероприятия, обеспечивающие хозяйственное освоение на новых местах переселяемых, оказав им нужное содействие.
8. Обязать НКПС обеспечить своевременную подачу вагонов по заявкам

[사진 1-1] 고려인 이주 명령서(공산당 중앙위원회 서기장 스탈린, 1937. 9. 11.)

자료: "사단법인 고려인돕기운동본부 홈페이지", http://koreis.com/main/06_koreis/koreis_05.asp, 검색일: 2018. 1. 5.

대로부터 고려인들을 중앙아시아 공화국으로 추방하는 것에 대하여"라는 명령을 내렸다(심헌용 · 김상철, 2007). 이에 따라 극동에 살고 있는 고려인들을 한 명도 남김없이 중앙아시아와 카자흐스탄으로 추방하였다(강니꼴라이, 2006). 추방은 1937년 말과 1938년 초인 가장 추운 겨울 동안에 진행되었으며, 연해주 지역 한인들은 6천km나 떨어진 중앙아시아 지역으로 강제이주를 당하며 이주 과정에서 1만 1천 명이 사망하였다(김중관, 2016).

러시아는 한인 지식인 2,500명을 총살하며 강제이주를 시작하였다. 한인 지식인들이 강제이주에 함께하게 되면 반동세력의 구심점이 되어 강제이주의 걸림돌이 될 것이라는 판단하에, 수천 명에 달하는 한인 지도자들을 끌고가 사전 처형시켰다. 한인들은 강제이주에 대한 어떤 기미도 없이, 출발 며칠 전에야 이주에 대한 소식을 통보받고 거의 맨몸으로 정든 땅을 떠나야 했다.

기차를 타려는 수많은 사람들로 블라디보스토크 기차역은 혼란의 도가니가 되었고, 그 안에서 가족들을 잃기도 하며 불행의 이주가 시작되었다. 짐이나 화물을 싣는 기차에 짐짝처럼 실린 한인들은 40여 일 동안 추위와 굶주림으로 생사를 넘나들었다. 겨울을 앞둔 추운 계절이었지만 전혀 난방이 되지 않았으며, 식사도 거의 제공되지 않아서 집을 나서며 챙긴 누룽지 몇 조각과 빵 몇 조각으로 끼니를 해결하며 굶주림에 시달렸다. 차량에는 화장실이 없어 기본적인 생리현상조차 해결하지 못하였고, 가끔 세워주는 허허벌판에서 생리현상을 해결하며 추운 겨울의 긴 여정을 견뎌내야만 했다. 이주와 정착의 과정에서 추위와 굶주림을 견디지 못하여 어린이의 약 1/3이 죽었고, 이주민 15만 명 중 약 1/5이 사망하였다. 극심한 고통을 참아내며 시베리아를 횡단한 끝에 중앙아시아에 도착하였으나 고려인들은 곳곳에 버려지다시피 하였으며, 그들을 기다리는 것은 억센 뿌리를 가진 갈대밭뿐이었다. 고려인들은 머물 수 있는 어떤 공간도 없이 갈대밭에서 새로운 삶을 개척해나가야 하는 상황에 놓이게 되었으며, 맨몸으로 갈대를 캐내고 땅을 일구며 살아남았다. 그렇게 춥고 혹독한 첫 겨울을 견뎌낸 고려인들은 봄이 오자 물을 찾아 쌀농사를 시작하며 중앙아시아에서 살아갈 방법을 찾았으며, 척박한 땅을 일구며 새로운 희망을 만들

〈표 1-2〉 고려인 강제이주 생존자의 증언

강제이주에 관한 가장 정확한 증언자로 알려진 송희현(74) 씨는 자신의 경험을 이렇게 얘기해주었다. "나는 1973년 10월 11일 오후에 블라디보스토크 역에서 기차에 태워졌소. 사실은 그보다 앞서 태워지도록 되어 있었는데 아내가 출산하기 위해 입원하는 바람에 늦어졌소. 그래서 내 어머니와 헤어지게 되었고, 그 같은 모자의 생이별은 그 후로 꼬박 5년 동안 중앙아시아 곳곳을 서로 찾아 헤매는 비극의 씨앗이 되고 말았소. 강제이주는 아주 치밀한 사전 계획과 철통 같은 감시 아래서 이루어졌소. 국제적인 문제로 노출되지 않기 위해서였소. 이주에 주로 이용된 철도는 시베리아 철도였소. 간단한 살림도구만 챙겨서 전 가족이 시간엄수 집합하라는 것이었소. 정말 어느 날 갑자기 통지서가 나온 거지요. 당황해할 겨를도 주지 않았소. 어떤 지역에서는 그때 한창 가을걷이를 할 무렵이었는데 얼마간의 곡식 값을 주기도 했소. 이사 비용이라면서 일률적으로 1인당 160루블을 지급했소. 사람들은 영문도 모른 채 끌려나갔소. 하도 어이없는 일이어서 별다른 준비도 못하고 당황해하기만 하다가 기차를 탄 사람들이 대부분이었소. 기차는 맨 처음부터 태울 사람 숫자를 정확하게 파악하여 한곳에서 몽땅 태운 다음 출발했소. 사람들마다 탄 곳이 다 다르지요. 한번 움직이기 시작한 기차는 좀체 쉬지 않았소. 기차를 타고 보니 그것은 사람을 태우고 다니는 객차가 아니라 화물차였소. 벽은 두꺼운 판자를 가로질러 만들었고 바닥도 판자였소. 벽은 판자 틈서리가 제법 벌어져서 기차가 달리자 바람이 심하게 새어들었고 바닥도 그랬소. 안에는 출입문을 중앙으로 해서 좌우로 제법 선반을 질러놓았더랬소. 2층이지요. 한 층에 10명씩을 배정했소. 그러니까 한쪽에 20명이고 화물 객차 하나에 모두 40명이 타게 된 거지요. 대개 가족 단위로 태워졌소. 낮에는 그런대로 참아냈지만 저녁이 되어 기온이 뚝 떨어지자 기차 안은 얼음이 얼었소. 준비해온 이불이며 옷가지가 모두 변변찮았기 때문에 처음부터 우리는 얼어붙기 시작했소. 나는 젖먹이가 딸린 아내 때문에 더욱 고통스러웠소. 대소변 볼 틈도 안 주었소. 마실 물이며 끼니를 해결할 방도가 없었소. 한두 끼니는 가지고 온 음식으로 때웠는데 나는 아내에게 물이라도 마시게 해주고 싶었지만 도리가 없었소. 당신은 상상할 수 있겠소. 그런 상태로 꼬박 42일 동안을 실려갔소. 어떻게 견딜 수 있었냐고 묻지 마시오. 우리가 살아난 것은 그냥 한(恨) 때문이오. – 정동주, 《까레이스키 또 하나의 민족사》, pp. 223-224

자료: "사단법인 고려인돕기운동본부 홈페이지", http://koreis.com/main/06_koreis/koreis_05.asp, 검색일: 2018. 1. 5.

어나갔다(강니꼴라이, 2006).

그러나 이것은 탄압의 끝이 아닌 시작이었다. 소련 정부는 새로운 유형지에서도 고려인들을 계속하여 탄압하였다. 고려인들의 거주지 이전의 자유와 타 지역으로 이동하는 자유도 박탈하여 1953년까지 약 16년간 주거지가 제한된 채 갇힌 생활을 할 수밖에 없었다. 직업선택의 자유도 제한하였고, 군대에 복무할 권한도 주지 않아 제2차 세계대전에서 사회주의 조국을 위해 싸울 기회조차 주어지지 않았다(심헌용 · 김상철, 2007). 그 대신 고려인들은 '노동군대'라고 불렸던 고된 노동현장에 끌려 갔다(강니꼴라이, 2006). 이후에도 소련에서 제2차 세계대전이라는 전쟁의 소용돌이와 스탈린의 압제 속에서 차별과 핍박의 역사를 묵묵히 지키며 살아 남아야만 했다.

1945년 1월 11일 소련 내무인민위원회 특별이주담당부장 쿠스테초프가 카자크공화국 내무인민위원장 보크타노프에 보낸 서류에 의하면 1937년 극동에서 이주된 한인은 특별이주가 아니고 일본근접지구의 불순세력을 제거할 목적으로 예방조치 차원에서 이주된 것이라고 밝히고 있다. 그러나 이러한 공식적 발표는 이주 과정과 조선인 탄압사례에서 실제적으로는 특별 강제추방 이주임이 드러났다(이원봉, 2001).

강제이주를 당한 고려인들은 가족과 재산, 많은 것들을 송두리째 잃었지만 중앙아시아 곳곳에서 자신들의 삶을 일구며 살아왔다. 선조들이 일궈 놓은 고려인으로서의 위상과 터전에서, 지금의 고려인은 소수민족으로서의 역사와 위상을 지켜나가고 있다.

(2) 고려인의 중앙아시아 정착 및 재이주

1950년대 말 스탈린 사후 흐루시초프 시절 고려인에 대한 거주제한 조치의 해제, 복권 조치 등의 일환으로 거주 이전의 기회와 교육의 기회를 얻게 된 고려인 동포들은 모스크바와 상트페테르부르크 같은 러시아 지역과 키르기스스탄, 투르크메니스탄, 우크라이나, 북카프카스 등 중앙아시아 전역으로 이주하였다. 이에 따라 중앙아시아 전역과 연해주 이외의 러시아 지역에서 새로운 고려인 사회를 형성하며 농업과 교육을 재건해왔고, 그들의 전통적인 문화를 지켜내기 위해 노력해왔다(홍웅호, 2013). 이와 같은 과정을 거치면서 소련 내 고려인 사회는 지역별로 분화되기 시작하였지만, 대부분 농업을 바탕으로 자립정착에 성공하여 다른 소수민족들과 비교해서 높은 사회, 경제적 지위를 누렸다.

1937년 강제추방으로 고려인들의 권리가 지극히 제한되었음에도 불구하고 고려인들은 사회적으로 업적을 이루고 인정받으며 중앙아시아 사회에 정착해갔다. 정부관료, 교육 및 과학연구 기관의 기관장, 기업의 경영자, 뛰어난 스포츠 선수, 유명한 예술가(작가 · 작곡가 · 화가 · 오페라 연기자 및 발레 무용수) 등 사회 지배 계층에서 높은 지위를 차지한 고려인들이 많으며, 세계의 코리안 디아스포라 중 어느 누구도 중앙아시아 고려인처럼 높은 사회적 지위를 차지하고 인정받은 경우가 많지 않다(한발레리, 2011).

고려인들은 한민족의 정체성을 유지하기 위한 노력도 아끼지 않았다. 한국의 언어와 전통풍습의 상실, 러시아 문화에 대한 동화 현상 등으로 민족정체성을 유지하기 어려운 시기였음에도 불구하고 한국인으로서의 민족적 정체성과 한국 문화에 대한 큰 관심을 갖고 교육에 많은 노력을 기울였다(김혜진, 2010).

우리 조상들이 고국을 떠나 타국으로 이주하게 된 것이나 우리가 다른 민족의 지배를 받는 상황에 놓이게 된 것 모두 우리 민족이 부강하지 못했기 때문이며, 이는 비극의 디아스포라를 경험한 고려인들에게 부단한 지식의 연마를 요구하며 살아야 한다는 교훈을 심어주었다. 그래서 구소련 공산권의 지배하에서나, 냉전 체제가 무너진 후에도 고려인들은 교육에 항상 일차적 의의를 부여해왔다. 고려인 학교들이 그들의 정착지에서 속속 개교했고, 모든 것을 다 바쳐서라도 자식들을 대학에 보내는 등 높은 교육열을 보여주며 우수한 인재들을 배출했다. 이 후손들이 미래의 고려인 사회를 열어갈 주축이 되었다(김문욱, 1999; 홍웅호, 2013).

구소련 시기 고려인의 적응에 있어 특이한 점은 그들의 다민족 환경이다. 고려인의 삶은 다양한 민족들과 끊임없는 접촉이 필요했고 이러한 접촉은 민족적 환경에 대해 유연한 정신적 태도뿐만 아니라 유연한 행동 모델로 이어졌다. 다민족적 환경 속에서 고려인들은 한국의 많은 전통문화적 요소를 잃었다. 하지만 그들은 한국, 러시아, 소비에트, 중앙아시아, 그리고 유럽 문화를 통합하는 그들만의 특이한 '유라시안 코리안 문화'를 창조하였으며 한국인에 대한 긍정적인 평가를 이끌어냈다. 그 원동력은 바로 고려 사람의 혼합된 문화, 근면과 성실, 모든 민족과의 중립적 관계 때문이었다(한발레리, 2011).

그러나 1989년 구소련의 붕괴와 더불어 1990년대 초반 중앙아시아 국가들이 독립하게 되었다. 이 당시 우즈베키스탄에는 약 20만 명, 카자흐스탄에도 10만 명, 러시아에 13만 8천 여 명의 고려인이 거주하고 있었다(강니꼴라이, 2006). CIS 국가[6]들은 자민족 중심주의 정책, 즉 타민족에 대한 차별과 배타 정책을 실시함으로써, 고려인을 비롯한 소수민족들은 또다시 살 곳을 찾아 가야만 할 상황을 맞이하게 되었다. 중앙아시아 정착 과정에서 생존을 위하여 현지사회에 동화되었던 고려인들에게 독립국가연합 출범 이후 또 다른 현지사회 다수민족의 동화 요구, 현지사회 민족주의화와 현지어의 국어화 등은 그들로 하여금 심각한 고민에 빠지게 하였다(장윤수, 2007).

새로운 독립국가 출현 이후, 고려인 사회에서 나타난 변화는 해당국에서 주도권을 행사하고 있는 민족과의 민족 통혼율이 높아진 것이다. 이러한 현상은 고려인 밀집 거주국가인 카자흐스탄, 우즈베키스탄, 키르기스스탄 등에서 모두 공통적으로 나타나고 있는 현상인데 이는 해당 사회에 적응하고 또 정치, 사회적으로 자신들의 지위를 높이거나 확보하려는 고려인의 의식변화에서 비롯된 것으로 분석된다(강재식, 2001). 그러나 이러한 동화주의적 사회통합에 반대하는 고려인 이주자 중 다수는 러시아 지역으로, 일부는 선조들의 고향인 연해주 지역으로 재이주하며 새로운 사회에서 새로운 삶을 개척하기도 했다(전신욱, 2007).

고려인이 CIS 국가를 떠나 연해주 지역으로 귀환이주를 하는 이유는 극동지역의 경제적 여건이 중앙아시아보다 낫기 때문이 아니라 중앙아시아 국가들의 정

6) CIS(Commonwealth of Independent States): 독립국가연합. 1991년 12월 31일 소비에트사회주의공화국연방(USSR), 즉 소련이 소멸되면서 구성공화국 중 11개국이 결성한 정치공동체를 가리킨다. 결성 당시의 11개국은 러시아 · 우크라이나 · 벨라루스 · 몰도바 · 카자흐스탄 · 우즈베키스탄 · 투르크메니스탄 · 타지키스탄 · 키르기스스탄 · 아르메니아 · 아제르바이잔공화국이다. 1993년 10월 가입했던 조지아(그루지야)가 2008년 러시아와의 전쟁 후 탈퇴하고, 우크라이나 역시 2014년 3월 러시아의 내정 개입에 반발하며 탈퇴하면서 독립국가연합(CIS)은 2015년 현재 9개 공화국으로 구성되어 있으며, 이 중 투르크메니스탄은 2005년 탈퇴한 후로 준회원국으로 참가하고 있다. 이들 독립국가연합의 회원국들은 각각의 독립국으로서 독자적인 주권을 가지고 있고, 군사력을 보유하고 있으며, 외교 활동 또한 독립적으로 수행하고 있다. [출처: 네이버 지식백과]

치 · 경제적 요인이 중요한 배출요인으로 작용하기 때문이다(이채문 · 박규택, 2003).

중앙아시아 지역 고려인 귀환이주의 거시적 배출요인으로 분석되는 첫 번째 이유는 바로 언어문제이다. 중앙아시아 국가들이 민족문화의 복원을 추구하는 데 가장 먼저 시도한 것은 바로 언어정책을 통한 민족화였다. 과거 비러시아인들에 의하여 러시아어가 보급된 이유는 질 높은 교육을 받아 사회적 신분상승을 도모하기 위함이었다. 그런데 다수민족의 언어를 각국의 국어로 규정하자 소수민족에게는 실리적인 불이익뿐만 아니라 심리적인 불안을 야기하고 있다. 특히 고려인 사회는 현지어를 구사하는 비율이 대단히 낮아 현지사회에서 배제되는 경향을 보이고 있으며, 이러한 배제는 다른 지역으로의 재이주를 부추기고 있다. 중앙아시아 지역 거주 고려인들의 한국어 구사능력이 여타 지역 거주 한인들에 비하여 떨어진 이유는 비교적 현지사회에 빨리 적응하려고 노력하였기 때문이라고 할 수 있다(장윤수, 2007).

CIS 국가들이 독립 이후 자기 민족의 언어를 공식 언어로 채택함에 따라 소수민족들은 독립된 국가의 공용어, 러시아어, 그리고 민족어까지 3중의 언어를 습득해야 하는 부담을 안게 되었고, 이것은 단순히 언어의 차원을 넘어 사회, 경제적인 불평등을 야기하였다. 특히, 한인들의 경우 대부분 공무원, 교사, 의사, 연구원, 집단농장장 등 관리직이나 사무직에 종사하는 경우가 많아 언어정책에 많은 영향을 받을 수밖에 없는 상황이다(이채문 · 박규택, 2003).

실제로 많은 한인이 공식 언어를 구사하지 못한다는 이유로 일자리를 잃었고, 실직한 고려인들은 자영업 또는 자영농에 종사하거나 단순 노동자 또는 도시 빈민으로 전락하고 있다. 민족어를 공식 언어로 채택하는 정책은 한때 일보 후퇴했었으나 우즈베키스탄에서 다시 2007년부터 자국어만을 공식 언어로 채택하는 법을 시행하는 것을 필두로 구소련 시절 말살된 자국민족어를 부활시키는 정책이 다시 시행되고 있으며 이것은 막을 수 없는 대세로 보고 있다. 그래서 젊은 층은 러시아어를 계속 사용할 수 있는 모스크바나 연해주로의 이주를 시도하고 있다(이채문 · 박규택, 2003).

또 다른 요인은 자민족 중심주의로 인한 내전과 민족 갈등인데, CIS 국가들이 독립 후 잃었던 민족의 언어와 역사를 되찾고 민족정체성을 확립해가는 과정에서 타민족들에 대한 차별과 배척이 심화되어 많은 내전과 갈등을 겪었다. 아울러 사회주의 경제체제에서 자본주의 경제체제로 이행되어가는 과정에서 고실업, 부정부패, 빈익빈 부익부의 사회 불평등 등의 사회문제들이 야기되며 민족들 간의 경쟁과 갈등을 증폭시켰다. 이는 때때로 폭력의 형태를 띠고 있어 위기감을 고조시켰다. 실제로 고려인을 대상으로 실시한 '중앙아시아 고려인들의 이주 동기'에 관한 조사에서 '민족 간 갈등이 생활을 위협하고 자신과 가족에게 위험하다'는 응답이 가장 높은 비율을 나타냈다(이채문 · 박규택, 2003).

이러한 거시적 배출요인 이외에도 고려인들의 재이주는 높은 교육열과도 관계가 있다. 많은 고려인들은 교육이 신분상승의 수단이 될 수 있다고 믿는다. CIS 국가들의 독립 이후 자국어와 자국민 우선에 기초한 민족주의 정책은 러시아 말과 문화에 익숙한 고려인 후손들의 교육에 걸림돌로 작용하였으며, 내전으로 인한 혼란으로 교육이 제대로 이루어지지 않는데 대한 우려 또한 귀환 이주를 가속화시키는 배출요인으로 분석된다(이채문 · 박규택, 2003).

그러나 비록 그들의 고향이며 아버지와 조상들의 고향이라고 하지만 60여 년 동안 피땀 흘려 정착한 삶의 터전을 뒤로하고 아무것도 마련되지 않은 연해주로 돌아간다는 것은 결코 쉬운 결정이 아니었다. 이러한 상황 속에서 적지 않은 인원이 러시아 볼고그라드나 남부 러시아 여러 지역으로 떠나 농업을 통한 자립을 꿈꾸고 있으며, 상업에 종사하기를 원하는 사람들은 모스크바나 그 외 러시아 북부나 중부 지역으로 향하고 있다.

그중 많은 인원이 연해주로 재이주하는 것을 희망하며 실제로 많이 이주하는 것으로 알려지고 있다. 나라별로는 타지키스탄 한인의 경우 내전으로 인해 거의 대부분이 이 지역을 떠난 것으로 추정되며, 우즈베키스탄 한인도 많이 떠난 것으로 추정된다. 실제로 연해주 재이주자 중에도 타지키스탄과 우즈베키스탄 출신이 주류를 형성하고 있다.

고려인의 연해주 귀환이주의 요인은 연해주 지역의 법 · 제도적 보완조치, 선조들의 고향이며 조국과의 인접성, 지리적인 특수성(동북아의 허브지역화), 정부기관과 민간 차원의 지원효과 네 가지로 정리될 수 있다(전신욱, 2007).

러시아 정부는 1993년 3월 말 〈재러시아 고려인 명예회복에 관한 법안〉을 통과시키며 고려인의 명예회복과 생계지원, 법적 지위 확보 등의 다섯 가지 법안을 발표하였다(전영섭, 1998). 이러한 소수민족 배려를 위한 법적 장치 마련은 고려인들의 연해주 이주를 좀 더 활성화하는 계기가 되었으며, 연해주가 자신들을 위한 안식처가 될 수 있을 것이라는 희망을 품고 이주하게 된 원인으로 작용하였다(김떼밀, 1998: 59).

다음으로는 선조들의 터전으로의 귀소욕구를 들 수 있다. 고려인들이 연해주로 이주해온 주요한 이유 중 하나는 많은 선조들이 살던 지역이고 한반도와 가까운 지역, 나의 조국과 같은 곳이라는 점이다. 대체로 우리 인간은 어려운 삶을 살고, 사회로부터 소외된 삶을 살게 되면, 과거회환형의 성향을 갖게 된다. 과거의 삶의 모습에서 현재의 삶의 모습을 투영해보고 새로운 삶을 모색하고자 하는 의지에서 조국과 인접한 연해주로의 이동이 이루어진 것으로 보인다(전신욱, 2007).

또한 연해주는 미래 개발 가능성을 잠재한 강한 흡인력을 가지고 있는 지리적 특수성을 지니고 있다. 이곳은 유엔개발계획(UNDP)에 따라 동북아시아에서 가장 유망한 지역의 하나가 되었고, 한국, 일본, 중국의 자본 및 노동력 유입과 기업 진출이 이루어지는 무한한 개발 가능성을 가진 지역으로 고려인들의 관심의 대상이 되는 지역이다(이광규, 1998: 15).

마지막 요인으로는 중앙아시아와 연해주에 거주하고 있는 고려인들에 대한 한국 정부와 기업, NGO의 끊임없는 관심을 들 수 있다. 이러한 관심과 협력은 연해주 지역 재이주 고려인의 정착에 긍정적으로 작용할 것이며, 이러한 환경은 재이주를 꿈꾸는 고려인들에게 희망의 땅으로 다가가고 있는 것이다(전신욱, 2007).

러시아 정부는 1991년 구소련 해체 이후 공식적으로 약 3만 명 정도의 고려인이 연해주로 재이주한 것으로 보고 있다. 실제로는 정부에 등록되지 않은 비공식 이주 인원까지 포함하면 그보다 더 많은 수의 고려인이 이주한 것으로 추정된다. 그러나 2000년도 이후 고려인의 연해주 재이주는 또 다른 위기 상황에 처하게 되었다.

러시아의 국내외적 불안정성과 함께 연해주 지역의 경제 불안, 그리고 고려인 정착의 주요 사업이라 할 수 있는 농업의 실패로 인한 어려움 등 위기요인이 지속되었고, 한국 정부의 체계적이고 지속적인 정착지원의 부재로 인해 고려인들 스스로 위기를 헤쳐나가야 하는 또 다른 문제 상황에 맞닥뜨리게 되었다.

이러한 위기요인 외에도 고려인 내부에서는 한국에서 지원하는 민간단체의 정착지원조차 효율적으로 활용할 수 있는 고려인 조직이나 대표자가 없다는 한계가 있었다. 대표 역할의 부재는 역사와 문화적 단절을 극복하고 이해와 협력의 단계로 나아갈 수 있는 원동력의 부재로 연결되어 연해주 재정착에 걸림돌로 작용하였다고 볼 수 있다.

이상의 요인들은 러시아 정부의 한국 정부에 대한 기대 무산과 연결되어 고려인 재정착을 더욱 어렵게 만들었다. 러시아 정부는 고려인 재이주와 함께 연해주와 고려인에 대한 한국 정부의 높은 관심과 지원에 대해 기대가 컸으나, 실제로 경제적 투자가 잘 이루어지지 못하면서 오히려 고려인에 대한 러시아 정부의 입장은 소극적으로 변했다. 러시아 정부의 비협조적인 입장으로 인해 고려인의 명예회복 법안은 실효성을 잃게 되었고, 국적취득법과 출입국 절차가 복잡해지면서 고려인들은 외국인 노동자로 취급받아 불법체류자 신세가 되거나 심지어 무국적자가 되는 경향도 늘어가고 있다. 통계에 의하면 러시아 국적을 취득하지 않거나 취득하지 못하고 중앙아시아로 돌아간 고려인 수도 상당수에 이르고 있다고 한다.

앞으로도 중앙아시아의 민족주의와 경제적 위기, 언어의 문제, 정치 사회적 불평등의 문제가 계속 존재하는 한 고려인의 러시아 이주에 대한 희망은 계속될 것이지만, 연해주를 포함한 러시아의 입장도 만만치 않아 재이주의 규모나 속도는 중앙아시아의 상황 변화와 러시아 각 지방의 고려인 정착 여건의 변화에 따라서 유동적으로 달라질 수밖에 없으며 어느 곳에서도 정착하지 못하는 빈곤과 유랑생활을 거듭해야 하는 고려인의 수도 더욱 증가할지 모르는 불안정한 상황의 연속이다.

2. 고려인 현황

1) CIS 지역 고려인 현황

우리나라 〈재외동포법령〉 제2조 재외동포법에 의하면 "재외동포란 대한민국의 국적을 보유하였던 자(대한민국정부 수립 전에 국외로 이주한 동포를 포함한다) 또는 그 직계비속으로서 외국국적을 취득한 자 중 대통령령으로 정하는 자(이하 외국국적동포라 한다)"이며, 제3조 재외동포법 시행령은 "1. 대한민국의 국적을 보유하였던 자(대한민국정부 수립 이전에 국외로 이주한 동포를 포함한다)로서 외국국적을 취득한 자, 2. 부모의 일방 또는 조부모의 일방이 대한민국의 국적을 보유하였던 자로서 외국국적을 취득한 자"로 재외동포의 범위를 제시하고 있다.

이러한 정의에 의해 중앙아시아에 거주하고 있는 고려인들도 재외동포에 포함되며, 외교부에서 조사한 2017년 기준 CIS 지역 재외동포 현황은 〈표 1-3〉과 같다. 표와 같이 CIS 지역 재외동포 중 83%인 40만 7,766명이 외국국적을 가진 재외동포이다. 다른 국가의 재외동포와는 달리 CIS 지역 재외동포들은 '외국국적동포(시민권자)' 비율이 높다는 특징을 보이는데, 그 이유는 바로 디아스포라의 비극을 경험한 고려인들의 거주 비율이 높은 지역이기 때문이다. 외국국적을 가진 동포의 비율이 높은 대표적인 지역은 중국과 CIS 지역이며 중국국적의 재중동포 수는 20만이 넘어 중국 거주 재외동포의 86.3%에 달한다.

CIS 지역에 거주하는 외국국적을 가진 재외동포의 통계는 약 40만 명으로 2017년 우리나라 전체 재외동포 743만 182명의 1%에도 미치지 못하는 적은 숫자에 불과하다. 그러나 고려인들은 소수민족으로서 오랜 시간 본국 역사와 문화의 단절 속에 살아가면서도 그들의 민족적 정체성을 유지, 발전시켜온 소중한 우리의 역사이며, 일부이기 때문에 40만의 고려인들은 재외동포 그 이상의 의미를 지닌다.

고려인들이 한민족임에도 불구하고 우리나라와의 장시간 단절 상태에 놓인 까

〈표 1-3〉 재외동포 현황(2017): CIS 지역

단위: 명

국가 \ 연도	재외국민			외국국적 동포 (시민권자)	동포 총계	외국국적 비율(%)
	영주권자	체류자				
		일반	유학생			
유럽 지역 6개국	216	3,370	1,415	91,337	96,296	77.75
러시아	184	2,883	1,277	76,918	81,220	94.7
우크라이나	25	260	74	12,711	13,070	97.3
벨라루스	7	44	40	1,265	1,356	93.3
몰도바	0	5	9	70	84	83.3
아르메니아	0	8	0	358	366	97.8
아제르바이잔	0	170	15	15	200	0.08
중앙아시아 5개국	161	5,998	854	304,096	311,470	88.24
카자흐스탄	132	1,729	102	107,169	109,133	98.2
우즈베키스탄	18	2,363	89	178,607	181,077	98.6
키르기스스탄	11	1,416	651	16,597	19,035	87.2
타지키스탄	0	124	12	638	774	82.4
투르크메니스탄	0	366	0	1,085	1,451	74.8
전체 CIS 총계	377	9,368	2,269	395,433	407,766	83

자료: 외교부(2017), 재외동포 정책 및 현황.

닮은 당시의 시대상황에 기인한다. 1991년 구소련 해체 이전, CIS 지역은 한국인이 갈 수 없는 곳이었다. 우리나라는 양극화된 국제정세 속에서 재외동포에 대한 북한의 영향력이 커지는 것을 막고자 하는 데 중점을 두었고, 당시 우리나라와 구소련이 미수교 국가였기 때문에 해당 지역 고려인들과의 교류는 거의 불가능하였다. 그래서 냉전이 끝날 때까지 한국인들은 고려인에 대해 잘 알지 못했고, 정부도 고려인을 동포정책 대상에서 제외하였다.

그러나 1991년 탈냉전 이후 고려인도 정부의 재외동포 통계에 포함되었다. 1999년 발표된 〈재외동포의 출입국과 법적 지위에 관한 법률〉에서는 고려인이 재외동포 범위에서 제외되었지만, 헌법 소원 등의 과정을 거쳐 재외동포법이 개정된

2004년 3월부터 고려인도 법적으로 재외동포 지위를 누리게 되며 CIS 지역 고려인들에 대한 국가적 차원의 관심도 증대되었다(외교통상부, 2006; 오정은 외, 2015).

이러한 흐름에 발맞추어 우리나라 정부는 그간 소외된 독립국가연합 재외동포에 대한 지원정책을 체계화할 필요성을 인식하였다. 2005년 12월 14일에는 총리주재 제5차 재외동포정책협의회를 열어 한민족정체성 확립과 안정적 현지정착 지원을 통한 '한민족 네트워크 및 인적자원 확충'을 목표로 러시아 · CIS 재외동포 종합지원대책을 확정하고 ① 한국어교육 기회 확대, ② 동포학생 유학지원 및 초청연수 확대, ③ 민족문화 정체성 유지, ④ 현지 재외동포의 국내 취업기회 확대, ⑤ 현지 정착활동 지원의 5대 역점과제를 마련하여 고려인의 현지 정착 및 민족정체성 유지를 위한 노력을 기울이고 있다(외교부, 2005).

2) CIS 고려인의 국내 유입 현황

앞서 논의한 바와 같이 1991년 구소련 체제 붕괴 이후, CIS의 고려인들은 중앙아시아 지역을 벗어나 극동지역이나 국외로 이주하는 경우가 많았다. 2000년대 후반 무렵부터 고려인들은 한국으로의 이주 흐름을 형성하기 시작하여 현재 약 3만명 정도가 국내에 체류하고 있으며, 점차 증가추세를 보일 것으로 전망하고 있다(이은정, 2015).

고려인의 한국 이주는 1990년대 발생한 심각한 실업난과 미래에 대한 불투명성, 민족주의 정책 등 해당 국가의 정책적 압박과 악화된 경제여건이라는 배출요인과 한국의 재외동포에 대한 일부 우호적인 이민정책과 같은 흡인요인의 상호작용에 기인하여 급증하고 있다(김경학, 2014; 2016; 오정은 외, 2015).

고려인들이 나고 자란 곳을 떠날 수밖에 없었던 배출요인으로는 중앙아시아 국가들에서 진행된 이슬람 민족주의의 부흥, 주류민족 중심의 언어정책, 소수민족에 대한 취업과 교육 기회의 제한 등이 지적된다. 이러한 배출요인은 특별히 고려인에게만 해당되는 것은 아니고 중앙아시아 지역 국가에서 소수민족으로 거주하는 다른 민족들에게도 공통적으로 적용되었다(오정은 외, 2015: 11).

거주국의 배출요인 이외에도 김게르만(2004)은 고려인의 민족적 특성을 이주와 관련지어 설명하였다. 원동[7] 지방으로 돌아가려는 고려인의 욕구와 원동지방 정부의 지원 및 한국의 각종 단체의 지원, 고려인의 내적 단결을 도모하는 민족적 경향과 단체 결성, 고본질이라 불리는 고려인 특유의 자영농 활동, 고려인의 높은 도시화와 교육수준, 개인주의적 성향, 성공지향성 등이 고려인의 이주를 촉진하였다는 것이다.

위에서 기술한 이주의 배경이 된 현지 및 민족적 특성 이외에 고려인에 대한 한국의 흡인요인도 고려인 국내 이주 증가의 원인으로 분석된다.

1990년대 이후 이루어진 한국과의 접촉에서 비롯된 기대의 상승, 한국 정부와 NGO 등의 협력으로 이루어진 고려인의 한국방문 기회 증가, 현지에서 한국어와 한국문화에 대한 관심 증대, 한국의 높은 경제성장률에 따른 고용기회 증가 등의 상황이 한국 귀환에 대한 '동포로서의 기대와 희망'을 가질 수 있게 한 것으로 보인다(강희영, 2013). 주목할 점은 고려인들의 대다수가 여전히 한국어로 의사소통을 하지 못하고, 러시아어가 한국에서 잘 통용되지 않음에도 불구하고 고려인의 한국행이 증가하고 있다는 사실이다. 고려인들이 출신국가를 떠날 때 한국 이외에도 러시아를 비롯하여 언어가 통하는 다른 CIS 국가로 이주할 수도 있지만, 러시아어 사용 환경이 열악할 뿐만 아니라 국적 취득이 보장되지 않는 한국으로 이주하는 사람이 많다는 사실은 한국의 흡인요인 덕분이라 할 수 있다(오정은 외, 2015: 13-14).

이러한 대한민국의 국가 정책적 흡입요인 외에도 강희영(2013)은 고려인의 한국행 이유를 민족의 뿌리와 근원에서 찾는다. 고려인들에게 한국은 연해주와 더불어 국외이주의 목적지로서 특별한 의미를 지닌다고 설명한다. 연해주는 1937년의 강제이주 이전 고려인들의 전통적 거주지였기 때문에 현재의 고려인들에게는 선조

7) 원동이란 극동지방을 일컫는 고려인들의 말이다.

의 고향으로서의 의미를 지니며, 한국도 고려인이 가지는 역사적 뿌리와 사회적 연고라는 의미가 부여되었다는 것이다(강희영, 2013). 그래서 고려인의 한국행은 연해주행과 마찬가지로, 이산과 디아스포라의 관점에서 형성된 '고향지향성'이 현실의 필요와 만나 이루어지는 것이다(오정은 외, 2015).

물론 고려인의 한국행에서 가장 우선적이고 직접적인 동기는 경제적 요인으로 분석된다. 고려인의 귀환과 이주에 관한 서사를 분석한 홍숙영(2017)의 연구에 따르면, 고려인들은 출신국을 고향으로, 한국을 조상들이 살던 땅으로 인식하고 있었으며 대부분 경제적인 어려움으로 인해 한국에 오게 된 것으로 나타났다.

한국의 임금이 출신국에 비해 크게 높고, 단순노무직 일자리를 찾는 것도 어렵지 않기 때문에 경제척 측면에서 매력적인 부분이 있다. 이러한 이유로 방문취업제 도입 이전에도 고려인들은 고용허가제를 통해 한국으로의 노동이주를 시도했다. 하지만 거주국에서 고용허가제를 통해 한국으로 노동이주하려는 사람들이 많았고, 현지의 여러 민족이 함께 신청하는 고용허가제를 통해 고려인이 한국으로 노동이주를 실현하기는 어려웠다. 국가별로 정해진 한국행 인원의 대부분이 주류민족에게 배정되기 때문이었다. 2007년 방문취업제 도입으로 고려인은 타민족과 별도로 취업을 위한 사증을 신청하고 발급받을 수 있게 되었고, 이를 계기로 고려인의 한국행이 급증했다.

법무부에 따르면 방문취업제[8]는 '재외동포의 출입국과 법적 지위에 관한 법률의 실질적 적용에서 상대적으로 소외 받아 온 중국 및 구소련 동포 등에 대한 차별 해소 및 포용 정책의 일환으로 도입되었으며, 이들에 대한 입국 문호 및 취업기회

---

8) 방문취업제의 개요(법무부 출입국관리국 외국적동포과, 2007)
(1) 복수사증 발급: 만 25세 이상의 중국 및 구소련 지역 등 거주동포들에 대해 5년 유효, 1회 최장 3년 체류할 수 있는 복수사증을 발급
(2) 입국문호 확대: 국내 호적이나 친인척이 없는 무연고동포들에 대해서도 입국문호를 확대, 무연고 동포에 대해서는 '외국인력정책위원회'에서 결정한 연간 허용인원 범위 내에서 선발
(3) 취업범위 확대 및 절차 간소화: 방문취업(H-2) 사증으로 입국한 동포들은 노동부 취업교육을 마치고 구직신청 후, 고용지원센터의 취업알선을 받거나 특례고용가능확인서를 발급받은 사업체에 자율적으로 취업할 수 있으며 신고만으로 사업체 변경이 가능

〈표 1-4〉 CIS 지역 재외동포 증감 추이

단위: 명

국가 \ 연도	2007	2009	2011	2013	2015	2017
유럽 지역 6개국	223,976	236,960	234,055	191,618	182,283	184,748
러시아	209,025	222,027	218,956	176,411	166,956	169,680
우크라이나	13,131	13,001	13,053	13,083	13,103	13,070
벨라루스	1,212	1,265	1,343	1,381	1,395	1,356
몰도바	124	126	126	127	130	84
아르메니아	351	378	358	363	357	358
아제르바이잔	133	163	219	253	342	200
중앙아시아 5개국	309,970	300,901	301,584	299,791	314,676	310,664
카자흐스탄	102,280	103,952	107,130	105,483	107,613	109,132
우즈베키스탄	184,600	175,939	173,600	173,832	186,186	181,077
키르기스스탄	20,900	18,810	18,230	18,403	18,709	18,230
타지키스탄	1,770	1,762	1,740	744	743	774
투르크메니스탄	420	438	884	1,329	1,425	1,451
전체 CIS 총계	533,946	537,861	535,639	491,409	496,959	495,412

자료: 외교부(2015, 2017), 재외동포 현황 참고.

확대 등으로 한민족 유대감 제고 및 고국과 동포 사회의 호혜적 발전의 계기를 마련하는 데' 목적이 있다(법무부 출입국관리국 외국적동포과, 2007).

이러한 현지 배출요인과 한국의 흡입요인의 영향으로 최근 CIS 지역에 거주하는 고려인 수는 점차 감소추세를 보이고 있다. 〈표 1-4〉는 CIS 지역 11개국에 거주하는 재외동포 인원 통계표로, 현지 동포 수가 증감을 반복하면서 전반적으로 감소추세에 있음을 보여준다.

CIS지역 재외동포 수에는 한국인 거주자도 포함되어 있기 때문에, 엄밀한 의미에서 CIS지역 동포 증감추이를 통해 현지 고려인 수의 증감을 설명하는 것은 정확하지 않을 수도 있다. 그러나 〈표 1-4〉에서 보는 바와 같이 CIS 지역은 외국국적 동포 비율이 평균 90%에 달하고, 대다수의 CIS 국가에서 한국인이 현지 국적을 취득하는 경우가 매우 제한적이다. 이런 상황을 바탕으로 외국국적 동포를 고려인으로 추정하면, 최근의 CIS 현지 동포 감소추세를 고려인 감소추세로 간주해도 무리는 없을 것이다(오정은 외, 2015: 12-13).

이러한 CIS 지역 고려인 동포의 감소는 국내 유입 고려인의 증가와 연결된다. 그러나 국내 거주 고려인 증가가 한민족 유대감 제고 및 고국과 동포 사회의 호혜적 발전의 효과를 거두고 있는지는 의문이다. 대다수의 국내 거주 고려인들은 한국에서 한국인들과 매우 제한적인 접촉을 하고 있다. 또 언어문제 및 타지에서 발생할 수 있는 각종 문제와 불안감 등으로 인해 고려인들의 생활권 내에서만 지내는 것에 안정감을 느끼며 그들만의 국내 네트워크를 형성해나가고 있다(홍숙영, 2017). 따라서 국내 유입 고려인의 양적 증가와 더불어 그들을 우리 사회의 일원으로 받아들이고자 하는 사회적 차원의 노력이 지속되어 삶의 질을 제고하고 국내 정착을 도울 수 있는 지원책이 마련되어야 할 것이다.

고려인들은 고려인특별법에 의해 동포 자격을 부여받지만, 제한된 기준으로 국내에 체류하는 고려인 4세, 5세들의 보육과 복지 등 각종 지원의 어려움이 이들의 정주를 어렵게 하는 것으로 나타났다(홍숙영, 2017). 고려인 사회의 또 다른 문제는 희망이 없는 젊은 세대이다. 많은 고려인이 1년 이내의 단기로 연금 없이 일하고 있으며 생활비가 비싼 한국에서 저축을 하는 것도 쉽지 않다. 이러한 연금이나 저축이 불가능한 불안정한 생활은 가난한 노년을 초래할 우려가 있다. 이 문제를 걱정하는 고려인 커뮤니티는 고려인들에게 취업기간의 제한을 철폐하고 취업에 있어 한국인과 같은 대우를 해주기를 희망한다(배명숙, 2017). 따라서 고려인들이 한국에 정착하기 위해서는 한국인과 고려인이 서로의 언어와 문화, 생활방식을 이해하고 상호 소통해야 하며 고려인의 취업과 교육, 지위 등에 관한 법제도를 정비해야 할 필요가 있다(홍숙영, 2017).

3. 고려인에 관한 연구동향

중앙아시아에 거주하는 고려인의 역사는 중국에 거주하는 재중동포(조선족)의 역사와 더불어 가장 오래된 재외동포 이주 역사이다(동북아평화연대, 2013). 지난 2014년은 조선 후기 13가구의 한인이 원동 지역에 정착하면서 시작된 러시아 지역 한인 이주 150주년이 되는 해였으며, 전직 대통령의 우즈베키스탄 · 카자흐스탄 · 투르크메니스탄 등 중앙아시아 3개국 순방을 계기로 고려인에 대한 관심이 높아진 해이기도 하다(이남주, 2015).

중앙아시아 지역 고려인은 강제이주라는 사건을 거치며 이주의 단계에서부터 다른 국가에 형성된 한인 사회와는 다른 특징이 있다. 고려인 강제이주는 중앙아시아 고려인 사회 형성의 계기가 되었으며, 이후 고려인은 소수민족으로서 해당 국가 체제에 동화, 적응해가며 새로운 한민족의 터전을 만들기 위한 노력을 기울였다(백태현 · 이애리아, 2000).

고려인에 대한 연구는 고려인 이주 역사의 배경과 원인에 대한 실제적인 사실을 알 수 있는 과정으로, 민족 · 역사 · 문화적 측면에서 고려인이 갖는 의미를 탐구할 수 있는 중요한 작업이며, 주로 중앙아시아 현지에 거주하는 고려인들을 대상으로 한 조사연구가 주를 이루고 있다(장동훈, 2013). 현지조사는 관찰, 면담, 사례연구 등 다양한 방법을 활용하여 고려인의 역사와 삶을 탐색하므로 구소련 해체 이전까지 단절되어 있었던 고려인의 삶과 공동체에 대한 심층적 연구를 가능하게 한다.

중앙아시아 지역의 많은 고려인들은 독립국가연합 출범이후 새로운 국가에 적응, 소수민족으로서의 정체성 유지, 연해주 재이주 등 국제정세 및 시대상황에 기인한 변화의 흐름에 또다시 적응해야 하는 과제를 안고 있다. 1991년 이후, 우리나라에서는 고려인을 재외동포에 포함하였으며 이후 지속적으로 국가적 차원의 관심이 증대되고 지원도 확대되고 있다. 국내로 유입되는 고려인의 수도 점차 늘어나 광주, 안산 등 고려인 마을(고려인 밀집 거주지역)이 형성되며 한민족으로서 새로운 삶을 살아가고자 하는 변화도 보이고 있다. 이러한 국가, 민족, 시대적 배경의 변화는 고려인의 삶에 영향을 미쳤으며, 고려인의 삶과 역동은 우리나라 역사의 일부이므로 그들의 삶에 관해 심층적으로 고찰하며 역사, 문화, 민족, 생활사 등 다양한 측면에서 연구가 이루어질 필요가 있다. 따라서 고려인 연구는 단순한 재외동포 연구 그 이상의 가치를 지닌다.

1990년대 이후 고려인 연구가 어떻게 이루어졌는지 분석하고자 학술연구정보서비스에서 고려인으로 검색되는 학술자료 중 토론문, 단행본, 기행문, 기사 및 독립운동 관련 논문을 제외한 154편의 논문을 살펴본 결과(2017. 12.), 대부분의 연구(153편)가 2000년대 이후 이루어졌으며, 2015~2017년 3년간 국내외 학술지 및 학술대회에 발표된 고려인 관련 연구가 전체의 약 23%(35편)에 달할 정도로 '고려인 이주 150주년' 이후 연구가 활발히 이루어지고 있음을 알 수 있었다.

고려인에 관한 연구 주제는 문화예술, 중앙아시아 정착, 한국 이주, 생애사(구술사), 강제이주 및 재이주, 정체성, 차세대(고려인 3, 4세), 한국어교육, 농업, 음식, 여성의 총 11가지로 분류되었으며 그 외 1, 2건의 연구만 이루어진 명절, 아동, 사할린 통합, 경제활동, 언론, 주거, 통일 대비, 한국협력 등의 주제를 기타로 분류하였다.

〈표 1-5〉에서 보는 바와 같이 고려인 연구는 문화예술 관련 연구가 33.8%로 가장 높은 비율을 차지했다. 고려인의 문화예술은 구소련 해체 이전까지 말살되고 억압받았지만 한민족적 근원으로부터 멀어지지 않았다. 그들은 역사적 상황과 시대적 특성을 반영한 민족적 뿌리를 유지하려고 노력하며 그 안에서 고려인만의 독창적이고 새로운 한민족의 문화를 창조했다. 이러한 민족문화 전승은 후손들에게 전해지며 민족적 문화 전통 유지와 부활에 기여하고 있다(김영술, 2007). 이러한 점에서 문화예술 연구는 어떤 분야나 작품, 작가에 대한 연구에서 더 나아가 소수민족으로 살아온 고려인들의 정체성 분석으로 연결될 수 있으며, 그들의 생존전략과 살아남기의 과정을 고찰할 수 있는 중요한 연구 주제라 할 수 있다.

문화예술 연구는 구비문학, 시, 극, 문학, 영화, 음악, 출판, 영상물 등 문화예술 전반에 관한 주제를 다루고 있었다. 강현모(2011; 2012; 2013; 2015a; 2015b)는 고려인 구비

<표 1-5> 고려인 연구동향 분석결과(1991~2017)

구분	주제	논문 편수(편)	비율(%)
1	문화예술	52	33.8
2	중앙아시아 정착	23	14.9
3	한국 이주	15	9.7
4	생애사(구술사)	12	7.8
5	강제이주 및 재이주	10	6.5
6	정체성	10	6.5
7	청년(차세대)	6	3.9
8	한국어교육	4	2.6
9	농업	4	2.6
10	음식	4	2.6
11	여성	3	2.0
12	기타	11	7.1
계		154	100

문학 분석을 통해 중앙아시아 각국에 거주하는 고려인 사회의 특징과 구비문학의 전승 양상 및 특성을 분석하였다. 이러한 구비문학 분석은 단순한 문화예술적 접근에서 더 나아가 카자흐스탄, 키르기스스탄, 우즈베키스탄 등에 거주하는 고려인들의 역사 및 민족성과 정체성에 관한 논의와 더불어 이주국가에 따른 정체성의 변화와 유지의 차이를 기술하는 등 한민족으로서 고려인의 삶을 들여다보는 중요한 도구로써 구비문학이 활용되었다는 특징이 있다.

박안토니나(2013; 2015)는 한국문학의 한 유파로 주목받는 구소련의 고려인 소설에 관한 연구를 수행하였다. 고려인 소설이 고려인의 다양한 삶과 꿈이 담겨 있는 재외 한인 문학의 소중한 유산이라는 관점에서 고려인 소설 속에 담긴 삶의 모습과 지역 공간, 의례 등에 관해 연구하였다. 또 고려인 문학 현황과 변모 양상 등의 분석을 통해 고려인 문학 연구에 대한 필요성을 제기하였다.

고려인 문화예술 연구는 음악 분야에서도 활발히 이루어졌다. 김보희와 엄경희(2009)는 고려인 문화예술단체의 고려인 음악활동에 관한 분석을 통해 고려인 문화예술단체들이 한민족 디아스포라의 문화를 발전시키고 후손들에게 문화를 전수하는 중요한 역할을 담당하고 있으며, 고려인들이 민족예술에 관심을 갖고 모국 문화를 전승하려는 의지가 높음을 기술하였다. 이러한 연구 결과는 고려인들이 음악 및 각종 문화예술 활동을 통해 그들이 가진 민족적 정체성 및 민족문화를 전승, 유지하고자 한다는 것을 보여준다.

문학과 음악에 담긴 고려인의 삶을 통해 소수민족으로서의 정체성과 민족성 측면의 의미를 도출할 수 있다면 시는 고려인들의 민족성과 정체성에 대한 의식을 표출하는 문화적 수단이 되었다.

시는 마음속에 떠오르는 생각이나 느낌을 압축하여 글로 나타낸 것으로 정서 표현에 중점을 두는 문학의 한 갈래이다. 비유, 상징, 의인, 대유 등 함축적이고 상징적인 기교를 사용하여 반어적이고 역설적인 표현을 통해 작가의 인식을 표출한다. 이러한 특성에 기인하여 고려인들의 시에서도 그들의 중앙아시아에서의 삶과 떠나온 조국과 고향에 대한 인식과 태도를 엿볼 수 있다.

고려인 시에 관한 연구 주제는 시 세계 변화 양상 고찰, 시를 통한 고려인의 사회통합형태 분석으로 분류되었다. 김낙현(2015)과 이승하(2011)는 고려인 시 세계의 변화 양상 연구를 통해 소련의 개방정책 이전까지 금기시 되었던 민족의식 표출이나 강제이주에 대한 언급이 구소련 해체 이후 직접적으로 표출되며 조국과 고향에 관해 노래하는 양상을 분석하였다. 홍용희(2010)도 고려인의 시에는 현지 삶에 대한 적응과 고국에 대한 향수를 노래하는 양상이 발견되며, 조국에 대한 향수는 악몽과 같은 현실의 부각으로 연결되는 이중적 속성을 내포하고 있음을 기술하였다.

송명희(2012; 2015)는 고려인 시에 재현된 인식과 삶을 사회통합적 측면에서 고찰하였다. 고려인의 시에서는 소련을 조국으로 표현하며 당시의 삶에 만족감을 표현하는 등 '동화'적인 태도가 분석되었으며, 이는 스탈린의 강력한 동화주의 정책에 의해 고려인들이 주류집단 동화에는 적극적이었던 반면 민족문화의 정체성 유지에는 소극적으로 대응할 수밖에 없었던 시대상황에 기인한 것으로 파악된다.

이처럼 문화예술 연구의 주요 키워드는 정체성, 민족성, 민족문화 전승, 디아스포라, 동화, 변화 등으로 고려인들이 중앙아시아 정착 및 재이주 등의 역사를 통한 정체성 유지와 변화 양상, 민족문화 전승 양식, 문화예술에 나타난 디아스포라적 의미 분석, 문화예술을 통한 고려인 삶의 변화를 고찰하였다.

두 번째로 높은 연구 비율을 차지하는 연구 주제는 고려인의 중앙아시아 사회 정착과 적응이었다. 해당 주제의 키워드는 정체성, 민족문화, 민족관계(민족화), 디아스포라 등으로 문화예술과 마찬가지로 고려인의 중앙아시아 이주 이후 정착과 적응에 관한 고찰을 통해 민족정체성의 변화, 민족문화 및 민족관계의 변화를 분석하며 코리안 디아스포라의 의미를 도출하였다.

문화예술이 언어와 음악이라는 표현수단을 매개로 고려인의 인식과 삶, 역사를 간접적으로 표현하는 수단이었다면, 고려인의 정착과 적응에 관한 학술연구는 그들의 생활과 인식의 내면을 심층적으로 들여다보고 분석하는 실제적이고 사실적인 기술이다.

고려인의 러시아와 중앙아시아 정착과정 및 양상은 각 국가별 특성에 따라 달라진다. 그래서 관련 연구도 러시아, 우즈베키스탄, 카자흐스탄, 키르기스스탄, 타슈켄트 등 국가별 적응형태 및 특성을 분석하는 것과 더불어 중앙아시아 지역 전체를 아우르는 연구도 함께 병행되었다.

중앙아시아 지역에 거주하는 고려인들은 구소련 해체 이전까지 다민족적 환경에서 살아왔다. 그러나 CIS 독립 이후 독립된 국가에서 새로이 적응해야 하는 문제를 안게 되었고, 이는 새로운 국가에 생존하고 정착하기 위한 노력으로 이어졌다. 특히, 러시아어를 사용하던 고려인들은 현지 국가에서 언어문제와 함께 사회, 문화적 문제로 이중의 고통을 당하며 어려움을 겪었다. 그럼에도 불구하고 거주하는 국가의 환경과 특성에 맞는 생존 전략을 찾았고, 고려 사람의 근면과 다른 민족들과의 우호적 관계 덕분에 가장 유명하고 인정받는 소수민족으로 자리 잡게 되었다(선봉규,

2014; 엄안토니나, 2009; 한발레리, 2011; 홍웅호, 2014).

강제이주 직후, 고려인들은 중앙아시아 정착과정에서 생존을 위하여 현지사회에 동화되는 전략을 택하였다(송명희, 2012; 2015; 장윤수, 2007). 독립국가연합 출범 이후에도 현지사회의 다수민족이 동화를 요구하고 있으며, 이러한 민족주의화와 현지어의 국어화 등은 고려인의 적응에 큰 걸림돌로 작용하고 있다(장윤수, 2007).

거주 국가에서의 동화 요구에도 불구하고, 고려인들은 한민족의 정체성과 한국 문화적 전통 계승에 관심과 노력을 기울이고 있다(김혜진, 2010). 강재식(2001)의 연구에 따르면 중앙아시아 고려인의 민족 통혼율이 5~10%의 낮은 비율을 나타낸다고 한다. 강제이주 이후 60여 년간 모국과 단절된 역사를 살았음에도 불구하고 고려인들 간의 결혼이 일반적이라는 것은 고려인들의 강한 민족성과 정체성을 지키기 위한 노력이라 분석할 수 있다. 독립국가연합 출범 이후 카자흐스탄, 우즈베키스탄, 키르기스스탄 등 해당 국가에서 주도권을 행사하고 있는 현지 민족과의 통혼율이 높아지고 있으며, 이를 통해 해당 사회에 적응하고 더 나은 사회적 지위 확보를 위하여 고려인의 의식이 변화되고 있음을 알 수 있다.

고려인들의 중앙아시아 정착과정에서 드러나는 가장 큰 특징은 높은 교육열로, 항상 교육에 일차적 의의를 부여해왔다. 이는 러시아 이주, 식민 지배 등의 민족적 고통이 부강하지 못한 국가적 상황에서 기인하였기 때문에 교육을 통해 타향에서나마 부단히 지식을 연마하며 민족적 특성과 강인함을 기르기 위해 노력한 것으로 분석된다. 그래서 1937년 중앙아시아 이주 후 고려인들은 새로운 학교를 개설하며 자녀교육을 위해 노력했고, 질 높은 교육을 통해 사회적 신분 상승을 도모하고자 하였다(김문욱, 1999; 장윤수, 2007; 홍웅호, 2014).

또한 CIS 지역 각국에 정착하는 고려인들의 고려인 협회의 활동이나 중앙아시아 정착을 통한 '유라시안 코리안 문화' 창조, 고려인 밀집 거주 마을의 '신코리아타운' 발전 가능성 등에 대한 연구를 통해 고려인의 한국문화 계승과 확산에 대한 노력과 발전 가능성을 제시하였다(임영상 · 박마야, 2010; 최야나 · 임영상, 2017; 한발레리, 2011).

고려인의 강제이주 이후 중앙아시아 정착과 적응에 관한 연구는 정체성, 문화,

적응, 다문화 등의 키워드로 정리되며, 소수민족으로서 그들이 어떻게 살아왔는지에 대한 종합적 분석이라 할 수 있다.

1991년 독립국가연합 출범 이후, CIS의 고려인들은 극동지역이나 국외로 이주하는 경우가 많았으며, 2000년대 후반 무렵부터 한국으로 이주하기 시작하여 현재 약 3만 명 정도가 국내에 체류하고 있다(이은정, 2015). 이러한 시대적 흐름에 따라 고려인의 한국 이주도 연구의 주요 주제로 주목을 받기 시작하여 2013년부터 본격적인 연구가 시작된 것으로 분석된다.

고려인의 한국 이주 연구는 총 15편으로 집계되었는데, 그중 광주 고려인 마을에 대한 연구가 8개, 57%로 높은 비율을 보였다(김경학, 2014; 2015; 김나경, 2013; 김영술 · 홍인화, 2013; 선봉규, 2016; 정막래 · 주동완, 2017).

고려인의 한국 이주 연구는 이주배경, 귀환, 정체성, 이주자 네트워크, 문화, 사회통합 정책 등에 대해 주로 다루고 있으며 한국 이주 고려인들의 귀환에 따른 정체성의 변화, 자발적인 이주자 네트워크 형성 및 한국 이주에 따른 문화 변화 양상, 고려인 이주자의 한국 사회 통합을 위한 제언 등이 담겨 있다는 공통점이 발견되었다.

고려인의 강제이주, 재이주에 관한 연구의 키워드는 강제이주, 재이주, 적응, 정체성 등으로 강제이주의 역사 및 재이주의 배경, 이주에 따른 적응과정 등을 역사적 관점에서 고찰함과 동시에 그러한 고찰을 통해 고려인의 정체성에 관한 논의가 함께 이루어졌다는 특징이 있다(강니꼴라이, 2006; 김중관, 2016; 심헌용 · 김상철, 2007; 윤병석, 2005; 이원봉, 2001; 이채문 · 박규택, 2003; 전신욱, 2007).

강제이주, 재이주에 관한 연구는 이주 과정에서의 정착과 적응양상에 관해 다루고 있기 때문에 앞서 논의한 중앙아시아 사회 정착 및 적응과도 관련되는 주제라 할 수 있다. 그러나 강제이주나 재이주 연구가 이주의 원인과 역사적 배경에 관한 고찰이 주로 이루어진 반면, 정착 및 적응에 관한 연구는 이주 이후의 삶에 초점을 맞춘 연구라는 데서 차이가 있었다.

고려인의 정체성에 관한 연구분석 결과, 주요 키워드는 민족정체성으로 고려인의 생활, 문학 등의 분석을 통해 이주에 따른 정체성의 변화 및 민족정체성 유지를 위한 교육 등을 다루며 민족정체성 유지를 위한 노력을 다루고 있다(김게르만, 2009; 김명훈, 2013; 반병률, 2008; 성동기, 2012; 오세호, 2016; 전형권 · Yulia, 2006; 정병진 · 남빅토르, 2011).

정체성 연구 역시 중앙아시아 사회 정착 및 적응에서 많이 언급되었던 정체성과 중복되는 논의이지만, 중앙아시아 사회 정착과 적응에 관한 연구가 고려인의 문화, 교육, 생활 등 다양한 삶을 고찰하며 연구 결과 분석과정에서 정체성과 관련한 결론이 도출되었다면, 정체성 연구로 분류되는 주제의 경우 정체성 유지와 변화 양상에 관한 직접적인 논의가 이루어졌기 때문에 다른 주제로 분류하였다.

이 외에도 고려인 한국어교육, 고려인 후세 연구, 고려인의 정착과 미래지향적 관점에서 농업 분석 연구, 생애사 연구 등 다양한 연구가 이루어졌다.

한국어교육은 고려인의 이중언어교육과 언어교육 고찰을 통해 모국어교육을 통한 민족정체성 유지 노력을 고찰하고 있었으며(갈라노바 딜노자 외, 2016; 윤금선, 2014; 임경화, 2016; 지충남 · 양명호, 2016), 청년 연구는 고려인 3, 4세에 관한 연구로 고려인 후손들의 현황 및 민족문화 유지계승을 위한 노력, 그들이 안고 있는 문제점 등을 고찰하며 지원의 필요성을 제시하였다(임영상 · 김상철, 2000).

농업 연구는 중앙아시아 강제이주 및 재이주에 따른 고려인의 농업 및 특히 연해주 재이주 이후 이루어진 농업 연구를 통해 민족적 차원에서 통일 농업 방안에 관한 미래지향적 관점에서 농업을 기술하였다(김현동, 2007; 박영진, 2007; 신명섭, 2006; 이봄철, 2007).

마지막으로 생애사 연구는 고려인의 삶을 통해 이들의 사회 적응과 통합과정을 탐색하고, 생애사 분석을 통한 디아스포라적 의미를 분석하고자 하는 두 가지 주제로 분류되었다(고가영, 2008; 김영순 · 최희, 2017; 배은경, 2008; 선봉규 · 전형권, 2012; 이병조, 2012; 임영상, 2003; 황영삼, 2008; Чжон, Бон-Су, 2013). 연구방법적 측면에서 고려인 구술생애사 연구는 개인의 출생, 이주, 적응을 거쳐 현재까지 살아온 생애 역사로서 코리안 디아스포라 생활사에 대한 심층적 이해를 가능하게 해주기 때문에 중요한 의미를 지닌다(박경용, 2012). 즉, 생애사 연구는 고려인의 삶에 관한 이야기를 통해 그들의 이주와 적응, 정체성 유지 등 고려인으로서의 인식과 삶을 분석할 수 있다. 또한 그들만의 독특한 역사 속에서 살아온 있는 그대로의 모습들을 이해하고 받아들이는 시도를 통해, 고려인 역사에서 드러난 현상들에 대한 근본적이고 심층적인 이해를 가능하게 해준다(고가영, 2008).

지금까지 살펴본바와 같이 고려인 연구의 주요 키워드는 정체성, 디아스포라로 고려인의 강제이주와 재이주, 한국 귀환이주에 따른 정체성 유지 노력과 변화 등에 따른 연구가 주로 이루어졌으며 디아스포라적 관점에서 고려인의 중앙아시아 사회 정착 및 재이주, 한국 귀환이주를 고찰하고 있었다.

대부분의 연구에서 공통적인 키워드로 가장 많이 언급되는 주제는 바로 민족정체성이었다. 그러나 기존의 연구들은 해당 시기의 역사적 고찰만을 담아내기 때문에 1937년 강제이주 이후 고려인들이 중앙아시아 국가에서 지금까지 어떻게 살아왔는지 적응과 사회통합에 관한 심도 있는 연구가 이루어지지 못했다는 한계가 있다(정성호, 1997; 장동훈, 2013; 정진아, 2014). 정체성 연구는 고려인 삶의 구체적인 이야기를 통해 다양하고 심도 깊은 분석이 이루어질 수 있으므로 생애사 연구를 통한 고려인의 삶과 정체성, 디아스포라적 의미를 도출하는 연구가 지속적으로 이루어져야 할 것이며, 그러한 의미에서 자서전적 글쓰기 및 포토텔링 연구는 그들의 삶의 자세한 부분까지 알 수 있다는 데에서 의미를 가진다.

2장
알마티 고려인 연구의 여정

1. 연구 여정

1) 고려인의 이야기에 주목하다

2010년 평범한 어느 날이었다. 여느 날과 다름없이 연구실에서 뭔가에 열중하고 있었던 것 같다. 연구실 문을 두드리는 노크 소리가 들렸고, 내 기척에 응답하듯이 문이 열렸다.

"안녕하세요."

목소리에 고개를 돌려 문을 보니 멀끔하게 생긴 남학생이 서 있었다. 학부생은 아닌 것 같고, 대학원 수업에서도 본 적이 없는 젊은이였다. 손짓으로 테이블에 앉으라 이야기하고는 어떻게 오셨냐고 그에게 물어봤다. 내 말에 그는 이렇게 대답했다.

"저는 고려 사람입니다."

TV에서, 논문에서만 만나던 고려인과의 첫 만남이었다. '고려인'보다는 '고려 사람'[9]이라 불리길 원했던 나의 첫 번째 고려인 제자는 이 땅의 수많은 고려인들을 역사책 속에서, 논문 속에서, TV 화면 속에서 현실 세계로 소환시켰다. 그의 이름은 황이고리, 그는 내게 고려인 연구의 출발을 결심하게 한 인물이며, 연구의 촉매제가 되었다. 그는 석사과정 중 고려인 생애사 아카이브 관련 주제로 석사 논문을 쓴 후 지금은 한국의 문화콘텐츠 기획 관련 회사의 연구원이 되었다. 그와의 첫 만남은 그에게도, 나에게도, 우리 연구팀에게도 새로운 연구 여정의 시작이 되었다.

고려인에 대한 국내의 연구는 그간 역사학의 영역에서 주로 이루어졌다. 특히, 조선 농민의 계층 분화에 따른 빈민층의 증가, 일본의 침략과 독립운동 등으로 한인들이 러시아 연해주로 이주한 19세기 후반부터 1937년 스탈린에 의한 강제이주 직후의 역사가 다양하게 변용되어 전해지고 있다. 고려인에게 강제이주는 단순한 지역 이동이 아닌 그들의 삶의 방식을 통째로 바꾼 사건이었던 만큼, 그 시절을 경험한 이들의 기억과 그것의 기록은 매우 중요한 가치를 가지고 있다. 이러한 역사적 기록은 1990년 한국과 러시아, 중앙아시아가 수교를 맺은 그 이후부터 현재까지도 많은 역사학자, 재외동포 정책 연구자, 사회학자, 민족학자 등에 의하여 활발하게 연구되고 있다.[10]

고려인에 관한 연구의 초점이 강제이주에 맞추어지다 보니, 생각지도 못한 부작용이 생겨났다. 바로 강제이주와 그로 인해 추위와 배고픔에 떨었던 고려인들의 안타까운 경험이 현재를 살아가는 한국인들에게 고려인의 이미지로 각인된 것이다. 많은 한국인들에게 고려인은 추운 지역에서 가난하게 살고 있는 안타까운 동포

9) '고려인'은 현재 블라디보스토크, 하바롭스크, 파르티잔스크 등의 드넓은 극동 시베리아 지역이나 우즈베키스탄이나 카자흐스탄 등과 같은 중앙아시아에 살고 있는 조선인의 후예들이 스스로를 부르는 명칭이다. 이들은 스스로를 '고려인'이라고 부르기보다는 '고려 사람'이라 칭한다. 어떤 사람들은 자신들을 '고려인'이라 부르는 것에 심하게 반감을 보이기도 한다(임영상 외, 2005).

10) 앞서 1장에서 이와 관련되는 연구를 간략히 살핀 바 있다.

로 인식되었다. 이는 그동안 많은 연구와 대중매체가 고려인의 과거에만 초점을 맞추었기 때문이다. 그들은 지금으로부터 약 80여 년 전에 강제이주를 당했지만, 그들의 현재가 삭제된 과거만이 꾸준히 전달되면서 고려인들은 지금까지도 많은 이들의 인식 속에 강제이주를 당한 이미지로 각인되고 있다. 이 점은 이 땅의 연구자들이 고려인에 관한 한국인들의 인식을 전환시켜야 하는 책무를 갖게 한다.

내가 운영하는 연구실은 그냥 교수들의 단위연구실을 넘어 다문화에 관심이 있는 인하대의 교수들과 박사 후 연수 연구원 그리고 대학원 석박사 과정으로 구성된 연구소를 구성한다. 인하대 부설 아시아다문화융합연구소가 바로 그것이다. 우리 연구소는 시민들에게 다문화 사회에 필요한 다문화 감수성을 함양하는 방법을 연구하는 데 설립 목적을 두고 있다. 특히 민족성(ethnicity)에 기인한 다양성 연구에 중점을 두고 운영하고 있다. 다양성이 공존하는 사회가 구성되기 위해서는 타자에 대한 이해가 반드시 필요하다. 타자에 대한 이해는 타자를 있는 그대로 보는 것에서부터 시작한다. 우리 사회의 문화적 다양성을 고민하고 시민을 위한 다문화교육을 연구하는 우리 연구진의 주된 연구 범위는 국내에 체류 중인 외국인 노동자, 유학생, 결혼이민자 여성이었지만 고려인 대학원생의 등장으로 우리는 새로운 세계에 눈을 뜨게 되었다. 고려 사람이라면서 외국인 같은, 그런데 또 어떨 때는 아주 옛날 한국인 같은 그의 등장으로 우리는 우리, 그리고 사회에 정박된 고려인의 이미지를 확인할 수 있었다.

낯설지 않지만 낯선 고려인 대학원생을 두고, 많은 한국인 대학원생들은 초등학교 시절 새로 전학 온 친구에게 '어디에서 왔어?', '왜 전학 왔어?', '제일 좋아하는 가수는 누구야?', '아버지는 뭐하셔?' 등을 물어봤던 것처럼 이것저것을 물었다. 다소 무례함이 있었던 동료들의 질문에 그 친구는 '나는 고려 사람이다.'라고 자신을 소개했고 이것저것을 잘 이야기해주곤 하였다. 기특한 나의 제자들은 그의 이야기에 그치지 않고 논문으로, 저서로, 보고서로 고려인들의 삶을 탐색하기 시작했다. 공부한 것을 선생님께 자랑이라도 하듯이 활자로 구성된 질문을 그 친구에게 쏟아낸 지 몇 개월도 지나지 않아 어느 학생은 이렇게 이야기했다.

"거의 똑같네요."

앞서 2장에서 밝혔듯이 누군가의 평범한 이야기는 나의 평범한 삶으로 구성된다. 누군가의 특별한 이야기는 나의 삶을 한 번쯤 반추하게 한다. 그의 이야기와 나의 이야기가 특별나게 다르지 않음을 알게 되면 우리는 공감, 이해의 과정에 온전히 들어서게 된다. 바로 누군가의 사소한 이야기, 생애 이야기가 빛을 발하는 순간이다. 또한 특별한 이야기에서는 사회문화적 맥락을 이해 못 하는 데서 오는 막연한 슬픔이나 혹은 내가 그의 삶과 다른 데서 오는 안도감이나 행복함을 느끼기도 한다.

각종 기록물과 고려인들의 인터뷰로 구성되던 국내의 고려인 연구는 고려인들이 극동지역에 거주하다가 중앙아시아로 강제이주를 당한 지 70년이 되던 2007년을 기점으로 그들의 '생애'에 보다 주목하게 되었다. 이는 학문적 패러다임이 평범한 개인과 일상 세계, 생애사 등으로 변화한 것과 함께 고려인에 관한 연구가 본격적으로 시작된 지 10년이 지나 그들의 현재에 초점을 맞추게 되었기 때문이라는 것이 연구진의 판단이다.

고려인의 현재를 이야기하기 위해서는 이들을 대상으로 한 각종 설문조사 및 유용한 통계표가 필요하다. 이는 고려인 사회와 고려인들의 인식 등 '고려인'이라는 집단을 이해하기 위해 각종 연구에서 선행되는 작업이다. 하지만 고려인 개개인의 역사와 경험을 총체적으로 조명하기 위해서는 그들이 살아 온 생애'이야기'에 초점을 맞추어 연구가 진행되어야 한다. 이야기를 중심으로 진행되는 연구들은 개인이 살고 있는 사회라는 비교적 객관적인 상황 이외에 '개인'의 주관적 · 심리적 측면을 밀도 있게 드러낸다. 또한, 개인이 가지고 있는 사회에 대한 관점과 인식 등을 파악할 수도 있다. 따라서 우리 연구팀은 생애사 연구방법을 채택하였다.

생애사 연구는 개인의 삶에 관한 이야기를 수집하는 질적 연구방법이다. 따라서 생애사 자료는 현재까지 살아오면서 시간에 걸친 변화와 삶의 과정에 따른 운동성 있는 이야기를 자료로 수집해야 한다. 유철인(1998: 186-187)은 '사람들은 이야기하는 현재적 시점에서 지나온 과거를 해석하고 정당화한다. 반대로 과거에 대한 해석은 현재의 삶을 바라보는 관점을 제공해준다. 나아가서 과거와 현재를 넘나드는 과정을 통해 자기의 미래를 전망하게 된다'고 하였다. 즉 지나온 삶을 이야기할 때 과거와 현재 그리고 미래가 서로 영향을 주고받는 것이다. 생애사 연구에서의 아동기, 학령기, 청년기, 결혼기, 성년기 등의 시간적 개념들은 연구자가 참여자의 고유한 시기적 경험들을 확인하는 데 도움을 주고, 참여자가 당면했던 사회문화적 환경과 사건 등의 맥락을 개인적 삶과 관련하여 이해하는 데 유용하다(Miller, 2000: 27).

생애사 연구에서 타자의 삶을 이해하는 데 중요한 자료를 제공할 수 있는 연구참여자를 선정하는 것은 연구 진행상 가장 중요한 부분을 차지한다. 연구참여자 선정이 중요한 것은 단순히 자료를 얻기 위해서 뿐만 아니라, 연구 진행 중에도 끊임없이 관심 영역에 대한 수정을 하면서 이루어지기 때문에 엄밀한 의미에서 연구참여자는 연구의 핵심 과제와 한계를 만드는 데 기여하기 때문이다(조옥라, 1995: 219-220).

심층면담을 통하여 참여자는 자신이 살아온 삶의 이야기를 진솔하게 들려주고, 연구자는 이를 녹취하여 전사한다. 이를 통하여 획득되는 구술 자료는 일회성 이상 여러 번의 면담이 이루어진다(김영천, 2013: 220). 면담은 연구자들에 의하여 분석되었는데, 생애사 연구에서 분석과 해석 작업은 생애사 텍스트의 변환을 유도하는 매우 중요한 두 개의 축이다(김영천 · 한광웅, 2012: 29). 그러나 생애사 텍스트에 대한 철저한 분석이 결여된 연구자의 해석은 생애사 연구의 논리적 일관성과 정교함을 저하시킬 수 있고, 독자들로부터 공감을 불러오기 힘들다. 이러한 이유에서 정교한 분석은 설득력 있는 해석을 이끌어 내고, 논리적 일관성과 타당성이 전제된 심층적 해석은 보다 세밀한 분석을 유도한다.

고려인에 관한 대표적인 몇몇의 생애사 연구를 살펴보면 다음과 같다. 2012년에 출판된 이복규의 《중앙아시아 고려인의 생애담 연구》는 1931년 이전에 출생한 11명의 고령 고려인을 대상으로 조사한 것을 엮은 것이다. 강제이주를 경험한 고려인의 생애담의 문헌자료가 절대적으로 부족한 현재의 상황에서 이러한 경험을 한 고려인의 생애 이야기는 매우 소중하다(이복규, 2012). 이 연구는 1937년에 있었던 강제이주를 기억하고 이를 이야기로 전할 수 있는 이들이 현재 70대로 고령이라는 점을 고려하여 이들의 강제이주담에 초점을 맞추어 연구를 진행하였다. 또한, 2015년에 출판된 김균태, 강현모의《우즈베키스탄 고려인의 이주와 삶》역시 주목할 만한 생애 이야기 연구이다. 4명의 고려인들의 생애담과 함께 이들의 통과의례, 중앙아시아 정착 과정, 그리고 그들이 구술하는 설화를 엮었다.

이 외에도 고가영(2008)은 70세 전후의 성공한 원로 고려인 3인을 대상으로 생애사 연구를 하였다. 이 연구는 소비에트 체제의 변화와 원로 고려인들이 겪은 삶과 의식의 변화를 잘 보여주었다. 강제이주를 당했던 그들의 어린 시절은 그들에게 트라우마로 자리매김하였다. 이는 이들의 주어진 환경에 최대한 순응하면서도 성공하여 사회에서 흔들리지 않는 인물이 되어야겠다는 열망을 키우는 동력이 되었다. 황영삼(2008)은 고려인 학자 박 보리스드미트리예비치 교수의 생애를 연구하였다. 박 보리스드미트리예비치는 극동에서 출생한 이후 중앙아시아로 강제이주를 당하여 유년 및 청년 시절을 보냈다. 그는 시베리아 지역을 주요 거처로 삼아 살아왔으며 어려운 가정환경이었음에도 불구하고 대학 진학의 꿈을 실현하게 되었다. 배은경(2008)은 러시아 서시베리아 지역 최고의 과학자 중 한 명인 김 파벨과 그의 가족을 연구하였다. 연구 결과 김 파벨은 고려인으로서 선대 조상의 역사에 대한 자부심을 가지고 있었으며 고려인의 정신문화와 풍습을 보존하려고 노력하고 있음을 알 수 있었다.

고려인의 이야기는 하나의 '증언'이면서도 '소설'로 받아들여지고 있다. 기록으로 남아 있지 않은 사건과 사실을 찾아내기 위한 근거 자료로 구술 자료가 활용되는가 하면, 그것의 정확성과 신뢰성에 의심을 갖고 그것을 있을 법한 이야기로 취급하기도 한다. 이는 고려인의 이야기뿐만 아니라 세상의 모든 이야기, 세상의 모든 생애사, 생애담, 생애 이야기에 해당되는 것이다.

우리는 인하대학교 아시아다문화융합연구소에 학문수행의 발을 내딛은 한 명의 고려인 후손과 이야기를 하며 그를 이해할 수 있었던 것처럼, 그의 이야기를 통해 그와 우리가 다르지 않음을 이해했던 그것과 같은 이야기가 필요하다고 생각하였다. 우리는 일상생활에서 이야기를 이야기 그 자체로 본다. 일반적인 상황에서 이야기는 이야기 그 자체일 뿐이지 그것이 근거적 역할을 한다든가 그것에 허구성이 있어서 무엇인가를 즐겁게 한다거나 감춘다거나 돋보이게 한다고 생각하지 않는다. 이야기는 이야기되는 그 순간 이야기를 하는 사람과 그것을 듣는 사람을 연결하는, 소통하는, 공감하게 하는 매체로서 존재한다.

2013년부터 2017년까지 진행된 인하대학교 아시아다문화융합연구소의 '고려인의 삶과 그 이야기' 연구는 이러한 관점에서 출발하였다. 평범한 고려인의, 우리의 이야기를 찾는 것이 이 연구의 시작이었다. 특별날 것 없는 사람들의 이야기를 특별할 것 없는 사람들에게 전해주는 것. 그들의 삶의 이야기를 통해 그들이 '우리'와 함께 세상을 살아가는 세계시민의 일원임을 깨닫는 것이 이 연구의 목적이다.

2) 자료 수집 방법

이 연구의 기본적인 정보는 다음과 같다.

〈표 2-1〉 연구개요

- 연구명: 고려인의 삶과 그 이야기: 알마티 노인대학 고려인을 중심으로
- 연구기관: 인하대학교 아시아다문화융합연구소
- 연구기간: 4년(2013년 10월 ~ 2017년 10월)
- 참여인원: 9명
- 연구책임자: 김영순
- 공동연구원: 윤희진, 최영은, 강현민
- 연구보조원: 김정복, 이영우, 갈라노바 딜노자, 아이고자에바 아이게림, 백보예바 아이굴
- 협력연구원: 김정복, 이영우

이 연구는 인하대학교 아시아다문화융합연구소 연구진들의 열정에서 시작하

였다. 요즘 없어져야 할 단어 중 하나라는 '열정페이'와 같이, 이 연구의 연구진들은 연구비를 받고 연구에 임한 것이 아니라 자비로 연구비를 마련하면서 이 연구를 시작하였다. 우리와 같이 일상을 사는 '평범한 개인의 이야기'라는 연구의 목적을 훼손시키지 않고 연구를 진행할 수 있는 가장 손쉬우면서도 어려운 방법이 바로 프로젝트 수주 없이 연구를 진행하는 방법이었다. 이 때문에 오랜 기간의 현지조사나 다수의 제보자를 대상으로 연구를 진행하는 것은 불가능하였다. 또한, 러시아어 전공자가 아닌 연구자들의 의사소통 역시도 연구진 내부에서 해결해야 하는 문제였다.

열정이라는 큰 짐을 지고 고민을 하던 연구책임자의 꿈에 산신령이 나타났다. 가끔 난 큰 일 혹은 고민되는 일에 골몰하면 꿈에 산신령이나 나의 조부가 나타나 길을 일러 주곤 한다. 그렇다고 내가 신기가 충만한 사람은 아니다. 산신령은 연구책임자에게 동쪽에 길이 있다고 이야기하고는 사라졌다. 꿈에서 깨서 출근을 해보니 책상 위에 대학원으로부터 온 '중앙아시아 우수연구인력 유치활동 계획서'라는 서류가 올려져 있었다. 그래서 황이고리와 같은 고려인 대학원생은 물론 중앙아시아 현지의 대학원생을 유치하려는 계획을 세웠고, 이를 실행에 옮겨 현지를 방문했다.

2013년 10월 22일부터 26일까지 연구책임자는 카자흐스탄과 우즈베키스탄을 방문하였다. 카자흐스탄 및 우즈베키스탄 한국교육원, 세종학당을 방문하여 대학원의 입학을 홍보하고 우수한 학생을 유치하는 방안을 협의하는 출장이었다. 이 출장길에서 연구책임자는 열정을 현실로 바꿀 수 있는 방안을 찾을 수 있었다. 카자흐스탄 한국교육원에는 한국인의 방문을 반기는, 마중 나와 손을 잡고 사진을 찍던 고려인 주말 노인대학 노인 분들이 있었다. 어색한 한국어로 주말마다 이곳에 나와 공부를 하고 있다는 그들의 이야기가 궁금했다. 한국어를 잘하고 한국문화를 좋아한다는 현지의 학생들은 내 눈빛을 알아채곤 고려인 노인들의 말을 통역해주었다.

고려인 이주 150주년이었던 2014년, '고려인'이라는 단어는 그 어느 때보다 매스컴에서 쉽게 찾아볼 수 있었다. 유라시아 1만 5천km 자동차 대장정, 한국-극동러시아 우호협력을 위한 문화학술제, 그리고 KBS, MBC, 아리랑TV 등 국내의 많은 언론의 고려인 다큐멘터리 등 고려인 이주 150주년을 기념하기 위한 행사가 국내외로 다양하게 개최되었다. 연구진은 고려인과 관련된 국내 문헌 연구를 진행하면서도 멀리 떨어져 있는 재외동포를 연구하는 방법을 찾기 위해 다방면으로 노력했다. 그해 안산에서 열렸던 고려인 축제 및 학술제에 참여했고, 인천 한국이민사박물관에서 열린 고려인 생애 전시회를 우리 연구소가 공동주관 하였다. 그리고 2014년 연구진은 자서전적 글쓰기 방법을 활용하기로 결정하였다.

(1) 자서전적 글쓰기

〈표 2-2〉 자서전적 글쓰기 개요

자서전이란 자신이 자신의 일생을 소재로 기술한 사적인 기록이다. 단순히 저자 자신이 체험한 과거의 경험이나 사건들을 시간 순서에 따라서 일정한 형식으로 말하거나 이야기하는 것(이동성, 2008)이 아니다. 자서전은 자기 스스로 과거로부터 현재까지 이르는 자신의 삶을 기술하지만, 자서전 서술의 주체는 과거로부터 현재에 이르는 삶이 아니라 현재의 삶의 논리이다. 자서전을 구성하는 경험은 선형으로 진행되어 왔지만 그것을 다시 '쓰기' 위해서는 역으로, 과거의 경험의 시점으로 돌아가야 한다. 이때 경험은 반드시 역방향이라는 일정한 방향성을 지니지 않는다. 과거의 회상은 선형적 시간과 상관없이 개인의 의미 부여에 따라, 혹은 '우연히' 특정한 시점의 특정한 사건으로 주체를 이끌어간다. 개인이 떠올리는 과거의 사건은 10분 전의 일일 수도 있고, 10년 전의 일일 수도 있다. 아주 특별한, 사회적으로 이슈가 되었던 사건이 떠오를 수도 있고 별스럽지 않은 일상생활 중 일부 조각이 떠오를 수 있다. 떠오르는 조각들 중 어느 것을 선택하고 어느 것을 버릴 것인지, 어떤 시점을 선택하고 어떤 것을 배제할 것인지는 철저히 주체의 선택에 달려 있다. 자서전적 글쓰기는 이렇게 떠오르는 조각들을 재조립하여 다시 선형적인 구조로 재배치한다. 자서전적 글쓰기는 이와 같이 파편화된 경험의 조각을 시간의 순서에 따라 혹은 인과적 기준에 따라 선형적으로 배열한다는 특징이 있다. 자서전적 글쓰기의 과정에서 주체는 아직 경험하지 않은 세계까지 경험할 수 있지만, 이러한 과정의 결과물인 '자서전적 글'의 결과는 언제나 경험된 서사적인 세계이다. 즉 자서전은 과거에 있었던 사실을 있는 그대로 기술하는 것이 아니라 과거의 사건에 현재의 서술자가 개입하여 선택하고 조정하여 재구성하는 과거에 대한 현재의 기록이다. 자서전적 글쓰기는 과거를 다시 불러오는 것에 그치지 않고 과거를 재창조하는 것을 통해 자아를 발견하고 만드는 것을 시도한다(Eakin, 1985). 즉, 자서전적 글쓰기는 주체가 자기 스스로를 탐구하는 것으로 현재 존재하지 않는 주체를 현재의 주체가 재경험하는 것이라고 볼 수 있다. 자서전적 글쓰기 과정에서 경험한 사건을 초점화하는 것은 주체의 성찰이다. 자서전적 글쓰기를 통해 주체는 자신이 소중하다고 생각하거나 가치 있다고 판단되는 사건을 사후적으로 재의미화한다. 이를 통해 주체는 복합적이고 역동적인 자기 관계를 형성할 수 있으며, 삶의 의미와 가치를 발견하고 자신이 추구하는 삶의 방향이나 자신의 정체성을 확인할 수 있다(김영천, 2013; 임지연, 2013).

자서전적 글쓰기에 나타나는 두 주체 — 현재의 '나'와 내러티브 속 '나' — 는 시간적으로나 공간적으로 공존한다. 두 주체는 스스로에게, 그리고 상대에게 끊임없이 질문하고 대답한다. 이들의 스토리텔링의 결과는 '자서전적 글'이라는 '글'로써 표현되지만 그 과정 역시 개인의 정체성 구성의 과정에 위치해 있다(Kelhily, 1995). 자서전적 글은 전기적 서사의 과정을 통해 구성되며 서사적 정체성을 갖는다. 사회적 맥락의 프레임에서 구성되고 형성된 정체성을 생산하고 재생산한다. 이는 곧 자서전적 글이 정체성을 형성함과 동시에 이를 변형하는 매개로써 기능함을 의미한다. 개인은 자서전적 글쓰기의 저자로서 자신의 경험을 이야기로 구조화하면서 새로운 가치와 의미를 생성함과 동시에, 자서전적 글쓰기의 서술자이자 심지어는 독자의 지위도 함께 갖는다. 독자가 텍스트를 읽고 그것을 자기화하는 과정을 통해 내러티브는 수행되거나 창조되기 때문이다. 즉, 자서전적 글쓰기에 나타나는 주체는 글쓰기라는 행위를 통해 상호 공존하며 변형된 모습으로 끊임없이 탈바꿈한다.

최근에는 개인과 사회적 의미의 주관성과 문화적 전회로써 삶의 다양한 차원을 여는 발판을 마련하기 위한 전기적 전환을 맞이하였고 전기적 방법의 사용도 증가하고 있지만(Chamberlayne et al. 2000; Haynes, 2006) 이를 아직 우리 사회에서도 활발한 현상이라고 칭하기는 이르다. 다만 노인을 대상으로 자서전적 글쓰기 교육이 이루어지고 있고 이를 통한 이야기치료에 대한 연구가 다수 진행되고 있는 점은 앞으로 자서전적 글쓰기가 학문적 프레임 내에서 보다 진지하게 논의될 수 있음을 보여주는 움직임이라 볼 수 있다.

자기 성찰적 글쓰기는 자기 내부로부터의 작업으로 개인과 사회, 전문적 문맥, 그리고 사회에서 소외된 타자와 이방인의 정체성을 이해하고 해석하는 다양한 의미를 제공한다(Haynes, 2006). 이러한 글쓰기가 다른 장르의 글쓰기와 차별화되는 가장 큰 특징 중 하나는 바로, 쓰기 자체가 성찰의 일부라는 점이다. 자서전적 글쓰기를 통해 주체는 "글쓰기 전뿐만 아니라 쓰는 과정에서도 이전에 이루어졌던 성찰 내용에 대한 인식의 변화"를 겪게 되고 이를 통해 또 다른 의미의 '성찰'이 진행된다(한래희, 2014). 뿐만 아니라 이는 "자신의 삶을 진솔하게 제시하여 독자가 저자의 삶과 자신의 삶을 비교하게 만들고, 독자 스스로 자신의 삶을 반성하게" 만든다(김영천, 2013). 자서전적 글쓰기에서 '성찰'은 자서전적 글쓰기를 구성하는 각 주체의 끊임없는 상호 교섭 속에서 정체성의 재구성으로 이어진다.

(윤희진 · 강현민, 2014)

자서전은 오랫동안 문학의 한 장르로 분류되어 학문적 연구방법으로 논의되는 자리에 끼지 못하였다. 그러나 과학적 패러다임에서 내러티브적 패러다임으로 연구 패러다임이 변화하고 연구의 '객관성'에 주목했던 학문적 렌즈가 연구주체의 '주관성'에 자리를 일부 내주기 시작하면서, 연구주체와 연구대상 간의 관계성을 재정립하기 시작하면서 자서전 역시 질적 연구방법의 하나로 편입할 수 있는 기회를 갖게 되었다. 그러나 아직도 자서전은, 적어도 국내에서는, 질적 연구의 한 분야로 소개되고는 있지만 분명히 자리매김하는 데는 어려움을 겪고 있다.

> 사회문화적 맥락 내에서의 개인적인 삶을 기술하였을지라도, 연구 과정의 엄격성, 자료 분석과 해석의 간주관성, 문화적 의미로서의 공유와 전환이라는 질적 연구의 특성을 충족하는 데 한계가 있다(김영천, 2013).

김영천(2013)에 의하면 자서전은 자기 몰입적인 성격이 강해 자료수집, 분석과 해석, 글쓰기 작업에서 연구 과정의 엄격성에 위배된다. 그러나 자서전과 유사한 개념들은 이미 질적 연구의 방법들로 인정받고 널리 활용되고 있는데, 자기 진술(self-narration), 자기 이야기(self-stories), 자문화기술지 등이 바로 그것이다. 이들은 자기 성찰과 엄격성을 가진 연구자의 시각을 최대화함으로써 타자들에 대한 윤리적 존중, 개인적 기억자료의 신뢰성 확보, 이야기 자체보다 문화적 해석이나 분석에 초점을 맞춤으로써 개인의 이야기를 질적 연구의 자료로 활용하고 있다(김영천, 2013). 이는 역으로 자서전이 이러한 연구의 엄격성을 확보한다면 질적 연구의 자료로 보다 많이 활용될 수 있음을 의미한다.

그렇다고 해서 자서전이 질적 연구의 일부로 인정받지 못한 것은 아니다. 자서전(autobiography)은 내러티브 탐구의 한 줄기로 개인의 경험을 타인과 공유하거나 개인의 전문적 정체성을 드러내는 연구에서 다수 활용되고 있다. 이동성 · 김영천(2012)은 이러한 자서전이 개인적 경험을 사회문화적 맥락에 연결시켜 자신이 직접적으로 경험한 것을 서술하는 질적 연구라고 인정한다. 앞서 김영천(2013)이 지적한 것과 같이 자서전에 나타난 주체의 경험 이야기에만 초점을 맞추는 것이 아니라 그것에 나타난 개인의 정체성과 사회, 문화적 맥락을 해석하고 분석한다면 자서전은 자서전의 서술자와 연구자의 주관성과 간주관성이 교차되는 텍스트로 인정받을 수 있다. 자서전은 자서전적 글쓰기를 통해 텍스트에 나타나는 다양한 개인과 사회의 정체성들이 존재하는 내러티브 자료이다.

또한, 자서전은 구술만큼이나 연구참여자가 주체를 드러내기 쉬운 연구방법이다. 자서전은 '쓰기' 과정을 통해 정체성을 재구성하기 때문에 즉시적으로 구성되는 구술성에 비해 보다 높은 차원의 성찰이 이루어진다. 연구참여자는 자신이 회상한 것을 즉시 발화하는 것이 아니라 글이라는 매체로 재구성함으로써 '이야기될 법한' 경험을 다시 한번 걸러낸다. 이는 자기 검열 과정으로 정체성의 재확인 과정이라고도 볼 수 있다. 글을 통해 자신의 이야기를 기술하는 것은 텍스트성의 획득으로 이어지며, 이는 곧 이야기 내용과 형식별 분석이 가능함을 의미한다. 그리고 디지털 사회가 도래하고 디지털인문학이 새로운 시대를 열어가는 새로운 흐름이 되었지만, 아직은 문자 텍스트가 대세인 현대 사회의 독자들에게 자신의 글쓰기 결과를 직접 보여줄 수 있다는 장점도 지니고 있다. 텍스트는 구술적 전환을 맞이하지 않은 다수의 사람들에게 절대적인 권위를 가지고 있으며, 이는 곧 구술 혹은 영상, 하이퍼텍스트 등으로 전환되는 데에도 용이하다.

고려인 연구는 이러한 자서전의 장점에 기대어 이루어질 수 있다. 고려인은 이주적 주체(immigrant subjects)로서 다양한 정체성이 혼종된 복합적인 정체성을 가지고 있다. 고려인이 작성한 자서전은 '고려인'이라는 특수한 민족의 자서전이면서 동시에 평범한 개인의 일생이 담긴 내러티브이다. 하지만 그러한 삶을 만든 맥락 중에는 '고려인'이라고 자칭하거나 타칭하는 것이 포함되어 있으며 이를 통한 시각 역시 존재한다. 우리가 통계자료나 신문, 기타 서적을 통해 고려인의 삶을 들여다보고 그를 통해 그들의 정체성을 파악하는 것도 객관적 사건을 통한 정체성 파악이라는 점에서 의의를 갖지만, 개인이 스스로를 이야기하는 과정에서 밝혀지는 복합적인 상황과 맥락을 발견하고 그 속에서 혼종적인 정체성을 발견하는 것 역시 개인이 부여하는 정체성이라는 점에서 의의를 가진다. 고려인의 자서전에는 고려인이라는 민족뿐만 아니라 국가, 지역, 정치적, 종교적, 젠더적 정체성이 모두 담겨 있으며, 자서전을 통해 이들 각각의 정체성이 개인을 어떻게 형성했는지를 살펴볼 수 있다.

인류학적 연구방법에 따르면 고려인을 연구하기 위해서는 장기간 고려인들이 거주하고 있는 마을에 나가 그들의 언어로 관찰하고 그들과 함께 삶을 사는 현지조사를 진행해야 한다. 그리고 이러한 현지조사를 통해 축적한 경험의 의미를 학문적으로, 사회적으로 전달 가능한 형태로 가공해야 한다. 연구자는 연구 결과 텍스트를 독자에게 실제처럼 생생하게 설명해야 하고 이 과정에서 두터운 기술이 활용된다

(Greetz, 1988). 하지만 고려인 연구에서 고려인이 아닌 연구자들이 그들의 삶을 옆에서 지켜보았다 하더라도 그들의 경험을 충분히 공유했다고 할 수 있을까? 연구 결과 텍스트는 연구참여자와 다른 연구자들, 그리고 잠재적인 독자들까지 모두를 설득해야 하는데 특히 고려인인 연구참여자들을 결과 텍스트로 설득할 수 있을까?

모든 사람을 설득하는 것은 매우 어려운 작업이 될 것이다. 이제 우리는 그동안 고민해왔던 '무엇'을 쓰는지를 고민하는 것에서 더 나아가 그 무엇을 '어떻게' 써야 하는지를 고민해야 한다. 자서전적 글쓰기는 고려인 스스로가 자신의 일생을 기술하는 자기 고백의 한 방법이다. 자서전을 통해 나타나는 역사와 문화, 사회, 그리고 자서전 속 서술자는 동시대 혹은 비슷한 상황에 처했던 많은 연구참여자의 공감을 이끌어낸다. 또한, 자기 고백이라는 방법은 글을 읽는 독자들을 리얼리티라는 상황을 통해 설득할 수 있다. 마지막으로 자서전을 가장 의심어린 눈초리로 보는 동료 연구자들은 위에서 언급한 대로 이야기 자체와 함께 그것을 해석하고 분석하는 연구자의 렌즈가 엄밀하다면, 자서전에 제시된 고려인의 삶의 모습이 객관적이지 못하다고 비판하는 것이 아니라 주관적일 수밖에 없는 경험이자 정체성임을 인지하게 된다면 그 눈초리를 어느 정도 거두어주지 않을까 생각한다.

2014년 5월 첫 주 연구책임자는 고려인들에게 자서전적 글쓰기 교육을 하기 위하여 알마티행 비행기에 올랐다. 2013년 10월에 방문한 카자흐스탄 알마티 한국교육원을 재방문한 것이다. 연도도 바뀌고 계절도 바뀌었고, 이전 방문보다 조촐한 행색이었지만 그들의 환대는 변하지 않았다. 연구책임자는 알마티 고려인 노인대학의 김정복 교장과 이영우 선생을 만나 연구의 취지를 이야기하였다. 이들은 머나먼 타국에서 이미 고려인 노인들을 위하여 교육과정을 만들며 고려인 공동체를 형성하고 있는 진정한 실천가들이었다. 자신의 이야기를 남기고 싶어하는 고려인 노인들을 만나 짧은 자서전적 글쓰기 교육을 실시하였다.

글쓰기 교육에서 우선은 다른 연구에서 사용한 자기생애사 글쓰기 모형을 활용했다. 크게 가계 및 출생에 대한 정보, 어린 시절과 청년 시절, 결혼식, 가족, 직장생활, 봉사활동, 여가활동, 후손들에게 바라는 점, 구소련 체제에서의 고려인의 삶

〈표 2-3〉 자서전 작성 참여인원

번호	성명	번호	성명
1	김 스베뜰라나	18	박 폴리나
2	김 옥자	19	김 베네라
3	심 타마라	20	신 이리나
4	정 발레리	21	최 이스크라
5	현 잔나	22	차 림마
6	한 스베뜰라나	23	김 류드밀라
7	서 엘레오노라	24	염 니나
8	리 블라디미르	25	서 펠릭스
9	김 스베뜰라나	26	니 엘리자베타
10	채 예브게니야	27	김 예브게니
11	서 게르만	28	니 리지야
12	유 타마라	29	니 아나스타시야
13	민 타찌야나	30	김 타마라
14	최 자랴	31	김 나탈리야
15	김 라리사	32	이 아나톨리
16	차 류드밀라	33	최 니나
17	박 제야		

과 현재 카자흐스탄에서의 고려인의 삶 그리고 기타 특별한 이야기들로 구분하여 이야기를 써주십사 부탁을 드렸다.

그리고 그로부터 몇 개월이 지난 2014년 9월, 알마티로부터 반가운 소식이 전해졌다. 27명의 자서전 원고가 도착한 것이다. 원고는 MS워드로 약 170매에 달했다. 그 목록은 〈표 2-3〉과 같다.

알마티 한국교육원 노인대학 김정복 교장으로부터 받은 원고 목록에 자서전을 보내준 연구참여자는 총 33명이었지만, 어찌된 것인지 인천에 도착한 원고는 27명

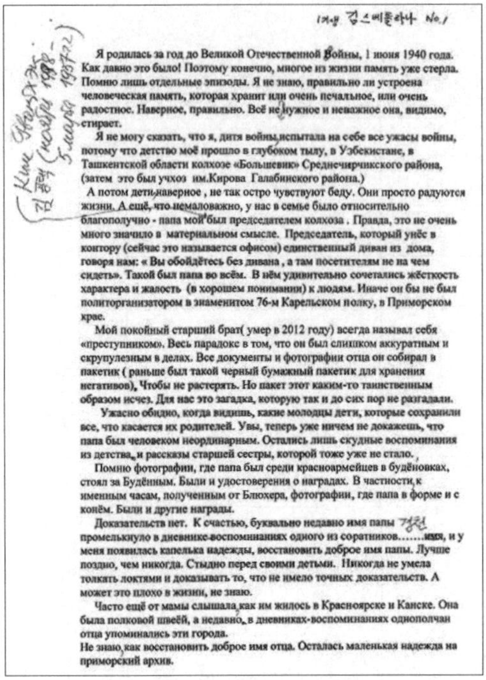

Я родилась за год до Великой Отечественной войны, 1 июня 1940 года. Как давно это было! Поэтому конечно, многое из жизни память уже стерла. Помню лишь отдельные эпизоды. Я не знаю, правильно ли устроена человеческая память, которая хранит или очень печальное, или очень радостное. Наверное, правильно. Всё ненужное и неважное она, видимо, стирает.

Я не могу сказать, что я, дитя войны, испытала на себе все ужасы войны, потому что детство моё прошло в глубоком тылу, в Узбекистане, в Ташкентской области колхозе «Большевик» Среднечирчикского района, (затем это был учхоз им.Кирова Галабинского района.)

А потом дети, наверное , не так остро чувствуют беду. Они просто радуются жизни. А ещё, что немаловажно, у нас в семье было относительно благополучно - папа мой был председателем колхоза . Правда, это не очень много значило в материальном смысле. Председатель, который унёс в контору (сейчас это называется офисом) единственный диван из дома, говоря нам: « Вы обойдётесь без дивана , а там посетителям не на чем сидеть». Такой был папа во всём. В нём удивительно сочетались жёсткость характера и жалость (в хорошем понимании) к людям. Иначе он бы не был политорганизатором в знаменитом 76-м Карельском полку, в Приморском крае.

Мой покойный старший брат(умер в 2012 году) всегда называл себя «преступником». Весь парадокс в том, что он был слишком аккуратным и скрупулезным в делах. Все документы и фотографии отца он собирал в пакетик (раньше был такой черный бумажный пакетик для хранения негативов), Чтобы не растерять. Но пакет этот каким-то таинственным образом исчез. Для нас это загадка, которую так и до сих пор не разгадали.

Ужасно обидно, когда видишь, какие молодцы дети, которые сохранили все, что касается их родителей. Увы, теперь уже ничем не докажешь, что папа был человеком неординарным. Остались лишь скудные воспоминания из детства, и рассказы старшей сестры, которой тоже уже не стало.

Помню фотографии, где папа был среди красноармейцев в будёновках, стоял за Будённым. Были и удостоверения о наградах. В частности, к именным часам, полученным от Блюхера, фотографии, где папа в форме и с конём. Были и другие награды.

Доказательств нет. К счастью, буквально недавно имя папы промелькнуло в дневнике-воспоминаниях одного из соратников……имя, и у меня появилась капелька надежды, восстановить доброе имя папы. Лучше поздно, чем никогда. Стыдно перед своими детьми. Никогда не умела толкать локтями и доказывать то, что не имело точных доказательств. А может это плохо в жизни, не знаю.

Часто ещё от мамы слышала, как им жилось в Красноярске и Канске. Она была полковой швеёй, а недавно, в дневниках-воспоминаниях однополчан отца упоминались эти города.

Не знаю, как восстановить доброе имя отца. Осталась маленькая надежда на приморский архив.

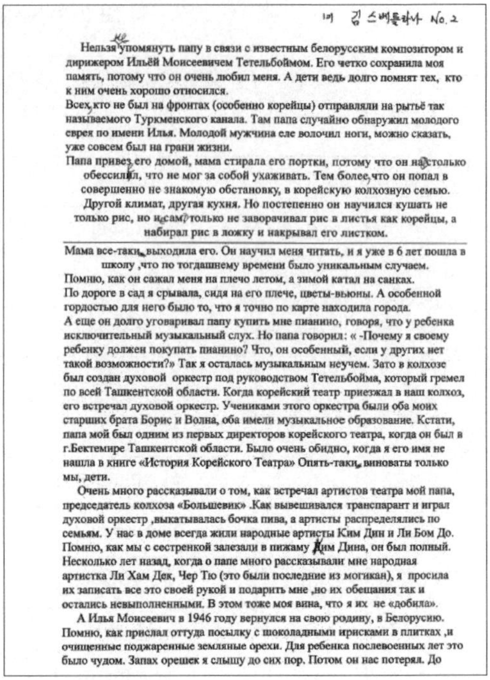

Нельзя не упомянуть папу в связи с известным белорусским композитором и дирижером Ильёй Моисеевичем Тетельбоймом. Его четко сохранила моя память, потому что он очень любил меня. А дети ведь долго помнят тех, кто к ним очень хорошо относился.

Всех, кто не был на фронтах (особенно корейцы) отправляли на рытьё так называемого Туркменского канала. Там папа случайно обнаружил молодого еврея по имени Илья. Молодой мужчина еле волочил ноги, можно сказать, уже совсем был на грани жизни.

Папа привез его домой, мама стирала его портки, потому что он настолько обессилел, что не мог за собой ухаживать. Тем более, что он попал в совершенно не знакомую обстановку, в корейскую колхозную семью. Другой климат, другая кухня. Но постепенно он научился кушать не только рис, но и сам, только не заворачивал рис в листья как корейцы, а набирал рис в ложку и накрывал его листком.

Мама все-таки выходила его. Он научил меня читать, и я уже в 6 лет пошла в школу ,что по тогдашнему времени было уникальным случаем.

Помню, как он сажал меня на плечо летом, а зимой катал на санках.

По дороге в сад я срывала, сидя на его плече, цветы-вьюны. А особенной гордостью для него было то, что я точно по карте находила города.

А еще он долго уговаривал папу купить мне пианино, говоря, что у ребенка исключительный музыкальный слух. Но папа говорил: « -Почему я своему ребенку должен покупать пианино? Что, он особенный, если у других нет такой возможности?» Так я осталась музыкальным неучем. Зато в колхозе был создан духовой оркестр под руководством Тетельбойма, который гремел по всей Ташкентской области. Когда корейский театр приезжал в наш колхоз, его встречал духовой оркестр. Учениками этого оркестра были оба моих старших брата Борис и Волна, оба имели музыкальное образование. Кстати, папа мой был одним из первых директоров корейского театра, когда он был в г.Бектемире Ташкентской области. Было очень обидно, когда я его имя не нашла в книге «История Корейского Театра» Опять-таки, виноваты только мы, дети.

Очень много рассказывали о том, как встречал артистов театра мой папа, председатель колхоза «Большевик» .Как вывешивался транспарант и играл духовой оркестр ,выкатывалась бочка пива, а артисты распределялись по семьям. У нас в доме всегда жили народные артисты Ким Дин и Ли Бом До. Помню, как мы с сестренкой залезали в пижаму Ким Дина, он был полный. Несколько лет назад, когда о папе много рассказывали мне народная артистка Ли Хам Дек, Чер Тю (это были последние из могикан), я просила их записать все это своей рукой и подарить мне ,но их обещания так и остались невыполненными. В этом тоже моя вина, что я их не «добила».

А Илья Моисеевич в 1946 году вернулся на свою родину, в Белорусию. Помню, как прислал оттуда посылку с шоколадными ирисками в плитках ,и очищенные поджаренные земляные орехи. Для ребенка послевоенных лет это было чудом. Запах орешек я слышу до сих пор. Потом он нас потерял. До

[사진 2-1] 연구참여자의 자서전적 글 원본

의 것에 불과하였다. 대조를 해보니 이미 알마티에서 한글로 번역하였다는 신 이리나, 최 이스크라, 차 림마, 김 류드밀라, 염 니나, 서 펠릭스 6명의 원고가 보이지 않았다. 이 원고는 연구가 종료되어 그 결과를 글로 쓰고 있는 현재까지도 확인되지 않고 있다. 그래서 현지가 원거리에 있을 경우 생애사 연구가 얼마나 많은 장애를 가지는가를 확인할 수 있었다. 다른 한편 자신의 이야기를 들려주고 싶은 이들의 이야기를 듣지 못하는 것에 대한 안타까움에 지금도 연구진들의 마음이 시리다.

도착한 대부분의 원고는 러시아어로 작성되었다. 볼펜으로 쓴 글은 협력연구원인 김정복 교장이 MS워드로 작성하여 보내주었다. 대부분이 2~3페이지의 길지 않은 이야기를 적어주었지만 약 10페이지에 달하는 글을 보내준 연구참여자도 더러 있었다. 연구진은 이 원고를 1차적으로 한국어로 초벌 번역하였으며, 연구진 워크숍을 통해 문화 번역의 방식을 선택해 우리 한국 사람들이 이해하기 쉽도록 하였다.

(2) 문화 번역

자서전을 연구의 주된 텍스트로 활용하는 것은 주체가 이방인을 연구하거나 이방인이 이방인을 연구할 때 그들이 스스로의 경험을 이야기한다는 점에서 용이하다. 하지만 자서전이 자신의 이야기에만 몰두한다는 단점이 있다는 점을 상기하면 이들의 이야기를 보여주고 그것의 맥락을 설명해줄 해설자가 필요하다. 현재 중앙아시아 일대에 거주하는 고려인의 다수는 러시아어 혹은 우즈베크어를 사용하고 있다. 이러한 그들의 자서전을 한국어 독자들에게 번역해줄 번역가도 필요하다. 해설자가 없다면 자서전은 타인의 일상적인 이야기로만 받아들여질 수 있으며 번역가가 없다면 독자와 텍스트, 주체는 마주할 수 없다. 즉, 자서전을 활용해 고려인의 정체성을 연구하는 연구자의 역할은 곧 해설자이자 번역가가 되어야 한다.

연구자는 러시아어 혹은 우즈베크어를 한국어로 있는 그대로 번역하는 순수한 번역자가 되어서는 안 된다. 연구자는 그들의 맥락을 상상하지 못하는 독자들에게 그것을 설명하고 때로는 그 의미 역시 전달해야 한다. 이와 같이 한 언어를 다른 언어로 대치하는 일반적인 번역과는 다른, 타자의 언어, 행동 양식, 가치관 등에 내재된 문화적 의미를 파악하여 맥락에 맞게 의미를 만들어가는 행위를 문화 번역(culture translation)이라고 한다(마정미, 2014).

문화 번역이란 "번역이 이루어지는 특정한 시공간적 맥락과 문화 번역의 행위자에 대한 이해를 수반하는 총체적 과정"으로 언어를 다른 언어로 변환하는 것뿐만 아니라 내러티브에 등장하는 다양한 상징체계, 사유 양식 등이 문화 간에 이동하는 것을 의미한다(김현미, 2001; 이명호, 2010). 연구자 또는 번역가가 자기 문화가 아닌 타문화를 기술할 때에 필연적으로 번역가의 사유 혹은 관념이 번역 대상에 투영되기 마련이지만 번역가는 자신의 고정관념이나 편견을 성찰하고 연구참여자와 내러티브의 맥락에 초점을 맞추어 독자에게 전달해야 한다.

번역가들이 번역한 결과물을 접하는 독자들은 독자의 상황에서 서술자의 맥락을 이해하는 해설자를 통해 독자 자신의 문화, 서술자의 문화, 해설자의 문화를 모두 만나게 된다. 상이한 문화들은 자서전과 연구 결과 텍스트라는 대상을 통해 소통한다. 능동적으로 텍스트를 읽는 독자에 의해 그곳에 존재하는 고려인의 삶과 정체성은 독자의 책상 위로 가로질러 온다. 작자가 무엇을 서술할 것인가를 선택하는 것과 마찬가지로 독자 역시 무엇에 주목하고 받아들일 것인가에 대한 자유가 있으며, 독자의 능동적인 읽기에 의해 주체들은 다중적인 주체 위치를 점하게 된다. 최종적으로 독자에 의해 주체의 삶은 의미화되며 독자의 삶으로 편입된다. 독자의 의미화에 앞서 번역가이자 해설자로서 연구자의 역할은 독자에게 충분한 맥락을 주고 그들에게 다양한 경험을 소개하는 것이다.

> 의미는 전달되는 동시에 변환되며, 변환되는 동시에 변화한다. … 번역은 원작의 언어를 다른 언어로 옮기는 행위이지만, 옮기는 대상이 되는 것은 원작 그 자체가 아니라 원작 속에 잠재되어 있는 가능성이다(마정미, 2014).

고려인의 자서전을 문화 번역 함으로써 독자들에게 그들의 삶과 경험을 소개하고 이해를 구하는 과정에서 중요한 것은 저자로서의 고려인, 번역가로서의 연구자, 그리고 능동적인 수용자로서의 독자가 각자의 역할을 하는 것이다. 무엇보다 연구자들이 생산하는 연구 결과 텍스트가 저자와 독자를 잇는 매체가 되는 만큼, 연구자의 성찰적 자세가 요구된다.

연구진은 나쁘지 않은 문화 번역을 위하여 러시아어를 모국어처럼 구사할 수 있는 연구보조원을 모집하였다. 앞서 밝혔던 것처럼 이 연구는 연구기관으로부터 연구비를 받고 수행하고 있는 연구가 아니었다. 이 때문에 진심으로 고려인의 삶에 관심을 가지고 연구를 수행할 수 있는 연구원이 나타나기를 기다릴 수밖에 없었다. 그리고 기적적으로 2014년이 끝나갈 무렵, 고려인들의 집단 거주지였던 카자흐스탄 우슈토베가 고향인 아이고자에바 아이게림과 우즈베키스탄 국립대학에서 한국어를 가르치고 있는 갈라노바 딜노자, 그리고 키르기스스탄 비슈케크가 고향인 백보예바 아이굴 3명이 연구진이 되었다. 갑자기 늘어난 연구진으로 인하여 연구는 보다 수월하게 돌아갔다. 2015년 4월, 200자 원고지 600매 분량의 번역작업이 마무리 되었다. 동시에 이들의 이야기에 보충이 필요하다는 의견이 모아졌다. 그로부터 한 달 후, 사고로 인해 다리가 부러져 거동할 수 없었던 강현민 연구원을 제외한 모두는 다시 카자흐스탄 알마티 땅을 밟게 되었다.

(3) 에스노텔링

에스노텔링(ethonotelling)이란 인류학의 대표적인 연구방법인 에스노그래피(ethnography)의 'ethno'와 스토리텔링(Storytelling)의 'telling'과의 합성어이다. 즉 '민족의', '집단의'라는 의미를 지닌 '에스노(ethno)'와 '이야기하기'라는 의미를 지닌 '텔링(telling)'의 맥락하에서 이해 가능하다. 다시 말해 특정 에스닉 집단의 스토리를 말하는 데 그 수집 방법이 에스노그래피, 즉 문화기술지적 방법에 의존한다는 것이다. 특히 스토리 즉 이야깃거리에는 문화적응, 민족교육, 모국어교육, 일상의례, 모국으로의 노스탤지어, 다수집단으로부터 억압의 경험과 인정 투쟁 등이 해당된다. 즉, 에스노텔링의 목적은 한 다수 집단 내에서 구별되는 소수민족의 특성을 부각시켜 이해하거나 혹은 한 민족 내에서 차별받거나 소외된 집단의 특성을 도출하거나 정체성 협상과정을 기술하고 해석하기 위한 연구방법이다.

에스노텔링을 위해서는 현지조사(field work)라는 인류학적 연구가 전제되어야 한다. 현지조사의 절차와 방법은 특정한 연구문제와 연구대상, 집단의 특성, 문화의 다양한 양상, 연구자의 개성과 역량 등에 따라 각기 다르게 선택될 수 있다. 그러므로 현지조사 방법을 일반화해서 제시하기가 어렵다. 그러나 현지조사를 처음 시작할 때에는 관찰, 특히 참여관찰, 면접 특히 비공식적 면접, 정보제공자, 즉 주요 정보제공자 등의 세 가지 접근방법을 사용하는 것이 일반적인 경향이다. 이러한 방법들은 현지조사의 전형적인 자료수집 방법으로 행해져왔다.

(4) 참여관찰

참여관찰은 조사자가 현지에 들어가 장기간 연구대상 지역의 사람들과 함께 살면서 기회가 있을 때마다 가능한 한 다양한 사회적 상황에 참여하여 특정한 사회적 상황의 행위자와 장소 및 활동을 관찰하고 기록하는 것이다. 따라서 참여관찰은 연구자가 현지에 들어가면서부터 시작되고, 현지에 체류하는 모든 기간 동안 계속된다. 그러나 관찰의 진행단계는 처음에 관찰대상의 여러 측면을 모두 포괄하는 기술관찰로부터 시작되어, 연구자가 특별히 관심을 갖는 문제로 초점을 좁혀 집중관찰을 행하게 된다. 그 후 관찰의 초점을 더욱 좁혀 정선관찰을 하게 된다. 이와 같은 관찰의 과정에서 관찰 기록을 위한 몇 가지 중요한 원칙을 견지해야 한다.

- 언어확인의 원칙(language identification principle): 기록된 언어가 관찰자의 일상언어인지 행위자의 언어인지 아니면 연구자의 학술용어인지를 구별해야 한다.
- 축어의 원칙(verbatim principle): 연구참여 행위자의 말을 그대로 충실하게 기록해야 한다.
- 구체성의 원칙(concrete principle): 관찰된 상황 또는 사건들을 정확하고 상세하게 기록해야 한다. 관찰된 사항은 연구자 스스로 잊기 전에 빨리 기록될수록 생생하고 정확하다는 것을 알아야 한다. 그러나 참여관찰 현장에서 기록할 수 없을 경우가 많기 때문에 메모를 하거나 잘 기억해야 한다. 그 후 부연하여 기술하는 방식을 취하기도 한다.

참여관찰은 지역 주민이나 공동체를 대상으로 삼기 때문에 그들과의 지속적인 접촉과 대화가 필요하다. 관찰의 목표나 의미가 예측이나 통제보다는 집단적 자아성찰을 통한 해석에 의미를 둔다. 그래서 참여관찰의 대상자는 해결 방안을 찾아내고 결과를 해석하는 전 과정에 연구자와 동등하게 참여하기 때문에 연구참여자라고 불린다. 참여관찰은 관찰대상자들이 일상적인 환경 속에서 핵심적인 쟁점으로 제기되는 문제를 규명하고 그것과 상호작용하는 과정을 이해하고자 할 때 보다 유용한 방법이다.

참여관찰을 행하는 연구자에게 현지의 사회문화적 상황은 연구 목적 달성을 위한 명문을 가르는 중요한 요소이다. 사회문화적 상황은 자연이나 기계처럼 맹목적이고 정연하게 움직이는 질서체계가 아니라 인간의 가치관 및 태도, 행위 등에 따라 끊임없이 반영되는 상황이다. 따라서 객관적으로 동일한 사회문화 현상이 각각의 주체에 있어서는 완전히 다른 의미를 지닐 수 있다. 그러므로 사회적 상황에 대한 이해는 구성원들의 입장에서 이루어져야 한다. 그리고 그 체험된 세계는 매우 중층적이고 다차원적인 만큼 어떤 도식으로 섣불리 환원시키지 말고 있는 그대로를 파악해야 한다.

현지연구를 수행하는 연구자는 일상적인 행동을 통해 나타나는 사람들의 행동이나 말을 기술하고 기록한다. 특히 다음과 같은 질문들이 사회문화적 상황 파악에 유용하다. "어떻게 되어가고 있는가?", "누가 혹은 무엇이 관련되어 있는가?", "어떻게 그런 일들이 발생하며, 왜 그것이 특별한 상황에서 발생하는가?" 등등이다. 연구자들은 부지런히 연구지역 현지의 사람들을 쫓아다니며 자기들이 본 것에 대해 수시로 조사한다. 만약 연구자가 단지 관찰만 한다면 그들의 문화적 지식은 왜곡되어 이해될 수 있다. 이런 맥락에서 관찰과 면접이 병행해서 이루어져야 한다.

(5) 현지 인터뷰

현지조사자에게 정보를 제공하는 연구대상 집단의 모든 성원을 정보제공자(informant)라고 부른다. 그러나 소수의 정보제공자는 특별한 지식을 가지고 있기 때문에 확실한 연구참여자로 선정된다. 연구자가 연구대상지인 현지의 모든 구성원과 만나 말할 수 있는 기회를 갖는다는 것은 거의 불가능하다. 이를 테면 소멸되어 가는 소수민족의 문화조사를 위한 현지연구를 상상해보자. 이 민족의 문화를 기록할 때 인류학자는 그 부족의 나이 든 한두 사람의 생존자의 기억에 만족해야 한다. 그 사회의 장로급인 연로한 생존자들이야말로 해체되어가고 있는 집단의 문화에 관한 한 연구자가 접할 수 있는 정보의 유일한 출처이기도 했다.

또 다른 경우 연구자가 연구를 수행하고자 하는 커뮤니티가 아직은 온전하다 할지라도 모든 사람들을 대상으로 작업을 할 수 없는 경우가 있다. 시간과 연구 경비, 장비, 그리고 조사도구의 한계 때문에 연구자는 연구 집단의 성원을 한두 사람 선정하여 집중적으로 면접하는 방법을 강구할 수밖에 없다. 그래서 연구자는 연구 대상이 되는 집단의 생활양식에 대한 심층적인 지식을 가지고 있고 또한 자신의 문화에 대해 해당 집단 내의 다른 사람들에 비해 보다 깊이 있는 감수성을 가지고 있는 사람을 선정해야 한다.

면접은 연구자가 연구대상인 지역 주민들과의 대화를 통해 자료를 수집하는 방법으로서, 참여관찰에서 직접 확인할 수 없는 행위와 사건들에 대해 질문을 해서 응답을 얻는 것이다. 면접 중에서도 조사자가 미리 질문을 작성하여 조사표 또는 면접지침을 사용하는 형태를 공식적 면접이라 하고, 기회가 있을 때마다 자유롭게 수시로 적절한 질문을 하는 형태를 비공식적 면접이라고 한다. 대부분의 문화인류학자들은 현지의 생활에 보다 근접하게 접근하여 현지의 사회적 상황을 잘 이해하기 위해 비공식적 면접을 선호하는 경향이 있다. 문화인류학자들이 현지조사에서 비공식적 면접 방법을 주로 사용하는 이유는 질문에 대한 응답 자체를 얻는 데도 목적이 있지만, 응답자가 이야기를 하도록 유도하는 데에 더 큰 목적이 있다. 그리고 면접 방법과 참여관찰 방법은 상호보완적으로 활용되어야 한다. 연구대상의 특성이 동질적인 경우에 관찰과 면접의 횟수를 적게 하여도 특성을 파악할 수 있다. 하지만 그 문화집단의 특성이 아주 복잡하고 다양하여 이질적인 경우에는 관찰과 면접을 체계적으로 빈번하게 해야 한다.

현지연구를 효율적으로 수행하기 위해서 연구자는 정보제공자에게 어떤 종류의 정보가 필요한지, 또한 그것을 어떻게 기록하는지를 가르쳐주어야 한다. 고려인 노인 주말학교를 대상으로 한 현지조사에서도 정보제공자인 고려인 노인 분들께 먼저 자서전 쓰기에 관한 교육을 제공하였고 그들에게 자서전을 쓰도록 권유하였다. 그 후 그 자서전의 정보를 근거로 심층 면담을 진행한 바 있다. 또한 현지연구자는 어떤 상황에서도 발생할 수 있는 편견에 대해 미리 경계해야 한다. 연구자는 자신이 알고 싶은 정보에 대해 미리 정보제공자에게 지시하기 때문에, 정보제공자로 하여금 자신에게 익숙하지 않은 방식으로 생각하게 만드는 위험이 존재할 수 있다. 정보제공자는 연구자가 듣고 싶어 하는 대로만 정보를 제공하게 되어버릴 수도 있다. 정보제공자가 통역자인 경우에 그러할 수 있다. 현지연구자는 이 점에 대해 경계해야 하며 언제나 정보제공자가 자연스럽게 정보를 줄 수 있는 환경을 마련해야 한다. 또한 현지연구자는 정보제공자들이 자신의 문화에서 어떤 것이 의미와 가치가 있고 어떤 것이 없는지를, 그리고 어떻게 사람들이 개념화하고 범주화하는지에 관해 자신의 생각을 제시하도록 해야 한다.

면접을 통하여 다른 문화집단의 생활을 이해하려는 연구자들은 궁극적으로 현지인의 입장이 되어봄으로써 연구대상인 그들의 문화를 이해해야 한다. 자신의 문화로부터 너무 멀리 떨어져 나왔을 때 연구자들은 불안해진다고 진술한 기어츠(Clifford Geertz)의 감정이입적 이해의 강조도 바로 연구자가 주민의 입장이 되어보려는 시도와 유사한 맥락에서 이해될 수 있다. 공식적 면접이나 단순한 관찰만으로 연구대상 문화집단의 구성원들과 그들의 생활을 이해하는 것은 어느 정도까지는 가능하지만 에스노텔링 작업을 수행하기 어렵다. 현지인의 입장이 되어보지 못한 상태에서 수집 자료에 의해서만 그들의 문화를 이해하고자 한다는 것은 자료수집 초기부터 현지인을 연구에서 소외시키는 결과를 가져오기도 한다.

이 외에 현지조사에 사용되는 방법과 기술로는 가족구성, 혼인관계, 성별, 연령별 인구, 직업, 수입, 교육수준 등 기초적인 인구항목들에 대한 가구조사 또는 센서스를 행하는 한편, 지도 작성, 녹음, 사진, 계보, 통계와 역사적 문서, 생활사 등의 방법과 기술을 사용하기도 한다. 대부분의 인류학자들은 상황과 연구문제들에 따라서 위와 같은 여러 가지 방법과 기술들을 혼합하여 활용한다. 다양한 방법과 기술들을 활용하면 광범위한 자료를 수집할 수 있을 뿐 아니라, 방법들 간 상호보완해주기도 한다.

이 연구를 위하여 2015년 5월 26일부터 6월 2일까지 카자흐스탄 알마티에서 현지연구가 수행되었다. 카자흐스탄 알마티에 위치한 국제관계 및 세계언어대에서 한넬리 교수와 미팅을 한 후 알마티 한국교육원에서 자서전을 작성한 고려인들과 만나는 게 주요 일정이었다. 우리는 카자흐스탄 고려인 후손인 한넬리 교수와의 회의를 통해 카자흐스탄의 역사와 문화, 고려인의 삶과 현재 등을 논의했다. 특히 고려인 노인의 특성 파악이 주된 목적이었다. 이들에게 인터뷰를 하기 위해 어떤 관심사를 이야기해야 하는지, 이들의 여가생활은 어떤지 등등을 물었다. 한넬리 교수는 그들이 부모들을 자랑스럽고 긍정적으로 생각한다는 점, 자식들의 사회적 성공담에 주목하며, 젊은 시절 자신의 직장을 자랑스럽게 여긴다는 것을 알려주었다. 이런 점들은 우리의 인터뷰를 즐겁게 해주었다.

이후 알마티 한국교육원의 김종일 원장을 만나 연구 아이디어를 공유하고 장소 협조를 구했다. 우리가 만난 김종일 원장은 교육 전문가로서 한국 문화를 사랑하는 이들의 교육에 열의를 가지고 있었다. 그와 공동연구를 진행한다면 학문적으로, 사회적으로 좋은 연구 결과가 도출될 것이라는 믿음이 생겼다.

애초 알마티 노인대학의 이영우 선생에게 추가 인터뷰가 필요한 10인의 명단을 전했다. 그리고 연구참여자들이 본인들이 중요하다고 생각하는 사진을 몇 장 가지고 나왔으면 한다는 이야기도 전했다. 한국에서 출발한 연구진은 이들의 인터뷰를 오랜 시간 동안 진행할 것이라 계획했지만, 현장에 도착한 직후 그 계획은 수정되었다. 미처 자서전에 담지 못한 이야기가 많은 연구참여자들이 강의실을 가득 메우고 있었다. 얼마 준비하지 않은 연구참여 동의서와 기념품이 부끄러웠다.

연구진은 그 자리에 모인 모든 연구참여자들에게 연구의 계획을 설명하고 연구참여 동의서를 받았다. 부족한 연구참여 동의서는 현장에서 복사를 해왔고, 그래도 부족한 것은 직접 자필로 연구참여 동의서를 받았다. 동의서는 한국어로 되어 있었지만 현장에 모인 연구참여자들이 한글을 읽을 줄 알았고, 연구보조원들이 러시아어로 통역을 해줘서 내용을 이해하고 서명을 받기까지 그리 오래 걸리지 않았다.

연구 설명문 및 연구참여 동의서

본 연구는 연구참여자의 생애담의 수집과 분석을 통하여 '고려인의 삶과 정체성'을 밝히는 데 목적이 있습니다.

연구는 일대일 면접(또는 집단 면접) 방법으로 진행되며 면접 시간은 2시간 정도 소요될 예정입니다. 면접 내용은 다른 목적으로는 사용되지 않고 연구를 위해서만 사용될 것입니다.

연구에 관해 궁금한 점은 무엇이든 질문할 수 있고, 면담 중 원치 않는 질문에 대해서는 답을 거부할 수 있으며 원하지 않는 경우 언제든지 참여를 중단할 수 있습니다.

위의 내용을 인지하고 연구참여에 동의하신다면, 아래 부분에 서명해주십시오.

연구참여자	성명:	(서명)
	서명일:	년 월 일
연구담당자	성명:	(서명)
	서명일:	년 월 일

[그림 2-1] 연구참여 동의서

연구진은 두 팀으로 나누어 인터뷰를 진행했다. 사전에 인터뷰를 준비해간 연구참여자는 10명이었지만 모인 이들은 서른 명이 넘었다. 연구자 개개인이 연구참여자 1명씩을 인터뷰했더라면 더 빠른 시간 내에 이들의 이야기를 수집할 수 있었겠지만, 연구자들의 관점을 일치시키고 보다 명확한 이야기를 수집하기 위하여 연구진은 연구경력과 언어 등을 고려하여 두 팀으로 나누어 그들의 삶의 이야기와 사진에 담긴 이야기를 수집하였다.

연구에 참여하고자 하는 이들은 많았지만 한 사람을 인터뷰하는 데 최소한

[사진 2-2] 현지연구 과정(좌: 인터뷰 현장/ 우: 현지에서 이루어진 인터뷰 간이 분석)

30분 이상의 시간이 걸리고 장소도 협소했기 때문에 모인 모든 이들을 인터뷰하지는 못하였다. 이야기를 들려주려고 기다리다 돌아간 이들이 실제로 이야기를 들려준 이들의 수보다 많았다. 식사도 빵과 간식으로 때우며 이들의 이야기를 듣고자 했지만 역부족이었다. 그야말로 전쟁통 같은 이야기 현장이었다.

그리고 밤이 되면 연구진이 머물던 호텔인 알마티 서울호텔 로비에 모여 간이 분석을 실시했다. 예상치 못했던 연구참여자들이 몰린 것은 우리에게 위기이기도 했지만 기회이기도 했다. 당일에 인터뷰한 내용을 공유하고 추가 질문 내용이 있는지를 확인하는 것, 인터뷰 내용에 대한 논의, 혹시 내일 올지 모르는 연구참여자에 대한 질문 만들기 등이 인터뷰 당일에 이루어졌다. 연구참여자들이 이메일을 거의 사용하지 않아, 연구진들이 한국으로 돌아가면 이들과 직접 추가 인터뷰를 진행하는 것은 거의 불가능했기 때문이다.

현지 인터뷰를 통해 수집한 자료로는 신문기사, 책자, 녹취파일, 현장노트, 사진 등이 있다. 녹취파일은 약 29시간 분량이었고 인터뷰 중 러시아어로 진행된 것은 한국어로 번역하여 사용하였다. 사진은 21명, 318장이었다. 사진은 모두 스캔하였으며 그 설명을 엑셀로 DB화하여 사용하였다.

(6) 스토리텔링

이와 같이 현지조사의 참여관찰과 심층인터뷰가 끝나면 관찰일지, 인터뷰 전록 등을 작성해야 한다. 이를 기반으로 스토리텔링의 주제를 추출하고 이야기를 재구성하기 위한 기획을 하게 된다. 스토리텔링이란 이야기를 만들거나 이야기를 남들에게 표현하고 전달하는 행위를 통칭하는 말이다. 최혜실(2008)은 스토리텔링이 디지털 매체를 기반으로 하는 이야기 장르에서 흔히 쓰이는 말로 '이야기하기'로 번역할 수 있으며, 이는 이야기에 참여하는 현재성과 현장성을 강조한 말이라고 했다. 이와 같은 맥락에서 스토리텔링은 일종의 의사소통행위로 볼 수 있는데, 화자가 그것에 의미를 부여하여 전한다는 특징을 가진다(류수열 외, 2007; 송정란, 2006).

역사 인물 스토리텔링은 일반적인 스토리텔링과는 이야기의 요소가 되는 내용들이 역사에 기반을 두고 있다는 사실에서 구별된다. 다시 말해 역사 인물이란 역사적 사료에 기인해야 하는 기록성을 가지고 있기 때문이다. 역사 인물 스토리텔링의 전제는 바로 역사에 기록된, 적어도 '사실적'이어야 함이다. 김영순 · 윤희진(2010), 김영순(2015)에서는 이미 스토리텔링의 두 가지 속성(사실성, 창조성)을 중심으로 다음과 같은 네 가지 유형의 스토리텔링 방법을 [그림 2-2]와 같이 제안하고 있다.

역사 인물 스토리텔링은 [그림 2-2]와 같이 '창조적'인 축과 '사실적'인 축이 교차하여 생성되는 네 가지 영역으로 범주화하여 이야기 유형을 구분해볼 수 있다.

첫 번째 A유형은 정사, 야사, 향토사 등에 기반을 둔 감성적 콘텐츠이다. 이 콘텐츠는 여러 분야에서 활용의 가능성이 가장 높으며, 역사 인물을 소재로 한 에듀테인먼트의 기능을 가지고 있다. 두 번째 B유형은 역사 자원 중에서 보다 흥미롭고 유희적인 내용을 선별하여 대중에게 크게 호소할 수 있는 내용으로 각색하고 재구성한 콘텐츠이다. 그래서 B유형의 콘텐츠에서는 인물에 창조성을 부여한 스토리텔링의 개입이 매우 뚜렷하게 나타난다.

세 번째 C유형은 유희적이거나 객관적인 사실에 기반을 둔 것과는 다르게 비판적이고 이상적인 콘텐츠라고 볼 수 있다. 이를테면 인물의 자료를 바탕으로 콘텐

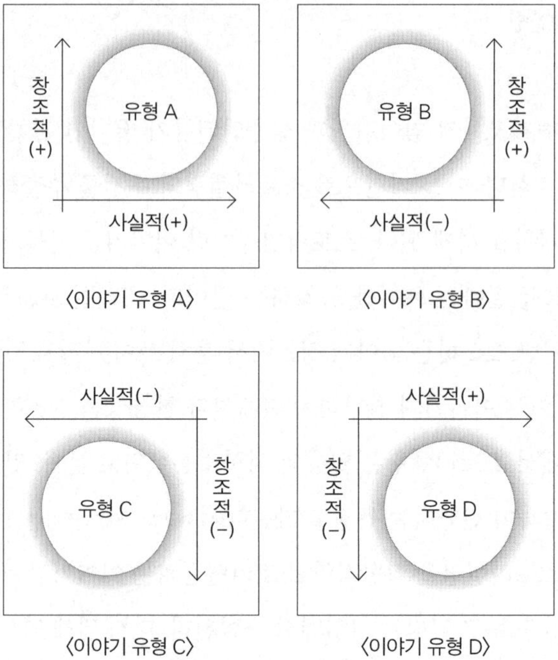

[그림 2-2] 이야기 만들기 유형

츠를 구성하지만 전문가적이고 비판적인 분석을 통해 특정한 이상이나 신념을 지지하는 도구로 활용하는 것이다.

네 번째 D유형은 백과사전식의 정보제공을 위주로 한 콘텐츠이다. 각종 역사 자료조사를 통해 수집된 자료와 객관적으로 검증된 자료에만 근거를 둔다. 인물 다큐멘터리이자, 인물 자료의 아카이브라고 할 수 있다.

(7) 에스노텔링과 포토텔링

앞서 기술한 바와 같이 에스노텔링의 목적은 한 다수 집단 내에서 구별되는 소수민족의 특성을 부각시켜 이해하거나 혹은 한 민족 내에서 차별받거나 소외된 집단의 특성을 도출하기 위한 연구방법이라고 했다. 에스노텔링은 한 사회에서 구별되는 문화집단의 이야기에 접근하기 위한 방법이라고 볼 수 있다. 그런데 특정 연령 집단에게 기억을 재생하기 위한 가장 효과적인 방법은 이미지를 활용하는 방법이다. 이를 우리는 포토텔링 기법이라고 부른다. 시각 매체로서 사진은 이야기가 향유되는 총체적인 과정을 통찰하는 단계, 즉 이야기의 안과 밖, 이야기의 저변에 대한 포괄적인 접근을 위해 유용하다. 내러티브 매체로서 사진이미지의 차용은 사진이 가진 객관성과 서술성, 그리고 누구나 쉽게 알아볼 수 있는 대중성을 담보해줌으로써 연구자가 목표로 하는 내러티브를 공고히 하게 한다. 또한 연구참여자와 커뮤니케이션에 효과적으로 작용하여 연구참여자의 내러티브를 넓히는 데 기여한다(김영순 · 박봉수, 2016). 그러나 본 연구에서는 사진이 누구의 사진인가에만 초점이 맞추어진 특정 사람을 기억하기 위한 용도가 아니다. 사진이미지는 새로운 개념에 대한 커뮤니케이션 수단으로 적극적으로 이용하여 수용자의 적극적인 소통행위를 이끄는데 사용한다.

포토텔링의 기법의 특성은 첫째, 사실적 기록성을 가지고 있는 사진의 특성을 이용하여 그 기록이 갖는 자세한 이야기를, 사진의 내러티브가 가지고 있는 개인적인 경험을 풀어낸다.

둘째, 연구참여자가 사진 속 장면을 일깨울 수 있는 여백을 갖게 되어 시간과 기억이라는 보편화된 주제로 이끌어가는 역할을 한다. 또한 사진들은 일정한 방향성을 가지고 흥미롭게 만들어주는 동시에 시간이 축적됨에 따라 그 정확도가 떨어지면서 기억의 주체에 의해 왜곡이 일어나는 인간 기억의 주관성을 연상시키기도 한다.

셋째, 연구참여자들이 지닌 오래된 사진이미지들은 시간성이 더해져 최근에 찍은 사진과는 다른 역사에서 오는 독특한 깊이의 내러티브를 함축하고 있어 지나간 시간에 대한 노스탤지어를 불러일으킨다. 이러한 요소들은 동시에 사진이 전달하는 이야기를 그대로 드러냄으로써 사진이 제시하는 과거의 시간에서 연구참여자가 이야기한 현재의 시간으로 시선을 끌어당기는 역할을 한다.

"우리 아버지 환갑 때 사진이에요. 1961년도에 찍은 것이네요. 우리 조선인들은 환갑하면 정말 온 동네가 떠들썩했어요. 이 음식 보세요. 이것을 어머니 혼자 어떻게 만들어요. 아버지 동기간하고 동네 아주머니들이 모두 모여서 만든 거예요. 뭐 하동 사람들이 한 20명이 형제처럼 한 동네에서 살고. 무슨 잔치가 있다 하면 만나가지고 이렇게 몇 달 전부터 막걸리 담그고, 국수도 뽑아서 말리려고 쭉 널어 놓으면 우리는 거기를 뛰어다니며 놀았어요. 두부 만들고, 인절미 치고, 마당에 풍장 치고, 놀이패들이 와서 꽹과리, 장구 치고 노래 한 가락씩 뽑고. 신명 나게 놀았지. 고향이 따로 있나요. 이게 고향이지. (중략) 이렇게 신나는 그런 날이 또 올까요?"

[사진 2-3] 포토텔링 예시

넷째, 사진이미지는 특정한 공간 속에 살아오면서 형성해 낸 가치관과 윤리관, 자연관과 세계관 등 타민족과는 다른 삶의 방식과 태도, 인간을 둘러싸고 있는 환경에 대한 이해의 독특성, 삶의 구체적인 영위를 위해 나름대로 이해된 것들을 삶의 장으로 옮겨 놓는다. 이러한 포토텔링 연구방법은 향후 다른 연구자의 연구방법 선택에 기여할 것으로 기대한다.

[사진 2-3]의 사례는 에스노텔링 작성에 있어서 포토텔링의 한 예이다. 이 예는 2017년 8월 16일 건국대에서 개최된 한국구비문학회 학술대회에서 발표한 내용 중 포토텔링 사례 일부이다.

포토텔링 기법을 활용하면 정보제공자에게는 사진을 통해 기억을 재생시키는 장점이 있을 뿐만 아니라 독자들을 위해서도 이야기의 가독성을 높이고, 문화집단, 민족집단 간의 특성을 부각할 수 있는 가능성을 갖게 한다.

포토텔링은 정보제공자인 연구참여자가 연구자에게 자신의 기억을 생생하게 들려줄 수 있는 기억 회생의 장치는 물론 자신의 민족정체성을 발화할 수 있는 동력을 제공한다. 이와 같은 맥락에서 연구자는 연구참여자들의 다양한 사진자료를 수집하여 미리 검토하고, 의미를 지닌 사진들을 선택하여 미리 어떤 질문을 할 것인가를 고민해야 한다. 물론 이 고민 속에서는 다른 민족 집단, 혹은 문화집단과 구별될 수 있는 요소를 포함한 질문들을 제작하는 것도 포함된다.

위에서 설명한 방법으로 고려인을 향한 우리의 연구 여정이 시작되었다. 일련의 연구들이 저서라는 결과물로 나오는 데 만 3년이라는 시간이 걸렸다. 스토리텔링에도 1년 이상이 걸렸으니 말이다. 만약 우리 연구팀이 연구비를 확보했더라면 좀 더 일찍 연구 결과가 활자로 찍혔을 텐데 그렇지 못했다. 때로는 연구의 자율성이 연구를 느슨하게 만들 수 있지만 좀 더 생각할 수 있는 시간을 갖게 되어 쫓기는 마음으로 연구 결과를 정리하는 우를 범하지 않았음을 고백한다. 그래도 카자흐스탄 현지에서 책의 출간을 묻는 질문이 올 때면 미안한 마음을 가눌 수 없었다. 이런 미안한 마음이 다시 연구의 열정을 당겨주는 역할을 했음을 고백한다.

Ⅱ

카자흐스탄 고려인의
생애사 재구성

3장
독립군 아버지의 삶을 따름: 김 스베뜰라나

1. 김 스베뜰라나와의 만남

나는 지금 고려인들을 만나러 가고 있다. 150년 디아스포라의 애달픈 한을 지닌 역사의 산증인 고려인, 카레이스키…. 자기 자신을 한국인이 아닌 고려인이라고 소개하는 그들의 목소리가 귓가에 선명하다.

그런데 이들은 왜 자신들을 고려인이라고 했을까? 1860년대라면 조선 후기에 해당한다. 이때 타지로 이주한 이들이라면, 자기 자신을 조선 사람 또는 조선인이라 칭해야 하는 것이 아닌가?

《우수리지방 여행기》(1867~1869)를 쓴 러시아의 탐험가 N. M. 프르제발스키가 경흥과 연해주 지역 조선인 최초의 정착지인 '지신허' 등을 방문하고 '조선인들은 자신을 부를 때 가우리(kauli)라 부른다.'라고 기록했다. 가우리는 고구려 또는 고려를 뜻한다. 이것은 연해주가 고구려 땅이었음을 우리 조상들이 은연중에 과시한 민족의식과 역사의식이었음을 보여주는 것이다. 그 모진 가난과 삶의 고통 속에서도 모국을 잊지 않고 있었음을 알 수 있다.

19세기 중엽 가난을 견디지 못하고 두만강을 건너 연해주에서부터 시작된 그들의 운명은 어느 곳에도 정주하지 못하고 정치적 탄압과 잔혹한 역사에 시달렸다. 착한 민족인 고려인이 그러한 아픔을 소수민족으로서 감당해야 하는 숙명으로 받아들였을 것을 떠올리니 분노와 함께 가슴이 아려온다.

아침 9시, 고려인들을 만나러 가는 길은 설렘으로 가득했다. 한인회관에서 만난 많은 고려인들은 나를 마치 형제나 친척을 만난 것처럼 반겨주었다. 처음 만난 이들이 어쩌면 이럴 수가 있을까 싶을 정도로 그들은 우리를 너무나 반갑게 맞이했다. 그러나 고려인 4세대 이상 되는 분들은 아쉽게도 한국말로 의사소통하는 것이 어려웠다. 소비에트 사회, 러시아 사회에 좀 더 잘 적응하기를 바랐던 고려인들은 자신들의 자녀들에게 조국의 말을 가르치지 않는 경우가 많았다고 한다. 문화통역을 하는 연구자와 함께 대담을 이어가던 중, 통역자보다도 한국어를 잘하는 고려인의 목소리가 들려왔다. 바로 스베뜰라나의 목소리였다.

그녀는 능숙하게 한국어로 고려인들의 활동과 고려인으로서 살아가는 것에 대한 자부심을 표현했다. 나는 그녀가 한국어를 잘하는 것이 너무나 반갑고 놀라웠다. 이에 존경을 표하며 "말을 지켜주셔서 정말 감사합니다. 언제부터 한국어를 배우셨는지요?"라고 질문했더니, 어렸을 때부터 가정에서 한국어를 사용했다고 대답했다. 그녀의 아버지는 늘 "너희가 한국 사람인 것을 영원히 잊지 말라."고 하시며 집에서는 한국어만 쓰도록 했다고 한다.

현재 스베뜰라나는 알마티 한국어교육원에서 한국어를 가르치고 있다. 그녀의 말에서 그녀가 한국어, 한국 문화의 중요성을 누구보다 크게 인식하고 한국인으로서의 뿌리를 가진 것에 대하여 강한 자부심을 가지고 있음이 느껴졌다. 밝고 호탕한 웃음을 지으며 우리 연구팀이 진행하고 있는 고려인 생애사 연구에도 적극적으로 참여해주었다. 그녀는 자신의 부모님이 교육하신 것처럼 자녀와 손주 세대들에게도 한국 문화와 전통을 지키도록 교육하고 있다. 성실하고 근면 정직하게 살아온 고려인으로서 스베뜰라나와 그녀 가족의 삶은 따뜻했으며 자랑스러웠다.

2. 독립운동가 아버지, 김광택 선생님

김 스베뜰라나는 제2차 세계대전이 일어나기 전인 1940년 6월 1일에 태어났다. 그녀는 어린 시절을 우즈베키스탄 타슈켄트주의 '중앙 치르칙스키' 지방의 집단 농장인 '볼셰비크'에서 보냈다. 이곳은 전쟁에서 멀리 떨어진 후방에 위치하여 다행히 끔찍한 전쟁은 경험하지 않았다고 한다. 그녀의 부친은 민족단체의 관리자로 일했고, 가정보다 늘 단체의 일을 먼저 생각했다고 한다. 한번은 "사무실에 손님이 앉을 곳이 없다. 너희들은 소파 없이 살 수 있다."고 하시며 집에 있던 소파를 사무실로 가져가셨다고 했다.

김 스베뜰라나는 자신의 부친에 대해 집안에서는 엄하신 분이셨지만 다른 사람들에 대해서는 너그러우신 분이라고 기억한다. 그녀의 부친 김광택 선생님은 항일 독립운동을 하셨다. 아쉽고 속상한 것은 얼마 전에 세상을 떠난 김 스베뜰라나의 오빠가 부친이 군대에서 찍은 사진과 서류를 검은 봉지에 차곡차곡 보관해두었다가 잃어버려 아직도 찾지 못했다는 사실이다.

> "아버지가 얼마나 훌륭한 일을 하셨는지 자손들에게 그리고 이 세상에 증명할 기회가 없어 너무 슬픕니다. 그런데 다행히도 얼마 전 아버지 전우의 일기장에서 아버지의 이름이 발견되었고, 저는 훈장을 받게 되었습니다. 독립운동을 하신 아버지의 명예가 회복되었습니다. 영원히 아버지에 대한 역사가 묻히는 것보다는 늦게나마 밝혀지는 편이 나을 것입니다. 더구나 아이들 앞에서 부끄러웠습니다. 정확한 증거가 없어서 증명해줄 수 없었습니다. 이것이 제 삶에서 한이 될 뻔했습니다."

다행히도 한국의 책에 아버지 성함이 몇 번 나왔다고 한다. 늦게나마 아버지의 항일 업적이 밝혀지고 있는 것에 대해서 그녀는 행복해했다. 연구자가 김 스베뜰라나의 아버지에 대해 포털 사이트에서 검색해보았더니 '김광택(1898-1957)은 제76 고

[사진 3-1]
김 스베뜰라나의 부친
김광택(가운데)

려인 포병부대 정치교육장교를 역임하였다'는 것과 '러시아 연해주에서 항일운동 참가자. 〈국민회 군대〉 부대의 지도자 중 하나. 내전 승리 후에 모스크바 군사 사관학교로 파견'이라는 자료를 찾을 수 있었다.

김 스베뜰라나는 [사진 3-1]의 가운데 앉아 계신 분이 아버지라고 하며, 아버지는 연해주에서 태어나셨고 러시아 이름을 사용하지 않으셨으며 제76 카레이스키 부대에서 정치교육 책임자로서 장교로 복무하였음을 기억했다.

안중근 의사와의 인연에 대해서도 언급하면서, 이를 증명할 수 있는 추가적인 자료들이 발견되고 관련 연구들이 지속적으로 이루어지길 바랐다. 아무래도 한국이 아니라 다른 나라에서 독립운동을 하셨기 때문에 더욱 복잡하고 힘든 연구가 되겠지만, 지속적인 연구를 통해 우리의 정체성을 확립하고 자긍심을 강화하는 데 큰 도움이 될 것으로 기대한다. 또한 스베뜰라나의 부친 김광택 선생님은 고려인 극장의 첫 번째 지도자 중 한 명이셨다고 한다.

> "그때 우리 연극도 심청전 그런 걸로 아버님이 다 하셨거든요. 그리고 직접 우리 아버님은 한글도 한자도 한문도 잘하셨어요. 그리고 연극을 할 때는 배우 분들한테는 고려말을 쓰게 하셨어요."

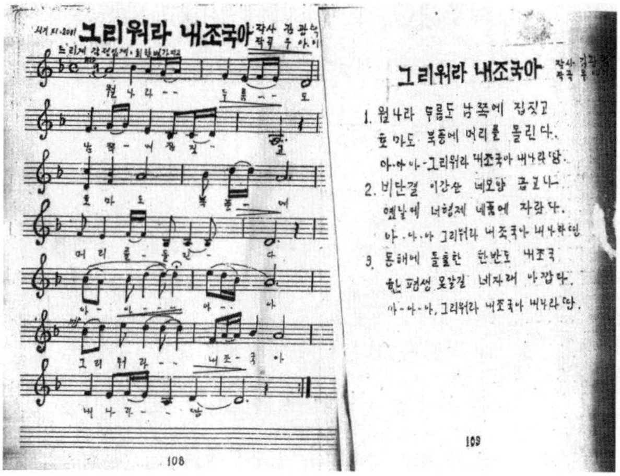

[사진 3-2] 김 스베뜰라나의 부친(김광택)이 작사하신 악보

김광택 선생님은 글 쓰는 데에도 뛰어나셔서 작사를 하시기도 하셨다. 그는 '그리워라 내 조국아'라는 곡을 작사하셨다.

'아아아 그리워라 내 조국아, 내 나라 땅'이라는 후렴구에서 나라를 사랑하셨던 마음을, '동해에 돌출한 한반도 내 조국, 한평생 못갈 길 네 자래 아깝다'에서 다시 한반도로 돌아가지 못하는 애잔함이 느껴졌다. 스베뜰라나의 부친도 한반도 땅에서 태어나신 것이 아니었음에도 불구하고 마음과 정신에서 우리 동포를, 조국을 그리워하셨음이 작사에서 나타나 우리의 마음을 감동시켰다. 그녀가 아버님을 회상하며 들려주는 이야기들을 통해 어떠한 분이셨는지 느껴볼 수 있었다. 우리나라를 위해 싸우신, 뒤틀렸던 시대에 모든 것을 던지고자 했던 '독립운동 영웅' 가운데 한 분이었으며, 누구보다 우리나라와 한글을 사랑하셨을 것이다. 또한 강인하고 강직한 성품을 가지셨던 분이 아닐는지 머릿속에 그려보았다.

[사진 3-3]은 할머니, 어머니, 아버지, 언니 그리고 그녀가 함께 한 사진이다. 스베뜰라나의 어머니는 보통 여성으로 연대[1]의 재봉사였으며 집에서 두부를 장만

1) 군대 편성 단위의 하나. 사단 또는 여단의 아래, 대대의 위이다.

[사진 3-3] 김 스베뜰라나의 어린 시절 모습

해주셨던 기억이 남아 있다고 말했다. 더불어 부모님의 성품을 이해할 수 있는 한 일화를 들려주었다.

"전방에 있지 않은 모든 사람들은(특히 고려인들) 투르크메니스탄의 운하 공사 현장으로 보내졌습니다. 그곳에서 아버지는 우연히 젊은 유태인 일리야 씨를 알게 되었습니다. 그 젊은 남자는 발이 아픈지 다리를 제대로 쓰지 못했고, 우리는 그가 삶의 끝에 다다랐다고 보았습니다.

아버지는 그를 집으로 데리고 왔고, 어머니는 그의 옷을 빨아주었습니다. 왜냐하면 그는 자기 자신을 돌보지 못할 만큼 무력했기 때문이었습니다. 더욱이 그는 완전히 알지 못하는 새로운 환경인 고려인들의 집단농장, 즉 새로운 환경에 떨어졌기 때문입니다.

기후와 음식이 다른 환경에서도 그는 적응을 잘하여 밥을 먹기 시작했을 뿐 아니라 혼자 스스로 밥 위에 나물을 올려서 먹는 법도 배웠습니다. 어머니는 그를 보살폈습니다."

'일리야 모이세예비치 쩨젤보이마' 씨는 어린 스베뜰라나에게 읽는 법을 알려주었고, 여름에는 어깨에 앉히고 겨울에는 썰매를 태워주었다고 한다. 1946년에 자신의 고향인 벨라루스로 돌아갔고, 초콜릿 과자와 볶은 호두를 우편으로 보내주기도 하였다. 스베뜰라나는 이 선물이 전쟁 후의 아이들에게는 기적과도 같은 일이었다고 회상했다. 이는 유태인인 일리야 씨가 스베뜰라나를 많이 예뻐했던 것으로 생각할 수 있다. 그녀는 그 당시에 먹은 초콜릿과 호두의 맛을 아직까지도 기억한다고 했다. 그러나 안타깝게도 그 당시에 많은 고려인들이 한국으로 돌아갔고, 일리야 씨가 스베뜰라나의 가족도 한국으로 들어갔다고 생각하면서 연락이 끊어졌다. 이후 일리야 씨는 유명한 작곡가 겸 지휘자가 되었음을 알게 되었다고 했다.

> "어느 날 저와 같은 반이었던 친구가 저에게 뛰어와 라디오에서 벨라루스의 수도 민스크의 클래식 오케스트라 지휘자가 일리야 씨라고 이야기하는 것을 들었다고 전해주었습니다. 저는 그를 찾기 위해 《이즈베스찌야》 신문과 《쁘라브다》 잡지에 글을 올리려 했지만, 잘 되지 않았습니다. 지금은 사람을 찾는 것을 보다 쉽게 할 수 있을 텐데…."

가족도 친구도 아니었기 때문에 불편한 다리로 걷던 일리야 씨의 모습을 보고 아무도 관심을 갖지 않았다. 그러나 스베뜰라나 부모님의 도움으로 일리야 씨는 가지고 있던 음악적 재능을 세상에 알렸고, 스베뜰라나도 어린 시절에 대한 소중한 추억을 간직하게 되었다. 참으로 인정이 많은 분들이다. 나중에 꼭 다시 인연이 닿아서 추억을 나눌 수 있는 기회가 있었으면 좋겠다. 스베뜰라나가 17살(1957)일 때 아버지가 돌아가셨고 어머니는 1978년도에 돌아가셨다. 나라를 위해 독립운동을 하셨으며 강직하고도 다른 사람을 배려하는 마음을 가진 아버지와 따뜻하게 가정을 돌보셨던 어머니의 영향으로 스베뜰라나가 한국을 자랑스러워하고 사랑하며 본인의 가족을 더욱 소중히 여기게 되었을 것으로 생각되었다.

3. 도전적이고 성실한 삶을 살다

스베뜰라나는 자신과 가족 중 어느 누구도 아버지의 똑똑한 머리와 리더십, 멋진 목소리, 글재주를 받지 못했다고 했다.

"사람들이 '너 태어날 때 자연이 모두 쉬고 있었어.'[2]라고 말하면 우리에 대해 말하는 것 같습니다."

위와 같은 스베뜰라나의 설명과는 다르게 그녀는 일리야 씨로부터 읽는 법을 배우고 6살에 학교에 들어갔다. 어렸을 때 스베뜰라나가 지도에서 정확하게 도시를 찾아내는 것에 대해 일리야 씨는 굉장히 자랑스러워했다고 말했다. 또한 비상한 음감이 있다는 이야기를 했다고도 한다. 총명한 아이였을 것이라고 짐작되었다. 이후 국립사범대학교에서 러시아와 한국과의 관계를 전공하였으며 22살에 결혼을 하였다. 스베뜰라나는 자신의 결혼에 대해 다음과 같이 말했다.

"대학 시절, 여자 기숙사에 있었잖아요. 여자만 있는 곳이었어요. 남자친구는 가끔씩 와서 놀기도 하고 그랬거든요. 졸업하고 결혼했습니다. 사실 저는 시집을 안 가려고 했어요. 그러나 그 당시에는 집안에서 시집을 안 가는 것은 안 된다 해서 결혼을 하게 되었어요. 약혼식을 간단하게 하고 패물도 주고받고, 시골이니깐 지금처럼 이렇게 대단하게 안 하죠."

결혼을 하지 않으려 했다는 이야기를 듣고 다소 놀랐다. 지금은 결혼하지 않고 혼자 자신의 일을 즐기면서 사는 독신가구가 증가하고 있지만, 스베뜰라나가 20대였던 1960년대에는 여성들이 비교적 어린 나이에 결혼하는 것이 중앙아시아 나라들에서는 일반적이었기 때문이다. 그녀가 주체적이고 독립적이며 자유로운 삶을 원하였음을 느낄 수 있었다. 그러나 당시의 사회적 분위기와 가족들의 반대에 부딪쳤을 것이고 스베뜰라나는 고려인 남성과 결혼하게 되었다.

결혼 후, 27살부터 38살(1957~1978)까지 우즈베키스탄에 있는 45호 그룹스카야 학교에서 러시아-한국어 선생님으로 아이들을 가르쳤다. 그녀는 1978년 어머니를

2) 러시아식 농담. 태어날 때 자연이 일을 하지 않아서, 부모님의 좋은 유전자를 받지 못해 똑똑하거나 예쁘지 않다는 말이다.

[사진 3-4] 김 스베뜰라나 부부

잃고 마음이 굉장히 좋지 않았다. 그 후 카자흐스탄에 신문사가 생긴다는 소식을 오빠로부터 전해 듣게 되면서 우즈베키스탄에서의 교사 생활을 정리하고 카자흐스탄의 신문사에서 일을 시작했다. 어머니의 죽음으로 충격이 컸기 때문에 새로운 환경에서의 출발이 마음을 안정시키는 데 도움이 되었던 것으로 생각된다. 가족들을 두고 혼자 카자흐스탄의 '고려일보' 신문사에서 일을 시작했고 자리를 잡은 후 남편과 아이들이 스베뜰라나가 있는 알마티로 이주해왔다고 했다. 오랫동안 살아온 곳, 자신에게 익숙한 직업을 바꾸는 것은 큰 용기가 필요한 일이다. 스베뜰라나는 할 수 있다는 자신에 대한 믿음과 결단력, 도전정신이 뛰어난 여성이었을 것으로 짐작된다.

무려 13년 동안이나 고려일보의 편지를 받는 부서에서 일을 했다고 한다. [사진 3-5]는 고려일보 창립 85주년을 기념하기 위해 쓴 축사 성격의 글이다.

85돐을 맞는 우리 신문

"고려일보" (선행지 "선봉", "레닌기치")에 노력과 마음을 이바지만 각자는 이 신문을 자기의 신문으로 간주할수 있습니다.

저는 본사에서 13년동안 일하는 기간에 배운 것이 많으며 직업적 경험만이 아니라 생활경험도 얻었습니다.

인간의 수명이 늘어진 오늘에 와서 85년이란 사람에게 있어서 그리 많은 것이 아니며 신문을 두고본다면 더군다나 긴 세월이 아닙니다. 그런즉 앞으로는 희망도 많으며 더 현명해지고 재능도 뛰여날 가능성이 많습니다.

물론 난관도 많았고 실수도 있었을것입니다.

그런데 "앞으로 계속 나가는 자만이 정복한다"는 말이 있습니다. 신문은 어려움을 극복하면서 계속 앞으로 나갔습니다.

신문을 창간한 여러 선생님들, 다음은 계속 키워나간 사원들에게 감사를 표하는 바입니다.

무슨 일이던지 초창기가 가장 힘듭니다. 신문에서 오래 근무하시던 손우세대가 지치면 젊은 사원들이 신문을 받들고나갔습니다.

오늘 우리는 "고려일보" 85돐을 맞이합니다. 그 기간에 신문의 외면만 아니라 내용도 달라졌습니다. 그런데 중요한 것은 신문이 중심축만은 항상 보존하려고 노력하여 왔습니다. 현재까지 신문에 몸담고있는 남경자, 손 블라지미르, 남 이르마께 깊은 경의를 표하는바입니다. 신문은 자라나는 세대에 한해서 특히 중요한 의의를 가지고있습니다.

현재 우리 카자흐스탄에는 민족신문을 보존할 모든 조건이 있습니다.

이런 신문이 우리가 사는 카자흐스탄에서 반간되는 것이 자랑스럽습니다.

"고려일보"여, 오래오래 발전하기를 바란다!

서한부 부장
김 스웨뜰라나

[사진 3-5] 고려일보 85주년 축사

신문사에서 일한 이후에는 몇몇 한국 회사에서 5년간 일을 했다. 그녀가 어떤 회사에서, 어느 지역에서 일했는지는 묻지 못했지만 그녀는 참으로 다양한 경험을 가지고 있었다. 현재는 알마티 한국어교육원에서 한국어를 가르치고, 필요할 때 노인대학의 번역 업무를 도와주기도 한다. 그녀는 알마티 비단길 합창단에 속해 있으며 가끔《고려일보》에 기사도 쓰고 있다.

스스로 아버지의 똑똑한 머리, 리더십, 목소리, 글재주를 받지 못했다고 했지만, 아버지를 참 많이 닮은 것 같다는 생각이 들었다. 현재까지도 배우고, 가르치는 데 힘쓰는 것을 보면 굉장히 성실하게 살아왔고 끊임없이 발전하고자 노력하고 있음을 알 수 있었다. 다음에 다시 만날 기회가 있다면 또 다른 새로운 일에 대해 말해주지 않을까 하는 기대까지 생겼다.

4. 한국을 사랑하는 가족들

스베뜰라나의 부모님과 본인의 삶에 대해 전해 들으면서 참으로 부지런하고 열정적이었으며 매 순간 노력하며 산 분들이라는 생각이 들었다. 그녀의 형제자매로는 2명의 오빠와 언니, 여동생이 있었다. 그러나 다른 형제들은 먼저 하늘나라로 가고, 이제 혼자만 남았다고 한다. 스베뜰라나가 오랫동안 교사로 아이들을 가르쳤던 것처럼 오빠인 보리스 씨와 볼나 씨 두 분 모두 교직 생활을 하면서 역사와 수학을 가르쳤다. 한 가정 내에 독립운동가 아버지와 교사 3명이 있으니 당연히 지식인 집안이라고 할 만했다. 언니 밀라 씨는 농업에 종사하였고, 여동생 안나 씨는 간호사로 일했다고 했다. 스베뜰라나 내외 분들은 슬하에 2명의 아들과 1명의 딸을 두었다. 남편은 65세에 암으로 먼저 돌아가셨다고 한다.

"나는 어찌 되었든 자식들을 잘 키웠다고 생각하고 싶습니다. 큰아들 '이고르'는 광고 일을 하다가 현재는 교사로 미술을 가르치고, 둘째 아들 '비딸리'는 농업대학교를 졸업하고 광고 일을 하고 있으며 그림은 취미입니다. 딸 '타찌야나'는 지사장으로 한서대학교와 일을 하면서 자주 한국을 왔다 갔다 합니다."

손주들은 3명으로 10, 12, 19살이라고 했다. 스베뜰라나가 한국말을 잘해서 자녀와 손주들도 한국말을 할 줄 아냐고 물었더니 아들들은 한국어를 잘 못하지만 딸은 정말 잘한다고 하였다. 손녀딸 3명은 한국어를 알아들을 정도이다. 가장 어린 손녀가 조금씩 한국어를 읽기도 하고 쓰기도 한다고 기특해했다. 그동안 일정이 잘 맞지 않아서 손주들에게 한국말을 제대로 알려주지 못했지만 작년 방학에 한국어교육을 시작했고, 이번 방학에 제대로 가르쳐볼 생각이라고 한다. 또한 한국의 역사와 문화 프로그램에 손주들을 참여시키고자 노력 중이다. 더불어 두 아들과 손주들이 한국어로 말하는 데에 있어서는 미숙한 부분이 있지만 한국 문화와 전통은 아주 잘 지키고 있다고 했다. 예를 들어 추석 명절이나 가족 중에 생일이 있을 때 스베뜰라나의 집으로 자녀들과 손주들 그리고 조카들, 조카 손주들까지 모두 22명이 모인다. 새해에도 함께 모여 꼭 세배를 하러 온다고 한다. 스베뜰라나가 가족의 어른으로 경험과 지식의 조언자로서의 역할을 충분히 하고 있다고 본다.

"설날은 무조건 만나서 세배를 합니다. 한국어와 여기 말을 섞어서 이야기를 하고, 큰 금액은 아니지만 저는 미리 봉투를 준비해서 똑같은 금액을 세뱃돈으로 줍니다. 옛날에는 음식도 하고 묘지에 갔었지만, 요즘에는 교회 자주 나가거든요. 그래서 제사 음식은 안하고 그냥 가서 이야기도 하고 꽃다발만 드리고 와요. 그 대신에 집에 와서 우리가 음식을 차려서 맛있게 먹고 나눕니다."

어린 두 손녀가 한복을 입고 있는 사진을 보여주며 이름이 '아냐'와 '일리나'라고 했다. 앞으로 한국식 이름으로 하면 어떨지 물었더니 좋은 생각이라고 대답하였다. 가족들이 모이면 일상생활에 대한 이야기들을 나누고 가끔씩은 아버지 사진이

[사진 3-6] 김 스베뜰라나의 가족사진

[사진 3-7] 김 스베뜰라나의 손녀들

나 책을 보기도 하며 영화를 함께 보기도 한다. 이렇게 아이들이 한복을 곱게 입은 모습과 명절날의 이야기를 들으니 한국에서 우리들의 모습과 큰 차이가 없었다. 먼 나라에서 태어나 살아오면서 여기의 문화와 언어, 전통, 관습이 더 익숙할 것이라는 생각을 했는데 한국의 것을 지켜나가는 모습이 참으로 존경스러웠다. 분명히 크고 끝없는 노력이 필요했으리라는 생각에 감격스럽기까지 하였다. 현재 딸 따찌야나 씨가 한국을 자주 오가고, 둘째 오빠의 손녀 김 옥산아 씨는 한국 사람과 결혼해서 지금 서울에 살고 있다고 한다. 그녀는 흔쾌히 딸과 조카 손주의 연락처를 건네주며 연구과정 중에 궁금한 것이 있으면 전화하라고 하였다. 더불어 명절에 가족들이 모일 때 한번 찾아가고 싶다고 하였더니 언제든지 오라고 하였다.

이러한 스베뜰라나의 태도에서 한국 사람의 정(情)을 느낄 수 있었다. 우리가 가지고 있는 근본 · 뿌리 · 정신이 얼마나 강한 것이기에 조상과 피가 같다는 이유로, 한반도 땅이 아니라 다른 나라에서 살았음에도 불구하고 이렇게 비슷한 모습을 보고 느낄 수 있는 것인지 놀라웠다. 특히 한국의 음식 · 문화 · 전통을 존중하는 모습이 연구자의 마음을 뜨겁게 하였다. 아픈 역사로 인해서 우리는 서로 다른 곳에서 다른 경험을 하며 살았지만 아직도 통하는 무엇인가가 존재하고 있음을 깨달았다.

5. 근본이 되는 나라와 살아 온 나라를 함께 품은 고려인

스베뜰라나와 부모님, 그리고 가족들에 대한 이야기를 듣고서 어렵고 대답하기 힘들 수도 있지만 정체성과 관련한 질문을 하였다. 그 이유는 고려인들이 중앙아시아에서도 한곳에 정착하여 계속 살아오기보다는 여기서도 정치적 상황 속에서 이주를 경험하였기 때문이다. 특히 스베뜰라나의 부모님과 조부모님의 고향이 북한이고, 북한에서 이주해왔으니 지금 한국과 북한을 어떻게 생각하는지 물었다. 정치적인 문제는 답변하기가 힘들다고 하여 고향이 어디라고 생각하는지 질문했다. 고향의 사전적 의미를 보면, '자기가 태어나서 자란 곳, 조상 대대로 살아온 곳, 마음 속에 깊이 간직한 그립고 정든 곳'이라고 뜻이 나온다. 그렇다면 고려인들은 고향을 북한이라고 할 것인지, 아니면 한국이나 태어난 나라인 우즈베키스탄이라고 할 것인지 궁금했다.

> "선택을 하자면… 아무리 같은 뿌리고 같은 피지만 그래도 여기서 태어났잖아요. 예를 들어 한국을 방문해도 그래도 모국이 낫잖아요. 그런데 북한은 아주 가난하잖아요. 그 모습을 보면 남의 일 같지 않게 속상합니다. 88년도에 가봤는데 북한이 너무 못살고 가난하니까 아주 마음이 아프고… 그런 부분이 있습니다. 그래요. 마음이 아프고 불쌍하고. 그 대신에 한국은 잘 살게 되니깐 전 세계에서 10개의 선진국에 든다고 할 수 있으니 그러니까 자랑스럽지요. 이쪽에서는 불쌍하고 이쪽에서는 자랑스럽고. 북한과 한국은 같은 뿌리지만 선택할 수는 없어요. 여기서 태어났으니까."

이와 같은 말을 하면서 말끝을 흐렸다. 스베뜰라나는 선택했기 때문이 아니라, 우주베키스탄에서 태어났기 때문에 이곳이 고향이지만 북한과 한국의 모습을 보면 가슴 아프기도 하고 자랑스럽기도 하고, 마음이 가는 것은 어쩔 수 없다고 솔직하게 말했다. 이번에는 축구 문제로 바꾸어서 질문을 했다. 러시아와 카자흐스탄, 한국,

북한 이렇게 네 나라가 함께 축구경기를 한다면 어디를 응원할 것인지에 대해서이다. 연구자는 가볍게 마음 가는 대로 대답하라고 축구로 바꾸어서 질문을 하였는데 스베뜰라나는 한참을 머뭇거리다가 이렇게 답변을 했다.

"축구만이 아니고요. 영화가 나오든가 어떤 정보를 접하면서 한국 사람이 나오면 정신이 번쩍해요. 그러니깐 경기 할 때도, 축구 할 때도 한국이 이겼다 하면 아주 뭐 자랑스럽습니다. 예를 들어 어디에서 한국 사람, 김씨, 박씨 등이 나오면 자랑스러워요. 이것이 억지로 또는 의식해서 그런 것이 아니라 내 마음속에서 자연스럽게 그렇게 됩니다. 러시아와 카자흐스탄, 한국, 북한이 축구 경기를 하면 응원할 나라를 정하는 것은 어렵지만, 한국과 일본이 축구를 할 때는 아주 쉬워요. 꼭 한국이 이겨야 한다고 생각해요. 또 구소련일 때는 같은 나라였는데 요즘은 러시아가 다른 나라잖아요. 한국하고 러시아하고 해도 당연히 한국이죠."

태어난 나라, 살아온 나라, 뿌리가 된 나라 중에서 고향을 딱 하나만 고르는 것은 힘들어하였지만 이외의 다른 나라와의 축구경기에 대한 질문에서는 쉽게 대답을 했다.

다음으로 좀 더 복잡한 이야기에 대해서 나누어보았다. 지금 여러 나라 언어를 사용하고 생애와 교육환경, 음식은 우즈베키스탄 문화에 가깝고 부모님의 나라는 한국인데, 그렇다면 마음과 정신이 생각하고 지향하는 나의 국적은 어디이고, 정체성은 어디에 있다고 생각하는가에 관하여 이야기하였다.

"그건 분석할 수가 없어요. 피는 한국 피고 국적은 여기이고. 잘 모르겠어요. 나는 하나로 생각합니다."

이 말을 듣고 '다문화'가 답일 수 있겠다는 말을 전하면서, 여러 나라를 품고 있는 것이 우리 고려인들의 정체성이 아닌가 하는 생각이 들었다. 고려인의 선조들은 두만강을 넘어 연해주로 이주하였고, 연해주 황무지를 맨손으로 개척하며 살아남

[사진 3-8] 한복을 곱게 차려입은 김 스베뜰라나와 친구들

왼쪽에서 첫 번째 인물이 스베뜰라나로 한복이 아주 잘 어울린다.

았다. 당시 고려인은 조선왕조의 빈곤과 압제, 망국으로 인해 조선 땅에서 살 수 없어 연해주로 이주하였다.

후대 고려인들은 러시아 벌판을 떠돌다 중앙아시아로 강제이주 당했으며, 자신들을 지켜줄 나라가 없었기에 소련의 탄압을 견뎌낼 수밖에 없었다고 한다. 그래서 고려인들은 근면과 투지로 소련사회에서 성공한 소수민족으로 평가받았다. 소련 붕괴 후에는 또다시 유랑의 길로 내몰렸지만, 어느 민족보다 빠르게 적응하며 강인하게 살아왔다. 이러한 아픔의 역사를 겪으면서 장기간 한반도와는 동떨어져 있었기 때문에 고려인들에게 어느 한 나라를 기반으로 하는 정체성을 요구해서는 안되며, 현재 가지고 있는 정체성을 존중하는 것이 있는 그대로 고려인들을 받아들이고 이해하는 첫걸음일 것으로 판단하였다.

이어서 고려인이라고 불리게 된 이야기를 나누게 되었다. 많은 고려인 분들이 스스로를 한국인도 북한 사람도 아닌 고려 사람이고, '우리는 국기가 없다'고 하는 것을 들었다고 하니 아래와 같이 말했다.

"90년 초에 우리는 한국 사람도 아니고 북한 사람도 아니었어요. 왜냐하면 여기서 태어났고 여기 국적이기 때문에 한국 또는 북한이라고 할 수 없어서 우리 학자들이 고민을 많이 했다고 들었습니다. 솔직히 우리가 '한국 사람'이라고 하면, 북한 사람들, 그분들이 기분 나쁘잖아요. 반대로 우리가 '북한 사람'이라고 한다면, 한국인들이 그럴 것이고요. 더 나아가서 남과 북으로 나누지를 말고, 한반도라고 하나로 봤을 때는 코리아잖아요. 그렇게 봤을 때는 우리를 'Korean'이라고 해야 하는지 아니면 국적에 따라 우즈베키스탄 사람으로 해야 하는지 학자들이 고민하고 있었어요. 이러한 과정을 거치면서 '고려 사람'이라고 불리게 되었어요."

이와 관련하여 찾아보았더니, 고려인(高麗人) 또는 고려 사람(러시아어: Корё сарам, 코료 사람) 또는 한국계 러시아인은 옛 소비에트 연방 붕괴 이후의 독립 국가 연합 전체에 거주하는 한민족을 이르는 말이라고 한다. 흔히 카레이스키라는 이름으로 알려져 있다. 원래 고려인은 중국 · 일본 등의 나라 동포들과 같이 조선인이라고 했지만 고려인이라고 공식적으로 부르기 시작한 것은 서울올림픽을 전후하여 1988년 6월 전소고려인협회가 결성되면서부터였다고 한다. 이후 1993년 5월 모스크바에서 열린 소련 조선인 대표자 회의에서 정식으로 소련 조선인의 명칭을 '고려인'이라고 부르기로 했다. 한국과 소련이 외교관계를 맺게 되면서 대한민국에서 꺼려하는 '조선인'이라는 호칭을 정정해야겠다는 생각 때문이었다. 북한 사람들은 자신들을 한국인이라 하지 않고, 조선 사람이라고 한다. 북한처럼 조선인이라고 하자니 한국에서 꺼려하고 한국인이라고 하자니 북한의 입장도 고려해야 했다. 즉 이러한 상황들을 종합하여 조선인도 한국인도 아닌 '고려인'이라는 기발한 착상의 신조어를 만들어낸 것이다.

고려인 사회는 유서 깊은 한글 신문《레닌기치》의 제호를 1991년 1월 1일《고려일보》로 바꾸었다. 스베뜰라나가 13년간 일했던 신문사, 바로 그곳이다. 그러면서 자신들의 호칭을 통일시켰다. 그들은 조선 사람도 아니고 한국 사람도 아닌 국적상으로 소련 사람이고 또한 자신의 언어와 문화도 일세기 이상 지나는 동안 이미 남 · 북과는 이질적인 소련의 특성을 많이 띠고 있으며 자신들만의 독자적 특성을 이어왔으니 그 어느 쪽도 아닌 '고려인'이라고 하는 것이 마땅하다고 판단했다. 결국 고려인이라는 호칭은 한반도의 분열이 낳은 특수한 역사의 산물이라고도 볼 수 있다.

이 같은 역사적 상황과 정치적 입장이 함께 반영되어 '고려인'이라는 단어가 만들어졌고, 이들의 정체성도 여기에서 찾을 수 있다. 어떻게 보면 하나만을 선택하고 다른 것을 배척하는 것이 아니라 시대적인 아픔과 우리 민족의 기구한 운명을 그대로 받아들이고 품은 것이 고려인들의 정체성 기반이라고 생각되었다. 민족 이름에서 '한국'과 '조선'을 배제한 것은 고려인이 한국 민족의 혈통을 지니고 있지만 남한의 한국인도, 북한의 조선인도 아니라는 함의를 가지고 있다. 이것은 한반도와 복잡하게 얽힌 고려인들의 고민스런 선택을 그대로 보여주는 것이라고 생각된다.

"국적을 떠나서 나는 고려인입니다. 카자흐스탄은 신분증에 자기 민족이 써 있어요. 여권에도 민족이 표시됩니다. 민족을 구분할 때, 아버지가 누구냐에 따라서 아버지가 고려인이면 카레인이 되는 거예요."

신분증에 민족이 표시된다는 말을 듣고 다소 놀랐다. 아마도 이주민이 많은 나라이기 때문인 것 같았다. 다민족을 연구할 때 도움이 될 것 같다 했더니 그것도 그렇고, 민족들에 대한 관리가 필요하기 때문이라고 했다. '관리'라는 단어가 왠지 굉장히 딱딱하고 서글프게 느껴졌다. 혹시나 고려인이라는 이유로 설움을 느꼈던 것은 아닐는지 잠시 머뭇거리게 되었는데, 이번 연구에서 만난 분들이 가지고 있던 고려인에 대한 자부심이 다시금 머리를 스쳤다. 스베뜰라나는 분명 한국이 아닌 곳에서 생활했으며 다른 국적을 가지고 있지만 본인은 고려인이라고 당당하게 말하며 한국말과 한국 음식, 한국 전통과 문화를 사랑했고 자손들에게도 그렇게 하도록 손수 보여주고 가르치고 있다. 그동안 만난 적은 없었지만 먼 땅에서 우리의 동포들이 고려인으로서 가지는 긍지와 한국에 대해 애정과 사랑을 보내주고 있음을 느끼면서 참으로 감격스러웠고, 힘들었던 역사를 이겨내고 살아가는 모습이 자랑스러웠다.

이번 연구를 통해 만나게 된 스베뜰라나는 큰 키와 호리호리한 체격을 가졌고 인터뷰를 진행하는 동안 많은 이야기를 해주었다. 그녀와 대화하면서 고려인들이 자신의 정체성에 대하여 어떠한 고민을 했었는지 이해할 수 있었다.

[사진 3-9] 생각에 잠긴 김 스베뜰라나

사실 우리들은 한국에 살면서 우리 역사와 문화에 대해서 관심을 갖지 않는 경우가 있다. 국가 또는 민족과 나의 정체성이 큰 상관이 없다는 듯이 생각하기도 하고, 한국에 대한 자부심이 없는 사람들도 많다. 그랬기에 사실상 우리는 너무 오랫동안 머나먼 땅에 있는 우리 동포, 고려인들에 대해서 큰 관심이 없었다. 그래서 우리가 만난 분들은 고려인 1 · 2세대가 아닌 3 · 4세대 분들이다. 조금 더 일찍 관심을 가지고 다가갔더라면 좋았을 것이라는 생각이 들었다.

연구자가 만난 고려인들은 중앙아시아에 살고 있는 외국인이 아니다. 외모만 비슷하고 다른 언어와 문화를 가진 사람들이 아니라 모국을 잊지 않고 수많은 어려움 속에서도 강인하게 일어난 우리의 형제였다. 스베뜰라나도 교육자로서 또한 고려일보에서 일하면서 성공적인 삶을 살았고, 독립운동을 하셨던 부친의 모습을 본받아 누구보다 한반도를 사랑하는 마음이 컸다.

"나는 한반도나 여기나 한 가족으로 여깁니다. 나는 고려인입니다."

태어난 나라와 뿌리가 된 나라를 함께 인정하고, 고려인이라는 것에 자부심을 느끼는 스베뜰라나! 후일 다시 만나 그녀의 자녀와 손주 세대들을 비롯하여 고려인 후손들과 한국인의 교류에 대하여 더 이야기를 나누고 싶다. 이제는 한국과 고려인이 함께 힘을 모아 서로에 대해 알아가고 이해해야 할 시기라고 생각한다. 아직은 작은 노력이 되겠지만, 새로운 역사가 일어나길 기대하고, 또 믿는다. 우리 동포가 손을 마주 잡을 때 우리는 많은 일을 할 수 있을 것이고 또 다른 새로운 역사는 이어질 것이다.

4장
안나 카레니나를 닮은 열정의 여인: 채 예브게니야

1. 특별한 이름을 지닌 예브게니야와의 만남

연구자가 처음 채 예브게니야를 만난 것은 2014년 5월에 카자흐스탄 고려인 생애사 연구를 위해 알마티 한국교육원을 방문했을 때이다. 그녀의 첫인상은 작은 체구라서 약해 보였지만 대화를 나누는 가운데 내면이 강한 것을 알 수 있었다. 그날 연구자가 채 예브게니야에 대해 강렬한 인상을 가진 것은 다름 아닌 내게 "안나 카레니나를 아세요?"라는 질문을 했기 때문이었다. 내가 잠시 머뭇거리자 그녀는 "나를 잘 연구하면 러시아의 열정적인 여인 안나 카레니나를 만날 수 있어요."라고 하는 것이었다. 이것이 연구팀과 그녀와의 첫 만남이었다. 그때가 바로 우리 연구팀이 고려인 노인학교에서 자기생애사 기술 방법에 대해 오리엔테이션을 가질 때였다.

알마티 주말 노인학교 여러 연구참여자들이 우리 연구팀의 고려인 생애사 작업에 강한 관심을 보여주었지만 채 예브게니야처럼 적극적인 관심을 보인 사람은 몇 없었다. 우리 연구팀의 오리엔테이션이 끝난 후에도 우리에게 면담을 요청했고, 자신의 조카딸이 경영하는 한국 레스토랑에 초청하여 우리를 대접해주었다. 그러면서 "내가 한국말을 잘 못하고 글도 잘 못쓰는데… 그렇지만 교수님이 하고자 하는 작업에 참여하고 싶어요." 그래서 연구자는 그분께 "그러시면 러시아어로 생애사 이야기를 써주셔도 됩니다. 그런데 꼭 하시려는 이유가 무엇이시지요?" 라고 물었다. 그녀는 아주 또렷하고 강하게 "우리 아이들에게 내 삶의 이야기를 들려주고 싶었어요. 머나먼 이국땅에서 힘들지만 행복한 삶을 살아왔다고… 그리고 그들도 내가 살아온 것처럼 힘들더라도 고국을 생각하면서 행복하게 살았음 해서요…."라고 말했다.

채 예브게니야는 1938년 3월 2일에 러시아 연방 야쿠티아 공화국의 수도인 야쿠츠크 인근 야구디아란 마을에서 태어났다. 그녀의 말로는 자신의 아버지 고향이 블라디보스토크라고 한다. 블라디보스토크에서 어떻게 야쿠츠크로 왔는지에 대해 구체적인 기억이 없어서 확인할 수 없었다.

그녀는 어머니로부터 외조부모들이 부농이었으나 소비에트로부터 토지 몰수를 당해 평범하게 살았다는 이야기를 들었다고 한다. 친가의 경우에는 조부모님이 4명의 자녀를 두었고 그중 아버지의 남동생인 김 팬체르 씨가 1948년에 고려인 최초의 소련연방 사회주의 노동영웅이라고 했다. 채 예브게니야는 자신의 선조들에 대한 대단한 자부심을 가지고 있었고 자신 또한 그 훌륭한 선조들과 같이 후대 자손들에게 존경을 받고 싶다는 말을 하였다. 그녀는 대략 160센티 정도의 키를 가진 작은 체구이지만 젊은 시절 사진을 통해 본 그녀의 외모는 정말 안나 카레니나 못지않았다. 스스로 안나 카레니나라고 일컫는 그녀의 이야기를 들어보자. 그녀는 [사진 4-1]을 설명하면서 또렷한 어조로 과거를 회상했다.

"이 사진은 어머니, 류다, 트로핌, 저, 보리스 그리고 아버지입니다. 이 사진을 보고 있노라면 힘든 어린 시절이지만 행복했어요."

[사진 4-1] 채 예브게니야의 가족사진(1948)

누구나 어린 시절의 추억이 있기 마련이지만 그녀에게 이 사진은 고이 간직한 어린 시절의 가족사진보다 더 중요한 의미를 갖는 것 같았다. 이 사진을 통해 어머니 박옥신, 아버지 김벤섹을 기억하고 또한 자신의 어린 시절의 추억을 떠올리기 때문이다.

[사진 4-1]은 채 예브게니야가 10살이었을 때 가족들과 함께 찍은 사진이다. 사진에 등장한 형제자매들은 그녀를 비롯하여 4명이다. 그런데 채 예브게니야의 설명에서는 그녀의 사진 속 4명의 아이들 이외에 4명이 더 있었다고 하니 그녀의 부모는 8명의 자녀를 둔 셈이었다. 이 중 체 예브게니야의 손위로 4명이 전염병 등과 같은 질병을 이유로 목숨을 부지하지 못했다고 한다. 채 예브게니야는 자신의 아버지 김벤섹 씨의 눈매를 닮은 것 같다. 우리가 의아해 한 것은 아버지가 김씨인데 예브게니야는 왜 채 예브게니야인가이다. 원래 결혼 전에는 김 예브게니야였다. 러시아 전통을 따라 여성이 결혼 후 남성의 성씨를 따른 것으로 이해할 수 있다. 예브게니야… 이와 같은 이름이 나왔으니까 우리가 그녀의 인터뷰를 주목할 필요가 있다.

"저는 다섯 번째 아이였지만 제 출생 전에 태어났던 아이들이 어린 시절에 모두 죽고, 저도 이와 같은 운명을 피하기 위해 부모님이 '예브게니야'라고 하게 되었습니다."

러시아에서 '예브게니야(Yevgeniya)'란 이름은 여자 아이의 전형적인 이름으로 잘 사용되지는 않는다고 한다. 그리스어 의미로는 '잘 태어난(well born)' 내지는 '고귀한(noble)'이라는 의미를 갖고 있다. 이 이름을 지은 이유는 그녀의 탄생 이전의 자식들을 잃어 그녀만은 그런 운명을 피하길 바라는 부모의 간절한 마음이라고 본다.

예브게니야가 구체적으로 손위 형제자매들의 사인에 대해 이야기를 하지 않았지만 그 당시 소련은 제1차 세계대전 이후 극심한 경제난과 정치적인 혼란기였던 것으로 판단된다. 따라서 소련 전체에서는 대대적인 역병이 돌았으며, 변변한 의료시설이 많이 없어서 어린 아이들이 전염병으로 희생되었던 시기이다. 이렇게 불어닥친 불행은 예브게니야의 가정도 예외가 아니었다고 본다.

채 예브게니야는 초등학교 1학년 때 남동생인 트로핌과의 놀이를 인상 깊게 기억하고 있었다. 그녀와 자신이 만든 인형들을 자신의 학생 역할로 설정하여 학교놀이를 했다고 한다. 당시 남동생은 초등학교 2학년에 다녔는데 그때 처음으로 선생님 역할을 했고 이에 대한 상당한 관심을 갖게 되었다고 한다. 이러한 경험이 교사가 되기 위한 사범대학 진학에 영향을 미친 것으로 볼 수 있다.

특히 그녀는 자신의 형제자매들과 등하굣길을 특별히 기억하고 있었다. 다니던 학교가 이웃 마을에 위치하고 있어서 매일 12km 정도를 도보로 걸어 다녀야 했다. 학교가 있는 인근 마을로 가려면 곰이 많은 깊은 숲이었던 '타이가'[3]로 지나갈 수밖에 없었다고 한다. 어느 날 하굣길에 곰에 의해 피해를 받은 사람을 보았다. 예브게니야는 피가 흐르는 채 죽어가는 사고자를 보고 매우 무서워했다. 한편으로 그 희생자를 돌보지 못한 미안함을 호소하였다. 그가 의대생인 남자 친구를 만나 결혼하게 된 동기 역시 그때 본인이 돌봐주지 못했다는 미안한 기억이 작용하지 않았을까 하는 생각이 든다.

---

3) 타이가(러시아어: Тайга́, 어원은 투르크어 또는 몽골어), 또는 북방수림(北方樹林, boreal forest)은 아한대 기후에 냉대림이 펼쳐져 있는 생물군계이다. 포드졸이라고 하는 토양을 볼 수 있고 지하에는 영구 동토층으로 구성되어 있다.

2. 안나 카레니나를 만나다

채 예브게니야가 12살이 되던 1950년에 그녀의 부모는 우즈베키스탄의 수도인 타슈켄트로 이사를 한다. 이 이동을 역사적인 관점으로 보면 소련이 1937년에 단행했던 극동지역 거주 고려인의 강제이주는 아닌 것 같다. 왜 이동을 했는지에 대해 채 예브게니야는 말을 하지 않았다. 그런데 언급한 내용으로 추정한다면 아버지 고향이 블라디보스토크이고 그녀가 야쿠티아에서 태어났기 때문에 아버지가 이동한 것은 그녀 할아버지의 이동과도 연관이 있다고 본다. 그렇지만 어떤 연유로 고려인 강제이주 대열에서 제외되었는지, 아니면 강제이주 대열에서 야쿠티아에 머물게 되었는지를 알 수는 없었다.

그렇다면 무엇 때문에 소련의 동부지역에서 중앙아시아의 중심이었던 타슈켄트로 이동했냐는 것이다. 이런 의문을 뒤로 한 채 그녀가 러시아의 시골 읍내에서 타슈켄트라는 도시를 경험하게 된 이야기를 들었다. 그녀는 러시아어를 잘하기 때문에 러시아에서뿐만 아니라 우즈베키스탄에서도 여전히 학교에서 모범적이고 학생들과 선생님들 사이에서 인기를 끄는 여학생이었다.

채 예브게니야의 취미는 독서라고 한다. 그것이 진정한 독서라고 보기보다는 학업을 위한 공부였으리라 생각한다. 그만큼 채 예브게니야는 학업에 열중하였다. 뿐만 아니라 학업에 열중하는 것만큼 새로운 것에 관한 모험과 도전심이 강했다. 그녀가 즐겼던 취미나 동호회활동은 모터-바이클이나 스카이다이빙 같은 것들이었다. 그녀에게 "취미나 특기가 무엇이었느냐?"라는 질문을 했을 때 답변은 이러했다.

> "제 취미 중 하나는 공부하는 것이었습니다. 그것은 아직까지 남아 있으며 결과는 항상 뛰어나지는 않았지만 그것을 하는 과정이 재미있습니다. 대학교에서 공부하는 동안 현대 체조를 했고 심지어 일등을 했습니다. 모터스포츠를 위험하다고 남편이 금지했고 낙하산 동호회는 제가 몸무게가 약해서 떠날 수밖에 없었습니다."

[사진 4-2] 학생 시절 채 예브게니야와 친구들(1948, 타슈켄트)

앞줄 가운데가 채 예브게니야로, 10학년 때의 모습이다.

인터뷰 내용으로 보아 채 예브게니야는 독서와 스포츠를 좋아했고, 모험과 도전을 즐기는 것을 알 수 있었다. 그녀는 소녀 시절부터 낭만적인 사랑을 꿈꾸었다. 깊은 감동을 받았던 책을 묻자 서슴없이 《안나 카레니나》라는 소설을 거론하였다. 그는 실제로 안나 카레니나와 같은 열정적인 사랑을 경험하였고, 그 강렬한 경험으로 남편 사망 후 재혼을 하지 않은 채 두 아이들을 성공적인 인물로 키워 냈다고 자신 있게 이야기를 했다. 지금 사랑했던 남편은 없지만 짧은 시간만큼 강력했던 사랑의 추억이 그녀를 작지만 강하게 만들지 않았을까 하는 생각이 든다. 우리 인간들은 추억을 만들어 그것을 힘들 때 꺼내본다. 그럼으로써 힘든 삶을 극복하고자 한다는 교훈을 채 예브게니야의 사례에서도 발견할 수 있었다.

소설 《안나 카레니나》를 통해 우리는 톨스토이의 드넓은 문학 세계와 인생론을 이해할 수 있다. 이 책에서 대문호 톨스토이는 자신의 인생론을 투영했기 때문이다. 이 책을 통해 톨스토이가 중년의 위기를 겪은 후 '회심'을 계기로 '위대한 대문호'에서 '세기의 현자'로 거듭나게 되는 계기를 맞이했다고 비평가들은 전한다. 채 예브게니야는 이런 톨스토이의 《안나 카레니나》를 통해 그의 사랑, 결혼, 종교, 윤리, 예술, 죽음, 인생에 관한 생각을 살필 수 있다고 이야기했다.

"《안나 카레니나》라는 소설을 몇 번이나 읽어봤지만 그 책을 펼 때마다 새로운 것을 발견합니다. 저는 열다섯 살 때 그 소설을 처음 읽으면서 여자 주인공의 성공에 대해서 많이 생각해봤고 그녀처럼 사랑을 위해서 모든 것을 포기할 수 있는 사람이 있을까 하는 생각이 들었습니다. 서른 살 때 그 여자 주인공의 감정과 상황을 마음속에서 깊이 느끼고, 내 마음속에 카레니나가 있는 것을 경험해봤습니다."

인간의 사랑 특히 남녀 간의 사랑은 모든 것을 걸 만큼 과연 위대한 것인가? 변하지 않는 영원한 사랑이라는 것이 과연 존재할 수 있는가? 짧은 순간 모든 것을 다 바친 안나 카레니나의 삶은 강렬한 사랑의 감정을 느끼지 못하고 살아오던 우리들의 삶에 비해 더 값진 것이었을까? 이러한 의문들은 연구자가 톨스토이의 작품《안나 카레니나》를 읽고 나서 생각한 것들이다.

그런데 이런 의문은 채 예브게니야를 만남으로 인해 그리고 그녀의 생애사를 듣고서는 이것이 소설과 같은 이상이 아닌 현실에서도 이루어질 수 있다는 것을 알 수 있었다. 소설 속의 허구적 세상이 누구에겐 실제적 세상 즉 현실이 될 수 있음을 깨닫게 한다. 물론《안나 카레니나》소설에서 그녀는 안나와 브론스키의 정열적인 사랑에 같은 인간으로서 가슴이 뛰기도 했을 것이다. 사랑을 넘어서 불륜으로 나아가지는 않은 것은 채 예브게니야의 삶과 안나 카레니나의 삶의 차이이다. 그러나 씁쓸한 여운이 오래도록 남을 수밖에 없는 것은 소설에서는 불륜을, 채 예브게니야의 현실에서는 남편이 교통사고로 인해 목숨을 잃고 미망인이 되어 남겨진 아이들을 위해 희생하고 헌신했다는 점이다.

그녀는 최근에 조 라이트의 영화 〈안나 카레니나〉를 보고 많은 감동을 받았다고 한다. 자신이 15세 때 감명 깊게 읽은 소설이 영상화되어 자신의 눈앞에 마치 현실로 펼쳐진 것 같았다고 했다. 그녀는 이 영화에 대해 다음과 같은 이야기를 했다.

"영화감독은 처음부터 클래식 방식으로 조심스럽게 관객들의 주의를 끌었습니다. 그 영화를 몇 번이나 봤습니다. 특히 안나 카레니나의 태도와 행동을 몇 번이나 볼 수 있고 볼 때마다 열다섯 살 때 느꼈던 감동을 다시 한번 가까이에서 느낄 수 있습니다.”

채 예브게니야는 영화 〈안나 카레니나〉를 통해 자신의 열정적인 삶을 성찰할 수 있는 계기를 가졌다. 나아가 15세 때 그리던 이상적인 사랑을 70세가 넘은 나이에 바라보면서 자신이 행했던 가족에 대한 열정적인 사랑을 돌아보고, 남편 채 아나톨리를 회상하였다.

3. 남편 채 아나톨리와의 운명적인 만남과 이별

채 예브게니야는 우즈베키스탄에서 학교를 졸업하고 러시아에 있는 대학교에 입학하였다. 그녀가 진학한 대학은 사범대 형태로, 우리나라 식으로 보면 과학교육학과라고 할 수 있다. 졸업 후 그녀는 러시아의 레닌그라드 지역에서 교사로서 근무했다. 그녀는 대학원 진학을 꿈꾸며 타슈켄트에 돌아와서 대학원(석사와 박사 사이에 있는 과정)에 들어갔다.

남편 채 아나톨리와 대학 시절 만나 결혼 전까지 열렬한 사랑을 했고 결혼해서도 정말 꿈같은 신혼을 가졌다고 한다. 마치 소설《안나 카레니나》에서 사랑에 모든 것을 바친 숙명적인 여주인공처럼 말이다. 채 아나톨리는 매주 주말마다 자신의 연인 예브게니야를 만나러 기숙사를 방문하곤 하였다. 예브게니야는 자신의 연애담을 이야기하면서 젊은 시절의 아름다운 사랑을 회상하였다.

“그 사람은 미치도록 저를 좋아했고, 어느 날 우리가 만났을 때 서로 헤어지기가 싫었습니다. 그 사람은 러시아의 레닌그라드 의과대학교에서 공부하고 저는 프스코프 사범대학교에서 공부했습니다. 그 사람은 토요일마다 수업 후에 저를 만나기 위해서 기차를 타고 왔습니다."

그들은 만남과 동시에 운명적인 인연을 직감했다고 한다. 이유 없는 끌림과 그리움으로 잠을 못 이루고 결국엔 결혼을 결정했다고 한다. 결혼식은 두 번이나 올렸는데, 첫 번째는 동창들끼리 학생 식으로 했고 두 번째는 타슈켄트에서 고려인 일가 친척을 모시고 한국 전통혼례를 치렀다고 한다.

그녀는 남편을 톨랴(Tolia)라고 불렀다. 아마 남편 이름 아나톨리의 '톨리' 부분을 딴 애칭이 아닐까 한다. 우리나라에서 연인의 애칭을 부르는 것과 같은 것으로 이해할 수가 있다. 그녀의 말로는 남편 톨랴는 부지런했다고 한다. 그는 모든 일에 첫 번째가 되고 싶어 했다고 한다. 그런 만큼 그는 일에 대해 성실했고 자신의 환자에 대해서도 최선을 다하는 의사였다고 본다.

채 아나톨리-예브게니야 부부는 집단농장에 살았던 자신의 부모님의 평범한 삶을 거부하고자 전문직을 갖기로 하였다. 그래서 대학 졸업에 만족하지 않고 대학원에 입학하기로 했다. 먼저 아내 채 예브게니야가 타슈켄트에 있는 대학원에 입학하였다. 이어서 시골 병원에 의사로 있었던 남편이 의학대학원에 입학하였고 그 후 박사학위를 취득하였다. 그 이후에 타슈켄트에서 개업을 하여 환자를 돌보게 되었다. 채 예브게니야가 회상하는 남편의 모습은 성실하고 자기 일을 확실하게 추진하는 사람이었다.

"그 사람은 거의 자지 않고 열심히 공부했고, 학교를 마친 후 개업을 해서 환자들을 위해 열심히 일했습니다. 지속적인 야간 근무, 수많은 의학책 독서, 그리고 충고를 받고 싶은 사람들의 끊임없는 전화가 있었습니다. 그 사람은 인생을 좋아하는 건강하고 힘이 센 사람이었습니다. 그는 한 번도 여행에 가본 적이 없었습니다. 제가 몸이 안 좋았을 때 건강을 회복하기 위해 키슬로보츠크에 저만 보냈습니다.[4]

---

4) 퍄티고르스크의 남서쪽 카프카스산맥 북쪽 기슭 포트쿠모크강(江) 유역의 해발 고도 900m에 위치한 도시이다. 1803년 풍부한 광천수로 인해 온천지로 건설되었으며, 러시아에서 가장 큰 보양지 중 하나이다. 수

아마 그는 일이 무척 많아서 일하기를 싫어했을지도 모릅니다."

채 예브게니야의 삶에 있어서 남편은 여행을 못 갈 정도로 바쁘고 환자에게 성실한 의사였던 것은 확실하다. 우리나라에서도 의사는 아내만 좋은 직업이라고 우스갯소리를 들을 만한 직업이다. 이는 의사들이 수입은 좋지만 그 스스로가 즐길 수 있는 시간이 없기 때문에 나온 말이라고 본다. 그만큼 의사는 어느 나라에서건 전문직종으로 수입은 보장되지만 정작 본인 자신은 여행을 못갈 정도로 바쁜 삶을 살 수밖에 없는 것으로 이해될 수 있다. 그런데 그녀의 남편은 훌륭한 의사였음에도 불구하고 비극적인 사고로 인해 38살의 나이에 사망하였다.

남편이 교통사고로 사망 후 예브게니야는 가정 경제와 아이들을 책임져야 했기에 다시 경제 사정이 좋은 러시아로 갔다. 그 후 10년 동안 러시아에서 연구실 실장으로서 일을 했다. 그녀는 이른 나이에 남편을 잃었지만 그에 대한 원망이나 여한을 갖고 있지 않았다. 연애하고 결혼 기간 동안 열렬히 사랑한 기억만을 간직하고 있었다. 그녀가 쓴 자서전에서도 남편은 매우 자상하고 자신의 일을 사랑했던 의사로 기록되어 있다. 연구자가 진행한 인터뷰에서도 역시 남편에 대한 그리움은 여전히 남아 있었다. 채 예브게니야의 이야기를 들어보자.

> "남편은 러시아의 레닌그라드에서 제1의과대학교를 졸업하고 박사학위를 받고 타슈켄트에서 근무했어요. 정말 저를 많이 사랑하고 아이들을 사랑했던 사람이었어요. 어느 설날 때 차를 타고 시어머니를 모시고 가는데 그때 차 사고가 났어요. 그것은 1978년 1월 1일이었어요. 그래서 더욱 기억이 나요. 처음엔 하늘이 무너지는 것 같았어요. 그렇지만 남편의 사랑이 나를 더욱 강하게 만들었어요."

그녀는 먼저 떠난 남편을 그리워할 시간도 없을 정도로 바쁘게 두 자녀를 위해

많은 온천과 요양소가 있어 사시사철 휴양시설과 요양원을 찾는 사람들로 붐빈다. 러시아의 소설가 알렉산드르 솔제니친(Aleksandr Solzhenitsyn)이 이곳에서 태어났다.

[사진 4-3] 신혼 시절 아나톨리와 채 예브게니야

[사진 4-4] 아들과 딸 그리고 채 예브게니야

희생적인 삶을 살았다. 그녀가 남편에 대한 기억을 회상한 것은 많은 시간이 지난 다음이었다.

2013년 봄에 눈 수술을 받기 위해서 한국을 방문하였을 때 비로소 그녀는 남편의 빈자리를 느꼈고 남편 아나톨리에 대한 그리움이 가득했다고 한다. 딸과 함께 서울의 안과에 갔을 때 의사를 기다리는 환자들을 보고 남편을 생각했다고 한다. 예전에 남편이 타슈켄트에서 개인병원을 개업했을 때 병원이 위치한 아파트의 계단까지 줄 서 있는 환자들로 가득 차 있었다고 한다. 기다리는 환자들의 모습을 보고 남편을 떠올렸다는 것이다. 이미 그녀의 나이는 76세가 되어버렸다.

4. 가족과 직장 동료는 삶의 의미

자녀들에 대한 모든 어머니들의 애정은 아가페적 사랑으로 나타난다. 채 예브게니야 역시 남편 없이 두 아이들을 보란 듯이 키우기 위해 낮에는 연구소 실험실에서 연구실장으로서 업무를, 야간에는 타슈켄트의 치르치크 지역에 있는 야간 기술대학교에서 화학을 가르쳤다고 한다.

그녀는 남편 사망 후 남겨진 아이들을 위해 남편 몫까지 일을 해야만 했다. 아들은 남편과 같은 의사로 키우기 위해 의과대학을, 딸은 사범대학에 진학하였다. 아이들을 양육하는 데 있어 남편 없는 자리에 자신의 남동생들과 남편의 남동생들이 도와주었다고 이야기했다.

> "저는 오랫동안 학교 및 대학교에서 가르쳤습니다. 젊었을 때 열심히 일했지만 돈을 적게 받았습니다. 그것은 두 아이들을 훌륭하게 키우기에 힘겨운 수입이었습니다. 박사학위를 얻기 전에는 작업 후에 강의를 할 수 없기 때문에 박사과정을 하기로 했어요. 박사학위를 취득한 이후에 '종합과학연구소'에 취업이 되었으며, 곧 이어 연구실장이 되어 월급이 나아지게 되었습니다. 그것은 대학생이 둘이나 되었던 우리 가족을 살릴 유일한 방법이었습니다."

채 예브게니야는 인터뷰에서 말했듯이 자신이 가족을 부양하는 데 있어서 더 좋은 직장과 지위를 얻어야만 했으며 이를 상위 과정(박사학위) 도전을 통해 성취한 것으로 이해할 수 있다. 그녀에게 두 자녀는 자신이 살아가야 할 이유이며 의미였다고 볼 수 있다. 한 여인을 강하게 만든 것은 첫 번째는 남편과의 사랑이고 두 번째는 자녀들을 위한 기여가 아닌가 한다.

채 예브게니야는 자신이 근무했던 연구소에 대해서도 연구소 동료들에 대해서도 한 가족과 다름없다는 이야기를 전했다. 자신을 경제적으로 자립시켜주고 가족 부양을 위해 직장은 매우 중요한 역할을 했다며 직장 동료는 가족과 같다고 했다.

> "저에게 직업이라는 것은 여전히 지금도 제일 중요한 것이라고 생각해요. 인생에 있어서 가족, 학교, 종교와 같이 직장은 가장 필요한 것이라고 봅니다. 직장을 갖게 되어서, 직업이 있어서 그걸 통해서 세상을 알게 되고 세상을 살아갈 수 있다

[사진 4-5] 채 예브게니야와 연구소 동료들

앞줄 오른쪽 두 번째가 채 예브게니야이다.

고 생각합니다. 물론 제가 가졌던 직업은 연구소 연구원이라 팀을 감독하지도 않고 어떤 유명한 브랜드를 만들지도 않지만… 제가 했던 연구를 하는 일은 우리 사회 발전에 필요하다고 생각합니다. 저는 저와 함께 일한 동료들이 제 가족들이라는 생각을 해서 지금도 그들에게 감사함을 느낍니다. 그래서 저는 자녀들에게도 직업은 무엇이든 귀중한 것이고, 함께 일하는 동료들을 가족과 같다고 생각해야 한다고 이야기를 합니다."

채 예브게니야의 인터뷰에서 우리는 직업의식과 직업윤리에 대해 진지하게 생각하는 계기가 되었다. 직업이 단지 경제적인 차원만이 아니라 자신의 자아를 실현하는 공간이고 같은 직장의 동료가 가족과 같다는 예브게니야의 생각을 통해 직장과 직장 동료들이 얼마나 소중한 존재인가를 깨닫게 되었다.

삶을 열심히 살아 온 사람들의 공통점은 자신의 삶을 행복하게 느끼고 자기효능감도 높다고 하는 연구들이 있다. 채 예브게니야는 자기 자신을 매우 행복하고 소중한 사람으로 생각하고 가족과 사회에서 필요한 사람이라고 생각한다. 그리고 그러한 신념을 후손들에게도 즐겁게 이야기한다. 자신의 과거는 남편의 이른 죽음으로 인해 힘들었지만 그것은 하나의 과정이었고 생을 열심히 살게 했던 동기가 아닐까 생각한다.

"아무튼 저는 제 삶이 힘들고 버거웠지만 일상의 삶이 매우 기뻤고, 내 자신이 가족들이, 사회가 필요한 사람이라고 느낍니다. 특히 나의 자녀, 손자, 며느리, 사위… 이들 자녀들이 행복하게 살고 있고 그들 인생에 뭐니 뭐니 해도 제일 중요한 것인 사랑이 있어서 다행입니다. 제 자녀들은 저를 잘 돌봐주고 대화도 많이 나누어줍니다. 취미도 갖고 친구도 만나고 유행에 맞는 옷을 입으라고 하면서 때때로 용돈을 풍부하게 줍니다. 저는 그래서 늘 행복합니다."

채 예브게니야에게 자녀들과 함께 한 일 중에 가장 기억에 남는 것이 무엇이냐고 물었더니 75살 때 암스테르담 마라톤에 참가하여 8km를 1시간 14분 49초 만에 완주한 것이라고 한다. [사진 4-6]에서와 같이 채 예브게니야는 아들, 며느리 그리고 사돈들과 함께 마라톤 대회에 참가한 것을 자랑스럽게 생각했다.

"저는 아직 젊고 더 살아갈 수 있기 때문에 그들과의 삶에 함께 하고 싶어요. 제가 일흔다섯 살 때 암스테르담 마라톤 대회에 참여했는데 자녀들이 권유를 해서입니다. 제가 늘 운동을 즐겼고 걷기를 좋아해서 자녀들이 함께 참여하자고 해서입니다. 저는 아들, 며느리와 그녀의 부모와 함께 팔킬로미터를 달렸습니다. 그것은 제 인생에 있어서 가장 큰 향연이었습니다."

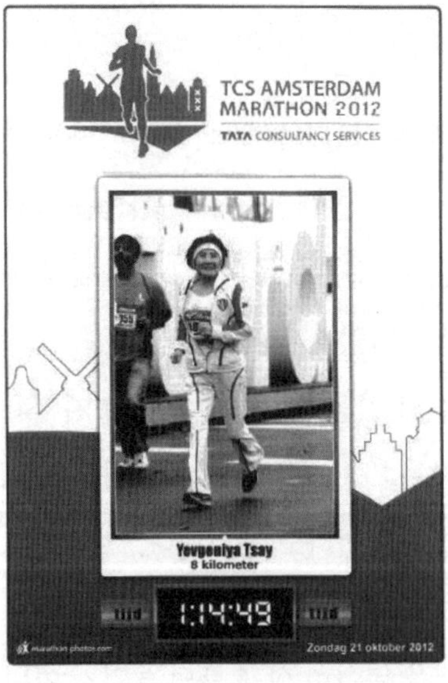

[사진 4-6] 채 예브게니야의
암스테르담 마라톤 완주증

손자들과의 관계를 물으니 그들과 자주 소통을 하고 있다고 하며, 비교적 손자들의 활동에 대해서도 소상히 알고 있으며, 경우에 따라 손자들에게 조언을 해주거나 카운슬러 역할을 한다고 이야기했다.

"제 손자들은 친절합니다. 바로 그것은 저

에게 가장 큰 행복입니다. 제 친손자는 이십 년 전에 '군도(Kun do) 액션 스튜디오'라는 문화콘텐츠 회사를 차렸어요. 할리우드 블록버스터 영화 〈에이브러햄 링컨〉, 〈뱀파이어 헌터〉 제작 시 협업을 했어요. 이미 제 손자는 영화 분야에서 저명한 전문가가 되었어요. 저는 자랑스럽게 생각합니다."

연구자가 "아들이 아버지 제사를 매년 지내요?"라는 질문을 하자 "당연하죠. 아들이 아버지의 제사를 해마다 해요. 4월 6일 한식도 하고 추석도 하고 단오도 해요." 하면서 부가적으로 아들을 비롯한 후손들의 효행에 대해 긴 자랑을 하였다. 그러면서 "제 아들이 아빠를 꼭 빼 닮았지요?" 하면서 소중한 듯한 아들과 남편이 함께 찍은 사진을 보여주었다. 빛바랜 사진… 이 사진을 남편의 제사 때 아들에게 꼭 보여준다고 한다.

"남편, 시어머니, 시아버지의 묘지는 우즈베키스탄 타슈켄트에 있어요. 한식, 단오, 추석과 더불어 제삿날도 묘소를 참배하지요. 저도 아프지 않으면 꼭 함께 가는 편이에요. 내가 남편 돌아간 날은 꼭 가지. 한 해에 한 번씩 가고… 우즈베키스탄이 가까우니 자주 다니지. 비행기로 한 시간인데 뭐… 추석 때 못 가면 단오에 꼭 가고… 온식구 다… 손자 데리고… 모두 손자 두 명이에요. 우리 아이들이 효도를 참 잘하죠."

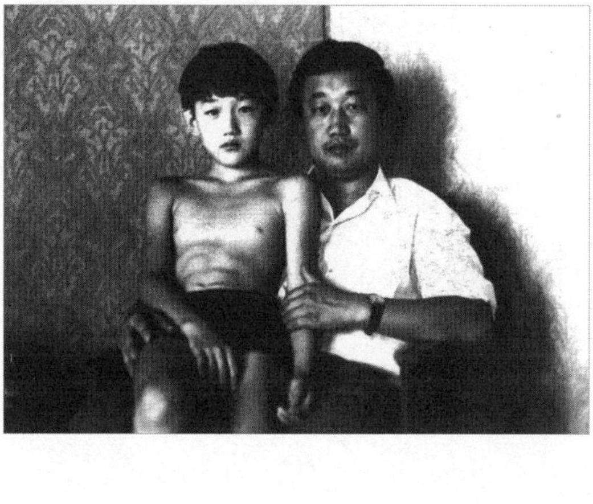

[사진 4-7] 채 예브게니야의 남편과 아들

연구자는 채 예브게니야가 행한 가정에서의 한국어와 한국 문화 교육 등 민족 정체성 교육에 대해 물었다. 그녀의 자녀들은 한국어를 잘한다고 하면서 손자 손녀들이 한국어를 못하는 것에 대해 미안하게 생각하면서 말을 이어나갔다.

> "우리 아들도 딸도 한국어는 곧잘 해요. 그런데 손자들은 못해요. 그래서 안타까워요. 손자들이 둘이 있는데… 조그만 손자는 중국말 하고 영어 하고 큰손자는 영어를 잘해요."

한국어를 손자들에게 왜 안 가르치냐고 했더니 이제 알마티 한국교육원에 보낸다고 한다. 원래 어려운 한국어를 하지 않고도 카자흐스탄에서 살 수 있지만 이번 고려인 자기생애사 연구 프로젝트에 참여하면서 자기 일생을 돌아볼 수 있었고, 자신이 고려인이라는 사실을 더욱 자랑스럽게 느끼면서 자신들의 민족정체성에 대해 생각해보았다고 한다. 나는 누구인가, 고려인이란 과연 누구인가 하는 생각을 하다 보니 자신이 고려인이라는 정체성을 자랑스럽게 생각하고 이 자부심을 후손에게 알려주고 싶어서라고 말했다.

연구자가 채 예브게니야와 인터뷰하면서 느낀 것은 손자 손녀인 고려인 5세는 한국어를 거의 못한다고 볼 수 있다는 점이다. 그렇지만 한국에서도 지금은 의례화하지 않고 있는 한식, 단오를 조상을 섬기는 명절로 강화하고 있다는 사실을 통해서 언어보다는 문화 실천을 통해 민족혼을 계승하고 있는 것으로 판단했다. 특히 일상 의례라고 할 수 있는 백일, 돌, 결혼, 회갑연, 제사 등이 민족정체성 유지를 위해 활용되고 있는 것 같다. 특히 채 예브게니야의 칠순잔치에는 친가, 외가 친척과 아들, 딸들의 가족들이 일가를 이루어 성대한 잔치를 치렀고 이를 매우 자랑스럽게 여기고 있었다.

채 예브게니야는 여느 할머니와 같이 역시 손자 손녀들의 자랑을 많이 했고 그들과의 소통을 자주 한다며 자신의 손자 손녀들이 미국 LA, 모스크바, 서울에 있으면서도 국제전화뿐만 아니라 '왓츠앱(WhatsApp)', '인스타그램(Instagram)' 같은 최첨단

[사진 4-8]
채 예브게니야의 칠순잔치
(2008. 3. 2, 알마티)

통신수단도 사용한다고 자신의 소통도구에 대해서도 자랑하였다.

"손자들은 완전히 다른 차원과 시간에 살고 있어서 아주 기쁩니다. 특히 집에서 국제통화를 하면서 로스앤젤레스, 서울, 모스크바와 이야기할 때 그것을 더욱더 느낍니다. 저에게 사람을 더 가깝게 하는 국제전화도 기적과 같습니다."

고려인들은 어디를 가서라도 민족교육을 시키려고 자기 집보다 학교를 먼저 공동으로 건설한 만큼 높은 교육열을 보인다. 이처럼 채 예브게니야 역시 교육에 대해 관심이 많았으며 한국교육원 운영에 대해서도 다양한 의견을 가지고 있었다. 또한 자신이 아들과 딸을 교육이란 제도를 통해 훌륭한 인물로 성장시킨 것처럼 교육에 대해 무엇보다 적극적인 입장을 보이고 있다.

"손자들에게 꿈과 공부할 수 있는 기회가 있습니다. 그것은 매우 중요합니다! 당시 우리의 부모는 자식들에게 최고 좋은 교육을 제공하기 위해 노력했는데, 이제는 내 아이들은 내 손자를 위해 최고의 학교를 보내고 있습니다. 내년에 막냇손자는 알마티에 있는 '헤시 베리(Xeshi Beri)'라는 영어 학교를 졸업할 예정입니다. 좋은

[사진 4-9] 채 예브게니야의 최근 모습

학교를 나온 만큼 그가 훌륭한 성취를 할 것이라고 생각합니다. 부모가 자식의 교육에 책임을 다 한 후 다음에 그가 무엇을 하는지는 그의 의도와 노력에 따라 달라진다고 봅니다."

위와 같이 채 예브게니야는 '부모는 자식의 교육에 책임을 다해야 한다'는 자신 나름대로의 건전한 교육에 관한 소신을 가지고 있다. 아마 그녀가 대학에서 학생을 가르쳤기 때문에 교육전문가의 입장에서 부모의 교육에 관한 관심과 지원, 학습자의 노력과 성취 간의 상관관계가 있음을 잘 인식하고 있었던 것 같다. 또한 해당 학습자의 의지와 노력이 중요하다는 것을 강조하고 있다.

채 예브게니야는 카자흐스탄 고려인들의 위상에 대해 물었을 때 서슴없이 다음과 같은 이야기를 하였다.

"카자흐스탄에서 고려인들은 대부분 잘살고 있습니다. 이곳에서 그들은 사업뿐만 아니라 정치 분야에도 성공하고 있습니다. 우리 아이들이 카자흐스탄 발전에 이바지해야 고려인들의 존재가 뚜렷해진다고 생각합니다."

그러면서 그녀는 자신의 아들과 딸이 가정에서 손자들과 러시아어를 쓰는 것에 대해 약간의 불만을 가지고 있었다. 자신은 집안에서 한국어를 썼는데, 자신의 아들과 딸이 러시아어를 쓴다고 말했다. 그렇지만 남들이 손자들에게 어느 나라 사람이냐고 물었을 때 그들이 '카레이스키'라고 대답한다고 자부심을 표현했다. 마지막으로 자녀들을 위해서, 고려인 후손들을 위해 한마디 남겨주십사 부탁하니 그녀는 진지한 표정을 지으며 "항상 정직해야 해요. 그리고 가족, 집과 고향을 사랑하세요."라고 말했다.

채 예브게니야는 고려인 여성으로서 성공적인 삶을 산 여인으로 평가할 수 있다. 15세 때 《안나 카레니나》를 읽고 그녀의 열정적인 삶을 동경해 결혼을 정말 불같은 연애를 통해 이루었다. 이런 열정은 남편을 이른 나이에 여의고 두 아이들을 훌륭한 인물로 키우는 데 일조했으며, 자신의 전문성을 우즈베키스탄 사회 발전에 기여하여 고려인의 위상을 높이는 데도 기여했다고 본다. 또 다른 한편 채 예브게니야가 경험한 이주의 기억들은 그녀의 삶이 더욱 치열했다는 점을 시사해준다. 이를테면 야쿠츠크에서 탄생하여 10살 때 우즈베키스탄 타슈켄트로 이동, 이후 대학은 러시아에서, 다시 대학원은 타슈켄트에서, 다시 일을 위해서 러시아로 그리고 은퇴 후 큰아들이 살고 있는 카자흐스탄 알마티로 이동했다.

연구자는 채 예브게니야를 인터뷰하고 그녀의 구술사적 일대기를 정리하면서 애국에 대해 깊이 생각해볼 수 있는 기회를 가졌다. 애국애족… 나라와 민족을 사랑한다는 것은 과연 무엇인가? 나라와 민족을 위해 초개처럼 목숨을 바치는 분들이 있는가 하면 반면에 야생화와 같이 역사가 알아주지 않더라도 가정을 지키고 그 가정에서 자녀 교육을 통해 애국을 하는 사람들이 있으니 말이다. 그녀가 나라와 민족의 위대함을 알려주려고 일상의례를 간소화하지 않고 지속적으로 유지하려는 모습에서 애국애족의 흔적을 발견할 수 있다.

연구자는 채 예브게니야가 "나는 아이들에게 '너희는 어느 나라 사람이냐, 어느 민족이냐' 하고 누가 묻게 되면 서슴지 않고 '한국 사람', '고려인'이라고 꼭 이야기해야 한다고 말합니다."라고 힘 있게 이야기하던 모습이 아직도 강렬하게 기억에 남는다.

5장
아버지에 관한 침묵을 깨다: 김 예브게니 표도르비치

1. 아버지와의 고통스러운 이별

한 줄로 기억되는 역사적 사건이 한 개인의 인생을 관통하고 있지만 비극적 역사조차도 반짝이는 개인의 삶 속에서는 일부분이었음을 고려인 김 예브게니 표도르비치의 생애를 통해 엿볼 수 있다. 스탈린 통치 시기 '대숙청'이라 불리는 정치적 탄압과 박해 사건이 있었다. 실질적으로는 당내의 정적과 스탈린의 독재를 반대하는 세력에 대한 숙청 운동이었지만, 그 가운데 제3국의 공작원이나 정보원을 색출하거나 국가 내에 있는 사회 소수자에 대한 탄압이 벌어졌다.

스탈린의 '대숙청'이란 정치적 박해 사건에 소련으로 이주했던 많은 고려인들이 휘말렸다. 고려인들은 일본의 간첩이라는 이유로, 반체제를 선동한다는 명목으로 강제노동에 끌려가거나 비극적으로 생을 마감해야 했다. 러시아 시베리아의 남동부에 위치한, 현재 자바이칼스키 지방의 중심인 치타라는 도시에서 태어나 어린 시절을 보낸 김 예브게니 표도르비치의 가족도 이러한 역사의 피해자였다.

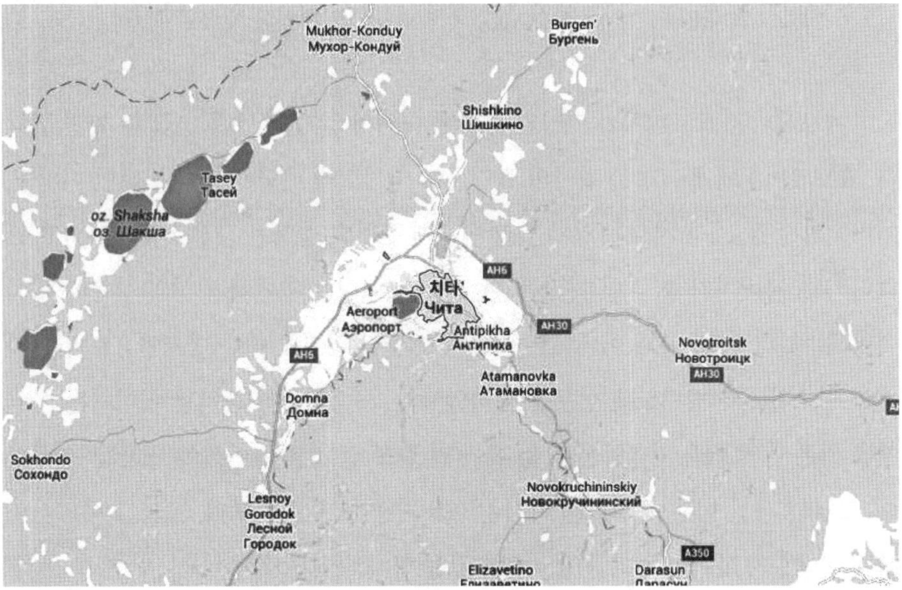

[그림 5-1] 러시아 시베리아 남동부 도시, 치타

예브게니 표도르비치 가족의 비극은 할아버지 김 안드레이 세묘노비치에게서부터 시작되었다. 할아버지는 낯선 러시아 땅에서 집으로 오는 길을 잊지 않기 위해 집 주변의 길 이름을 적어 놓았었다. 이러한 사실이 소련 비밀경찰의 의심을 사서 결국 할아버지는 일본의 스파이라는 명목으로 체포되었다. 할아버지의 부재에 슬퍼할 겨를도 없이 예브게니 표도르비치 가족은 또 한명의 기둥을 잃었다. 1937년 6월 11일 여름의 어느 날, 예브게니 표도르비치는 아버지가 붙잡혀 가던 그 순간을 지금까지도 뚜렷하게 기억하고 있었다.

"그날은 1937년 여름이었습니다. 전 아직도 그날을 확실하게 기억하고 있습니다. 그 당시 저는 네 살 정도였습니다. 그날 전 이웃 친구들과 산책을 하고 있었습니다. 제가 살고 있던 아파트로 이어지는 이 층 계단을 가죽 재킷을 입고 있었던 남자 세 명이 내려가고 있었습니다. 그 사람들 중에는 우리 아버지도 있었습니다. 아버지는 저를 불렀고, 저는 아버지에게 달려갔습니다. 아버지는 저를 들어 올려 안

아주면서 곧 돌아올 거라고 하셨고, 그렇게 그들은 아버지를 데려갔습니다."

예브게니 표도르비치가 그날의 의미에 대해서 알게 된 것은 조금 더 자란 뒤였다. 표도르비치에게 그날은 집안의 물건들이 어지럽게 바닥에 쏟아져 있던 이미지, 어머니의 눈물, 소리 지르는 남자들, 막연하게 무섭고 슬펐던 감정으로 기억되고 있었다. 표도르비치가 조금 더 자랐을 때, 그의 어머니는 그에게 당시의 상황에 대해 설명해주었다. 그날 그의 어머니는 아버지의 간첩 행위에 대한 참고인으로 인민위원회에 소환되어 밤새도록 심문을 당하였었다. 새벽에서야 풀려난 어머니는 아버지를 잃은 아직 어린 자식들이 있는 집에 먼 길을 걷고 또 걸어서야 도착할 수 있었다. 그날의 사건 이후 가족들은 다시는 아버지를 보지 못하였다. 그리고 아버지의 부재는 이후의 삶이 생존의 문제로 치환됨을 의미하였다.

2. 강인한 여성, 표도르비치의 어머니

아버지가 체포되던 당시 4살의 표도르비치와 2살의 두 아들을 둔 어머니는 막내 동생을 임신한 상태였다. 1906년에 태어난 어머니, 안 알렉산드라 니콜라엡나는 교육 기회가 적어 초등학교 밖에 졸업하지 못했다. 아버지가 스탈린 체제에서 '인민의 적'으로 낙인 찍히고 체포된 후 표도르비치의 가족이 살던 아파트는 다른 사람들에게 넘어갔다. 다행히도 새로 이사 온 사람들이 표도르비치 가족을 작은 방에 살 수 있도록 해주어 그들은 얼마간은 그 집에서 살 수 있었다. 그해 12월 5일 막내 여동생이 태어났고, 그 후 이들은 유랑 생활을 하게 되었다. 막내 동생이 7개월이 되었을 때, 이들 가족은 극동에서 카자흐스탄 크질-오르다로 이주하였다.

'붉은 진영'이라는 뜻의 크질-오르다는 1925년부터 수도가 알마티로 바뀐

[사진 5-1] 표도르비치의 어머니와 아들딸

1929년까지 카자흐스탄의 수도였다. 이 도시는 소련의 각 지역에서 시행된 이주정책으로 인해 1930년에서 1940년 사이 도시 인구의 급증을 겪었다. 정치 유배자, 우크라이나 서부와 벨라루시에서 강제이주 된 폴란드인, 독일인, 연해주의 고려인 등 여러 민족들이 크질-오르다에 정착했고, 이들 중에는 강제이주 된 외할머니도 큰 외할머니의 가족과 함께 살고 있었다. 큰 외할머니 가족도 단출했다. 강제이주와 힘든 시기를 지나면서 외할머니, 큰 외할머니, 큰 외할머니의 딸 이렇게 세 여성이 서로 의지하며 살아가고 있었고, 여기에 어린 3명의 자녀와 함께 표도르비치의 어머니가 합류하게 되었다.

3. '살아남기': "힘들지만 용기를 내서 살아가야 한다."

방 한 칸짜리 흙집에서 함께 살면서 외할머니는 표도르비치에게 "힘들지만 용기를 내서 살아가야 한다."라는 응원의 말을 건네곤 했다. 표도르비치는 그 말이 무슨 의미인지 당시에는 이해하지 못했지만 이제는 이해할 수 있다고 회상했다. 외할머니는 긍정적으로 살아가는 방법을 표도르비치에게 가르쳐주었다. 외할머니는 러시아말을 할 줄 몰랐지만 당시 무법천지였던 크질-오르다에서도 사람들로부터 존경받는 인물이었다. 크질-오르다 거리의 불량배나 도둑들도 외할머니의 말은 존중하고 잘 들었다. 외할머니는 아무리 힘든 일이 있더라도 인상을 쓰는 법이 없었다. 할머니의 긍정적인 사고와 성실한 태도는 표도르비치의 어머니에게서도 찾아볼 수 있었다.

크질-오르다로의 이주 후 표도르비치의 어머니는 재봉소에 취직했다. 1939년 제2차 세계대전이 발발한 후부터는 그곳에서 군인들을 위해 바느질을 했다. 일이 많아 집에 들어오지 못하는 날도 많았지만 '살아남기' 위해 어머니는 열심히 일했다. 표도르비치의 유년 시절은 가난했고 유달리 배고픈 기억으로 남아 있다. 제2차 세계대전으로 온 나라에 생필품이 모자랐고, 집안에는 남자가 없었다.

> "밥을 제대로 못 먹었습니다. 항상 배가 고팠습니다. 마음껏 빵을 먹고 싶은 꿈이 있었습니다. 빵을 배급카드로 주었습니다. 작업카드가 하루에 오백 그램, 어린이 카드는 삼백 그램, 장애인들에게 이백오십 그램씩 주었습니다."

맏아들이었던 표도르비치도 가족의 생존을 위해 열심히 어머니를 도왔다. 벼 수확 시기에는 외할머니와 함께 현미를 백미로 만들고 조금의 쌀을 받는 일도 했다. 표도르비치는 할머니와 함께 밤새도록 다리로 지레를 누르고 지레의 다른 한쪽에서는 돌격대원처럼 쌀알을 치웠다. 어머니의 직장에서 작은 밭을 빌려주었을 때도 표도르비치 가족은 그 밭에서 옥수수를 재배하여 겨울을 지냈다. 가을에는 옥수수, 강낭콩, 호박 등을 수확했다.

4. 표도르비치의 적응과 고려인으로서의 정체성

힘든 유년기를 거치면서 표도르비치는 외할머니와 어머니로부터 긍정적인 태도와 강인한 정신력을 물려받았다. 세계대전으로 인해 학교가 육군병원이 되어 문을 닫는 상황에서도 아파트를 개조한 교실에서 꾸준히 공부하여 졸업하였다. 소비에트 연방 국가에서 소수민족인 고려인으로 살아가는 것은 분명 힘든 일이었다.

> "우리 아버지가 체포되었고, 감옥에 있는지 어머니가 아무에게 말하지 말고, 죽었다고 말하라고 하였습니다. 왜냐하면 우리를 국민들의 적이라고 생각했습니다. 우리 아버지 대해서 아무것도 몰랐습니다."

표도르비치의 아버지는 소련 비밀경찰에게 체포되었다. 남은 가족들은 아버지 없이 살아남기 위해 애썼지만, 어쩔 수 없이 '인민의 적'의 가족이라는 낙인이 찍혀 있었다.

> "학교에서 가끔 흰 빵을 주었고 무료로도 점심을 주었습니다. 그해에 나는 고무신 발바닥 슬리퍼를 받았고, 겨울 내내 털실로 짠 양말과 슬리퍼를 신었습니다. 아버지나 형이 군인으로 전쟁터에 있는 가족들은 배급을 받았습니다. 하지만 우리는 '인민의 적'의 가족이었기 때문에 배급을 받지 못했습니다."

표도르비치의 학창 시절 이야기에는 '인민의 적'이었기 때문에, 고려인이었기 때문에 받았던 차별과 탄압에 대한 내용이 두드러지게 드러난다. 하지만 표도르비치는 1949년 무사히 10학년을 졸업하였다. 표도르비치는 10학년을 졸업한 뒤 어느 대학으로 진학할지 고민하였다. 동시에 군대 복무도 염두에 두고 있었지만, 고려인은 출정군이 아니라 노동군으로만 복무할 수 있었기 때문에 대학을 우선적으로 진학하는 것으로 방향을 정하였다. 극장에서 야금 공장과 임업에 관련된 잡지를 본 것

[사진 5-2] 대학교 2학년 시절의 표도르비치

을 계기로 표도르비치는 벨라루스 기술기계대학교 임산기술학과에 입학하였다.

> "우리 고려인들은 2급 사람들이었습니다. 우리는 출정군에 못 가고, 노동 군대만 갈 수 있었습니다. 우리 도시에는 철도 학교가 있었습니다. 거기서 밥을 무료로 주었습니다. 그런데 고려인 소녀들은 공부를 할 수 없었습니다. 나중에 고려인 사람들뿐만 아니라, 다른 민족 사람들도 거기서 공부를 할 수 없었던 것을 알게 되었습니다. 왜냐하면 그 민족들이 국가의 적이라고 생각을 했었기 때문입니다."

표도르비치는 삶의 개척자였다. 현실적인 어려움이 많이 있었지만 대학교 1학년을 마치고 칼리닌그라드 해군학교에 입학하기 위한 훈련도 받았다. 마지막에 위원회에서 입학이 결정되지 않아 군인이 되지는 못했지만 이 경험은 인생의 전환점을 만들어 준 경험이 되었다.

1957년 대학교를 졸업한 뒤 알마티에서 사랑하는 여자를 만나 결혼을 하였다. 아내 코가이 라리사 바실리예브나는 크질-오르다 사범대학교에서 러시아어문학을 전공했다. 크질-오르다 사범대학교는 1931년에 고려인이 세운 원동고려사범대학교에서 발전된 대학으로 현재 크질-오르다 국립대학교이다.

원동고려사범대학은 1935년에 첫 졸업생으로 17명을 배출한 뒤, 꾸준히 극동 지역 고려인들의 고등교육을 담당하였다. 그러나 1937년 가을에 고려인들이 스탈린의 강제이주 명령으로 카자흐공화국 크질-오르다로 이동한 뒤, 이전처럼 대학을 운영하기가 힘들어졌다. 결국 1938년에 소련 당국의 명령으로 원동고려사범대학은 크질-오르다 사범대학으로 바뀌었고, 고려인 민족대학에서 소련식 국가학교로 개편되었다. 1996년에 다시 크질-오르다 대학교로 바뀌었다.[5)]

아내는 알마티 학교와 유치원에서 오랫동안 교사로 부임해 있었다. 1959년에 태어난 딸은 아내의 영향을 많이 받아 카자흐스탄 사범대학을 졸업하고 국립은행 유치원에서 언어 교정 전문가로 일하고 있으며 1961년에 태어난 아들은 카자흐스탄 에너지대학을 졸업하였다.

1991년 소비에트 연방은 붕괴되었다. 카자흐스탄은 소련으로부터 독립하였다. 카자흐스탄의 수도 알마티에도 봄이 찾아왔고, 표도르비치의 인생도 좋아졌다. 소비에트 연방 체제가 무너진 뒤 독일어를 가르치던 선생님으로부터 아버지의 권리 회복 가능성에 대한 이야기를 들었다.

> "소비에트 사회주의 공화국연방 공산당 체제 후에 독일어를 가르친 선생님도 탄압을 당했었습니다. 그 선생님이 저에게 소련의 검찰에 아버지의 권리 회복을 받을 수 있는 편지를 쓰라고 조언을 해주었습니다. 제가 편지를 쓰고 군사 대법원에서 1973년 4월 4일 범죄기록 증명서(No. 00575/p. 38)를 받았습니다. 우리 아버지의

5) 강제이주는 단기적으로 이주 과정에서 겪은 처참한 고통뿐만 아니라 당의 동화 정책에 대한 순응 및 자기 말과 문화를 사용하지 못하고 소비에트 문화에 적응하여야 하는 문화적 억압의 시작이었다는 점에서 고려인 사회에 보다 장기적인 충격을 주었다. 예를 들어 1938년에 카자흐스탄 지역에서는 1만여 명의 한인 학생들이 87개 학교에 배정되었는데, 그중 한인 민족 학교는 54개에 불과하였고 학생 수는 5,666명이었다. 나머지 4천여 명은 러시아어나 카자흐어로 교육되는 학교에 배정되었다. 즉 강제이주로 인해 모어로 수업을 진행하는 한인 학교의 수가 약 6분의 1로 격감하였고, 학생 수도 80%가량 감소하고 말았던 것이다. 이뿐만 아니라 1938년 4월에 발표된 〈민족 학교의 재조직에 관한 법〉으로 인해 이주된 한인 사회에서 한국어교육은 위기에 처하였다. 사실 이 법은 소수민족의 언어로 학교 교육을 진행하는 것 자체를 금지하지는 않았다. 다만 교육어를 러시아어나 지역의 민족어 중 하나로 선택하도록 하고 있었으므로 카자흐와 우즈베크인들에 둘러싸인 중앙아시아에서 한인은 모어로 교육받을 기회를 사실상 박탈당한 셈이었다. 정영국(2001), "우즈벡 고려인의 민족문화 및 사회의식",《새천년 한국인의 정체성》, 한국정신문화연구원, 481쪽.

[사진 5-3] 표도르비치와 아들

[사진 5-4] 표도르비치와 아들딸, 러시아에서

사후로 교화와 사망 증명서를 받았습니다. 그 증명에 의하면 아버지는 6월 19일 세보스톡 마가단스카야 지역에서 돌아가셨습니다. 매장 장소는 알 수 없었습니다."

1937년 아버지가 비밀경찰에게 끌려간 후 다시는 아버지와 재회하지 못했지만, 표도르비치는 더 이상 아버지에 대해 침묵하며 살지 않아도 됐다. 표도르비치는 척박한 땅에서 살아갔던 고려인 부모님의 아들이다. 열정적이었던 외할머니를 사랑하고, 부지런했던 어머니를 존경하며, 아버지를 그리워하고 자랑스러워했던 그는 이제 카자흐스탄 고려인들을 자랑스러워하고 한국어를 배우고 싶어한다.

"1937년에 강제이주 된 한국인들은 카자흐스탄 인구의 일 퍼센트 전후인데 이들 중 박사, 엔지니어, 운동선수, 화가, 감독들이 많습니다. 카자흐스탄의 진보적인 국가 정책에는 민족 차별이 없기 때문에 고려인들은 자기의 문화를 지키고 발전시켜나가고 있다고 생각합니다."

[사진 5-5] 표도르비치

고려인 민족학교뿐만 아니라 고려인이 세운 최초의 대학에서 시작된 크질-오르다 사범대학교에서도 한국어 수업이 사라진지 오래되었다. 고려인 2세는 격동하는 역사와 척박한 땅에서 살아오면서 한국어를 잊어버렸다. 한국어는 표도르비치의 모국어이다. 2015년 현재 표도르비치는 알마티 한국교육원에서 한국어 공부를 하고 있다.

6장
행복한 유년기를 기억하는 남자: 서 펠릭스 알렉세예비치

1. 이 작은 농장은 제 고향입니다

서 펠릭스 알렉세예비치는 1951년 12월 4일 카자흐스탄의 크질-오르다 지역의 '제3 국제' 농장에서 태어났다. 1937년 스탈린의 강제이주 명령 후 강제이주 된 고려인들에 의해 형성된 콜호즈(집단농장)이었다. 펠릭스 알렉세예비치의 부모님은 우즈베키스탄 타슈켄트로 강제이주 당하였으나 그곳에서 정착하지 못한 채 또다시 카자흐스탄으로 삶의 터전을 옮겨야 했다.

우즈베키스탄 타슈켄트는 많은 고려인이 강제이주 된 장소이다 보니 집을 구하는 것도, 일자리를 찾는 것도 쉽지 않았다. 정확한 시기는 알 수 없지만 이들 가족은 펠릭스 알렉세예비치가 태어나기 전에 농사지을 땅과 일자리를 찾아서 카자흐스탄으로 이동하였다. 서 펠릭스 알렉세예비치가 기억하는 제3 국제 농장은 작지만 아름다운 고향이었다.

서 펠릭스 알렉세예비치의 유년기는 제2차 세계대전이 발발한 상황에서도 고려인 콜호즈가 협동심을 발휘하며 후방의 농업 분야에서 우수한 성과를 보이던 때였다. 고려인들은 파종 면적을 넓히고 수확량을 늘리는 등 벼농사의 전문가로 두각을 나타냈다. 이들의 근면성실함으로 이룩한 성과는 소비에트 전역으로 퍼져나갔다. 크질-오르다의 고려인 콜호즈의 지도자들은 이러한 성과를 바탕으로 소련 중앙당국으로부터 일등상, 영예포상훈장 등을 받으며 고려인의 자긍심에 불씨를 살렸다. 알렉세예비치는 자신이 속한 콜호즈를 자랑스러워하며 공동체에서 행복하게 유년기를 보냈다.

> "항상 우리 농장을 부자 농장이라고 불렀습니다. 우리 농장은 다른 농장과 달리 곧은 거리, 동일한 집 그리고 도랑이 있었고 모든 주민들이 나무를 심고 나무를 돌보는 데다가 광장과 공원, 제법 큰 문화의 집, 학교, 축구 · 농구 · 배구를 할 수 있는 큰 운동장, 여름과 겨울 영화관이 있었습니다."

제3 국제 콜호즈는 고려인들이 밭을 일구고 논에 물을 대고 파종하고 수확하기 전까지 척박했다. 사막에 가까운 장소였지만 그 속에서 사는 사람들, 알렉세예비치에게는 척박하기만 한 땅은 아니었다. 알렉세예비치는 이 농장을 다양하고 흥미로운 동식물이 있던 장소로 기억하고 있다.

> "처음 보기에 여기는 가난한 땅, 가난한 식물군과 가난한 동물군 그리고 사막으로 보입니다. 하지만 그것은 첫눈에 그렇게 보입니다. 거기에 매우 흥미 있는 식물군과 동물군이 있습니다. 오래 전부터 거기에서 메기, 잉어, 큰 코 영양, 멧돼지, 늑대, 여우, 스라소니, 하이에나, 토끼, 꿩, 오리, 거위와 물고기의 수많은 종류가 풍부했습니다."

제3 국제 콜호즈는 벼농사와 옥수수 농사를 주력으로 하는 농장이었다. 가을 추수철이 되면 끝없는 논과 옥수수 밭이 펼쳐졌다. 당시 6학년이었던 펠릭스 알렉세예비치는 친구들과 함께 벼와 옥수수를 수확하는 일에 참여했다. 벼를 수확하는 철이 되면 농장에는 항상 일손이 부족하였고 아이들은 부모님을 도와 학교도 안 가고 농장 일을 돕기도 했다. 아니면 학교 수업이 끝나고 친구들과 함께 농장으로 가서 벼를 추수하는 일, 옥수수를 수확하고 청소하는 일을 했다. 아이들은 이러한 노동의 대한 보수로 매일 50센트를 벌었다. 농장을 위해, 콜호즈 사람들을 위해 일하는 것은 어린 알렉세예비치에게 행복하고 자랑스러운 일이었다. 더욱이 힘든 노동에 대한 대가로 번 돈을 알렉세예비치 부모님은 그가 사고 싶은 것을 살 수 있도록 허락해주었다.

"가을에 육 학년 학생들이 쌀을 수확하기 전에 노동을 하러 쌀 광장에 갔습니다. 왜냐하면 기계로는 논의 가장자리에 있는 쌀을 수확하기 힘들어서 우리 학생들이 논의 가장자리에 있는 벼를 잘라 쌀을 수확해야 했기 때문입니다. 그 외에 옥수수를 수집하고 청소하기 위해서도 학생들을 데리고 왔습니다. 그 쌀을 수확할 때 학생들이 20~25일 동안 학교에 안 가고 일해 학생들에게 매일 오십 센트를 지불했습니다. 옥수수를 수집하고 청소하기 위해서 학생들이 수업 후에 가서 서너 시간 동안 거기에서 노동을 했습니다. 안 깎은 옥수수를 광장에 가지고 가서 깎은 후에 가방에 넣었습니다. 옥수수 가방을 관련된 사람에게 주고 각 가방에 오 센트로 돈을 받았습니다. 우리는 농장을 위해 봉사하고 작은 도움이라도 줘서 무척 행복하고 자랑스러웠습니다. 우리가 모은 돈은 하고 싶은 대로 쓰도록 부모님이 허락했습니다. 우리는 보통 스케이트, 신발, 공을 구입했습니다."

2. 꿈을 위한 여정

서 펠릭스 알렉세예비치는 아버지와 일찍 헤어져야 했다. 아버지는 그가 11살이 되던 1962년 가을에 암으로 돌아가셨다. 그의 아버지는 그가 속한 콜호즈에서의

[사진 6-1] 알렉세예비치가 운전한 화물차(GAZ-66)

첫 운전기사였다. 집단농장 체제하에서 모두가 농사를 짓던 시기에 운전기사로 발탁되었다는 것은 그의 아버지에게 뿐만 아니라 가족들 모두에게 자랑이고 명예로운 일이었다. 그의 아버지는 바이카누르 군대에 돼지고기를 납품하는 일을 맡았다. 주변 지역이 무슬림 거주지역이다 보니 군대에서 돼지고기를 쉽게 구할 수 없었기 때문이다. 돼지고기를 납품하는 것에서 확장하여 후에는 달걀, 소고기 등도 납품하게 되었다. 그의 아버지는 농장 최초로 GAZ-66이라는 화물차를 몰았다. 아버지는 가끔 물건을 받으러 갈 때 알렉스 형제들과 동행하기도 했다. 알렉세예비치는 그 일을 유년기의 가장 행복했던 일로 기억한다.

아버지가 돌아가시고, 어머니는 6명의 자식들을 위해 농장의 요리사로 일을 시작했다. 고작 10살 안팎이었던 알렉세예비치도 부모님의 도움 없이 모든 일을 스스로 해결해야 했다. 그러다 보니 그에게는 '공정함', '규칙' 등이 큰 의미로 다가왔다. 고등학생이 되었을 때, 그는 공산청년동맹 자경단(OKOD)을 조직했다. 이 자경단은 학교 내에서 규칙을 지키지 않는 학생들을 적발하고 규칙을 준수하게 하기 위한 조직이었다.

이 경험이 알렉세예비치의 미래를 결정하였다. 알렉세예비치는 경찰이 되고 싶었다. 이러한 생각을 할 즈음 10학년이 되었을 때, 지역 경찰서의 스즈드고브아 대령을 만나게 되었다. 대령이 주관한 면접에서 알렉세예비치는 좋은 인상을 남겼

[사진 6-2] 알렉세예비치의 육군사관학교 시절 모습

가운데가 알렉세예비치이다.

고, 경찰이 되기 위한 전 단계로 군대를 가게 되었다. 그래서 학교를 졸업한 뒤 대학교를 지원하지 않고 바로 군인이 되기 위해 육군사관학교를 지원했다. 이때, 알렉세예비치의 미래의 방향이 바뀌게 되는 한 사건이 일어난다. 한 군인의 실수로 알렉세예비치는 자신이 지원했던 육군사관학교가 아닌 탱크학교에 배치되었다. 그는 실수로 배치된 학교에서 공정한 대우를 받지 못했다. 그 학교의 선배들은 군인이 되기 위한 시험을 준비시키는 대신 지원자들에게 막사를 수리하고 군복을 염색하는 노동을 시켰다. 뿐만 아니라 군인들은 신입 지원자들의 돈을 뺏고 인격적인 모독을 했다. 펠릭스 알렉세예비치는 이러한 폐습에 침묵하지 않았다. 알렉세예비치를 위시한 지원자들은 폭력에 대항했다. 결국 이 사건은 군인과 지원자 모두가 군대에서 쫓겨나는 것으로 결론지어졌다. 일련의 사건 후 200명이 넘는 지원자들이 입대를 거부하는 성명서를 제출했고, 그달 말에 알렉세예비치는 크질-오르다에 있는 자신의 집으로 돌아오게 되었다.

그 후 그는 마을로 돌아온 지 두 달 후인 1969년 10월부터 1971년 11월까지 군대에 징집되었다. 육군사관학교를 졸업한 뒤 경찰이 되겠다는 꿈은 접어야 했지만 그는 거기서 포기하지 않았다.

알마티에서 복무하는 동안 MIA 학교를 찾아 그 학교에 입학하기 위한 조건과 방법을 알아봤다. 군대 복무가 끝난 후 알렉세예비치는 콜호즈에서 일하면서 MIA 학교 입학시험을 준비했다. 결국 1972년 9월 알마티에 있는 MIA 학교에 입학할 수 있었다. 그 학교를 졸업한 후에 크질-오르다 내무부에서 근무했다. 퇴직하기까지 25년 동안 내무부에서 열심히 일했다.

[사진 6-3] 알렉세예비치의 내무부 근무 시절

고려인인 그가 카자흐스탄 정부를 위해 일하는 과정은 비단 쉬운 일이 아니었다. 그는 "근무를 하는 건 나에게 아주 어려운 시간이었지만 그 어려움을 극복하려고 열심히 노력했습니다."라고 회고했다. 카자흐어, 러시아어, 한국어 심지어 영어까지 할 수 있었던 것은 그에게 큰 장점이었지만 카자흐어가 모국어가 아니었던 그가 완벽하게 카자흐어로 혹은 러시아어로 문서를 작성하기란 쉬운 일이 아니었다. 그는 명절도 휴일도 없이 일했다. 현재는 퇴직한 상태이지만 25년 동안 직장은 그의 삶에서 중요한 부분이었고 지금도 그 직장을 선택했던 것에 아무런 후회가 없다고 한다.

3. 사랑하는 가족과 모국

내무부에서 일하는 동안 그는 같은 사무실에서 일하는 한 스베뜰라나 막시모브나와 사랑에 빠졌다. 100명이 넘는 내무부 직원 중에 고려인은 그와 스베뜰라나 막시모브나 둘뿐이었다. 그녀의 아버지도 내무부에서 일하다가 퇴직한 분이었다.

[사진 6-4] 첫째 딸과 함께한 알렉세예비치의 가족사진

이러한 배경이 서로가 더 가깝게 느껴지게 했고, 1년 5개월간의 연애 끝에 1976년 12월에 결혼식을 올렸다.

결혼한 뒤 부부는 소박하게 살았다. 한 칸짜리 방에 화장실이 밖에 있는 집에 살면서도 부부는 행복했다. 1987년 첫째 딸 나딸리아가 태어났다. 어릴 때 부모님께 배웠던 한국어는 군대를 가고 고려인이 없는 직업 환경에서 일하다 보니 거의 잊게 되었다. 알렉세예비치의 두 자녀는 한국어를 모른다. 그는 우리에게 다음 이야기를 했고 답을 모색하기로 했다.

> "우리 모두는 한국인인데 왜 모국어로 말할 수 없습니까? 왜 우리가 우리 민족의 풍부한 역사, 문화, 전통을 잊어버리고, 조상, 한국 그리고 한국어에 대해서 아무것도 모릅니까? 계속 그렇게 가면 앞으로 우리 자녀와 손자에게 무엇을 가르칩니까? 언젠가 그 질문에 정확한 답이 나올 거라고 생각합니다."

60대 중반이 된 알렉세예비치는 연금 수령자다. 하지만 배움을 멈추지 않고 있다. 그가 사는 알마티에는 한국 대사관이 있으며 한국 교육원이 있다. 한국 대사관을 방문했을 때, 그는 그곳에서 처음으로 자신이 한국인이라는 것을 느꼈다고 한다. 그는 카자흐스탄, 우즈베키스탄, 키르기스스탄의 수많은 고려인 후손들이 자신의 모국어와 전통문화를 잊어가는 데 안타까움을 느끼고 있다. 60대에 들어선 현재, 그의 인생의 제3막이 열렸다.

"이제 우리는 자녀, 손자와 같은 모든 젊은 고향 사람에게 무슨 말을 해야 할지를 잘 압니다."

그러나 그의 말처럼 민족어인 고려말, 한국어를 배우는 데는 한계가 있다고 본다. 카자흐스탄에서 소수민족의 하나로서 고려인이 처한 위기상황을 살펴보면 그 이유를 알 수 있을 것이다. 소련 해체 후 각 민족공화국이 독립되었고 주요 민족의 언어를 러시아어 대신 공화국내 공식언어로 채택하였다. 이에 따라 여타 소수민족들은 민족 간 교제언어로서 러시아어와 공화국 내 공식언어로서 주요 민족어, 그리고 자기 민족어를 습득해야 하는 3중 언어의 부담을 안게 되었다.

구체적으로 카자흐스탄에 거주하는 고려인은 1989년 9월 카자흐스탄 정부가 "카자흐스탄공화국에서의 언어들에 대하여"라는 법령을 통해 카자흐어를 공화국 내 공식언어로 채택함에 따라 러시아어, 카자흐어, 한국어를 모두 습득해야 하는 상황에 처하게 되었다. 이러한 3중 언어의 상황은 새로운 민족정책 강령 채택 이후 겨우 민족언어교육의 가능성이 열리기 시작한 한인들에게 큰 부담이 되고 있다. 더욱이 이것은 단순히 언어의 차원을 넘어 사회경제적인 불평등을 발생시키는 요소로 작동한다. 고려인과 같은 소수민족은 거주국의 민족어를 배우지 않을 경우 모든 면에서 차별대우를 받을 수밖에 없는 상황이기 때문이다.

새로운 언어를 배우고 이를 구사할 수 있다는 것은 생활 영역은 물론 전문영역이나 공적인 영역에서 해당 언어를 이해해야 함을 의미한다. 그런 이유로 고려인들은 불가피하게 정치 · 경제 · 사회 · 문화 · 과학 등 전 분야에 걸쳐 많은 장애에 부딪칠 수밖에 없으며 대학 입학, 취직, 승급에 또다시 차별대우를 받게 되어 있는 것이다. 실제로 많은 한인이 공식언어인 카자흐어를 잘하지 못한다는 이유로 공무원과 같은 공적인 일자리를 얻기 어렵다.

특히 고려인들은 대부분 공무원, 교사, 의사, 연구종사자, 집단농장장 등 사무직 또는 관리직에 종사하고 있어 사태는 더욱 심각한 지경이다. 이러한 실직자들이 단기간에 공식언어를 습득하여 재취업하기란 거의 불가능에 가까운 까닭에 상황은 비관적이다. 일자리를 잃은 이들은 자영업 또는 자영농에 종사하거나, 단순노동자 또는 도시 빈민으로 전락하고 있다. 일부 고려인들만이 현지 진출 한국기업에 취업할 기회를 얻고 있을 뿐이다. 이런 이유로 카자흐스탄 고려인들이 전반적으로 계층하향화가 이루어질 수밖에 없는 현실이 진행되고 있다고 본다.

7장
독립운동가 후손의 자부심으로 살다: 민 타찌야나 산보예브나

1. 존경받던 부모님 이야기

고려인들은 카자흐스탄의 각 지역에 거주하고 있지만 남부 알마-아틴스카야주(우슈토베)와 남부 크질-오르다 지역에서 집중적으로 살고 있다. 1937년 고려인들이 러시아 극동지역에서 강제추방 당한 후에, 이 두 지역이 그들의 정착 장소가 되었다. 크질-오르다는 한때 남부에 위치한 '카자흐소비에트공화국'의 수도였다. 크질-오르다는 쌀과 고려인들로 유명한 도시이다. 고려인들이 러시아 극동에서 추방되었고 먹기살기 위해서 쌀을 재배하기 시작하였다. 고려인들 덕분에 그 당시에 매년 큰 수확을 하곤 했다. 그리고 아직까지도 그 지역의 쌀은 카자흐스탄의 각 지역으로 공급되고 있다. 또한 크질-오르다는 고려인들이 거주하는 다른 지역보다 특별했다. 1938년까지 고려인 학교, 극장, 신문사, 문화센터 등의 기관들이 있었기 때문이다. 크질-오르다 고려인들이 다른 지역보다 자신의 언어, 문화를 더 배울 수 있었다. 그런데 1938년에 소련의 정치정책으로 인해 그 기관들이 문을 닫게 되었다. 또한 크질-오르다에서 중앙아시아 고려인 사회의 중요한 인물인 독립운동가 홍범도가 생애를 보냈다.[6] 우리 연구팀이 카자흐스탄 알마티 주말 노인학교에서 만났던 민 타찌야나도 크질-오르다 출신이었다. 그녀는 자신이 고려인으로서 삶과 가족에 대한 잊지 못한 이야기를 해주었다.

"저희 할아버지는 일본의 간첩으로 몰려서 총살을 당했습니다."

1931년 일본이 만주사변을 일으키고 극동지역에서 세를 넓혀가자 소련은 일본에 대한 경계를 더욱 강화하였다. 극동지역으로 이주한 한인은 조국에서 일본을 몰아내고자 그 어떤 민족보다도 항일운동에 앞장섰지만, 제정 러시아 및 소련은 같은 아시아인이고 일본인과 고려인의 외적 구분이 어렵다는 이유로 고려인을 일본의 간첩 등으로 매도하고는 하였다. 1930년대 이전에도 제정 러시아는 1904년 러일전쟁 당시 고려인의 일본 간첩 행위를 방지하기 위하여 극동지역의 고려인 일부를 톰스크, 페름, 카자흐스탄 등지로 강제이주를 시킨 전력이 있었다. 그리고 스탈린은 1930년대 초부터 고려인을 중앙아시아로 이주시키기 위한 계획을 수립하기 시작하였다.

1937년 8월 24일 소련은 '일본 간첩 침투를 저지하기 위해'라는 이유로 고려인 강제이주 명령을 내렸다. 이에 앞서 '원활한' 이주를 위하여 고려인에게 영향력 있는 인물들을 숙청하기 시작하였다. 그리고 이때에 민 타찌야나의 할아버지와 외할아버지 역시 일본 간첩이라는 죄명으로 어느 날 갑자기 총살을 당하여 돌아가셨다.

할아버지와 외할아버지가 돌아가실 때 민 타찌야나의 할머니와 외할머니는 임신 중이었다. 하루아침에 과부가 된 그녀들은 남은 아이들과 복중의 아이를 지키기 위하여 슬퍼할 새도 없었다. 그들은 다른 고려인들과 같이 시베리아 횡단열차를 타고 카자흐스탄으로 추방되었다. 열차에 탄 많은 고려인들이 배고픔과 질병으로 죽

6) 홍범도(洪範圖, 1868-1941)는 구한말 의병전쟁에서부터 1920년대 독립전쟁에 이르기까지 한국독립운동사에서 무장투쟁의 상징적 인물이다(오세호, 2014).

음을 맞이하였다. 힘든 상황에서도 민 타찌야나의 두 할머니는 가족을 지키겠다는 일념으로, 억울하게 죽은 남편의 이름을 되찾겠다는 일념으로 이를 악물고 살아내었다. 그리고 기적적으로 그들의 가족은 모두 살아남았다.

[사진 7-1] 민 타찌야나의 부모님

민 타찌야나의 아버지 박 산보이는 1918년생, 어머니 박 마리야 니꼴라예브나는 1923년생이다. 이들은 아버지의 죽음을 목격한 당시 각각 20살, 15살이었다. 그리고 카자흐스탄으로 강제이주 되던 그 당시의 기억 역시 평생 동안 생생하게 가지고 살아오고 있다. 카자흐스탄 어느 역에 내려진 이후 이들은 가축을 수송하는 트럭으로 옮겨졌다. 더 이상 사람들을 '싣지' 못할 때까지 그들은 고려인들을 트럭에 타게 하였다. 포장되지 않은 덜컹거리는 길을 갔지만 누구도 불평할 수 없었다. 살아 있는 것, 가족을 위해 살아야 하는 것은 이제 그들이 가진 숙명과도 같았다.

트럭에서 내린 박 산보이와 박 마리야는 크질-오르다에 있는 어느 참호로 이동했다. 이들은 그곳에서 1937년부터 1947년까지 10년간 살았다. 민 타찌야나의 아버지이자 가족의 장남인 박 산보이는 할머니를 도와 농장에서 일을 하였다. 그는 교육자가 되고 싶은 꿈이 있었다. 그는 타슈켄트 산업대학교에 진학하여 전기공학을 공부하였다. 하지만 가족을 부양해야 했던 그는 공부에만 매진할 수는 없었다. 1년을 공부하고, 1년은 일을 하는 등 그는 경제적 활동을 하면서도 공부에 대한 열정을 놓지 않았다. 결국 그는 30대가 되어서야 대학교를 졸업할 수 있었다. 그리고 그가 취득한 전기공학 학위는 그를 농업대학교 교사로 만들어주었다. 그는 교사가 되어 교육자에 대한 꿈을 이루게 되었다. 이후 그는 크질-오르다 지역의 전기회사 사장으로 임명되었다. 그는 은퇴할 때까지 그 회사에서 계속 일을 하며 크질-오르다 지역에 전기를 보급하는 데 기여하였다. 민 타찌야나는 그녀의 아버지를 '항상 바빴던' 사람으로 기억하고 있다. 그는 자신의 아버지가 출장을 자주 다녔으며, 밤늦게까지 일을 하는 날이 많았다고 추억하고 있다. 어린 시절부터 자신의 목표를 이루기 위하여 노력한 아버지에 대한 존경이 그녀의 목소리에서 묻어나왔다.

민 타찌야나의 어머니 박 마리야는 타슈켄트 의학대학교를 졸업하였다. 그녀는 어린 시절의 경험으로, 의학으로 많은 사람들을 돕겠다는 꿈을 가지고 있었다. 그는 대학 졸업 이후에 폐결핵 병실에서 근무를 하였다. 결핵은 인류 역사상 가장 많은 생명을 앗아간 감염 질환으로 많은 사람들이 걸렸지만 치료 방법이 마땅치 않은 무서운 질병이었다. 박 마리야는 이런 폐결핵 병실에서 근무를 하면서 의학 지식뿐만 아니라 마음으로 환자들을 돌보았다. 이런 어머니의 모습을 보고 자란 민 타찌야나는 어머니 같은 의사가 되겠다고 생각하였다.

"제 부모님은 크질-오르다 지역에서 존경받은 유명한 사람들이었습니다. 카자흐 사람들이 부모님을 식사에 초대했을 때 아버지에게 항상 베시바르마크와 양 머리를 먹여주었습니다."

[사진 7-2] 카자흐스탄의 대표음식 베시바르마크

자료: http://blog.naver.com/braveattack/10102477449

전기회사 사장으로서, 의사로서 마음을 다해 일을 하던 민 타찌야나의 부모님은 지역사회에서 존경받는 인물이었다. 특히, 그들이 자란 크질-오르다 지역에서 고려인뿐만 아니라 모든 사람들이 그들을 칭송하였다. 민 타찌야나의 부모님은 강제이주 당한 소수민족이자, 어린 시절 가축 트럭에서 내려 참호에서 살던 가난한 사람들이었지만 그들은 더 이상의 차별은 당하지 않았다고 이야기하였다. 소련 사회에서 살아남기 위해, 좀 더 나은 삶을 살기 위해 열심히 공부하고 열심히 일한 그들의 공로는 시간이 갈수록 인정받았다. 카자흐인들은 그들을 초대하여 베시바르마크와 양 머리를 대접하기도 하였다.

카자흐 민족의 대표적인 음식인 베시바르마크는 양 머리를 삶아서 얇은 밀가루 반죽과 함께 먹는 것이다. 카자흐인들은 존경하는 사람에게만 양 머리를 대접한다. 민 타찌야나의 부모님은 크질-오르다에 사는 다른 민족들과 좋은 관계를 유지하며 그들과 형제처럼 지냈다.

2. 강인한 고려인 여성, 민 타찌야나의 삶

민 타찌야나는 1951년 2월 7일에 카자흐스탄 크질-오르다 지역에서 태어났다. 결혼하기 전에 타찌야나의 성은 박씨였만 소련의 문화를 받아들여서 결혼한 후에는 아버지의 성이 아닌, 남편의 성을 따르게 되었다. 그녀는 자신의 어린 시절을 비교적 명확하고 자세하게 이야기하였다.

> "제 어린이 시절은 명확하게 기억합니다. 학교에서 공부도 하고 음악 학교에도 다니며 농구도 했습니다. 성적이 우수했고 사회활동에도 적극적으로 참석해서 국제 캠프 아르텍(Artek)[7]에 가기도 했습니다."

민 타찌야나는 어렸을 때 적극적인 편이었다. 그녀는 우수한 학업능력을 가졌

7) https://ru.wikipedia.org/wiki/%D0%90%D1%80%D1%82%D0%B5%D0%BA

[사진 7-3] 아르텍 국제 캠프에 참여한 민 타찌야나와 친구들

으며, 다양한 사회활동에 많이 참석하였다. 어린 시절 제일 기억에 남는 것이 열심히 공부를 해서 아르텍이라는 국제 캠프에 갈 수 있었던 것이다. 아르텍이라는 국제 캠프가 러시아 크림 반도에 위치한 당시 소련에서 제일 유명한 국제 학생 캠프였다. 소련의 학생들이 그 캠프에 참석하고 싶어할 정도로 유명하였다. 하지만 공부를 잘하는 학생들만 갈 수 있었다.

민 타찌야나는 농구를 제일 좋아하는 운동이라고 이야기해주었다. 역시 그녀의 키는 농구선수의 키처럼 컸다. 또한 농구뿐만 아니라 다른 취미가 있었다. 바로 독서이다. 어린 시절 감동받으면서 읽었던 책을 소개해주기 시작하였다. 러시아 작가 '보리스 폴레보이'의 제일 유명한 작품 중 하나인《진짜 남자 이야기》[8]라는 책이다. 이 작품은 소련의 각 민족의 언어로 번역되었으며 쉽게 구할 수 있었다. 이 책의 내용은 제2차 세계대전 때 소련 공군 조종사 알렉세이 말레시예프의 실제 있었던 사건들을 서술하였다. 책의 주인공은 제2차 세계대전 때 부상을 입고 두 다리가 절단되었다. 그렇지만 그는 인공 다리에도 불구하고 전쟁이 끝날 때까지 싸웠다. 이 책은 그녀의 인생에서 중요한 역할을 하였다. 이 책을 읽고 인생에서 어떠한 어려

8) http://briefly.ru/polevoy/povest_o_nastoiashchem_cheloveke/

[사진 7-4] 민 타찌야나의 결혼사진(1975)

왼쪽이 시부모님, 오른쪽이 어머니, 아버지이다.

움이 있어도 포기하면 안 된다는 것을 깨달았다. 그녀에게 많은 어려움이 있었지만 《진짜 남자 이야기》의 주인공처럼 포기하지 않고 극복할 수 있었다.

그리고 타찌야나는 고등학교에서만 공부를 잘한 것이 아니라 대학교에서도 항상 우수한 모습을 보여주었다. 1969년에 크질-오르다 고등학교를 졸업하고 알마티에 있는 의학대학교를 졸업하였다. 민 타찌야나는 어렸을 때부터 어머니처럼 의사가 되고 싶다는 꿈을 꾸었다. 의대에서 공부하면서 자신의 사랑하는 남편 민국식을 만났게 되었다.

"남편은 민국식. 우리는 공부했던 의학대학교에서 만났습니다. 민국식은 아주 재미있는 사람이었고 스포츠 역도를 했으며 역도 후보 마스터 칭호를 받았습니다. 아코디언과 피아노를 잘 연주하며 항상 여자들이 곁에 있었지만 결국 저를 선택했습니다."

1975년에 대학교를 졸업하고 결혼하였다. 민 타찌야나의 남편 민국식은 알마티 고려인들 사이에서 유명한 내과 의사였다. 그러나 1993년에 민국식이 사망하면서 민 타찌야나와 3명의 아이들만 남았다. 남편이 사망한 후에 2년 동안 어머니, 아

[사진 7-5] 민 타찌야나와 동료 의사들

버지와 남동생 또한 죽음을 맞았다. 그 당시가 그녀에게 제일 어렵고 힘들었던 시간이었다. 우울증에도 걸렸는데 살고 싶지 않았을 정도로 심하였다. 그렇지만 이러한 어려운 시간에 친척들과 언니들이 곁에 있었다. 그들의 도움 덕분에 다시 일상생활에 돌아오게 되었다. 역시 가족의 협동이 고난의 시간에 큰 힘이 되었다.

민 타찌야나는 의대를 졸업하고 산부인과 학위를 받았다. 원래 사람은 자신의 성격과 취향에 맞는 직업을 선택한다. 연구참여자 역시 민 타찌야나가 자신의 성격에 맞게 직업을 선택했다고 본다.

> "페레스트로이카[9]가 시작돼서 공장들이 일을 하지 않았습니다. 우리 의사들도 월급이 적어졌고 한 달 늦게 주었습니다. 많은 의사들이 시장에 일하러 갔는데 거기에서 돈을 잘 벌었습니다. 하지만 저는 의사로 계속 남아 있었습니다. 왜냐하면 저는 제 일을 사랑했고 자랑스러웠기 때문입니다."

1980년 초에 소련에서 페레스트로이카가 시작되었다. 그때 많은 사람들이 어

9) 페레스트로이카(перестрóйка)는 '재건', '재편'의 뜻을 가진 러시아어로, 미하일 고르바초프가 1985년 3월 소련 공산당 서기장에 취임한 후 실시한 개혁정책을 가리킨다. 소련의 정치뿐 아니라 세계 정치의 흐름을 크게 바꾸어 놓았다.

[사진 7-6] 민 타찌야나의 큰딸과 작은딸

려움을 겪었다. 공장들이 문을 닫았고 공무원들은 월급을 늦게 받았다. 그러한 어려움을 우리 연구참여자도 겪었다. 남편이 사망하여 자녀 3명과 남았으며 혼자 아이들을 입히고 먹여야 했다. 다른 의사들처럼 시장에 가서 돈을 많이 벌 수 있었지만 그런 선택을 하지 않았다. 어렸을 때부터, 어머니처럼 의사가 되고 싶었고, 많은 사람의 인생을 구하고 싶다는 꿈을 가졌기 때문이다. 페레스트로이카 때도 이 직업을 포기하지 못하였다. 그녀는 산부인과에서 오랫동안 근무하면서 카자흐스탄의 수만 명의 임산부와 유아를 치료하였다.

민 타찌야나는 강한 고려인 여성이라고 할 수 있다. 혼자 남아서 경제적인 어려움을 겪었지만 그 어려움을 혼자 극복하였다. 그녀는 많은 고생 끝에 3명의 자녀에게 높은 수준의 교육을 제공할 수 있었다. 민 타찌야나는 딸 2명, 아들 1명을 두고 있다. 큰딸은 민은숙(나탈리아)으로, 1975년에 태어났고 2개의 학교를 졸업하였다. 현재 '트란스텔레콤' 회사에서 일을 하고 있으며 아들 1명을 두고 있다. 작은딸 민숙(마리나)은 1979년에 태어났고 그녀도 2개의 대학교를 졸업하였다. 현재 석유 회사에서 일을 하고 있으며 아들 1명을 두고 있다. 막내아들 민벤환(알렉산드르)은 1989년에 태어났고 국제비즈니스 대학교를 졸업하였으며, 현재 코카콜라 회사에서 근무하고 있다.

그녀는 혼자 3명의 자녀를 훌륭한 인물로 키웠다. 딸 2명이 학교를 졸업하고

[사진 7-7] 민 타찌야나의 막내아들 민벤환(알렉산드르)

[사진 7-8] 민 타찌야나의 환갑잔치

현재 좋은 직장에 다니고 있다. 막내아들도 좋은 대학교를 졸업하였다. 또한 신기하게 민 타찌야나의 자녀들은 한국 이름과 러시아 이름을 가지고 있다. 그들은 집에서는 한국 이름을 사용했고 밖에서는 러시아 이름을 사용했다. 이렇게 민 타찌야나의 자녀들이 한국 이름도 가지고 있는 것은 자신이 고려인이라는 민족정체성을 표현하는 것이 아닐까 싶다.

고려인들이 비극적인 역사로 인해 모국어를 잊어버렸지만 자신의 민족성은 상당히 잘 지키고 있다. 중앙아시아 고려인들에 대한 많은 연구를 살펴보면 그들이 고국에서 떨어져 산 지 150년이 되었고 중앙아시아에서 거주한 지는 거의 80년이 되었지만 그들은 돌잔치, 결혼식, 장례식, 환갑 등을 한국과 비슷한 형태로 한다. 그들은 카자흐스탄에서 살고 있지만 자신의 민족 풍습, 문화, 예절을 아직까지 상당히 잘 보존하고 있다.

고려인들 중에서 환갑잔치를 하지 않는 고려인은 거의 없다. 한국 사람에게 환갑잔치가 큰 의미를 가지는 것처럼 고려인들도 61살이 되면 꼭 지킨다. [사진 7-8]은 민 타찌야나가 환갑잔치를 하는 모습이다. 이러한 날에는 꼭 전통의상을 입는다고 하였다. 민 타찌야나의 다른 사진들을 보면 명절 때마다 전통의상인 한복을 입고 있다. 자신이 고려인이라는 것을 보여주는 것이다. 남편을 여의고 혼자 많은 고생을 겪었지만, 자녀들이 마련해준 환갑잔치에 기뻐했다. 그동안 고생한 민 타찌야나에게 자녀들이 은혜를 갚는 것이다.

3. 민 타찌야나의 시부모님 이야기

[사진 7-9] 민 타찌야나의 시할아버지 민긍호 (대한민국 독립운동가)

민 타찌야나는 남편 민국식과 결혼한 후에 시아버지 민연욱(콘스탄틴 이바노비치)이 대한민국의 독립운동가 민긍호의 아들이라는 것을 알게 되었다.

민긍호(閔肯鎬, 1863-1908)는 명성황후를 배출한 여흥 민씨의 일족으로 서울에서 태어났다. 1897년 그는 진위대에 입대하여 조국과 민족을 수호하기 위한 군인의 길에 들어섰으며 이후 강원도 원주 진위대 산하의 고성분견대에 배속되었다가 춘천분견대로 옮겨 근무하였다. 그 시기에 일본은 러시아와의 전쟁에서 이기고 한국에 대한 일제의 식민지화는 본격화되어 1904년 '한일의정서', 1905년에는 '을사조약'이 체결됨에 따라 자주적인 외교권과 재정권이 장악되기에 이르렀다. 민긍호는 이 소식을 듣고 조국과 민족을 위해 무장 봉기하기로 결심하였다.[10] 이후, 민긍호는 영웅적인 독립운동을 하다가 1908년에 일본인들에 의해 죽음을 맞았다.

민긍호가 죽은 후에 그의 이름은 잊히지 않았다. 오히려 죽은 후에 그의 인생이 시작되었다고 볼 수 있다. 그의 무덤은 원주시 근처의 본화산에 있다. 1962년에 그

10) http://navercast.naver.com/contents.nhn?rid=129&contents_id=4142

[사진 7-10] 민긍호의 가족사진

는 대한민국의 정부로부터 훈장증을 받았으며, 대한민국 12명의 유명한 영웅들 중에 한 명이다. 1989년에 그 훈장증을 민긍호의 손자 민인식이 수상하였다. 민긍호는 한국 사람들의 기억에 영원히 남아 있을 것이다.

오랫동안 한국에서는 민긍호의 가족이 흔적도 없이 사라졌다고 생각을 하였다. 그렇지만 민긍호의 친구 안중근의 도움으로 그들은 러시아로 갈 수 있었다. 민긍호의 가족인 아내, 아들 민연욱과 딸은 1937년에 러시아 극동에서 다른 고려인들처럼 카자흐스탄 쉼켄트[11] 지역의 사이람[12]이라는 마을로 추방되었다.

[사진 7-10]은 민긍호 가족의 유일한 사진이다. 이 사진에서 민긍호의 아내 모습을 보면 평범한 여자 같은 느낌이 든다. 그렇지만 민긍호의 아내는 대단한 사람이라고 할 수 있다. 그녀는 많은 어려움을 겪었고 힘들었지만 아들과 딸의 교육에는 더욱 관심을 가지고 있었다. 민연욱은 러시아 우수리스크[13]에서 전문대학교를 졸업하고 고려인 학교에서 교사로 일을 하였다. 딸은 결혼하고 중국으로 이민을 갔다. 민긍호의 아내는 자녀들이 아버지 명예를 더럽히지 않고 존엄성 있는 삶을 살기를 희망했다.

민연욱은 우수리스크 전문대학교에서 받은 지식이 부족함을 느끼고 쉼켄트에 있는 야간 사범대학교를 졸업하였다. 전쟁이 시작되어 노동 군대에 가게 되었다. 거

11) 쉼켄트는 남카자흐스탄주의 주도이며 카자흐스탄에서 가장 인구밀도가 높은 지역이다.

12) 남부 카자흐스탄 쉼켄트시 옆에 위치한 작은 도시이다.

13) 우수리스크는 러시아 프리모르스키 지방의 남부에 위치한 도시이다.

[사진 7-11] 민 타찌야나의 시아버지 민연욱의 가족

기서 그는 카라간다[14]에 있는 석탄 광산에서 일을 하였다. 제대를 하여 1966년 은퇴할 때까지 사이람이라는 지역에서 러시아어 교사로 일을 하였다. 민연욱은 러시아어뿐만 아니라 수학, 기하학 등 과목을 쉽게 가르칠 수 있었다. 마을 사람들은 민연욱을 부지런하면서 정직하고 성실한 사람으로 기억한다. 그는 교사로서 자신의 일을 성실하게 하였다. 학교 아이들은 그의 수업을 좋아하여 열심히 그의 수업을 들었다.

민연욱의 아내 김 타찌야나가 10명의 아이를 낳았지만 6명이 사망하였고 4명만 남았다. 민연욱은 자신이 누구의 아들인지 고향이 어딘지 평생 잊지 않았다. 그는 고향에 대한 그리움으로 인해 자기 아들들에게 '한식'과 '국식'이라는 이름을 붙였다. 그들 이름의 첫 자끼리 연결하면 '한국'이라는 단어가 된다. 민연욱의 자녀들은 모두 다 훌륭한 교육을 받았다. 아들 국식은 의사가 되고 한식은 아버지처럼 교사가 되었다.

민연욱은 평생 동안 한국에 있는 아버지의 무덤에 가고 싶어 하였다. 소련에서 살면서 한국에 대한 소식을 들을 때마다 기뻐하였다. 1945년에 일본이 전쟁에서 패하면서 한국이 광복을 맞이했을 때 눈물 날 정도로 기뻐하였고, 1950년에 한국이

14) 카자흐스탄 중부 카라간다는 주요 산업으로 석탄업과 광산 기계 제조업, 경공업이 있는 도시다.

[사진 7-12] 민긍호의 묘소를 찾은 후손들

남한과 북한으로 분단되었을 때 슬퍼하였다. 또한 그 당시에 소련의 정치 상태로 인해 그의 꿈을 이룰 수 없는 것을 정확하게 알고 있었다. 1977년에는 민긍호의 아들 민연욱이 생을 마쳤다. 그는 이 세상을 떠나기 전에 자식들에게 한번 할아버지의 무덤을 찾아서 방문하라고 자신의 소원을 말한다. 평생 동안 민긍호의 무덤에 가고 싶어 했던 민연욱을 대신해서 그의 가족들이 아버지의 마지막 소원을 이루었다.

1990년 카자흐스탄에서 사는 민긍호의 모든 가족들이 그의 고향을 방문해서 그의 무덤을 볼 수 있었다. 그들이 한국에 왔을 때 한국에서 사는 민긍호의 다른 친척들이 따뜻하게 그들을 마중 나왔다. 현재 카자흐스탄에서 살고 있는 민긍호의 가족이 47명이다. 그들은 모두 고등교육을 받았던 사람들이고 그들 중에 교사, 건축가, 은행원 등이 있다. 그리고 민긍호의 가족 중에 유명한 사람들도 있다. 카자흐스탄의 한인협회 대표 김 로만과 카자흐스탄의 국제 피겨 스케이팅 선수 데니스 텐이다. 김 로만은 카자흐스탄 한인 사회의 발전을 위하여 많은 기여를 한 사람이다. 카자흐스탄의 모든 고려인들이 그 사람을 존경한다. 그리고 데니스 텐은 민긍호의 외손자이다. 그는 22살밖에 안 됐지만 피겨 스케이팅 선수로 전 세계적으로 유명하다. 카자흐스탄에서 사는 민긍호의 가족이 할아버지가 어떤 사람인지 알고 그의 명예

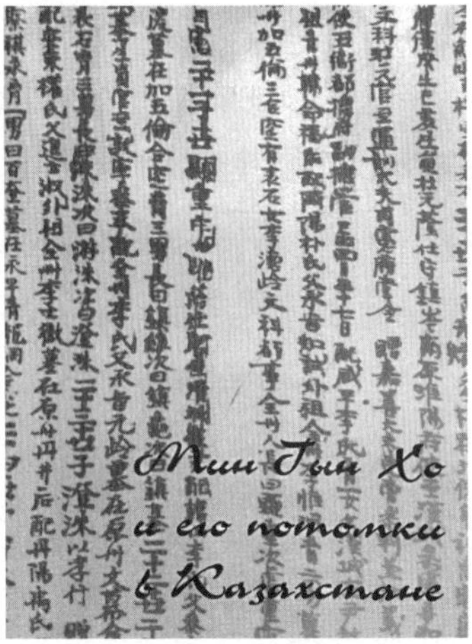

[사진 7-13] 민긍호 선생에 대한 책

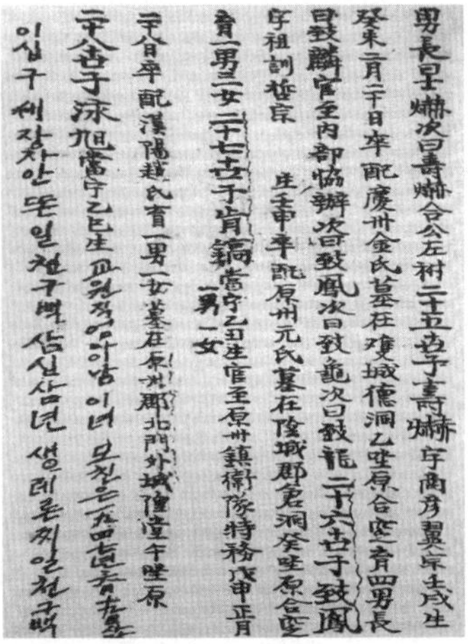

[사진 7-14] 민 타찌야나 가족의 족보

를 높이기 위해 열심히 살고 있다.

한국에서 대한민국의 독립운동가 민긍호에 대한 다양한 연구, 책과 기사들이 있다. 그렇지만 카자흐스탄에서 민긍호의 가족들이 볼 수 있는 정보는 없는 실정이었다. 그렇기 때문에 카자흐스탄에서 살고 있는 민긍호의 가족들이 후세를 위해 민긍호에 관한 책을 만들었다. 민긍호의 후세가 그 책을 통해서 그들의 할아버지처럼 자신의 나라를 사랑하고 카자흐스탄의 고려인 사회에 도움이 되기를 바라는 마음을 담았다.

이 책에는 민긍호의 생애사와 그의 영웅적인 독립운동의 삶이 서술되어 있다. 그는 대한민국의 독립운동을 했던 사람 중에 한 명이었다. 카자흐스탄에서 살고 있는 가족들과 그들의 후세들이 조상에 대한 역사를 남기기 결정하고 이러한 책을 만들었다고 한다. 또한 이 책에서는 민긍호의 카자흐스탄에서 살고 있는 가족들의 족보도 포함되어 있다.

이번에 알마티 한국교육원 주말 노인대학에서 만나게 된, 민 타찌야나는 강한 고려인 여성으로 기억에 남았다. 그녀는 어렸을 때부터 우수하게 공부를 했으며 어머니처럼 의사가 되고 싶었던 꿈을 이루었다. 누구보다도 자신의 직업을 사랑하고 자랑스러워한다.

우리는 고려인 여성 민 타찌야나의 생애를 통해 선조들과 민족에 대한 자긍심이 얼마나 높은지를 알 수 있었다. 이주민으로서 소수자로서 중앙아시아에 살면서도 당당하게 살아왔던 그녀에게 누구든 존경의 마음을 가질 수밖에 없을 것이란 생각을 해본다.

8장
고국 방문은 내 삶의 감동: 니 리지야

1. 우즈베키스탄에서의 삶

"제가 기억하는 저희 집은 갈대밭에 있었던 것으로 기억합니다. 1939년에 태어난 제가 어릴 적 얼마나 힘들게 살았는지를 기억하고 있습니다. 갈대밭은 우리 고려인들에게 숙소였습니다."

니 리지야는 1939년 12월 1일 우즈베키스탄 니지니 치르치크 지역[15]의 부덴기에서 태어났다.

니 리지야의 아버지 박병식은 1905년 2월 5일에 태어났고 어머니 허안나는 1905년 3월 20일에 태어났다. 동갑인 그녀의 부모님은 1937년 블라디보스토크에

15) 치르치크(우즈베크어: Chirchiq, Чирчик, 러시아어: Чирчик)는 우즈베키스탄 타슈켄트주의 도시로 인구는 14만 5,600명(1999년 기준)이다. 타슈켄트에서 북동쪽으로 약 32km 정도 떨어진 곳에 위치한다.(https://ko.wikipedia.org, 2016. 1. 25.)

[사진 8-1] 니 리지야

서 우즈베키스탄 니지니 치르치크로 강제이주 되었고 집단농장에서 노동 일을 했다. 그녀는 부모님이 북한 출신이 아닐까 추측하였다. 그녀의 어머니는 북한 경치가 참 좋다고, 한 번이라도 꼭 가보고 싶다고 종종 이야기하였다. 그리고 먼 친척이 북한에 살고 있다는 이야기를 들은 적이 있다고 한다. 니 리지야는 2명의 남자 형제와 1명의 언니가 있었다. 아버지는 강제이주에 이은 힘든 노동으로 인하여 많이 편찮으셨고, 1949년 44세라는 젊은 나이로 생을 마감하였다. 아버지를 여읜 이후 어머니는 4형제를 키우기 위해 동트기 전에 집을 나서 달이 하늘에 뜬 이후에야 돌아오셨다.

니 리지야는 집단농장의 가건물에서 살았다. 가건물이기 때문에 주거 환경은 좋지 못했다. 그렇지만 가건물에 사는 사람들은 서로를 아껴주며 한 가족처럼 지냈다. 그녀의 어머니는 다른 사람들의 농장 일이 끝난 뒤에도 밭일 등을 하며 생계를 꾸렸다. 어머니를 안타까워하던 옆집 할머니는 니 리지야 형제들을 내 손주 보듯이 돌보아주었다. 그 할머니는 어머니에겐 친정어머니 같았고, 우리에겐 외할머니와 같았다.

그녀가 살던 집단농장에는 초등교육기관이 없었다. 그래서 집단농장의 아이들은 약 5km 떨어진 다른 집단농장에 있는 초등학교를 다녔다. 그곳에서 니 리지야는 초등학교와 중학교를 마쳤다. 그녀는 베카바트 지역[16] 출신인 남편 니 빅토르를 만나 17살이라는 어린 나이에 결혼을 하였다. 니 리지야의 남편인 니 빅토르는 1936년 3월 8일에 태어났으며, 니 리지야보다는 3살 많은 멋있는 사람이었다. 당시 결혼

16) 베카바트는 타슈켄트에서 남쪽으로 약 189km 정도 떨어진 곳에 위치한다. 타지키스탄 국경의 가까운 데 있다. 인구는 2000년 현재 85만 4천 명이며 대부분 우즈벡 민족이지만 러시아인, 타타르인, 고려인, 카자흐인, 타지크인 등 소수민족도 거주하고 있다. 이 지역은 우즈베키스탄의 산업 센터 중 하나이다. 1942년에 여기에 야금 공장이 설립되었고 이곳은 중앙아시아에서 유일한 검은 철 야금 산지이다.(https://uz.wikipedia.org, 2016. 1. 26.)

[그림 8-1] 우즈베키스탄 니지니 치르치크 지역

가운데 표시된 부분이 치르치크이다.

식은 크게 할 수 없어 가족끼리 단출하게 올렸고 사진 역시 찍지 못했다. 니 리지야의 본래 성은 아버지의 성을 따른 '박'이었기에 그녀의 이름은 '박 리지야'였다. 하지만 결혼 이후 남편의 성을 따라 이름을 바꾸었다.

결혼을 일찍 한 박 리지야는 학교를 다니지 못해 통신으로 공부할 수밖에 없었다. 그리고 이후에 타슈켄트의 농업전문학교 회계학교의 야간반에서 공부하였다. 그녀는 남편과 함께 책을 많이 읽었던 당시를 잔잔하게 회상하였다.

> "우리는 책을 많이 읽었습니다. 그런데 그때는 책이 많이 없어서 좋은 책들을 서로 빌려주고 빌려 받으면서 책을 읽었어요. 그래서 남편과 저는 같이 책을 모아서 작은 도서관을 만들었습니다. 그 책들은 우즈베키스탄을 떠날 때 학교에 기증하였습니다."

야간학교에서 공부할 수밖에 없었지만 그녀는 책을 놓지 않았다. 남편 역시 그녀와 같이 책 읽는 것을 즐겨 하여 이 젊은 부부는 책을 참 많이 가지고 있었다. 그녀는 고등학교 졸업 후 대학교에 진학하는 대신, 베카바트 지역에 있는 공장에 회계사로 취직하였다. 고려 사람들이 행했던 가부장적 풍습을 받아들여 엄마로서의, 아내로서의 삶을 선택한 것이 그녀에게는 당연한 선택이었다. 그녀의 큰아들인 에주아르드가 1957년 2월 11일에 태어났고 쌍둥이 딸인 루바와 부다는 1960년 3월 22일에 태어났다. 회계사로 취업한 그녀는 50세 연금 수령자가 될 때까지 지속적으로 근무했다. 그녀는 자신이 지닌 회계사라는 전문직 직업에 큰 자부심을 가지고 있었으며 큰 책임감을 가지고 일했다고 한다.

2. 카자흐스탄에서의 삶

대부분의 고려 사람들이 유민적인 삶을 사는 것은 정서적 영토가 자신이 살고 있는 곳이 아니고 한반도이기 때문이라고 본다. 니 리지야 역시 1994년에 우즈베키스탄을 떠나게 된다. 그녀가 우즈베키스탄을 떠나게 된 동기는 중앙아시아 일대에 국제 · 국내의 정치 및 정책 변화가 큰 영향을 미쳤다.

"1991년에 우즈베키스탄이 독립된 후에 정책이 곧장 변했어요. 모든 사람이 우즈베크어로 말해야 된다고, 우즈베크어로 써야 된다고 하더라고요. 직장에서도 우즈베크어로 말해야 된다고 우즈베크어를 공부해야 된다고 해서 모국어가 러시아어인 사람들은 다른 나라로 많이 갔습니다. 제 손자가 십 학년이었는데 하루에 우즈베크어 수업이 세 시간이 있었어요. 자녀들은 우즈베키스탄에서 카자흐스탄 알마티로 가기로 결정했습니다. 그래서 저도 1994년에 카자흐스탄으로 왔습니다."

현재 우즈베키스탄은 공식적으로 자신의 민족어인 우즈베크어를 공용어로 지정해 사용하고 있다. 우즈베크어의 사용률은 74.3%로, 민족 간의 소통언어는 여전히 러시아어가 사용되고 있다. 아직까지 러시아어로의 의사소통에는 큰 문제가 없지만, 독립 이후에 우즈베크어 사용을 권장하면서 공용어에서 배제된 러시아어의 중요도가 크게 떨어졌다. 특히, 지방이나 농촌으로 갈수록 러시아어를 전혀 모르는 사람도 꽤 많고, 청년층에서는 러시아어로 말할 수 없는 사람도 많아지고 있다. 최근에는 우즈백 정부의 민족주의 노선에 따라 거리의 간판 등도 거의 우즈베크어로 기술되며, 2004년부터는 100% 우즈베크어로만 공식 서류가 발행되고 있다. 그래서 러시아계와 고려인 등 우즈베크어를 모르는 소수민족들은 생활의 불편을 겪어 그들의 입지가 점점 좁아지고 있다.

> "역사적으로 우즈베크어가 우즈베키스탄의 공식어 지위를 가지게 된 것은 1924년 우즈베키스탄 소비에트 사회주의 공화국이 탄생된 이후이지만 1926년부터 우즈베크어를 표시하던 라틴문자는 러시아 문화우월주의에 의하여 1940년부터 키릴문자로 바뀌어 소비에트연방이 해체된 1991년까지 유지되었다. 또한 스탈린이 1938년 비러시아계 학교에서의 러시아어 교육을 의무화하고, 1959년 흐루시초프가 러시아어와 민족어 교육을 학부모가 자유롭게 선택하게 함으로써 결과적으로 러시아어 교육이 보편화되도록 하였다. 1975년에는 러시아어 교육이 중등학교까지, 그리고 1979년에는 점차적으로 유치원까지 확대됨으로써 러시아어 동화정책이 절정에 이르게 되었다. 결론적으로 우즈베키스탄에서 러시아어는 상층 언어로서의 위상을 확보하고 있었고, 따라서 소비에트로부터의 독립 이후 민족주의의 가치를 내건 우즈베키스탄 정부는 상층 언어로서의 러시아어의 위상을 우즈베크어로 환원시키는 우즈베크어의 위상 강화정책을 펼칠 수밖에 없었다."(유승만, 2007: 99-101 요약)

1991년 구소련으로부터 독립 후 시작된 우즈베크어화는 다른 러시아권 민족의 언어적 의사소통에 어려움을 주었다. 특히 우즈베크어보다는 러시아어를 공부한 대부분의 고려인이 겪는 어려움은 굉장히 컸다. 공문서를 읽고 쓸 수 없을 뿐만 아니라 직장에서도, 학교에서도 점차 언어로 의사소통하지 못하게 될 것이라는 두려움이 앞섰다. 뿐만 아니라 앞으로는 우즈베크인 중심으로 사회가 재편될 것이라는 말도 돌았다. 이 시기에 많은 고려인들이 우즈베키스탄을 떠나 중앙아시아의 이

[사진 8-2] 니 리지야의 일상 모습(2008. 12. 31.)

[사진 8-3] 니 리지야와 노래 동아리 친구들(2003)

웃 나라인 카자흐스탄으로 이주했다. 그렇게 이주한 이들 중에 니 리지야도 있다. 그녀는 1994년에 둘째 딸이 사는 카자흐스탄 알마티로 이주하였다.

알마티로 이주한 후부터 그녀는 연금 수령자로 살고 있다. 남편은 30년 전에 이미 생을 마감했고 자녀들도 이미 장성하였다. 그녀는 카자흐스탄에서의 삶에 매우 만족하고 있다. 손주들은 자유롭게 공부와 일을 하고 있으며 민족 간에 눈에 보이는 차별도 없다고 이야기한다. 특히 이곳에서 고려인, 한국인에 대한 이미지가 좋아 매우 자랑스럽다. 이제 그녀는 미처 찾아보지 못했던 모국과 한국어에 대해 공부하고 있다.

> "여기 온 지 삼 년 뒤부터 한국 예배당의 성가대에 나가기 시작했습니다. 지금까지도 다니고 있어요."

어렸을 때 니 리지야의 가정어는 고려말이었다. 부모님 두 분은 모두 고려말을 아주 잘하셨다. 그건 니 리지야의 남편도 마찬가지였다. 하지만 그녀의 자녀들은 고려말을 하지 못한다.

"딸들은 한국어를 이해는 할 수 있지만 말을 할 수 없습니다. 딸이 한국말을 모르는 것은 저희 탓입니다. 딸들은 소련 시절에 유치원 시절부터 러시아어를 배웠고 러시아어를 썼기 때문에 고려말을 모릅니다. 남편과 저는 고려말을 했지만 자녀들에게는 고려말을 하지 않았습니다. 지금 생각해보면 고려말을 쓸 걸 그랬어요."

니 리지야는 어려서 배운 고려말을 잊지 않고 있었다. 그래서 한국 선교사들의 교회에 나가 한국어로 성가를 부를 수 있었다. 알마티의 한국 교회에서는 한국어를 가르쳐주기도 했다. 그때에는 손자와 손녀들 역시 교회에 나가 한국어를 배웠다. 현재 25살, 26살인 손자 손녀들이 5살, 6살 때의 일이다. 그녀의 자녀들은 고려말, 한국어를 하지 못한다. 하지만 그녀의 사위들은 모두 고려말을 할 줄 알았다.

"사위들은 서로 한국말로 이야기했습니다. 왜냐하면 사위들은 자기 부모와 고려말로 이야기했기 때문입니다. 자녀들에게 할 말이 있습니다. 아무 싸움 없이 잘 살고 자기 언어와 문화를 배웠으면 좋겠습니다."

그녀는 고려말을 하는 고려인 사위들이 자랑스러웠다. 그래서 자신의 손주들이 한국어를 배우길 바랐지만 그녀 스스로가 손주들에게 한국어를 가르쳐주기에는 많은 어려움이 있었다. 고려말을 잊지 않았지만 한국어는 서투르다고 그녀는 인터뷰 중간 중간에 몇 번이나 이야기할 정도였다. 그녀의 한국어는 완벽하지는 않았지만 아주 서투르지도 않았다.

3. 고국 방문은 민족정체성을 찾는 기회

니 리지야는 2013년부터 알마티 주말 노인대학에서 한국어를 본격적으로 배우기 시작하였다. 한국어도 배우고 한국 문화와 역사를 배우면서 한민족이라는 것에 더욱 큰 자부심을 갖게 되었다. 특히, 한국어를 배운 이후에 노인대학 동기들과 함께 한국을 방문했던 것은 그녀에게 큰 감동이었다.

> "저는 한국에 세 번이나 다녀왔습니다. 교회에서 한국에 두 번을 갔고 노인대학에서도 한 번 갔습니다. 그럴 때마다 한국 사람들을 보고 자랑스러웠습니다. 다녀와서는 또 가고 싶다는 생각이 들었습니다."

그녀는 한국에 와서 한국 땅을 처음 밟았을 때 따뜻한 고향 느낌을 받았다고 한다. 조상들이 걸었던 그 땅을, 조상들이 떠나온 지 100년이 지나 그녀가 밟게 되었다는 것에 큰 감동을 느낀 것으로 볼 수 있다. 할아버지, 할머니들이 아무리 고국으로 돌아오고 싶어도 그동안 돌아오지 못했던 한국을 그녀가 보게 돼서 정말 기뻤다. 또한 자신의 고국 방문에 대해 돌아가신 부모님께 자랑을 하고 싶다고 말했다.

알마티 노인대학 모국 방문은 매해 5월 정도에 이루어진다. 필자가 알마티 주말 한글학교 고려인 어르신들을 연구한 기간에도 고국 방문이 이루어졌다. 2014년의 경우 제3기 모국방문단의 탐방 개요를 전 세계 40여 개 나라에서 활동하고 있는 KOFICE(한국국제문화교류진흥원) 통신원들이 전하는 소식 코너를 인용해 개요를 정리해본다. 이 코너에 기고한 안창현 교수는 현지에서도 인사를 나눈 사이이다. 그는 카자흐 한국 문화 포럼 '한국사랑' 대표 일을 맡고 있으며 고려인들의 정체성에 관한 연구에 관심을 많이 가지고 있다.

그의 기고를 인용해 알마티 노인대학 사랑방 한글학교 3기 모국방문단의 활동 내용을 살펴보면 다음과 같다. 고려인 주말 노인대학 23명의 노인들은 지난 5월

9일부터 20일까지 12일간의 일정으로 한국을 방문하였다. 재외동포재단이 후원하고 알마티 한국교육원(원장 이견호)과 사랑방 한글학교(교장 김정복)의 주관으로 시행한 이번 방문은 대부분 생애 처음 모국 방문이라며 설레는 마음으로 알마티 공항을 출발하였다. 이 책의 공동저자인 김정복 교장이 인솔한 방문단은 도라산 전망대를 시작으로 현충사, 한국도자기, 청남대, 제주도, 부산, 울산 현대 자동차공장 견학 및 경주 신라 문화탐방과 반기문 유엔 사무총장을 배출한 충주고등학교를 방문하여 교육의 중요성을 생각하는 시간도 가졌다. 제주도를 비롯한 지방 체험을 마치고 서울로 올라온 방문단 일행은 경복궁을 중심으로 한국의 살아 있는 역사의 현장을 돌아보고, 국립중앙박물관에서 전통문화와 역사를 체험하는 시간을 가졌다. 또한, 관광공사의 후원으로 정동극장에서 연극 〈배비장전〉을 관람하고, 함께 참여하는 흥겨운 시간도 가졌다. 마지막 날에는 최신 의료기기와 최고의 의술을 자랑하는 국제 성모병원을 방문하였으며, 간단한 건강 체크와 함께 상담을 받은 후 인천공항으로 이동하는 도중 아시아나 항공 격납고를 방문하여 거대한 항공기를 정비하는 현장을 견학하여 꿈에 그리던 모국이 정말 선진국임을 실감하는 시간을 가졌다.

모국방문단에 참가한 고려인 어르신들은 방문 소감을 나누는 자리에서 "선진국으로 발돋움한 모국의 모습에 자부심을 품게 되었고, 앞으로 한국어와 한국 역사를 더 부지런히 배워 자랑스러운 한민족의 후손으로서 정체성을 가지고 살아가겠다."고 하면서, "꿈 같은 시간을 보낸 모국에서의 열하루 일정은 평생 잊지 못할 기억으로 가슴속 깊이 새기고 살 것이며, 자손들에게도 한국을 배우도록 독려하고 그동안 보고 느꼈던 것들을 전하겠다."고 말했다.

또한, 몇몇 노인들은 건강상 다녀올 수 없는 상태에서 출발하여 도우미들과 운영진들을 긴장시켰지만 한 할머니는 제주도 여정까지 지팡이에 의지한 채 다니다가 올레길을 돌아온 후 서울 일정부터 지팡이를 내던지고 다닐 정도로 건강을 회복하였으며 척추가 안 좋았던 할머니는 자식들의 만류에도 불구하고 한국을 다녀온 후 6월 초 칠순을 맞이하며 감격의 눈물을 흘렸다. 이 할머니는 자신의 칠순에 입을 한복과 자식들 한복까지 사서 잔치를 치렀다.

〈표 8-1〉 고려인 모국방문단 민족정체성 워크숍 개최 기사

인하대, 고려인 모국 방문 기념 민족정체성 워크숍 개최 인하대(총장 최순자) 교육연구소 다문화교육융합연구사업단과 BK21+글로컬다문화교육전문인력양성사업팀(단장 인하대 김영순 교수)은 19일 오전 11시 인하대 정석학술정보관 6층 대회의실에서 〈고려인 모국 방문 기념 '민족정체성' 워크숍〉을 개최한다. 워크숍에서는 알마티 고려인 노인대학 학생 23인과 함께 한민족으로서의 정체성과 긍지를 함양하기 위한 민족 교육에 대한 논의를 진행하고 고려인의 일상생활 속 정체성을 주제로 한 간담회를 가질 예정이다. 이번 알마티 고려인 노인대학생 모국 방문 일정은 5월 9일 천안 독립기념관 견학으로 시작해 5월 19일까지 이어지며 출국 전 마지막 날 인하대를 방문하는 것으로 끝을 맺는다. 인하대 BK사업단장 김영순 교수는 "세계 각국에 흩어져 살고 있는 한민족의 정체성을 재조명하는 것은 한국 사회가 지속 가능한 다문화사회로 나아가기 위해 반드시 필요하며, 이는 재외동포의 힘으로 세워진 인하대학교의 책무이다."라고 말했다. (이하 생략) -《스포츠경향》, 2015. 5. 18.

김정복 교장은 연세 드신 어르신들을 모시고 여러 날 여러 곳을 이동하는 것이 힘들기는 했지만 그들이 행복해 하는 모습에서 보람을 찾을 수 있었다고 한다. 시간이 지날수록 같은 정서와 마음을 가지고 하나가 되어가는 모습과 한민족으로서의 정체성을 찾아가는 모습을 보면서 한민족 동질성 회복을 위해서 고려인 어르신들의 모국 방문은 꼭 필요하고 지속해서 추진되어야 할 사업이라며 앞으로도 계속 지속할 뜻을 밝혔다. 이어 4기 모국방문단은 고려인 노인 생애사를 연구하는 인하대 아시아다문화융합연구소를 극적으로 방문했다.

니 리지야는 모든 고려인이 자기 조상들의 고향인 한국을 잊지 않고 자기의 민족 언어, 민족문화, 민족역사 그리고 민족적 가치관을 꼭 알아야 된다고 강조한다. 그녀는 알마티 노인학교에 다니면서 세상에 대해 더 넓고 열린 마음을 갖게 되었다고 하였다. 그녀에게 그곳은 단순히 한국어와 한국 문화를 배우는 교육기관을 넘어서 비슷한 또래의 고려인들이 정서적 공유를 하고 마음속의 이야기를 할 수 있는 따

[사진 8-4] 니 리지야와 고려인 친구들(2014)

뜻한 공동체로 각인되고 있음을 알 수 있다.

니 리지야의 고국 방문은 그녀의 생애에 있어 큰 감동임이 분명하다. 그녀가 인터뷰 내내 강조한 것은 민족정체성을 유지하기 위해 한국어를 배우고, 한국 문화를 지켜나가야 한다는 것이었다. 그러면서 고려인 후손들이 한국어를 잘 못쓰는 것을 내내 아쉬워했다. 끝으로 안동대 임재해 교수팀의 중앙아시아 구전설화 조사연구단에서 공동연구원 역할을 했던 한남대 김균태 명예교수의 교수신문 칼럼(2015. 3. 23.)의 일부를 주목해본다.

"노인은 고려말로 대화하다 보니 가슴속 깊은 곳에서 뜨거운 것이 올라온다고 했다. 러시아 이주 150년의 간극에도 고려말은 우리를 이어준 도구였다."

김균태 교수는 이어서 다음과 같이 현지연구를 회상하였다.

"우즈베키스탄 서북쪽에 자리한 누크스에서 만난 맹창범 노인은 피곤에 지쳤는지 처음에는 우리에게 귀찮다는 표정을 지었다. 이야기를 나누면서 차츰 마음이 누그러지더니 이야기를 곧잘 했다. 그는 먹고살기 위해 안 해본 일이 없다고 했다. 어려서 부모 따라 이곳에 와서 오직 살기 위해 일을 했는데 무슨 여유로 옛날이야기를 들었겠는가 하고 오히려 반문한다. 설령 들었다고 해도 고려말로 대화할 상대가 전혀 없었으니 고려말은 80년 넘게 자신의 가슴속 깊이 묻혀 있었단다. 그러던 그가 나와 두 차례 만나 고려말로 대화를 하다 보니 가슴속 깊은 곳에서 뜨거운 것이 올라온다고 했다. 그러면서 내 손을 잡고 죽기 전에 조국에 꼭 한번 가보고 싶다고 했다. 나도 가슴이 먹먹했다. 러시아 이주 150년의 시간 간극에도 불구하고 고려말은 우리를 뜨겁게 이어준 마법의 도구였다."

또한 고려인 노인 한 분과의 대화를 덧붙였다.

"타슈켄트에서 만난 태니콜라이 노인은 상당한 지식인이었다. 그는 고려인 후손들에게 고려말을 가르쳐주기도 했으나 젊은이들은 생업을 위해서 고려말을 배우려고 하지, 고려인의 정체성을 회복하기 위해서 고려말을 배우려 하지는 않는다고 했다. 고려말을 머리로 배울 뿐 가슴으로 배우려고 하지 않는다는 것이다. 그러면서 그는 고려인을 세계에서 가장 냉혹한 민족이라고 몰아세웠다. 민족끼리 헐뜯고 싸우는 데는 일등이라고도 했다."

아울러 김 교수는 칼럼의 마무리로 한국 정부의 한국어교육 지원을 강조했다.

"우리 정부는 고려인들의 삶을 돕기 위해서 많은 배려를 하고 있으나 이들을 위한 한국어 학습을 머리보다는 가슴으로 배울 수 있게 학습교재며, 학습방법을 재고해야겠다. 고려말을 통해서 민족의 역사를 알고 정체성을 회복해나가는 한국어 교육이 됐으면 한다."

니 리지야와 같은 대부분의 고려인 노인들은 고려인들의 민족정체성 유지를 위해 본인 스스로 힘써야 함은 물론 한국 정부의 지원을 바라고 있었다. 먼 이국땅 중앙아시아에서 코리안 디아스포라를 겪으며 살아가는 고려 사람, 이들은 정체성을 찾기 위해 오늘도 고민하고 있음을 이 책을 읽는 독자들은 기억해야 할 것이다.

9장 두 개의 이름 하나의 영혼을 가진 여인: 김옥자

1. 집에서는 김옥자, 밖에서는 나데즈다 니콜라예브나

보다 나은 삶을 위하여 러시아 극동의 사할린으로 이주한 많은 사람들 중에 김창선과 양순애도 있었다. 강원도 출신의 남성 김창선과 신의주 출신 여성인 양순애는 불안정했던 한반도를 피해 1948년 사할린으로 이주하였다. 이들은 한국의 상황이 안정되면 다시 고향으로 돌아가야 한다고 늘 이야기했다. 하지만 결국 이들은 사할린의 주도인 유즈노사할린스크에 정착하였고 한 가족을 이루었다.[17] 김창선은 사무원으로 근무하였고 양순애는 집안일을 하였다. 그리고 결혼한 지 1년이 되던 1949년 1월 27일, 첫 딸 김옥자를 낳았다.

김옥자라는 이름은 그녀의 아버지인 김창선이 지어준 이름이다. 그녀는 러시

17) 유즈노사할린스크는 사할린섬 남부에 위치한 러시아 사할린주의 주도이다. 유즈노라는 단어는 러시아어로 '남쪽'이라는 뜻을 가지고 있다. 지금으로부터 130여 년 전 유즈노사할린스크는 '블라디미로프카(Владимировка)'라고 불렸으며, 일본으로부터 지배를 받고 있는 동안에는 '토예하라'로 불렸다.

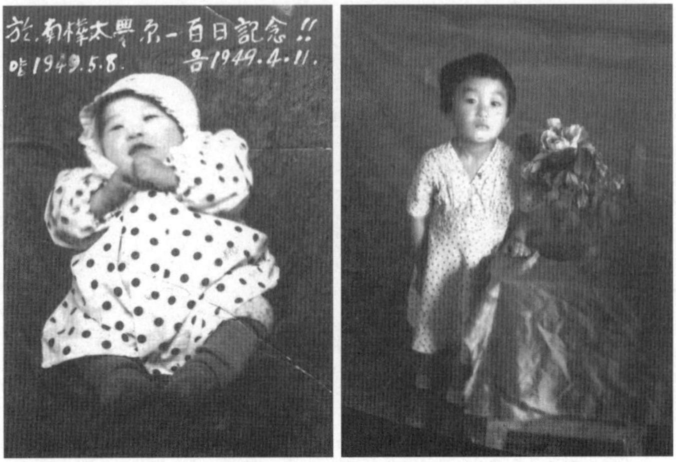

[사진 9-1] 김옥자의 100일 사진과 3살 되던 해의 김옥자(1952)

아어를 받아들인 다른 재외동포들과 같이 러시아어 이름도 따로 있다. 그 이름은 김 나데즈다 니콜라예브나이다. 하지만 김옥자는 집에서는 나데즈다라고 불리지 않았다. 집에서 그녀의 가족들이 부르는 이름은 오로지 '옥자'였다. 집 밖으로 나서면 사람들은 그녀를 '나댜'라고 불렀다. 나댜는 '나데즈다'라는 공식 이름의 애칭이다. 그녀의 이름인 나데즈다는 러시아어로 소망이란 뜻이며, 니콜라예브나는 러시아식 아버지 이름인 '니콜라이'에서 나온 부칭이다.

2. 몸은 타국에 마음은 모국에

사할린의 길고 긴 겨울밤이 되면 김옥자의 아버지 김창선은 고향에 대해 이야기하곤 했다. 그는 고향 이야기를 할 때마다 매우 슬픈 표정을 지으며 언제고 그곳으로 돌아갈 것이라고 이야기했다. 그에게는 7명의 형제가 있었지만 사할린으로 이

[사진 9-2] 김옥자의
조선초등학교 4학년 시절

주한 이후에는 형과 누나, 동생에 대한 소식은 전혀 듣지 못했다. 이는 김창선의 아내인 양순애도 마찬가지였다.

태어난 곳과 다른 곳에서 사는 것은 생각만큼 쉽지 않았다. 주변에 거주하는 한인들은 많았지만 사회 언어도, 환경도 아주 다른 곳에 어느 날 갑자기 넘어와 사는 것은 더더욱 쉬운 일이 아니었다. 게다가 당시의 남사할린에는 강제징용된 한인과 그들의 후손, 정치 망명자와 항일 독립운동가의 후손, 부역을 위해 이주한 한인 약 5만여 명이 살고 있었다(김게르만, 2005). 대규모의 한인 이주 시기인 1945년 이전이 아닌 그 이후에 혈혈단신으로 이주한 김창선과 양순애의 사례는 남사할린 한인사회의 그것에 비추어보면 평범한 것은 아니었다. 하지만 김옥자의 가족은 타고난 성실함과 사교적인 성격으로 주변 한인들과 더불어 사는 것이 어렵지 않았다. 친척 없이 이주한 이들에게 새로운 7형제가 생겼고, 이 7형제는 이들이 한국의 정체성을 가지고 러시아 사회에 적응하는 데 큰 도움을 주었다.

한국에 꼭 돌아가겠다는 김창선의 의지는 그녀의 자녀인 김옥자의 한국어 실력에서도 엿볼 수 있었다. 60대 후반 고려인들이 대부분 고려말을 잘하지 못한 데 비해, 김옥자는 연구진과의 한국어 의사소통에 아무런 문제가 없었다. 그녀는 본인의 인터뷰가 끝나고 그 자리에 모인 다른 고려인들의 인터뷰를 통역할 정도였다.

[사진 9-3] 김옥자의 아버지와 동생

"나는 한글학교를 다녔어요, 사할린에서. 삼 학년까지는 학교에서 한국말로 배우고 쓰고 했었지."

아버지로부터 고향에 대한 이야기를 자주 듣고 자란 김옥자는 곧 가족들과 함께 고향으로 돌아갈 수 있을 것이라고 생각했다. 그리고 고향에서의 미래를 그리기 시작했다. 하지만 당시의 한국은 북한에 비해 경제적으로 상황이 좋지 않았다. 불안정한 상황을 피해 사할린으로 왔던 김옥자의 부모는 자신들의 고향인 한국으로 돌아가는 것을 생각할 수 없었다.

"내가 꼬마일 때, 아버지는 늘 '나는 고향으로 돌아가야 한다'고 말씀하셨어요. 그래서 나는 이런 결정을 했어. 공부를 열심히 해서 평양에 가야겠다. 종합대학교에 입학을 해서 우리 부모님한테 효도해야겠다."

조국에 대한 이야기들을 재미있게 들으면서 자란 김옥자는 그곳에 가고 싶다는 열망이 생겼고 평양대학교에 들어가는 것을 꿈꾸었다. 그리고 미래의 꿈을 위하여 한글학교를 열심히 다니며 공부를 했다. 아버지와 어머니의 조국으로 돌아가서 부모님을 모시고 여유롭고 즐겁게 사는 것, 그것이 어린 옥자의 꿈이었다.

하지만 김옥자와 그의 부모는 결국 그들의 조국으로 돌아가지 못했다. 그녀는 아직도 그러한 결론이 내려진 그 저녁 식사 자리를 잊지 못한다. 어느 날과 같이 평범했던 저녁식사와 세 동생의 재잘거림 이후에 꺼내던 나지막한 아버지의 목소리….

[사진 9-4] 김옥자의 중학교 3학년 시절(1966)

"그때가 몇 살이었지…, 1958년이니까 내가 열 살도 안 됐을 때지. 우리 가족이 모여서 이야기를 하고 있는데 아버지가 이러는 거야. 고모가 나가서 너희는 나오지 말라 했다는 거야. 우리는 자녀들이 너이(4명) 있었어. 내가 맏딸이고 아들이 세 명이었어. 고모가 '너희는 나오지 말아라. 나와 봤자 아무것도 좋을 것이 없다. 소련에서 그냥 살아라.'라고 이야기했다는 거야."

김옥자의 부모님인 김창선과 양순애가 사할린에서 새롭게 사귄 7형제 중에는 김옥자가 이야기한 '고모'도 있다. 고모의 이름은 기억나지 않지만 아버지보다 나이가 많은 분이었다. 고모는 1958년, 그리던 고향이 있는 북한으로 돌아갔다. 그리고 얼마 지나지 않아 고모로부터 편지가 도착했다. 고모는 북한으로 이주하면서 당시 유행하던 가전제품을 여러 개 사서 들어갔다고 했다. 그중에는 본인이 쓸 것도 있었지만 그동안 그리던 가족과 친지들에게 나누어줄 것도 있었다. 하지만 고모는 결국 가져간 것 중 아무것도 사용할 수 없었다.

'우리가 제일 어려울 때, 어려운 시절인 이 전쟁 시대에 당신들은 어디 가서 숨어 있다가 지금 나오지 않았습니까. 가져온 것을 모두 내놓으시오. 우리나라는 소련보다 가난하니까 당신이 가진 것을 모두 내놓으시오. 그것이 우리 모두를 위하는 길

입니다.'

고모는 북한에 도착하자마자 가진 것을 모두 빼앗겼다. 아마 편지에 여러 이야기들이 적혀 있었겠지만 김옥자의 아버지인 김창선은 다른 내용은 자녀들에게 일절 이야기하지 않았다. 그저 '고모가 우리는 소련에 그냥 사는 것이 좋을 것 같다고 하더라'고 재차 이야기하며 '이제는 우리도 소련 국적을 받아야겠다.'고 결론 내리셨다.

그날 이후 김옥자의 삶은 크게 바뀌었다. 언제든지 조국으로 돌아갈 그날을 기다리며 준비하던 것들을 현지에서 정착하기 위한 것들로 순식간에 변화시켰다. 그 중 가장 큰 것은 그녀가 다니던 한글학교였다. 그녀는 아버지의 결정에 따라 소련학교로 전학을 갔다.

어린 옥자는 말이 통하지 않는 학교에서 아무것도 할 수 없었다. 똑똑하고 당차다는 이야기를 들으며 선생님들께 귀여움을 받던 그녀는 소련학교에서 눈만 끔뻑이는 벙어리 아이가 되었다.

'왜 아버지는 나에게 그런 이야기를 해선, 왜 나를 한글학교에 보내선 내가 이 고생인 것이야.'

저녁이 되면 아버지를 잡고 울고불고 하던 것이 하루 일과 중 하나였다. 하지만 점차 학교에 적응하고, 러시아어에 익숙해지면서 그녀는 다시 예전처럼 똑똑하고 당찬 학생으로 돌아갔다. 김옥자가 한글학교를 그만둔 지 1년이 지나 한글학교는 아예 없어졌다. 그녀는 러시아어에 익숙해지고 학교에서 두각을 드러냈지만, 그녀에게 더 이상 한글을 사용하는 사회는 존재하지 않게 되었다. 그 이후로 40년 동안 그녀는 옥자가 아니라 나데즈다로 살아왔다.

3. 행복했던 오호츠크 해안에서의 기억

"저는 어린 시절을 오호츠크 해안가에서 보냈습니다. 그곳에서 손으로 게를 잡기도 하고 부모님을 도와 미역을 따기도 했습니다."

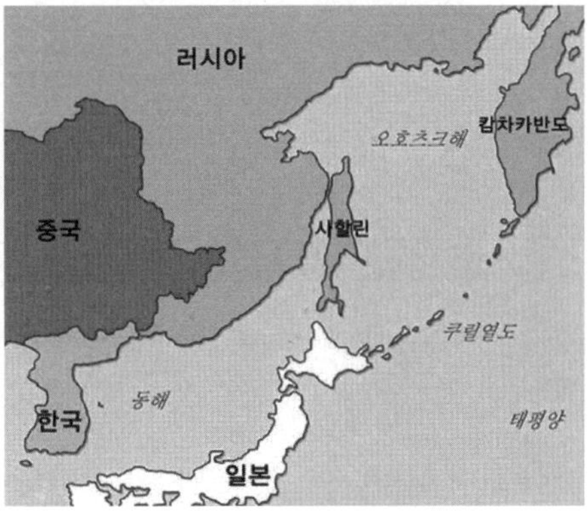

[그림 9-1] 사할린의 위치

자료: http://terms.naver.com/entry.nhn?docId=1108142&cid=40942&categoryId=33294

김옥자는 어린 시절을 러시아 사할린섬에서 보냈다. 사할린섬은 일본 홋카이도 위쪽에 위치한 섬으로 오호츠크해와 동해에 둘러싸여 있다. 1905년 이후 사할린은 포츠머스 조약에 의하여 북위 50도 이남 지역은 일본령으로, 그 위는 러시아령으로 분리되었는데 김옥자와 그의 가족은 북사할린에 거주하였다. 사할린은 현재 러시아에 속한 지역이며 사할린의 소수민족 가운데 한국인 인구가 가장 많다.

"사할린의 자연은 매우 아름답습니다. 숲에는 소나무와 전나무, 자작나무, 참나무 등 여러 나무들이 섞여 있었습니다. 숲에서 가까운 곳에서 부모님을 도와 고사리 등 각종 나물들을 채집해 삶고 건조시켰습니다. 그 이후에는 나무의 열매를 채집하러 다녔습니다. 숲에서 열매를 채집할 때의 잊지 못할 사건도 정말 많았습니다. 한번은 우리가 열매를 따고 있는데 숲에서 곰이 튀어나왔습니다. 우리는 바구니를 내팽개치고 비명을 지르며 달아났고, 곰은 우리를 본 후 반대편 숲으로 다시 들어갔습니다."

사할린섬의 60%는 숲으로 북부지역에는 낙엽송과 가문비나무가, 중부지역에는 전나무류가 많다. 김옥자는 어린 자신의 모습과 함께 숲과 바다를 떠올렸다. 방

[사진 9-5] 사할린섬에서 낚시하는
김옥자(2010)

학이 되면 어머니와 동생들과 함께 바닷가로 나갔다. 어머니가 저 멀리서 미역을 따서 던져주면 아이들은 그것을 받아 바위 사이에 끼워놓았다. 어쩌다 바닷물이 깊이 들어오면 물을 피해 뛰면서도 미역이 쓸려 내려가지는 않을까 눈길은 늘 바위에 두었다.

산딸기 철이 되어 딸기를 따러 산에 들어갔다가 곰을 만난 적도 있었다. 같이 갔던 누군가가 곰이 나타났다고 소리를 쳤고 그 소리에 가지고 있던 모든 것을 팽개치고 멀리멀리 도망을 갔다. 한참을 뛰고 난 이후에야 아이들과 숨을 고르며 "우리 때문에 곰이 놀라서 도망갔나 보다."라고 하며 까르르 웃었다. 집에 와서 어르신들에게 곰이 나타났다고 이야기하니 기겁을 하시며 "이 우둔한 놈아, 우리 허락 없이 거기에 갔느냐."고 말씀하셨다.

당시 김옥자는 동생들과 동네 친구들을 몰고 다니는 배짱 좋은 골목대장이었다. 돌멩이 하나면 무서울 것이 없었다. 돌멩이로 장난치다가도 뱀이 나타나면 뱀을 찍어 죽이기도 하였다.

"지금 어린 시절의 기억을 떠올리면 그때가 가장 행복했던 때임을 느낍니다. 저는 개인적으로 제 자신이 활발한 아이였다고 생각합니다. 겨울에는 아버지와 빙어 낚시를 했고, 스키, 체조, 달리기, 탁구 등을 하고 놀았습니다."

이제는 돌아갈 수 없는 어린 시절의 고향이다. 그녀는 17살에 사할린섬을 떠난 이후 바다가 그리울 때면 어린 시절을 떠올렸다. 남동생이 아직도 사할린섬에 살고 있어 더더욱 자주 가고 싶지만 자주 갈 형편은 못되었다. 2007년에 한국을 방문하여 한국의 푸르른 바다를 보니 철없던 어린 시절이 더욱 그리워졌다.

4. 전문가가 된 나데즈다 니콜라예브나

김옥자는 러시아학교에서 학업을 마치고 1966년 알마티로 이주하였다. 대학교 3학년 때에 그녀는 카자흐스탄의 알마티 주도 탈디-쿠르간 출신인 비탈리와 결혼하였다. 결혼식은 한국식과 러시아식을 섞어서 했다. 신혼여행은 러시아의 수도인 모스크바로 다녀왔다.

김옥자는 대학에 진학하며 건축가가 되는 꿈을 꾸었다. 집을 짓고 아파트를 지어 내가 만든 집에서 자신의 가족과 많은 사람들이 행복하게 사는 것이 그녀의 꿈이었다. 그녀는 산업건설 분야의 기술교육을 받은 이후에 더더욱 그 일에 매료되었고

[사진 9-6] 김옥자의 남동생 결혼식 사진(1975)

왼쪽부터 아버지, 남동생, 올케, 어머니이다. 남동생 역시 러시아와 한국의 풍습이 뒤섞인 형식의 결혼을 하였다.

[사진 9-7] 도르보츠트로이 재직 당시 김옥자의 모습(1984)

마침내 건설 현장에서 일할 수 있는 기회를 얻게 되었다. 하지만 남편 비탈리는 거친 욕이 자주 오가는 건축 현장을 뛰어다니는 것은 자기 혼자로 족하다고, 당신은 좀 더 편한 일을 했으면 좋겠다며 건축 일을 만류했다. 결국 그녀는 디자인 전문대학교 사무실에서 기술전문가로 일하게 되었고 얼마 지나지 않아 국영기업인 '도르보츠트로이'에서 일하게 되었다.

도르보츠트로이는 알마티의 길과 수도, 하수도를 만드는 기업이었다. 김옥자는 이곳에서 가장 낮은 기술자로부터 기획부의 이사에 이르기까지 17년 동안 일했다. 누구보다 열심히 하였다. 어려서부터 3명의 동생을 둔 맏이로서, 조선학교의 대표적인 졸업생으로서, 러시아학교에서 인정받은 지도자로서의 기질을 마음껏 발휘할 수 있었다. 회사에서 김옥자는 전문가 나데즈다 니콜라예브나였다. 그녀가 고려인 소수민족인 것은 아무런 문제가 되지 않았다. 다른 직원들, 동료들 중에서 고려인을 찾는 것은 매우 어려웠지만 러시아(당시 소련)에 거주하는 고려인 민족의 수가 워낙 많았기 때문일 것이다. 아마도 여기에는 고려인이 머리가 좋고 성실한 민족이라는 이미지가 도

[사진 9-8] 김옥자와 회사 동료들의 모스크바 출장(1984)

움이 되었을 것이다.

도르보츠트로이에서 이사로 일하던 김옥자는 1991년 '알마티제스트로이'의 기획부 이사직으로 자리를 옮긴다. 이런 이직에는 알마티제스트로이 신○○ 사장의 적극적인 러브콜이 있었다. 그는 1996년 알마티제스트로이의 총사장이 된 고려인계 인사이다. 맡은바 열심히 일하고 뛰어난 능력을 보여주는 나데즈다 니콜라예브나는 알마티제스트로이로 자리를 옮긴 이후 1993년부터 2011년 12월까지 이 기업의 최고 경제전문가로 일하였다.

5. 고려인으로서의 삶을 선택한 김옥자

신○○ 사장의 제안으로 알마티제스트로이로 자리를 옮기면서 나데즈다 니콜라예브나는 김옥자로서의 삶을 다시 살게 되었다. 신○○ 사장은 알마티제스트로이 주식회사의 총사장이 된 1996년, 고려문화중앙센터 회장으로 선출되었다. 선출 직후 그는 김옥자에게 고려인단체에서 함께 일을 하였으면 좋겠다고 제안하였고, 이전까지 고려인 및 한인 단체와 깊은 인연을 맺고 있지 않았지만 조선어학교를 다니며 만났던 친구들을 생각하며 김옥자는 그 제안을 조심스럽게 받아들였다.

한국과 카자흐스탄의 수교 이후 카자흐스탄과 CIS에 한인들이 들어오기 시작하였다. 그전에는 한국보다는 오히려 북한과 국가적으로, 문화적으로 많은 교류가 있었다. 가끔 소련에 사는 고려인들을 북한으로 여행을 보내주는 단체들이 그녀에게도 연락을 하였는데, 그녀는 언젠가 한번 그렇게 북한을 다녀왔다.

"내가 일하던 회사에 그때 그분이 누구였더라… 아무튼, 옛날에 협회가 있었어요. 북한과 관계된 협회가. 그분이 그 협회 부회장으로 뽑혔어. 나는 한국에 못가면 북한이라도, 모국에 가보고 싶어했어. 그걸 알고 있던 그분이 북한 방문 기회가 있다고 해서 다녀왔지."

어려서부터 꿈꿔오던 모국 방문이었다. 아버지와 어머니의 고향에 가보고 싶었던 옥자는 찾아온 기회를 놓치지 않았다.

"거기 갔는데, 3일 동안 통역하는 분들이 없었어요. 그래도 눈치를 차리니까 거기도 비슷한 게 많아요. 그래가지고 남편이 이래요. '눈치 차리니까 니가 아마 알아듣는 거 같다.' 맞아요. 어려서 학교도 다녔고 하니까 내가 다른 사람들보다 고려말을 더 잘 알아듣고 조금 할 수 있었어요."

러시아학교 입학 이후 고려말은 집에서만 사용했고 결혼 이후에는 그마저도 거의 사용하지 않았다. 하지만 북한에 방문해보니 어렴풋이 말을 알아들을 수 있었고 간단한 의사소통은 할 수 있었다. 이를 눈치챈 남편이 간단하게라도 통역을 해달라고 부탁했고, 김옥자는 조금씩 통역을 했다.

당시 북한을 방문했던 사람들은 지금의 러시아 지역에서 10명, 우즈베키스탄 지역에서 7명, 카자흐스탄 지역에서 7명 등으로 약 25명 정도 되었다. 하바롭스크에서 평양으로 비행기를 타고 들어갔고 약 열흘 동안 북한에서 머물며 금강산을 다녀오기도 하였다. 모국에 간다는 설렘에 가기 전부터 가슴이 두근거렸는데, 북한에 머물면서 그 가슴은 먹먹하게 젖어만 갔다.

"소련에 살던 고려인들은 우리가 가난하다고 했는데, 이북에 가보니깐 더 형편이 없어. 우리가 신었던 거 다 벗어 놓고 왔어."

고려인들은 소련에서 열심히 살았지만 그 삶이 윤택하지는 않았다. 없는 형편에 공부하고 일하고 해서 자녀들만은 잘살게 하겠다는 일념으로 살아왔다. 스스로 가난하다고 말하던 고려인이었지만 김옥자는 북한에 방문하고 가난 아래에 더 큰 가난이 있음을 알게 되었다. 모국에서 만난 사람들과 이야기도 나누고 싶고 손도 잡고 싶었지만 그럴 수 없었다. 그들은 무엇이 두려운지 대화를 할 수 없었다. 대화가 시작될 만하면 그들은 도망치기 일쑤였다. 우리보다 더 가난한 모국. 호텔을 떠나기 전에 알마티에서 가져온 것들을 다 벗어놓았다. 신발도 옷도. 모두 벗어놓고 모국 사람들이 조금 더 잘살 수 있게 되길 빌었다. 가슴이 미어졌다.

북한 방문은 김옥자에게 잊고 있었던 민족어, 말에 대한 기억, 책무를 되찾아주었다. 사회 일을 하느라 약 40년 동안 사용하지 않았지만 우리에게는 우리말이 있었다. 러시아어가 아니면 이곳 사람들과 대화가 되지 않아 사용하지 못했던 언어지만 이제는 그 말을 사용해서 대화를 할 사람들을 찾기 시작했다.

"당신에게 내가 부탁하는데, 당신이 고려말 조금 하니까 나를 도와줘요."

신 사장이 고려문화중앙센터 회장으로 선출된 직후 김옥자는 그를 도와 센터에서 일을 하면서 고려 분들을 알게 되었다. 그리고 1990년 이후 카자흐스탄을 찾은 선교사들은 고려인들에게 한국어와 한국 문화를 알려주는 교육을 실시하였는데, 김옥자는 그 기회 역시 놓치지 않았다.

김옥자는 고려일보 감사위원회의 일원이 되었다. 카자흐스탄 알마티에 거주하는 고려인 노인들을 대상으로 한국어와 한국 문화를 알려주는 노인대학 개설 협의 회의에 알마티 고려일보의 대표로 참여하게 되었는데, 이 일이 계기가 되어 김옥자는 노인대학에서도 공부를 하게 되었다.

"첫날부터 저에게 정말 흥미로웠습니다. 동방에 있는 아침의 나라인 한국의 전통, 역사, 풍습 등 한국에 대해 더 잘 알게 되었습니다. 저는 그곳을 두 학기나 다녔지만 그것들이 헛된 일이라고 생각하지 않습니다. 저는 한국어에 다른 사람보다 익숙해서 수업을 듣고 이해하기가 쉬웠고 교훈적인 내용도 많이 알게 되었습니다.

게다가 많은 다양한 사람들과도 알게 되었습니다."

노인대학은 카자흐스탄 고려인 노인들에게 매우 중요하다. 많은 고려인 노인들이 한국에 대해 관심을 많이 가지고 있고 모국을 그리워하고 있다. 이들에게 한국어를 알려주고 문화를 가르쳐주는 것, 그리고 고려인 공동체를 만나게 해주는 것은 그들에게 고향을 찾아주는 것과 같다. 노인대학이 주로 한국어교육을 한다면 고려문화센터는 문화 전파를 많이 하는 편이다. 김옥자는 고려문화센터에서도 일을 했는데 그곳에서 무용단, 합창단 등을 지원 · 운영했다. 이 외에도 민족통일협회나 알마티 한국교육원 등과도 협조하여 일을 했다. 이런 단체들과 일을 하면서 그녀는 비즈니스를 목적으로 알마티를 찾은 한인들과도 연을 맺고 그들의 현지 적응, 통역 등을 도와주었다. 그리고 지금의 남편을 만났다.

김옥자와 26년을 함께 살았던 남편 비탈리는 어느 날 갑자기 심장마비로 그녀를 떠났다. 그가 떠난 이후 그녀는 회사 일과 고려단체 일에 더욱 매진했다. 그렇게 2년 남짓 살았을까. 아는 형님의 환갑잔치에서 사회를 보던 고려 남자가 그녀를 따라다니기 시작했다. 고려 사람이지만 고려말도, 한국어도 잘하지 못하는 그였지만 늠름한 모습이 점차 눈에 들어왔다.

"몰라요. 그때 나를 계속 꼬셨어요. 그때도 마흔일곱이었으니까 젊었지. 그랬어."

47살의 과부였던 김옥자는 1945년도에 카자흐스탄 우슈토베에서 태어난 박게르만과 재혼하였다. 그는 연구자들이 카자흐스탄을 방문하여 김옥자를 인터뷰하는 내내 옆에서 반짝이는 눈으로 그녀를 쳐다보곤 하였다.

"나는 1996년이랑 2007년도에 한국에 다녀왔어요. 그런데 이 사람(남편 박 게르만)은 가본 적이 없어요. 나는 가기 전에는 계속 가고 싶었는데 왜냐면 부모의 고향이니깐. 언제나 한번 가볼 기회가 있겠는지…. 그런데 항상 그 생각을 했는데 88년도에 올림픽이 시작되고 정말 대단한 나라이다 하고 중앙아시아에 퍼졌어요. 그런데 그런 기회가 96년도에 나타났죠."

한국에서 온 여자 선교사는 그녀에게 선교훈련이라는 이름으로 기획된 한국행을 권하였다. 교회에 다니며 한국어를 점차 익혀오던 그녀에게 한국행은 선교훈련뿐만 아니라 아버지 고향을 방문하게 될 귀한 기회였다. 20일간 계속되던 훈련 이후 좀 더 한국에 머물고 싶었지만 '당신 없이 회사가 돌아가겠는가.' 하던 신 사장의 목소리가 그녀의 귀국을 서두르게 했다.

오래 머물지 못했지만 그녀는 한강을 찾아갔다. 아버지가 늘 이야기하셨던, 오고 싶다던 한강이었다. 아버지가 그토록 원했는데… 결국 아버지가 아닌 그녀가 한국을, 한강을 오게 되었다. 한강을 바라보며 온몸에 소름이 돋았다. 햇살이 반사되는 수면을 보며, 한강을 오가는 유람선을 보며 여기가 진짜 내 조국이구나 하는 생각이 들었다. 형편이 나쁘다던 한국은 어느새 이렇게 잘사는 나라가 되어 있었다. 아버지가 함께 오셨으면 더 좋았을 텐데 하는 생각이 들자 눈물이 나와 한참을 그렇게 울었다.

가방에 아무렇게나 구겨져 있던 비닐봉지를 꺼내 한강의 흙을 담았다.

'아버지, 여기가 한강입니다.'

흙을 담으면서 아버지는 못 오셨지만 내 자식은, 우리 후손은 이 땅을 꼭 밟게 하겠다는 다짐을 하였다. 우리가 누구인지를 잊지 않게 하겠다는 다짐을 하면서도 눈물은 주책없이 계속 흘렀다. 선교훈련이 없는 날이면 중간 중간 대구나 포항과 같은 지방 여행을 하기도 했다. 다니면 다닐수록 자랑스러운 이 조국을, 이 느낌을 더 많은 사람들이 얻었으면 좋겠다는 생각이 들었다.

"한국이란 나라가 복을 많이 받았다고, 경제적으로 발전되었다고 한국에 다녀

[사진 9-9] 김옥자의 아들과 손자

와서 자랑을 많이 했는데요. 자랑스럽고 자부심이 올라갔어요. 어떻게 조그만 나라가 발전되었고 남들보다 부유하게 사는지…. 한국 다녀온 사람들도 다 그래요. 그래서 우리 남편도 내년에나 보낼까 싶어요."

아직 박 게르만은 한국을 방문하지 못했지만 김옥자의 자녀는 한국에서 5년 정도 거주하였다. 한국에 대해 관심을 가지고 있던 아들들은 한국에서 노동을 하고 돌아왔다. 아들들은 한국에서의 삶에 관심은 있지만 아직 한국에서 사는 것은 어렵다고 하였다. 하지만 김옥자는 그것으로 족했다. 자녀들이 조국인 한국에 다녀온 것, 발전된 미래를 보고 온 것만으로도 마음이 편안해졌다.

"꼬마들을 위한 한글학교나 3대를 위한 한글학교가 세워졌으면 좋겠어요."

세계화의 영향으로 요즘 카자흐스탄 아이들도 영어를 많이 배운다고 한다. 그리고 한류의 영향 등으로 한국어를 배우고 싶어 하는 청소년들도 부쩍 늘었다. 많은 고려인 3세, 4세, 5세 역시 러시아어와 영어는 필수적으로 해야 한다고 생각하지만, 한국어에 대한 관심은 한류를 좋아하는 카자흐 청소년들보다도 적다고 한다. 김옥자는 그 이유를 많은 고려인들이 고려말을 잊어버려, 한국어를 몰라 가정에서

조차 러시아어를 사용하기 때문이라고 꼽았다. 은퇴를 한 고려 노인들은 한국어를 배우려고 노인대학이나 고려단체를 찾고 있지만 아직 사회에서 일을 하는 이들이 언어교육을 위한 시간을 갖는 것은 쉽지 않다. 또한, 노인대학이나 고려단체를 찾는 이들의 대부분은 연금 수령 등으로 생활을 유지하는 것이 그다지 어렵지 않은 이들이다. 길에서 장사를 하거나 일을 해야만 생계를 유지하는 이들에게 한국어교육은 먼 나라 이야기일 뿐이다.

그래서 김옥자는 아이들을 위한 한국어교육이 필요하다고 말한다. 김옥자는 한국어를 통역하면서 만난 회장들, 교장들, 학자들을 통해 자녀교육이, 민족정체성이 얼마나 중요한지를 알게 되었다. 당장 기억력도 없는데 한국어를 배우려고 열심히 공부하는 70대 노인들만 보아도 알 수 있다. 언어교육이 민족교육에 어떤 영향을 미치는지 직접 경험하고 고려인 단체를 통해 현실을 보아온 김옥자는 아이들에게 점차 사라지고 있는 고려 문화와 한국어 등을 어떻게 가르쳐야 할지 고민 중이다.

III

우리가 사는 이유:
고려인의 목소리

10장
고려인 자기생애사:
김 나탈리야 일인이츠나~김 타마라 디미트리예브나

1. 김 나탈리야 일인이츠나

나는 김 나탈리야 일인이츠나이다. 나의 외할아버지와 외할머니는 1926년에 카자흐스탄에 처음 온 다섯 가족 중 하나이다. 그들은 가즈리스라는 한국 집단농장을 크질-오르다에 만들었다. 할머니는 집단농장의 파티 조직자였다. 아버지는 수학 선생님으로 대부분의 삶을 학교 원장님으로서 살았으며, 빨간 분모 노동 상과 키르기스스탄 명예 선생님 상을 받았다. 어머니는 산부인과 의사였다.

나는 수학 전문가이다. 키르기스스탄대학교 야간학부에서 공부했고 낮에는 유치원에서 일하다가, 키르기스스탄 과학아카데미의 지진학대학교에서 지진을 예측하는 일을 하였다. 그리고 비서, 기사, 주니어연구원을 거쳐 연구원으로 승진했다. 박사학위는 모스크바에 있는 물리학대학교에서 받았다. 이 대학교는 소련에서 지구과학 분야에서 높은 명성을 가지고 있었다. 나의 지도교수님은 바로 그 대학의 총장님이셨다.

대학교를 졸업하고 나서 알마티 남자와 결혼했고 비슈케크에서 알마티로 이사했다. 남편은 알마티 그프로고르 프로젝트대학교에서 최고 전문가였다. 남편은 메데어라는 스케이트장, 알마티 서커스, 카자흐 극장 그리고 예식장 등의 프로젝트를 맡았다. 나는 알마티의 카자흐 과학아카데미 지진학대학교에서 계속 일했다. 또한 국가 예상 위원회의 과학 비서로서 업무했으며 논문을 썼다.

딸이 고등학교를 졸업할 때 나는 딸에게 고등교육을 주고 싶었다. 나는 과학아카데미를 그만두고 사업을 시작해 한국 회사에서 근무했다. 그곳에 매니저로 취직했다가 몇 개월 후에 기관장으로 승진했다. 그 회사에서 4년 동안 일하다 나중에 딸 이름으로 회사를 개척하였다. 그곳에서 나는 3년 동안 근무했다. 처음 1년은 아주 힘들었지만 점차 좋아졌다. 그런데 수익이 많아질수록 문제 역시 많아졌다. 우리는 자기 사업의 주인이 아니었고, 그저 돈의 노예였다. 그것을 깨닫고 사업을 접었다.

현재는 우리 집에서 자녀들과 함께 잘 살고 있다. 하지만 나는 쉼과 향락으로만 내 인생을 살고 싶지는 않다. 우리 나이의 사람들은 그동안 쌓아온 많은 지식과 경험으로 유용한 많은 것을 할 수 있다.

2. 김 라리사

내 이름은 김 라리사이다. 나는 유지노-카자흐스탄 지역 밧타-아랄 구역 노동자라는 농장에서 1955년 7월 26일에 태어났다. 우리 할아버지는 1937년 11월에 아내와 7명의 아이들과 함께 프리모르스키 크라이 지역에서 카자흐스탄으로 이송되었다. 할아버지에게는 두 아들과 5명의 딸이 있었다. 프리모르스키 크라이에서 카자흐스탄으로 이동하는 동안 할머니는 심한 감기에 걸렸고 1938년 봄에 돌아가셨다. 그 바람에 할아버지는 일곱 자녀들과 혼자 남게 되었고 그 자녀들 중에는 2살 아이도 있었다.

어머니는 15살 때부터 농장에서 일했다. 어머니는 농장에서 일할 때 아침에 일찍 일어나는 것이 가장 힘들었다고 말했다. 어머니는 일어나는 것이 힘들었지만, 일을 하려면 새벽 4시에 일어날 수밖에 없었다. 졸면서 농장으로 향하던 어느 날 어머니 앞에 소가 있었다고 한다. 어머니는 소에게 차여 다리를 다쳤다. 그때 어머니는 크게 다치지 않았다고 말씀하셨지만 나이가 들수록 그 부상 자리는 점점 더 아파왔다. 어머니의 가족은 가뉴시키노라는 마을에서 살았다. 어머니의 부모님이 돌아가신 이후에 어머니는 누나와 함께 살고 있던 아버지를 만났다.

우리 어머니 '이 보내'와 아버지 '김 우시기' 두 분은 모두 1923년생이다. 부모님께는 두 아들과 두 딸이 있고, 나는 막내딸이다. 오빠와 언니들은 모두 구리예프 지역에서 태어났다.

나는 어린 시절을 잘 기억하지는 못한다. 1958년 우리 가족은 잠불로 이사했다. 이곳에서 나는 유년 시절을 보냈다. 부모님은 항상 밖에서 일을 했다. 아버지는 봄이 되자마자 농사일을 하러 떠나셨고 어머니 역시도 가을까지 밖에서 일을 하셨다. 우리 자녀들은 스스로 집안일을 하며 살아야 했다. 나이가 들자 우리는 부모님과 함께 필드에서 잡초를 뽑았다. 아버지는 일찍 돌아가셨다. 우리 네 형제자매는 어머니가 혼자 키우셨다. 어머니는 우리가 공부할 수 있도록 열심히 일을 하셨다. 우리 때문에 희생하신 어머니 덕분에 우리는 모두 고등교육을 받았다. 가난했던 그때 모든 자녀들이 고등교육을 받게 된 것은 어머니가 이룬 위대한 업적이었다.

부모님이 항상 들에 계셨기 때문에 우리는 스스로 공부도, 스포츠도 해야 했다. 형제는 권투를 했고, 동생은 학교 숙제를 하기 좋아해 은메달을 수상하기도 했다. 나는 탁구를 좋아했다. 성공하기 위해서는 공부를 많이 해야 했다. 고전과 대중문학 책을 읽고자 하는 사람이 많아 그것을 구하기 위해서는 오랫동안 기다려야 했다. 나는 레닌그라드에서 공부하고 싶었다. 그래서 어머니는 돈을 모아 나를 레닌그라드로 보냈지만 나는 입학시험에서 떨어졌다. 이후 경공업 및 식품산업 기술대학교 야간부에 입학하여 3년 동안 공부하였다. 낮에는 프로젝트에서 일하고 저녁에는 강의에 갔다. 3학년 이후에 풀타임으로 공부하게 되었고 베이커리 기술자 학위를 받았다. 하지만 전공에 맞는 일을 해본 적은 없었다. 졸업 이후에 나는 공공농업관리에서 근무했고 나중에는 중안농업제도관리에서도 일했다. 90년 재건 시기에 우리 조직은 폐쇄되었고 직원들은 직장을 잃었다. 그리고 민간사업을 시작했다. 화장품을 바르는 방법을 알려줄 뿐만 아니라 여성의 인생을 더 아름답게 하는 '메리케이' 화장품 회사에서 일했다. 이 일은 아주 마음에 들었고 지금도 좋아한다.

나는 대학교를 졸업한 후에 결혼했다. 남편의 이름은 텐 이고르이다. 그는 1954년 6월 10일에 태어났고, 톰스크 대학교의 자동관리시스템학부를 졸업했다. 우리 슬하에는 딸인 엘레나와 아들인 알렉산드르가 있다. 딸은 이미 결혼해서 삼성에서 일하고 있으며 6살짜리 딸을 두고 있다. 아들은 세체노바 모스크바 의학대학교에서 안과학 전공으로 공부하고 있다.

나는 58년 동안 카자흐스탄에서 살았지만 한 번도 내가 타인과 다른 민족이라고 생각해본 적이 없다. 카자흐스탄 사람들은 고려인들을 존경하고 고려인들이 수학을 잘한다고 생각한다. 여기 사람들은 아주 착하다. 내 친구들은 대부분 훌륭한 사람이 되었다. 한국어학원 그리고 노인들을 위해 대학교에 있는 수업에 다니면서 한국 문화, 한국 역사를 배우는 것이 무척 재미있다. 내가 고향과 조상들에 대해서 더 많은 것을 알 수 있는 기회가 생겨서 아주 기쁘다.

3. 김 류드밀라 바실리예브나

나는 김 류드밀라 바실리예브나이다. 1946년 10월 27일에 태어났다. 할아버지와 할머니는 평범한 사람이었고 편안하게 살았다. 할머니는 매우 예쁘고 부지런하고 똑똑한 여자였고, 할아버지는 겸손하고 가족을 좋아하는 아버지였다. 1937년 우리 부모님은 할아버지와 할머니와 함께 프리모르스키 크라이에서 카자흐스탄으로 강제이주를 당했다. 아버지인 김 바실리 세메노비치는 1913년생이고 노동학부를 졸업하고 학교 선생님으로 근무했다. 그리고 회사에서 최고 회계사로도 근무했다. 어머니인 선 알렉산드라 보르소브나는 1925년생으로 연극계에서 재봉사로 일했다. 그녀는 비비굴 툴레게노바, 로자 림바예바, 나기마 예스칼리예바 등 카자흐스탄의 유명한 가수들에게 정장 드레스를 재봉하는 일을 하였다.

나는 탈디-쿠르간 지역의 우슈토베에서 태어났다. 내가 태어난 후에 우리 가족은 러시아로 이사했다. 우슈토베에는 가끔 방학 때만 할머니를 보러 갔다. 우슈토베는 고려인들이 많이 사는 시대로 기억 속에 남아 있다.

젊은 시절에 겨울이 되면 스키를 탔고 여름에는 강에서 수영을 했다. 나는 독서를 많이 했다. 특히 오스뜨롭스끼 작가의 《강철은 어떻게 단련되었는가》라는 책의 내용은 아직도 기억에 남아 있다. 이 책에 따르면 목적 없이 사는 삶을 후회하지 않도록 우리는 인생을 살아야 한다. 학교에서 나는 항상 반장이나 이사회 분대 회장으로 선택되었다. 나는 여러 행사를 진행하였고 늘 동료들을 도와주었다.

나는 대학교에서 경제학을 전공하고 35년 이상 은행에서 근무했다. 나는 처음에 팀 컨트롤을 했지만 국민 은행의 지역 분교에서 매니저 지위까지 올라갔다. 학교를 졸업하고 바로 결혼했다. 남편과는 28년 동안 같이 살았다가 헤어졌다. 나에게는 딸 2명과 손자 3명이 있다. 나의 두 딸들은 고등교육을 받았고 금융계에서 근무하였으며 지금은 지도자적인 지위를 지니고 있다. 사위들도 고학력이며 하나는 건설 산업, 또 하나는 안전 분야를 전공했다. 큰손자는 20살이며 캐나다의 밴쿠버에 있는 사이먼 프레이저 대학교를 졸업했고 석사에 들어갈 준비를 하고 있다. 그는 한국을 세 번이나 방문했고 한 달 이상 동해에 있는 한국 가정에서 살기도 했다. 거기에서 거주하는 동안 그는 자기의 조상들에 대한 많은 것을 알게 되었고 한국에 있는 많은 유적지도 가보았다. 동해에 위치한 동굴들, 바닷가 등을 방문하였고, 2012년 여름에는 가족들과 함께 제주도를, 그 다음에는 서울을 방문했다. 둘째 손자는 외국어교육에 특화된 전문적인 학교의 10학년 학생이고 막냇손자는 6살이며 학교 준비반에서 공부하고 있고 전투 아트인 산바르도를 한다.

우리 부모님은 모든 고려인들처럼 프리모르스키 크라이로 이주하게 되었고, 살아냈다. 그들은 치열한 삶을 살아내며 자녀들에게 필요한 교육을 줄 수 있었다. 그때 모국어교육과 한국문화는 살아내야 하고, 가족을 먹여야 되고, 새로운 환경에 적응해야 했기에 그다지 큰 관심을 끌지 못했다. 대부분의 한국 가정에서 자라고 있는 아이들은 러시아어를 유창하게 배웠다. 한국 가정뿐만 아니라 거의 모든 소련 영토에서의 의사소통 언어는 러시아어가 되었다.

카자흐스탄에서 태어나고 살면서 우리는 카자흐스탄을 고향이라고 생각한다. 해외에 나가면 사람들이 어느 나라 사람이냐고 물어본다. 그러면 우리는 카자흐스탄 사람이지만 민족은 한국이라고 대답한다. 우리는 모든 어려움을 극복하고 경제적인 선진국으로 도약한 우리의 역사적인 고향인 한국을 자랑한다.

나는 자녀와 손자들에게 자기의 모국어와 민족의 역사를 알아야 하고 민족을 자랑해야 한다고 늘 이야기한다. 그래서 우리의 큰딸은 자기 가족과 같이 2012년에 서울과 제주도를 또 한 번 방문했다. 둘째 손자의 경우에는 한국어 수업을 받고 있다. 나는 손자와 손자의 자녀들이 자신의 모국어를 유창하게 알고 자기 조상들의 전통을 지킬 거라고 기대한다.

알마티 한국교육원에 만들어진 노인대학에 다니면서 한국의 언어, 문화 그리고 전통풍습에 대해서 알게 되었고 이 나라에 대한 세계관이 높아졌으며 한국노래와 춤을 배웠고 심지어 사물놀이도 해보았다. 그리고 2013년 5월에는 한국을 직접 방문할 기회가 생겼다. 우리는 우리가 몰랐던 역사적인 사실을 알게 되었고 일본 군인들과 전쟁에 대해서 들었을 때는 진심으로 마음이 아팠다. 그리고 우리는 한국 현대 역사를 배웠다. 수업을 들으면서 우리의 대부분은 한국을 아름다운 사람 및 예쁜 경치 등으로 상상하였다. 우리는 한국의 몇 가지 도시와 섬 두 곳을 방문했다. 한국에 대한 소개는 인천국제공항에서부터 시작되었다. 우리를 감동시킨 것은 굉장히 깨끗하고 잘 운영된 세관과 여권 확인과정이었다. 프리모르스키 크라이의 기후와 비슷하고 3천 가지 이상 식물이 자라고 있는 비도섬을 특별하게 보았다. 우리의 마지막 목적지는 서울이었다. 우리는 서울에서 궁과 한국의 의회 건물 그리고 국민 은행을 방문했다. 유적지를 구경하면서 우리는 한국의 장군과 대통령들의 삶, 한민족의 전통과 풍습에 대해서 알게 되었다. 한국을 방문하면서 나의 역사적인 고향에 대해서, 우리의 뿌리에 대해서 더 많이 알기 위하여 노력하였다. 또 우리 가족의 미래가 어디에서 만들어질지를 생각하였다.

나는 교육원의 이견호 원장님, 김정복 교수님을 비롯해서 모든 선생님들, 담임 선생님이신 이영우, 조성효, 그리고 후원자 분들께 노인대학에서의 이런 교육을 만들고 우리의 한국 방문을 실천할 수 있게 해주셔서 감사하다는 말씀을 드리고 싶다. 그들의 수많은 노력으로 인하여 우리는 한국을 방문할 수 있었으며 한국 영토의 많은 부분을 보고 싶은 우리의 소원은 실제로 이루어졌다. 이 방문은 우리의 역사적인 고향에 대한 평생 잊지 못할 추억으로 남아 있을 것이다.

4. 김 베네라 센기로브나

나는 김 베네라 센기로브나다. 1952년 10월 25일에 탈디-쿠르간 지방 카라탈 지역 우슈토베에서 태어났다.

까마득한 옛날 우리 조상들은 출생한 나라에서 러시아 극동으로 이주하였다. 우리 조상이 어디에 있든 우리 조상의 뿌리가 언제나 작은 한반도에서 내리고 있는 것은 변하지 않는다. 1937년 8월 소련 국민 대표자회의가 '한국인들을 극동 국경지대에서 퇴거'한다는 결정을 내린 후에 소련 한국인들의 생활의 고난이 시작되었다. 무리한 이주에 대한 국가의 명령에 수만 명의 죄 없는 사람들이 피해자가 되었다.

1919년에 출생하신 우리 아버지 김 센기르는 어린 시절에 고아가 되었다. 1916년에 출생하신 우리 어머니인 최 젠옥의 부모님, 즉 우리 외할머니와 외할아버지는 1937년에 카자흐스탄 쿠스타나이 지방으로 이주되었다. 그분들은 살아남아 막노동을 해야 했다. 그들은 그들의 아이들과 손자들을 위하여 열심히 육체노동을 하셨다. 그래서 그런지 두 분 모두 일찍 돌아가셨다.

우리 부모님은 유머감각이 있고 유식하며 착한 분들이었다. 부모님은 일생 동안 농장에서 일하셨다. 아버지는 탈디-쿠르간 농업전문학교를 졸업하며 많은 시간 동안 프라브다라는 벼농사를 짓는 소프호즈의 지도자가 되었다. 우리 가족으로는 부모님과 함께 오빠 2명, 언니 1명, 그리고 내가 있다. 우리는 모두 교육을 받고 전문가가 되어서 부모님을 행복하게 해주었다.

나의 생활은 고향인 카자흐스탄 알마티와 함께 하고 있다. 나는 알마티에서 태어나고 학교를 다녔으며, 카자흐스탄 국립 사범학교를 졸업했다. 그리고 사랑하는 사람을 만나 결혼했고, 아들 2명을 낳았다. 착하고 능력 있으며 기댈 수 있는 나의 남편은 일찍 세상을 떠났다. 그래서 나 스스로 가정을 꾸려나가기 쉽지 않았다.

학창 시절 때 내 취미는 독서였다. 쿠프린, 도스토예프스키, 런던의 책들을 기쁜 마음으로 읽었고, 알렉산드르 그린의《붉은 범선》,《푸른 램프》읽기를 좋아했다. 그리고 노래 부르기도 좋아했고 배구하는 것도 좋아했다. 대학생 때는 등산을 하기도 하고 친구들과 모닥불 앞에서 기타를 치기도 하고, 코미디극에 직접 참여해서 춤을 추기도 했다. 정말 재미있게 보냈다.

나의 두 아들인 유리와 알렉산드르는 모두 결혼을 하였고 지금은 자기 사업을 하고 있다. 며느리인 율리아는 회사에서 경영을 가르치고 있고, 다른 며느리인 크세니야는 경제학자다. 큰손자인 빅토리야는 도스탈 학교 5학년이고, 작은손자 발레리야는 인터스터디(Interstudy) 국제학교를 다니고 있다.

나는 오랫동안 은행에서 시스템 관련 일을 하고 있으며 부전공으로 경제학부를 졸업했다. 지금은 친구들 덕분에 교육원에 와서, 다른 사람들과 함께 노인대학에서 공부한다. 노인을 위한 대학을 만들어야 한다는 교육원 이견호 원장님의 훌륭한 아이디어가 이곳에서 실현되었다. 우리는 친애하는 교수님의 강의를 듣고, 한국의 역사를 알게 되었으며, 모국어도 공부하고, 한국의 문화, 관습을 알게 되었다.

[사진 10-1] 김 베네라의 가족사진 1

[사진 10-2] 김 베네라의 가족사진 2

작년 5월, 11일부터 21일까지 우리 반 졸업생들은 우리의 역사의 고향인 한국에 다녀왔다. 한반도의 남쪽, 한국에서 재미있고 많은 지식을 얻은 여행이었다. 한국과의 교제는 세계에서 가장 좋은 국제공항에서 시작됐다. 인천국제공항은 기술적인 완성도가 높고 아름다우며 깨끗해서 나를 놀라게 하였다. 거기에서는 모든 것이 사람을 위해서 만들어진 것들이었다. 그리고 우리는 많은 터널들과 예쁜 다리들, 육교들로 많이 놀라웠다. 또, 우리는 큰 경공업 공장이 많은 울산시에 위치한 현대중공업의 조선소에도 갔다 왔다.

서울은 현대적이고 깨끗하면서도 낙천적인 도시였다. 고층빌딩, 기념비적인 건축물, 역사 기념비 등에 우리는 많이 놀랐다. 서울에 있는 국회의사당, 청와대 그리고 국민은행을 방문했다. 옛날에는 바위가 많았지만 지금은 아름답고 이국적인 섬인 비도도 다녀왔다. 그 비도의 아름다움을 무엇과도 비교할 수 없었다. 또, 처음으로 봤던 차 재배지도 놀라웠다. 그리고 라두쥐니 고아원의 원아들도 만날 수 있는 기회를 가졌다. 그곳의 분위기는 사랑과 배려가 넘치는 곳이었다. 며칠 동안, 진도의 남도국악원에서 머물며 진도아리랑을 배워 불렀다. 국무도 배우고, 북 치는 법도 배웠다. 부처님 오신 날에는 콘서트 실에서 잔치를 봤다.

도시와 마을을 지나면서 우리 역사의 고향이 얼마나 작은지 알게 되었다. 그래서 부지런한 한국인들은 언제나 독특한 의사 결정을 해야 했나 보다. 작은 한반도에서는 자기 나라를 사랑하는 분들이 살고 있는 걸 느낄 수 있었다. 나는 나의 부모님이 한국의 발전을 못 봐서 아쉽다. 그분들은 한국에 대한 그리움을 가지고 돌아가셨다.

우리는 다른 사람들에게 우리의 역사와 고향에 대해서 대답할 수 있는 사람이 되었다. 우리 손자, 아이들도 자기 민족의 역사, 문화, 언어에 대해서 알 수 있도록 해야겠다. 우리의 이런 행복한 지금은 조상님들 덕분이라는 것을 알아야 한다. 알마티 교육원장님께 감사한 말씀을 전하며, 열성적인 문화 전파를 위해 노력하시는 카자흐스탄 한인 분들께 여러모로 수고하시며 감사한다는 말씀을 전하고 싶다.

5. 김 스베뜰라나

내 이름은 김 스베뜰라나이고, 제2차 세계대전이 일어나기 1년 전인 1940년 6월 1일에 태어났다. 정말 오래된 일이다. 그렇기 때문에 당연히 내 인생에서 많은 것들을 기억하지 못한다. 단지 어느 정도만 기억한다. 나의 행복했던 기억들이나 슬펐던 기억들이 정확한 것인지는 잘 모르겠으나 아마 맞을 것이다. 이 온전하지 않은 기억은 어쩌면 모두 중요하지 않거나 필요하지 않은 것일지도 모른다.

나와 내 주변의 아이들은 어린 시절에 끔찍한 전쟁을 경험했다고 말할 수는 없다. 왜냐하면 나의 어린 시절은 전쟁에서 멀리 떨어진 후방에 위치한 우즈베키스탄의 타슈켄트주의 중앙 치르칙스키 지방의 집단농장인 볼셰비크[1)]에서 보냈기 때문이다.

우리들은 가난을 그렇게 심하게 느끼지 않았다. 우리는 그저 삶에 기뻐했다.

1) 후에 지역명은 키로프(Киров) 갈라빈스키(Галабинский район)로 변경됨

아! 그런데 이것은 조금 중요할지도 모르겠다. 아버지가 집단농장의 관리자로 일하셨던 덕분에 우리 가족은 비교적 부족하지 않게 살았다. 하지만 이것이 부유했다는 것을 의미하는 것은 아니다. 아버지는 우리 집에 있던 소파를 사무실로 가지고 갔다. 그리고는 이렇게 말씀하셨다.

[사진 10-3] 김 스베뜰라나의 할머니, 어머니, 아버지, 언니

"사무실에 손님이 앉을 곳이 없다. 너희들은 소파 없이 살 수 있다."

아버지는 가정보다 일이 먼저인 사람이셨다. 아버지는 집안에서는 엄하신 분이었지만 다른 사람들에 대해서는 너그러운 분이셨다. 후에 아버지는 프리모르스키 크라이에 위치한 76번 카레이스키 부대에서 부대장으로 지냈다.

2012년에 세상을 떠난 오빠는 항상 자신을 죄인이라고 말했다. 그는 모든 일에 있어서 매우 꼼꼼하고 세밀한 사람이었다. 그는 아버지의 모든 사진과 서류들을 종이로 만들어진 작은 검은 봉투에 차곡차곡 잘 보관했다. 그런데 어찌된 일인지 그 작은 꾸러미가 어느 날 사라졌다. 그것은 우리로서는 지금까지도 풀지 못한 수수께끼 같은 것이다. 우리는 그 사실을 알고 매우 화가 났다. 부모님의 모든 사진과 흔적들을 모았는데…. 우리들은 그가 어떤 사람이었는지 이제 온전히 기억하지 못할 것이다. 지금은 이 세상에 없는 언니와의 어린 시절과 같은 소소한 이야기들만 남았을 뿐이다.

기억나는 사진 중 한 장은 아버지께서 붉은 군대 가운데에서 그들의 철모를 쓰고 서 있는 사진이다. 그리고 어떤 상장과 같은 것도 있었다. 또한, 블류헤르라는 사람의 이름이 쓰인 시계가 있었다. 그 시계는 아버지가 그 사람으로부터 받은 것이다. 그리고 아버지가 군복을 입고 말과 함께 찍은 사진도 있었다. 아버지가 군에서 일했다는 증거나 공증 같은 것은 없었다. 그러나 얼마 전 다행히도 아버지 전우의 일기장에서 아버지의 이름이 발견되었다. 돌아가신 아버지 대신 내가 아버지의 훈장을 받게 되었고, 이것으로 아버지의 명예가 회복되었다. 영원히 명예를 되찾지 못하는 것보다는 늦게라도 된 것이 다행이라고 생각한다. 하지만 아이들에게는 부끄러웠다. 아버지의 행적을 알릴 수 있는 정확한 증거가 우리에게 없어서 아이들에게 좀 더 구체적으로 설명해줄 수 없기 때문이다. 아버지의 명예가 뒤늦게라도 회복되지 않았더라면 나에게는 한이 되었을 것이다.

어머니로부터 아버지가 크라스노야르스크와 칸스크에서 어떻게 지내셨는지를 자주 들었다. 어머니는 연대의 재봉사였다. 얼마 전 아버지와 같은 연대에서 복무한 동료의 회고록에서 이와 같은 도시들이 언급되었다. 사실, 아버지의 이름이 어떻게 복원되었는지 정확히는 모른다. 그저 바닷가의 한 오래된 기록의 보관시설에서 아버지의 수상을 증명할 수 있는 서류들이 남아 있을 뿐이다.

벨라루스의 유명한 작곡가 겸 지휘자인 일리야 모이세예비치 쩨젤보이마와 아버지의 관계를 말하는 것은 어렵지 않다. 나의 기억 속에 그는 뚜렷하게 남아 있다. 왜냐하면 그가 나 매우 아끼고 사랑했기 때문이다. 다른 아이들도 아마 일리야와 우리 아버지는 매우 좋은 관계였다고 떠올릴 것이다. 그리고 그를 오래도록 기억하고 있을 것이다.

전방에 있지 않은 모든 사람들, 특히 고려인들은 투르크메니스탄의 운하 공사 현장으로 보내졌다. 그곳에서 아버지는 우연히 젊은 유태인 일리야를 알게 되었다. 그 젊은 남자는 발을 힘들게 끌고 다녔고, 우리는 그가 삶의 끝에 다다랐다고 보았다. 아버지는 그를 집으로 데리고 왔고, 어머니는 그의 옷을 빨아주었다. 그는 자기 자신을 돌보지 못할 만큼 무기력했다. 그는 전혀 알지 못하는 새로운 환경에 떨어졌다. 바로 고려인들의 집단농장이다. 다른 기후와 다른 음식에 둘러싸인 그는 매우 힘들어했다. 하지만 점점 그는 밥을 먹기 시작했을 뿐 아니라 스스로 밥 위에 나물을 올려서 먹는 법도 배웠다. 어머니는 거의 그를 키우다시피 했다. 일리야는 나에

[사진 10-4] 김 스베뜰라나의 유치원 시절(1944)

게 문자를 읽는 방법을 알려주었다. 그리고 나는 6살에 학교에 들어가게 되었다. 그와 함께 했던 시간들은 나에게 굉장히 독특하고 흥미로운 시간들이었다. 그는 여름이 되면 나를 어깨에 앉혀 길가의 꽃향기를 함께 맡았고, 겨울에는 썰매를 태워주었다.

그는 내가 지도에서 여러 도시들을 정확히 찾아낼 수 있는 것을 여러 번 자랑스럽게 이야기했다. 또한 그는 우리 아버지에게 "아이들에게는 비상한 음감이 있습니다."라고 진지하게 말하며 나에게 피아노를 사주어야 한다고 했다. 그럼 아버지는 이렇게 말씀하셨다.

"왜 내가 이 아이에게 피아노를 사줘야 합니까? 만약 다른 이들에게 그러한 재능의 가능성이 없다면야, 내 아이는 특별하니 사줘야겠지요."

결국 나는 본격적으로 음악을 공부하지 못하게 되었다. 이후 일리야는 타슈켄트 근방에서 유명했던 관악 오케스트라를 새롭게 조직하였다. 고려인들의 연극이 우리의 농장으로 공연 왔을 때 나는 그의 오케스트라를 만나게 되었다. 음악 교육을 받은 나의 두 오빠인 보리스와 볼나는 이 오케스트라의 학생단원이었다. 아, 그건

[사진 10-5] 김 스베뜰라나의 아버지와 볼셰비크 집단농장 동료들

그렇고 나의 아버지가 타슈켄트 지역의 벡테미르시에 있을 때, 아버지는 고려인 극장의 첫 번째 지도자 중 하나였다.《고려인 극장의 역사》라는 책에서 나의 아버지의 이름을 찾지 못했을 때 정말 화가 많이 났었다. 그러나 역시 이것은 우리의 잘못이다.

볼셰비크 집단농장의 관리자였던 아버지가 어떻게 예술가들과 만났는지에 대해서 사람들에게 매우 많이 들었다. 그 예술가들은 각 가정에 할당되어 숙식을 해결하게 되어 있었다. 우리 집에는 고려인 김진과 리범도 악사들이 항상 머물렀다. 나는 김진 아저씨가 입었던 잠옷에 우리 3명이 같이 들어가서 장난쳤던 것을 기억한다. 그는 뚱뚱했다. 몇 년 전 리함댁과 체르 추 악단원들이 나에게 아버지에 대한 많은 이야기를 해주었다. 나는 그들에게 아버지에 대한 기억을 기록해달라고 부탁했지만 아직 그 기록은 전달받지 못했다.

일리야는 1946년에 자신의 고향인 벨라루스로 돌아갔다. 그는 돌아간 이후에도 초콜릿 과자와 볶은 호두를 보내왔다. 아직도 그 맛을 잊지 못한다. 하지만 일리야가 돌아가고 몇 년이 지나자 연락이 끊어졌다. 그 당시에 많은 고려인들이 고향으로 돌아갔는데, 아마도 일리야는 우리가 한국으로 들어간 줄 알았던 것 같다. 그러던 어느 날 삼촌으로부터 편지를 받았다. 삼촌의 아내인 갈랴가 로스토프시의 시장에서 일을 하고 있는데 갑자기 어떤 유태인이 타슈켄트에서 왔는지 그리고 볼셰비크 집단농장의 관리자에 대해 알고 있는지를 물어보았다고 한다. 갈랴는 집으로 돌아오자마자 삼촌에게 이 사실을 말했고, 삼촌은 바로 시장으로 뛰어갔지만 결국 일리야를 찾지 못했다. 또, 어느 날 나와 같은 반이었던 친구가 나에게 라디오에서 민스크 클래식 오케스트라 지휘자를 일리야라고 이야기하는 것을 들었다고 전해주었다. 나는《이즈베스찌야》신문과《쁘라브다》잡지에 그를 찾는 글을 올리려고 했지만 뜻대로 잘 되지 않았다. 지금이라면 꼭 찾을 수 있을텐데….

손 라브렌찌 연출 감독님과 김 알렉셰이 오디오 감독님, 〈음악의 선생님〉이라는 대단한 영화를 만들어주셔서 감사드린다. 김영남 레슬링 올림픽 챔피언님의 투자에도 정말 감사드린다. 영화를 개봉할 때 이스라엘 대사님도 있었다. 그곳에 있던 모든 사람들이 눈물을 흘렸다. 다행히도 그 영화는 아직 내가 가지고 있다. 사람들이 "너 태어날 때 자연이 모두 쉬고 있었어."[2]라고 말할 때 우리에 대해 말하는 것 같다. 왜냐하면 우리 중 그 누구도 아버지의 비상한 머리와 리더십, 멋진 목소리, 글재주를 범접할 수 없었기 때문이다. 아버지의 아들인 보리스는 역사 선생님이 되었고 볼냐는 수학 선생님이 되었다. 그리고 딸인 밀라는 농부가 되었고 나 스베뜰라나는 선생님이, 안나는 간호사가 되었다. 우리는 모두 성실하고 근면, 정직하게 자랐다. 모두 부모님께서 주신 교육 덕분이다.

나는 아버지가 남긴 원본 문서를 80년대에 자신들의 신문에 올리기로 약속한 남혜원과 미국 기자 로스 킹에게 준 적이 있다. 그러나 남혜원은 죽었고 시신과 같이 문서가 태워져 아버지의 문서는 남지 않았다고 한다. 로스 킹은 이후에 알마티에 다시 방문했지만 나에게는 연락하지 않았다. 그는 내가 자료를 준 것을 기억하지 못하는 것 같다. 매우 안타까운 일이다.

나는 지금 알마티 한국어교육원에서 고려인 노인들에게 한국어를 가르친다. 또한, 필요할 때 노인대학에서 번역 업무를 도와준다. 알마티 비단길 합창단에 속해 있으며, 가끔《고려일보》에 기사도 쓰고 있다. 13년 동안 신문사의 편지를 받는 부서에서 일했다. 그리고 한국 회사들에서도 일했다.

---

2) 러시아식 농담. 태어날 때 자연이 일을 하지 않아서, 부모님의 좋은 유전자를 받지 못해 똑똑하거나 예쁘지 않다는 말이다.

[사진 10-6] 김 스베뜰라나의 아들, 이고르와 비딸리

[사진 10-7] 김 스베뜰라나의 손녀, 아냐와 알리나

나는 자식들을 잘 키웠다고 생각한다. 큰아들 이고르는 광고 일을 하고 그림을 그린다. 둘째 아들 비딸리도 광고 일을 하는데 그림은 취미이다. 딸 타찌야나는 한국 회사에서 일을 한다. 그들은 한국의 전통과 관습을 잘 지키고, 한국 음식을 잘 먹는다. 새해가 되면 아이들은 손주들, 조카들과 함께 꼭 세배를 하러 온다. 나는 돈을 미리 준비해서 그들에게 세뱃돈을 준다. 딸은 한국어를 정말 잘한다. 아들들은 딸보다는 한국어를 못하지만 전통은 잘 지킨다. 손녀들도 한국의 문화에 많은 관심이 있다. 큰손녀 아냐는 카자흐스탄 민족의 주르게네프 대학교에 다닌다. 작은손녀 알리나는 체육학교 3학년으로 탁구를 아주 잘한다. 우리는 한국의 역사와 문화 프로그램에 손녀를 참여시키도록 노력하고 있다. 가장 어린 8살 손녀는 조금씩 한국어를 읽기도 하고 쓰기도 한다. 그들은 여름에 한국에 갈 계획이다. 손녀들은 저금통에 100텡게[3]씩 모으고 있다. 벌써 200달러를 모았다고 한다. 나는 그들에게 기도를 하라고 한다. 우리는 온 가족들과 함께 교회에 매주 다닌다.

3) 카자흐스탄의 화폐 단위

6. 김 스베뜰라나 니꼴라예브나

내 이름은 김 스베뜰라나 니꼴라예브나이다. 1950년 1월 24일, 탈디-쿠르간 주 우슈토베라는 작은 도시에서 태어났다. 우리 민족에게 이 도시는 고려인의 수도라고 불린다. 왜냐하면 소비에트 시절에 이곳에 많은 고려인이 살았기 때문이다. 나는 아이가 많은 가정에서 태어났고 자랐다. 부모님께는 6명의 자식이 있다. 나에게는 두 언니와 3명의 오빠가 있다. 오빠 김 게르만 니꼴라예비치는 역사학 박사, 한국학 교수였으며 나와 모든 친척들에게 존경을 받고 있다.

우리가 어렸을 때 부모님께서는 그들이 18살 즈음에 1천 명의 고려인들과 함께 카자흐스탄으로 강제로 이주 당했다는 것에 대해 말씀해주지 않으셨다. 나는 우리 민족이 항상 우슈토베에서 살고 있었다고 생각했다. 우리가 살았던 집은 바로실로브 거리에 위치해 있었다. 이 집은 부모님의 손에 의해 지어졌다. 그곳의 모든 거리에서 고려인 가정을 제외한 러시아 가족은 겨우 네 가정 정도밖에 없었다. 우리는 모두 사이좋게 지냈다.

나의 어린 시절은 행복했다. 우리 가족은 부유하지는 않았지만 사랑과 행복이 있었다. 나의 어머니 헤가이 올가(1928년생)는 정말 일을 열심히 하시는 분이었고 여섯 자식들의 자비로운 어머니였다. 그녀는 우리가 다른 사람들보다 부족하지 않게 살게 하기 위해 열심히 노력하셨다. 우리의 성공에 기뻐하셨고 항상 공부를 해야 한다고 말씀하셨다. 많은 지식을 가지고 있으면 미래가 열릴 것이라고 생각했기 때문이었다. 그녀는 춤을 추는 것을 좋아하셨다. 한국의 춤을 그냥 추는 정도가 아니라, 고려인들 사이의 축제에서 춤으로 1등 상을 받을 정도로 잘 추셨다.

나의 아버지는 자식들 중에서 특히 나를 좋아하셨다. 아마도 그건 내가 아버지를 매우 닮아서 그런 것 같다. 많은 사람들이 아버지에게 그렇게 말하곤 했다. 나의 아버지 김준빈(1917년생)은 평생을 고려인 극장에서 일하셨다. 극장에서는 그의 수고를 매우 높게 평가했고 그를 존경했다. 내가 어린 소녀였을 때 고려인 극장에서 하

[사진 10-8] 김 스베뜰라나의 행복했던 어린 시절(6살)

는 연극을 모두 보았다. 부모님은 항상 나를 데리고 가셨다. 예를 들어 〈오델로〉를 나는 7살 때 보았다. 무대에서 했던 모든 공연은 어린 나에게 매우 큰 감동이었다. 나는 어제 이것을 보았던 것처럼 생생히 기억한다. 지금까지 연극무대를 좋아한다.

어린 시절부터 나는 고려인의 말을 이해했다. 부모님은 나와 함께 있을 때 항상 고려인의 말로 이야기하셨다. 그들이 말하는 것은 매우 신기했다. 우리 형제자매에게 항상 고려인의 말로 이야기하셨으나 한 번도 고려인의 말로 대답하라고 강요하지 않으셨다. 그러므로 나는 러시아어로 말하고 읽고 쓸 뿐만 아니라 러시아어로 생각도 한다. 아마 우리에게 러시아어를 전혀 모르시는 할머니나 할아버지가 계셨더라면, 나는 그들과 고려인의 말로 이야기를 했을 것이다. 그러나 나는 할머니 할아버지의 얼굴을 한 번도 보지 못했다. 왜냐하면 어머니와 아버지는 일찍 부모님을 여의었기 때문이다.

나는 7살이 되던 해에 15호 학교에 입학하게 되었다. 이 학교는 이후에 261호 학교로 이름이 바뀌었다. 나는 공부를 정말 잘했고 은메달로 학교를 졸업했다. 무엇보다 나는 책 읽는 것을 좋아했다. 우리 학교에는 큰 도서관이 있었는데, 나는 8학년 때 이미 그곳의 모든 책을 읽어버렸다. 나의 언니 타마라는 우슈토베의 큰 서점에서 일했다. 그녀는 가게에서 내가 책을 읽도록 허락해주었다. 왜냐하면 학창 시절에 나는 러시아 책만 읽은 것이 아니라 외국 작가의 작품도 읽었기 때문이다. 나는 낭만

[사진 10-9] 김 스베뜰라나의 116그룹 사진(1983~1984)

적인 소녀로 자랐다. 나는 사랑에 대한 책들을 읽는 것을 매우 좋아했다. 내가 14살 때 내 손에 샬롯 브론테의 《제인 에어》라는 책이 주어졌다. 나는 그 책을 하루 만에 처음부터 끝까지 다 읽어버렸다. 이 사랑에 대한 역사는 얼마 동안이나 나를 동요시켰고 나는 영화 속에 있는 것처럼 모든 것을 읽거나 보았다. 나는 거의 40년 후에 영화 〈제인 에어〉를 보게 되었다.

학교를 졸업하고 알마티 교육대학교 독문학과에 입학했다. 내가 아직 학교에 있었을 때 모든 과목의 선생님들은 다 훌륭하신 분들이었다. 그리고 독일어 수업이 정말 좋았다. 내가 5학년 때 나는 독일어 선생님이 되기로 결정했다. 나의 어린 시절 꿈은 선생님이 되는 것이었고, 1972년 대학교를 우수한 성적으로 졸업하며 실현이 되었다. 독일어 선생님이 아닌 내가 다녔던 대학의 독일어 강사가 되었다.

1976년 나는 모스크바 교육대학교의 대학원 과정을 제안받았다. 1979년 대학원을 졸업했고 박사학위 논문 제출을 위해 알마-아타(알마티)에 돌아왔다. 1982년 나는 대학으로부터 독일민주주의공화국(구서독)의 베를린대학교에 10개월 실습으로 보내졌다. 이것은 나의 첫 해외로의 여행이었다. 나는 카자흐스탄 사람들이 보통 결혼하는 나이보다 비교적 늦은 나이인 30살에 결혼을 했다. 나의 친척이 남편을 소개해주었다. 2명의 아이를 낳고 우리는 12년을 같이 살았으나 결국 헤어지게 되었다. 이것은 90년대 초의 일이다. 이때는 각각의 나라뿐만 아니라 사람들에게도 매

[사진 10-10] 김 스베뜰라나의 손자

우 힘든 시기였고 많은 가정들이 이혼을 했다. 지금 자식들은 이미 성인이 되었고 나는 그들이 행복한 삶을 살기를 원한다.

나의 아들 올렉은 32살이다. 그는 높은 수준의 경제 교육을 받았다. 그에게는 가족이 있다. 그의 아들 다니일은 이제 겨우 2살이다. 나의 손자는 나에게 매우 큰 기쁨이고 기적처럼 매일 나를 기쁘게 한다.

나의 딸 나타샤는 26살이다. 그녀는 국제경영대를 졸업했다. 지금 프라하에서 살며 일하고 있다. 그녀는 그림, 음악, 춤, 스키에 흥미가 있고 그림을 잘 그리며 피아노와 기타를 잘 연주한다. 나의 딸에게는 다양한 나라들의 친구들이 많다. 그녀는 재밌는 삶을 살고 있다. 그리고 그것으로 인해 나는 매우 기쁘다. 정말 부모님은 자신들이 가진 것보다 더 크고 좋은 것이 자식들에게 있기를 항상 원한다.

나는 내 자신의 전문적인 활동에서 내가 행복한 사람임을 실감한다. 나는 내 일을 사랑한다. 왜냐하면 젊은이들과 함께 일하기 때문이다. 학생들은 활동적이고 밝고 친절하며 개방적이다. 그들과 있으면 늘 즐겁고 젊음을 느낀다. 왜냐하면 아직 마음은 젊기 때문이다. 나는 직업 덕분에 독일뿐만 아니라 유럽의 오스트리아, 스위스, 네덜란드, 프랑스, 벨기에, 이탈리아 등 여러 나라를 다녀왔다. 독일에서 실습으로 많은 유명한 대학들을 오갔다. 나에게는 동료와 친구와 지인들이 많이 있다. 지금 나는 내가 가보지 못한 나라들을 여행하고 싶다.

나는 내 직업 덕분에 한국을 알게 되었다. 1993년 나는 라이프찌히에서 열린 국제 독일어 교사들의 대회에 참여했다. 그곳에서 한국에서 온 한 교수를 알게 되었는데 그의 이름은 김병옥이다. 1994년 나는 그의 초대로 서울을 방문했고 독일 학자들의 대회에서 연설에 참여하게 되었다. 나는 10일간의 한국인들과 보낸 시간들을 잊지 않을 것이다. 그때 당시에는 내가 이방인이라는 것을 느끼지 못했다. 내 주

[사진 10-11] 1994년 서울에서
김 스베뜰라나

위에는 지인들과 가까운 사람이 가득했다고 느꼈기 때문이다.

10년 후 나는 관광객들과 함께 두 번째의 한국 여행을 했다. 그리고 다시 10년 후인 2014년 5월 나는 우리 조상들의 고향인 한국을 세 번째로 오게 되었고, 한민족 노인대학의 2회 졸업생이었다. 노인대학에서 공부하는 동안 매우 흥미롭고 새로운 한국민족의 역사, 전통, 관습 등을 알게 되었다. 그리고 내 나이대의 많은 좋은 사람들과 알게 되고 친해지게 되었다. 노인대학에서 나는 처음에 한국에서 온 선생님들과 자연스럽지 않게 말했었으나 이제는 듣거나 이해를 더 잘하게 되었다.

나는 항상 내가 고려인인 것을 자랑스러워했었고 지금도 자랑스러워하고 있다. 나는 카자흐스탄에 살고 있는 1천 명의 고려인 중 하나이다. 그리고 카자흐스탄에서 많은 민족들 중에 존중받는 민족 중 하나이다. 우리 고려인 2세대는 부모님 덕분에 민족성을 잃지 않았고 우리들의 문화와 전통과 관습을 지켰다. 지금 우리는 많은 민족들 사이에 흔적 없이 사라지지 않기 위해, 우리의 정체성을 지키기 위해, 우리의 아이들과 손자들이 한국어를 배우도록 그리고 그들처럼 말하도록 하기 위해서 노력해야 한다. 그리고 자신들의 역사적인 고향과의 연결을 언제나 잃지 않기 위해!

7. 김 예브게니 페트로비치

나는 1933년 8월 22일에 러시아에서 태어난 김 예브게니 페트로비츠이다. 나의 아버지는 1900년 출생하신 김 페도르 안드레이비츠이고, 어머니는 1906년에 출생하신 안 알렉산드라 니콜라엡나이다.

1937년에 우리 가족이 치타에 살고 있었을 때, 우리 집에 할아버지가 손님으로 오셨다. 할아버지는 1881년에 태어나신 김 안드레이 세묘노비치이다. 얼마 지나지 않아 할아버지는 일본 스파이로 잡혀갔다. 바로 그해에 아버지도 잡혀갔다. 나는 아버지의 형들인 김 페트르 안드레예비치, 김 콘스탄틴 안드레예비치, 또 쌍둥이인 바디므와 비싸리온 말고는 다른 친척들을 알지 못한다. 그분들은 구리예프에 살다가 망기스타우로 강제이주 되었고, 지금도 우리 할머니와 아버지 형제들은 다 거기에 살고 계신다.

우리 어머니는 교육의 기회가 적어 초등학교만 졸업하셨다. 우리 집에는 남자가 없어서 가난하고 힘든 생활을 했다. 아버지가 수감된 후에 우리는 유랑 생활을 시작했다. 어머니는 3명의 아이(나는 3살, 남동생은 2살 그리고 여동생은 생후 7개월)와 함께 극동에서 카자흐스탄 크질-오르다로 이주하게 되었다. 거기에서는 1881년 출생하신

[사진 10-12] 김 예브게니의 그리운 어머니와 가족들

할머니의 여동생 한 나딸리야와 할머니의 딸(1915년 출생) 림 니카 니코라예브나가 살고 있었다. 우리가 어렸을 때 할머니와 할아버지는 힘들어도 용기를 내서 열심히 살아야 한다고 했지만 우리는 잘 이해할 수 없었다. 지금은 그 말을 이해할 수 있다.

우리는 낙심하지 않고 '구두리'라는 집을 만들었고, 마루에 갈대 돗자리를 깔고, 집이 들어오는 곳에 '가마' 페치카를 놓았다. 집 앞 마당에 나무절구를 만들었다. 주문이 들어오면 현미를 백미로 만들어주고 임금으로 쌀을 조금 받았다. 하지만 이것은 계절노동이라 한철이면 끝났다. 나는 맏아들이기 때문에 할머니와 같이 밤새도록 다리로 방아를 누르곤 했다. 방아의 다른 쪽에서는 돌격대원처럼 쌀알을 채워졌다. 우리는 그렇게 백미를 만들었다.

어머니는 아버지의 옷과 갖가지 용품을 가지고 가서 생산품과 교환하며 살았다. 곧 어머니는 봉제 공장에 취직하셨고 나는 이웃 아이들과 놀면서 시간을 보냈다.

1941년 제2차 세계대전이 시작되었고, 가게에서 생필품은 찾아볼 수 없게 되었다. 빵은 쿠폰으로만 받을 수 있었다. 어른들과 노동자들은 하루에 500그램, 아이들은 300그램만 받을 수 있었다. 나는 당시 1학년 학생이었는데 학교에 다닌 지 얼마 안 되어 우리 학교는 육군병원이 되었고 전쟁에서 온 부상자들로 가득했다. 우리는 어느 아파트를 교실로 바꾸어 그곳에서 공부를 이어갔다. 그렇게 2년이 흘렀다. 1943년에는 여학생과 남학생을 나누어 학교가 만들어졌고 난 남자 학교에 다녔다. 우리는 책과 공책들이 부족해서 너무 힘들었다. 또 음식으로도 고생을 많이 하였다. 배고픈 우리들에게 학교에서 가끔 흰 빵을 주었고 무료로 점심을 주기도 하였다. 그해에 나는 고무신 발바닥 슬리퍼를 받았고, 겨울 내내 털실로 짠 양말과 슬리퍼를 신었다. 아버지나 형이 전쟁터에 있는 가족들은 배급을 받았다. 하지만 우리는 '민중의 적'인 가족이었기 때문에 배급을 받을 수 없었다. 어머니가 일하는 곳에서는 여름에 우리에게 채소밭을 주었는데, 나는 할머니나 어머니와 같이 채소밭을 갈았고 가을에는 옥수수와 강낭콩, 호박을 수확했다. 여름에는 여러 종류의 풀로 끼니를 때웠다. 쑥의 일종으로 만들었던 '쑥도기'가 기억난다. 먹고 싶지 않아도 먹어야 했다. 가을에 옥수수, 강낭콩, 호박 등이 익으면 그것을 보는 것만으로도 기분이 좋았다.

기억으로 가을 어느 날, 어머니가 봉제공장에서 집으로 돌아올 때 한 달 기간의 배급쿠폰이 있는 가방을 도둑맞았다. 그때 너무 힘들었다. 1943년에는 나딸리야 할머니와 어머니, 고모가 장티푸스에 걸렸다. 나는 할머니와 같이 병원에 음식과 죽을 가지고 왔다 갔다 하였다. 어머니와 고모는 같은 병실에 계셨다. 어느 날, 고모가 죽을 뻔했는데 어머니가 제때 당직의사를 불러 고모가 살 수 있었다. 1945년 5월에 전쟁이 끝나자 매우 기뻤다.

우리 아버지의 형들인 바다와 바샤도 노동전사로 전쟁에 참전하였다. 바샤는 군용 열차를 타고 전쟁터로 가게 되었다. 두 분은 전쟁이 끝나고 살아서 돌아왔다. 나는 친척들의 병 때문에 결석을 많이 하게 되어 1944년에 4학년으로 진급을 못하고 3학년에 머물렀다. 1945년에 4학년을 졸업한 뒤 학교를 바꿔 지방학교에 다니기 시작하였다. 졸업 연도인 7학년 졸업파티에서 학교의 관현악단 연주가 있었는데 나는 제대로 춤을 추지 못하였다. 8학년이 되자 춤을 배우기 시작하였고 9학년 때 나는 유리지구 댄스챔피언이 되었다. 10학년에는 춤으로 상을 타기도 하였다. 10학년 졸업 이후 무엇을 공부하고 어느 대학에 갈지 고민을 하였다. 군대에서 복무하는 것도 염두에 두었다. 하지만 어느 날 극장에서 야금 공장과 임업에 대한 영화잡지를 보게 되었고 그다음 임산기술학과에 입학하였다. 권투를 하면서 공부를 했다. 대학교 1학년을 마친 뒤 칼리닌그라드 해군학교에 입학하고 싶으나 위원회로부터 합격 받지 못했다. 나는 나의 민족성 때문이라고 생각하였다. 대학교를 졸업한 뒤에 타지구로 가서 일했다. 6개월 동안 일한 뒤 나에게 주택이 부여되지 않아 일을 그만두었다.

1958년에 알마티로 왔고 그해에 결혼했다. 우리 아내는 1936년에 태어난 코가이 라리사 바실리예브나로 러시아어 및 문학전공으로 크질-오르다 사범대학을 졸업했다. 알마티 학교에서 일하고 그다음에는 유치원에서 교무주임으로 일하며 연금을 받고 생활하기 시작했다. 아내의 아버지는 1900년생이신 코가이 바실리 이바노비치이다. 1921년에 그분은 불법으로 마을에 공산당 조직을 만들고 빨치산이 되

[사진 10-13] 김 예브게니의 가족사진

었으며 내전이 끝날 때까지 참전하였고 카자흐스탄 잠불 지구에서 벼농사를 시작하였다. 그 이후에는 모스크바 체미랴체프 아카데미로 공부하러 갔다. 졸업한 뒤 로스토프시에서 일했으나 체포되었다. 장인어른은 1958년에 돌아가셨고 돌아가신 뒤에 명예가 회복되었다.

딸은 1959년에 태어난 김 알라 예브게네브나이다. 카자흐스탄 사범대학에서 아이들의 언어교정을 담당하는 의사였다. 언어교정의학을 공부했고 지금은 국립은행 유치원에서 언어교정사로 일하고 있다. 아들은 1961년 태어난 김 알렉스이고 카자흐스탄 에너지대학을 졸업하였다. 손자는 1991년에 태어난 김 드미트리 알렉산드로비치이고 학생이다. 아내는 2005년에 작고하였다.

1937년에 강제이주 된 한국인들은 카자흐스탄 인구의 1% 전후인데 이들 중 박사, 엔지니어, 운동선수, 화가, 감독들이 많다. 카자흐스탄의 진보적인 국가 정책에는 민족 차별이 없기 때문에 고려인들은 자기의 문화를 지키고 발전시켜나가고 있다고 생각한다.

8. 김 타마라 디미트리예브나

내 이름은 김 타마라 디미트리예브나이고, 1951년 2월 11일에 크질-오르다라는 도시에서 태어났다. 내가 2살 때 우리 가족은 카프카스로 이사했다.

나는 할아버지와 할머니를 기억하지 못할 뿐만 아니라 그들의 가족조차 모른다. 할아버지에 대해서는 큰언니인 류드밀라가 해준 이야기가 있다. 우리 할아버지는 어렸을 때 부모님과 함께 이사를 왔다. 하지만 할아버지는 부모님이 일찍 돌아가시는 바람에 고아가 되었다. 고아가 된 그는 러시아 가정에서 자랐다. 이때 할아버지에게 '디미트리'라는 이름이 있었다. 언니의 말에 의하면 할아버지에게 '도운쟈'라는 이름이 있었지만 그 이름이 한국 이름인지 아니면 다른 나라 이름인지는 아무도 모른다고 했다. 할아버지는 한국 여자와 결혼했다. 그에게는 2명의 아들과 3명의 딸이 있었다. 자녀들의 이름은 모두 러시아어로 지었다. 스테반, 디미트리, 예가테리나, 류보브, 마리야가 아버지의 형제자매들이다. 그중 스테반 삼촌은 당원이었다. 예전에 어머니에게는 삼촌들이 군인 옷을 입고 찍었던 사진도 있었다. 스테반 삼촌은 러시아 여자와 결혼했고 두 아들을 낳았다고 하는데 그들이 지금 어디에 있는지는 알지 못한다. 그 이후에 삼촌은 고려인 여자와 결혼했고 류드밀라라는 딸이 태어났다. 나중에 삼촌은 NKVD(내무인민위원회)라는 조직이 데리고 갔다. 그 이후에 삼촌의 삶이 어떻게 되었는지는 아무도 모른다.

외할아버지와 외할머니에 대해서 우리는 잘 모른다. 외할아버지에게는 닭고기 공장이 있었다고 한다. 외할아버지는 일찍 돌아가셨고 그 이후에 외할머니는 두 번 결혼했다. 아버지와 어머니는 언제 어디에서 어떻게 만났는지도 모른다. 아버지는 군인이었으며 어머니와 함께 블라디보스토크에 있는 군인들의 도시에서 살았다. 카자흐스탄으로 왔을 때 어머니는 둘째 아이를 가졌다. 아버지는 이후에 크질-오르다에서 취직을 했다. 전쟁이 일어나자 아버지는 노동군대에 갔다.

어머니는 혼자서 힘들게 2명의 아이를 키우게 되었다. 전쟁 당시 어머니에게는

[사진 10-14] 김 타마라와 여동생(1967)

[사진 10-15] 김 타마라의 8학년 때 모습(1966)

3명의 아이들이 있었다. 1936년에 태어난 아들 블라디렌, 1938년에 태어난 딸 류드밀라, 1941년에 태어난 딸 길라브쟈가 있었다. 전쟁이 끝나고 1945년 9월이 되자 아들 아나톨리, 그리고 1951년에 나, 1955년 아들인 로란드가 태어났다.

1953년 이동이 자유로워지자 우리는 가족과 같이 카프카스로 떠났다. 우리는 다게스탄이라는 지역에 있는 작은 마을에서 살았다. 나는 6살 때까지 한국어와 쿠미크어로 말했다. 내가 7살 때 우리는 다른 마을로 이사를 했는데 그 마을 인구들은 러시아 민족 사람들이었다. 나는 거기에서 초등학교 1학년에 진학했다. 처음에는 러시아어를 잘 몰랐지만 빨리 배워서 공부를 잘했다.

하지만 우리는 어렵게 살았다. 부모님이 밭에서 일하시는 바람에 우리는 자주 집에 혼자 있었다. 우리는 비록 위대한 사람이 될 수는 없었지만, 부지런하고 꼼꼼한 사람들이 되었다. 큰오빠는 레닌그라드에서 군인 양성 고등학교를 졸업했다. 오빠가 거기에서 공부할 때 류드밀라 언니가 뒷바라지를 많이 했다. 하지만 오빠가 일을 많이 하는 바람에 병에 걸려서 군대를 일찍 떠나게 되었고 알마티에 있는 아파트로 이사했다. 결국 큰오빠 블라디렌은 39살에 3명의 아이를 아내에게 맡기고 사망했다. 두 번째 오빠인 아나톨리는 의과대학교를 졸업하고 평생 알마티에 있는 병원

[사진 10-16] 김 타마라의 결혼식
(1971. 1, 카프카스)

에서 치과의사로서 일했다. 현재는 연금수령자이다. 작은 남동생인 로란드는 사업가이다. 우리 자매는 대학교에 가지 못했다. 큰언니는 평생 밭에서 일했다. 둘째 언니인 길라브쟈는 카프카스 공장에서 기사로 일하다가 나중에는 밭에서 일했다. 모두 다 결혼했고 오늘날 자녀와 손자들이 있다.

나는 어렸을 때부터 독서를 좋아했다. 집에 있는 모든 책을 읽었다. 그중에서 내가 가장 많이 감동을 받았던 책은 보이니치의 《둥근 천장》이라는 작품이었다. 특히 주인공이 하나님과 아들 중에서 하나를 선정해야 하는 연극이 너무 감동적이었다. 뿐만 아니라 그 책으로 인간은 사상과 다른 인간을 위해서 죽음을 맞을 수도 있다는 사실을 알게 됐다. 어린 시절에 큰오빠가 레닌그라드에서 가져온 책 덕분에 책을 많이 읽었다. 나는 뒤마, 졸라, 모파상, 마인 레이드, 그리고 많은 작가들의 작품을 읽었다. 나는 하루 종일 책 읽는 것을 좋아한다. 또한 음악을 아주 좋아한다. 어렸을 때 피아노를 치고 싶었지만 그때 마을에서는 그런 것에 대해서 생각조차 못했다. 그림을 그리기도 좋아했다. 인형에게 줄 옷을 직접 만들었다. 알마티에서 학교에 다닐 때 옷을 꿰매는 것에 대해서 배웠다. 10학년을 졸업하고 공장에 취직했다. 대학교에 들어가지 않은 이유는 내가 가고 싶은 곳은 어른들이 반대했고, 어른들이 하고 싶은 곳은 내가 싫어했기 때문이다. 공장에서 6개월 정도 일했는데, 어머니가 병에 걸려서 일을 그만뒀다. 그리고 밭에서 일을 하기 시작했다.

그곳에서 남편을 만났다. 처음 그 사람한테 고백을 받았을 때는 거절했다. 가을이 되자 어머니의 수술 때문에 아버지와 어머니가 알마티에 갔다. 밭에는 우리 자매밖에 없었다. 그때 남편은 하루 동안 일 때문에 다른 곳에 가야 했는데 우리가 혼자 남아 있는 것이 싫어서 저녁에 다시 돌아왔다. 바로 그 순간부터 나는 그가 마음에 들기 시작했다. 그리고 20살이 되자 나는 그와 결혼을 했다. 결혼식은 1971년 1월 10일에 알마티에서 올리고 일주일 후에 카프카스에서 다시 올렸다.

우리가 결혼할 때에는 벌써 시부모님이 돌아가신 이후였다. 시아버지는 남편이 18살 때 돌아가셨고 6년 후에 시어머니도 돌아가셨다. 결혼식은 거의 러시아식으로 지냈다. 하지만 할 수 있는 부분은 고려인의 전통으로 치렀다. 남편은 시부모님이 일찍 돌아가신 바람에 대학교를 졸업하지 못했지만 원래 똑똑한 사람이었다. 남편은 기술고등학교를 졸업하고 나서 공업용 기계를 고치는 수리업자로 일했다. 부모님이 돌아가시고 여동생과 혼자 남았을 때 그는 모든 것을 다 버리고 밭에 일하러 갔다. 밭에서도 뭔가 만들며 사람들의 노동을 좀 더 쉬워지도록 했다.

1971년 10월에 마르가리타라는 딸, 2년 후에 루스란이라는 아들, 그리고 4년 후에 베체스라브라는 아들이 태어났다. 나는 남편과 함께 자녀들을 키웠다. 남편은 대부분의 시간을 밭에서 일하며 보냈다. 남편과 같이 일하는 사람들의 50%는 고급 교육을 받은 사람들이었다. 그들은 돈을 빨리 벌고 싶어했지만 밭에서 그럴 수는 없었다. 가끔 부족한 점이 있었지만 우리는 남편과 잘 살았다. 우리는 카프카스에 있는 작은 도시인 베스란에서 크고 예쁜 집을 짓고 행복하게 살았다. 하지만 어려움을 겪어서 그 집을 팔고 남편이 예전에 일했던 마을로 이사하게 됐다. 그 당시에 딸은 학교를 졸업하고 모스크바에 있는 대학교에 입학했다. 딸은 거기에서 1년 공부하다가 결혼했다. 11월에 우리의 첫 손자인 스타니스라브가 태어났다. 그 소식을 듣고 우리는 정말 행복했다. 그러나 우리의 행복은 그리 오래가지 않았다. 딸과 사윗감이 대학교를 가지 않고 밭에 일하러 갔다. 당시에는 밭에서 일하기 위해 직장을 버리는 사람들도 많았다. 남편과 밭에서 같이 노동하는 남편의 사촌들 중 하나는 레닌그라드 조선대학교를 졸업했고 또 하나는 모스크바 항공대학교를 졸업했다.

[사진 10-17] 김 타마라의 큰아들과 작은아들 가족

[사진 10-18] 김 타마라의 딸과 손주

1990년 6월에 우리는 마을로 이사를 했다. 8월에 남편이 병에 걸려 입원하게 됐다. 두 달 반 동안 나는 남편과 같이 병원에 있었다. 남편의 몸이 마비되어 전혀 움직일 수 없었다. 1년이 지나자 남편의 몸은 점차 움직이기 시작했다. 숟가락 잡기도, 걷기도 다시 배웠다. 나는 내가 아픈 것보다 남편이 고통스러워하는 것을 보는 것이 더 힘들었다. 나는 그때 39살이었다. 언니와 오빠들은 나를 걱정하며 알마티로 불렀다. 1999년에 나는 마비된 남편과 두 아들과 함께 내가 청소년 시절을 보낸 알마티로 돌아갔다. 처음에는 물론 힘들었다. 아들은 닥치는 대로 아무 일이나 했다. 시간이 지나면서 생활이 점차 펴지기 시작했다. 우리는 남편과 마을로 이사를 했고, 작은 밭에서 채소, 참외, 수박을 심었다. 아들은 도시에 남았다.

2001년에 큰아들인 루스란이 결혼했고 2년 후에 둘째 아들인 베체스라브도 결혼했다. 둘 다 고려인과 결혼했다. 큰며느리 스베뜰라나는 회사에서 회계사로 일하고 있고 둘째 며느리 예레나는 주부로 자녀를 돌보고 있다. 그녀는 음악학교와 외국어대학교를 졸업해 노래를 아주 잘 부른다.

나는 2명의 아들에게 고등교육을 시키지 못했다. 둘 다 아버지처럼 전문기술고등학교를 졸업했다. 그러나 그들은 도시에 가자마자 다른 사람들의 도움 없이 자기 가구 생산 사업을 만들었다. 게다가 'BLVM'이라는 호주 회사의 공식적인 대표가 되었다.

큰아들에게는 아들 3명이 있다. 애두아르드, 니키타 그리고 다니일이다. 니키타와 다니일은 쌍둥이이다. 작은아들에게는 두 아들이 있다. 콘스탄틴과 아르투르이다. 그리고 딸 1명인 아나스타시야가 있다. 딸에게는 아들 스타니스라브만 있다. 나에게는 손자 6명과 손녀 1명이 있다. 나는 행복하다.

남편은 이들을 보지 못하고 2005년에 사망했다. 니키타, 다니일 그리고 아르투르가 할아버지가 돌아가신 후에 태어났다. 나는 남편이 사망한 후에 굉장히 슬펐다. 나는 아무것도 하지 않았다. 모든 것에서 흥미를 잃어버렸다. 그런데 내 생활에서 헤가이 나탈리야라는 새로운 친구가 나타났다. 그녀는 아주 착하고 의지가 강한 편이다. 옛날에 그 친구도 마비를 겪었다가 거의 회복했다고 한다. 그녀는 나를 노인단이라는 한국 조직에 데리고 갔고 김 스베뜰라나 니꼴라예브나라는 자신의 친구를 소개해주었다. 이 친구 덕분에 나는 한국교육원에 있는 노인대학교에 갔다.

수업은 수요일마다 있었다. 우리 반은 모두 친한 친구가 되었다. 또한 이제 나는 내 고향에 대해서 많은 것을 알게 됐다. 고향의 역사, 풍습, 전통춤, 노래, 심지어 음식에 대해서도 배웠다. 이제 한국어를 읽을 수 있다. 자랑스럽다. 한국은 짧은 시간 동안 재빨리 발전해서 10개의 선진국 대열에 들어간 나라이다. 한국과 카자흐스탄이 서로 좋은 사이여서 다행이다. 카자흐스탄 대통령인 나자르바예브가 우리가 고향 사람들과 자유롭게 이야기할 수 있는 기회를 주셔서 감사드린다. 사고방식이 다르지만 우리는 한민족이다. 나는 자손들에게 이런 말을 하고 싶다.

"어떤 상황에서도 한국 사람인 것을 잊지 마세요!"

11장
고려인 자기생애사: 김옥자~박 제야 그리골리예브나

1. 김옥자

나는 김옥자이다. 1949년 1월 27일 사할린섬의 유즈노사할린스크시에서 평범한 사무원과 가정주부의 딸로 태어났다. 부모님은 1948년에 한반도에서 사할린으로 오셨다. 한반도가 일본으로부터 해방된 후 한반도의 많은 젊은 사람들이 더 나은 삶을 찾기 위해 사할린으로 건너왔다. 나의 부모님께선 사할린에서 만나 가족을 만들었고, 그곳에서 나를 낳으셨다. 아버지는 남쪽의 강원도로부터, 어머니는 북쪽의 신의주로부터 오셨다. 나의 두 남동생은 지금도 사할린에 살고 있다. 한반도가 안정된 후에 부모님은 고향으로 돌아가기를 원하셨지만, 1950년 한국전쟁이 시작되자 소비에트에 남기를 결정하시고 소비에트 국적을 받아들이셨다. 나는 한국어 초등기숙학교(1~4학년)를 졸업했다.

어렸을 때 나는 부모님의 고향으로 돌아가기를 꿈꿨으며 평양대학교에 입학하기를 원했다. 사할린의 길고 긴 겨울밤에 아버지는 가끔 자신의 그리운 고향에 대해

[사진 11-1] 김옥자의
조선초등학교 4학년 시절

말하곤 하셨다. 그때마다 매우 슬퍼하시면서 그곳으로 돌아가고 싶다고 하셨다. 아버지에게는 일곱의 형, 누나, 동생들이 있었으나 그들의 소식에 대해서는 아…. 사할린에 온 이후에는 아무것도 알 수 없었다.

나는 어린 시절을 오호츠크 해안가에서 보냈다. 그곳에서 손으로 게를 잡기도 하고 부모님을 도와 미역을 모으기도 했다. 사할린의 자연은 매우 아름다웠다. 숲에는 소나무와 전나무, 자작나무, 참나무 등 여러 나무들이 섞여 있었다. 숲에서 가까운 곳에서 부모님을 도와 고사리 등 각종 나물들을 채집해 삶고 건조시켰다. 그 이후에는 월귤나무의 열매를 채집하러 다녔다. 숲에서 열매를 채집할 때에는 잊지 못할 사건도 많이 겪었다. 한번은 우리가 열매를 따고 있는데 숲에서 곰이 튀어나왔다. 우리는 바구니를 내팽개치고 비명을 지르며 달아났고, 곰은 우리를 본 후 반대로 숲으로 다시 되돌아갔다. 지금 어린 시절의 기억을 떠올리면 그때가 가장 행복했던 때임을 느낀다. 나는 개인적으로 내가 활발한 아이였다고 생각한다. 겨울에는 아버지와 빙어 낚시를 했고, 스키, 체조, 달리기, 탁구 등을 하고 놀았다. 어머니께서는 내가 너무 밖에서만 논다고 늘 잔소리를 하셨다. 여자애는 어머니를 도와 집안일을 해야 한다고 하셨다.

나는 학업을 러시아 학교에서 마쳤다. 학교를 졸업한 후 1966년에 알마티로 왔다. 산업건설기술 교육을 받은 후, 그 일에 매료되어 건설 현장에서 일하기를 원했

[사진 11-2] 김옥자의 결혼식

[사진 11-3] 김옥자의 일상(1996. 8. 11.)

다. 그러나 남편은 허락하지 않았다. 우리는 대학교 3학년 때에 같이 공부했고 결혼했다.

그는 탈디-쿠르간에서 왔다. 남편은 거친 욕들이 자주 오가는 그런 건축 현장을 뛰어다니는 것은 자신 하나면 충분하다고 했다. 그래서 나는 디자인 전문대학교에 기술전문가로 들어가 일했다. 얼마 후 국영기업 '도르보츠트로이'로 직장을 옮겼다. 알마티의 길과 수도, 하수도를 만드는 이 기업에서 가장 낮은 위치였던 기술자부터 기획부의 이사까지 17년 동안 일했다. 1991년 신 사장님이 '알마티제스트로이' 회사의 기획부 이사직을 제안하셔서 직장을 바꾸게 되었다. 1993년부터 2011년 12월까지는 주식회사 알마티제스트로이 최고 경제전문가로 일했다. 그리고 2012년부터 알마티 한국어교육원에서 고려인들과 함께 전문가로 일하고 있다.

1996년부터 나는 알마티 한인회에 참여하고 있다. 그 전까지 나는 이 단체와 아무런 관련이 없었다. 그해에 우리 신 사장님이 알마티제스트로이의 총사장이 되었고, 한인회에서 그를 알마티 한국어교육원의 회장으로 뽑았다. 그 당시 신 사장님은 나에게 한인회를 도울 기회를 주셨다. 그와는 정년퇴직을 할 때까지 25년간 함께 일했다. 나는 고려일보의 감사위원회의 일원이 되었다. 노인대학 개설 협의에 알마티 고려일보의 대표로 참여하게 되었고, 노인대학에 우연히 들어가게 되었다.

[사진 11-4] 김옥자의 고향,
사할린에서(2010)

노인대학의 첫날은 나에게 정말 흥미로웠다. 아침의 나라인 한국의 전통, 역사, 풍습 등 한국에 대해 더 잘 알게 되었다. 나는 이곳을 두 학기나 다녔지만 그것들이 헛된 일이라고 생각하지 않는다. 나는 한국어에 다른 사람보다 익숙해서 수업을 듣고 이해하기가 쉬웠고 교훈적인 내용도 많이 알게 되었다. 게다가 많은 다양한 사람들과도 알게 되었다. 한국어교육원의 이견호 원장님 덕분에 그의 흥미로운 계획인 노인대학과 한인 어린이 학교도 실현될 수 있었다. 나는 두 학기 동안 교육생들이 재밌게 강의를 듣는 것, 그리고 더 쓰고 읽는 것을 배우려 노력하는 것을 지켜보았다. 한번은 총 영사님도 자신의 강의에서 이곳에서의 한국어교육은 절대 헛된 것이 아니라고 말씀하시기도 했다.

손치근 씨는 미래의 아이들에게 우리의 교육을 물려줘야 한다고 강조했다. 나는 아이들과 손자들이 더 자신의 역사적인 고향을 알 수 있게 노력할 것이다. 나는 노인대학 이후의 삶에서, 어디선가 나의 도움이 필요하다면 내가 할 수 있는 만큼 도울 것이라고 자신에게 말할 수 있다. 2013년 3월 노인대학의 두 학기를 마친 후에 한국으로의 잊을 수 없는 여행이 우리를 행복하게 만들었다. 우리와 동행하고 아이를 돌보듯 우리를 구슬리고 달래던 우리 회장님과 노인대학의 김정복 교장선생님, 그리고 이영우 교수님과 우리가 머물렀던 장소들에서 따뜻하게 우리를 맞이했던 최선호 선생님께 큰 감사를 드린다.

사실 나는 한국으로의 여행이 처음은 아니다. 그러나 매 여행마다 이 나라가 이루어낸 성취들이 나를 놀라게 하고 황홀하게 만들었다. 지금 한국은 세계에서 열 손가락에 꼽히는 가장 발전된 나라이다. 울산에 거대한 조선소와 자동차 공장들, 아름다운 완도와 진도, 완벽한 자동차 도로와 교통 분기점, 산 아래의 터널, 강과 육지, 섬을 연결하는 다리… 이 모든 것을 묘사할 단어가 없다. 나는 나의 역사적인 고향인 산뜻한 아침의 나라를 자랑스러워하며 고향으로 돌아올 수 있었다.

2. 니 리지야

[사진 11-5] 니 리지야

나 니 리지야는 1939년 12월 1일에 우즈베키스탄 타슈켄트 지역 집단농장에서 태어났다. 아버지 박병식은 1905년 2월 5일에 태어나셨다. 아버지는 집단농장의 노동자였기 때문에 일을 많이 해서 건강이 안 좋았다. 아버지는 1949년에 큰 병으로 44살에 돌아가셨다. 어머니 허안나는 1905년 3월 20일에 태어나셨다. 어머니도 집단농장에서 일했다. 아버지가 돌아가신 후 4명의 자녀가 남았다. 언니, 나 그리고 2명의 남동생이었다. 그때 막내 남동생은 생후 6개월이었다. 어머니는 밭에서 일을 했기 때문에 해가 뜨기 전 어두운 새벽에 일하러 갔고 해가 지고 난 어두운 밤이 되어서야 집에 돌아왔다.

나의 어린 시절은 집단농장에 있는 바라크에서 우리 다 같이 살았다. 어머니가 밤까지 일했기 때문에 옆집 할머니가 우리를 친손주들로 여기며 돌봐주셔서 아직도 감사하는 마음이 크다. 사람의 정은 잊을 수 없는 것이다. 우리 집단농장에서는

[사진 11-6] 니 리지야의 가족

초등학교밖에 없어서 중학교는 5km 떨어진 곳에 있는 이웃 집단농장에서 졸업했다.

나는 시집을 일찍 갔기에 통신교육을 받을 수밖에 없었다. 타슈켄트 농업 직업 기술학교에 있는 회계학과에 입학했다. 옛날에 책이 거의 없었을 때도 우리는 책을 서로 빌려주면서 독서를 많이 했다. 나는 남편과 같이 큰 서재를 만들었는데 우즈베키스탄을 떠날 때 모은 책들을 학교에 선물로 기부했다. 학교에서 많은 감사의 말씀도 들었다. 우리 자녀들도 책을 많이 가지고 있다. 그런데 그들은 독서보다 '컴퓨터'가 더 재미있나 보다.

우리의 결혼식은 그 당시에 맞게 아주 검소했다. 아쉽지만 남아 있는 결혼식 사진이 없다. 내 남편인 니 빅토르는 1936년 3월 8일에 태어났다. 우리에게는 3명의 자녀가 있다. 아들인 에주아르드는 1957년 6월 11일에 태어났고, 쌍둥이인 두 딸은 1960년 3월 22일에 태어났다. 그 자녀들도 각자 2명의 자녀가 있어서, 나는 6명의 손자의, 4명의 증손자의 할머니다.

나는 회계원 일을 좋아해서 맡은 모든 일에 책임을 다했다. 카자흐스탄에서 20년 이상 자유롭고 아무 문제 없이 편하게 살고 있다. 우리 자녀, 손자들도 모두 다 같이 공부하고 일을 하며 산다. 우리를 부지런하다고 자부심을 느낄 수 있어서 다른 사람에게 자랑할 수 있다. 자손들이 앞으로 모국어 또는 한국의 문화를 배워가면서 평화롭게 살기를 바란다.

3. 니 아나스타시야

나는 1935년 11월 14일에 연해주 지역의 포스베트 시골에서 태어난 니 아나스타시야이다. 부모님께서 내 돌잔치를 해주셨다지만 남겨주신 사진은 없다. 우리 할머니와 할아버지는 한국에서 태어나셨고, 아버지가 어렸을 때 돌아가셨다. 아버지는 큰아버지 댁에서 살았고, 11살 때 큰아버지 댁에서 나왔다. 나온 뒤에, 어느 부자 사람 집에서 살았고 그 사람들이 러시아로 이주했을 때 아버지도 그 사람들과 함께 러시아로 왔다. 아버지 이름은 리학순이다. 아버지는 러시아에서 어부로 일했다. 아버지께서는 자신의 부모님 기억이 안 나신다고 하셨다. 어머니의 부모님은 러시아에서 돌아가셨다. 어머니는 극동에서 4명의 아이를 낳으셨다.

1937년에 우리는 카자흐스탄의 발하슈강 옆에 위치한 쿠이간으로 강제이주되었다. 거기에서 어머니께서는 2명의 아이를 더 낳으셨다. 아버지는 어부로 일하신 다음에는 콜호즈 회장이 되셨다. 아버지는 53살 때 돌아가셨다. 우리 오빠 발렌틴 학수노비치는 나를 공부할 수 있게 도와주었다. 그는 카즈누대학교(카자흐 국립대학교)를 졸업한 뒤 수학교사가 되었다. 오빠는 현재 86살이다.

우리가 카자흐스탄으로 추방되었을 때 나는 2살이었다. 1943년에는 초등학교에 갔지만, 그 뒤로는 공부를 할 수 없었다. 1945년에 전쟁이 끝난 후, 다시 초등학교를 다닐 수 있었다. 학교를 졸업하고 1954년에 알마티에 살고 있는 오빠에게 갔다. 그곳에서 의과대학에 입학했고 졸업을 하고 간호사가 되었다.

1958년에 나는 한 의사와 결혼하였다. 결혼식 때 찍었던 사진들은 없지만, 결혼식 후에 찍었던 사진들은 남아 있다. 남편인 오가이 오신은 병원에서 마취전문의사로 일했다. 그와 나 사이에는 3명의 아이가 있다. 딸은 안과 의사로 일하고, 2명의 아들과 사위는 엔지니어이다. 2명의 며느리는 대학교를 졸업했고 지금은 일하고 있다. 우리에게는 3명의 손자와 3명의 손녀가 있다. 3명의 손자도 대학교를 졸업하고 나서 일하고 있으며, 손녀 3명은 학교를 다니고 있다.

나는 병원에서 간호사로 일했다. 간호사라는 직업을 좋아했다. 지금은 은퇴를 했고, 카자흐스탄에서 잘 살고 있다. 나의 자녀는 한국말을 할 줄 알지만 손자, 손녀들은 한국말을 할 줄 모른다. 나는 '로디나'라는 합창단에 들어가서, 남한의 노래를 배워서 부르기도 한다.

4. 니 엘리자베타

나는 니 엘리자베타이다. 아버지와 어머니는 오래 사셨고 12명의 아이(6남 6녀)를 낳으셨다. 예전에는 약이 많이 없어서 그랬는지, 의사들이 부족해서 그랬는지 아이들은 어렸을 때 많이 죽었다. 1957년에 태어났던 남동생 한 파벨은 1978년에 하늘로 돌아갔다. 지금 나에겐 5명의 형제자매가 남았다. 3명은 타슈켄트에서 살고 있고, 1명은 쉼켄트 지역의 부모님 집에서 살고 있으며, 나는 지금 여기 알마티에 살고 있다.

내 유년은 사마르칸트 지역의 파스트다르 콜호즈 지방에 있는 볼셰비크라는 곳의 카를 마르크스라는 콜호즈에서 주로 지냈다. 1951년부터 7년 동안 초등학교를 다녔다.

나의 첫 스승은 텐 베라 선생님이었는데, 그 선생님의 남편은 학교 교감선생님인 텐 두파르였다. 나는 항상 발랴 언니의 옷을 물려 입고 내 뒤의 동생들은 내가 언니에게 물려 입던 옷을 또 입었던 것으로 기억한다. 발에 다가는 몇 개의 천을 꿰맨 신발을 신었고 신발 밑창에는 고무신의 밑창을 대어 많이 헤지지 않게 꿰맸다. 학교 가방도 천을 꿰매어 사용했다. 우리는 잉크병을 다른 가방에 따로 넣어 다녔다. 내 생애의 첫 신발은 초등학교 3학년 때 부모님이 사주신 것이다. 그 신발은 파란색 구두였다. 난 밤에 일어나 그 구두를 자주 신어봤다. 초등학교를 졸업한 다음 3년 동안

[사진 11-7] 니 엘리자베타의 공부하는 모습(1952)

다녔던 학교는 우리 시골에서 3km 멀리 떨어져 있었다. 학교를 자전거로 다녔고, 겨울에는 학교 가까이 사는 친척들 집에 살았다. 1961년에 학교를 졸업한 뒤, 타슈켄트에 있는 약대에 입학하려고 갔는데 입학을 못했다. 그해에 7달 동안 회계 강습소를 다녔다. 회계 강습소를 졸업한 후에는 피복 공장에 취직했다.

1941년 1월 17일에 태어난 남편과의 첫 만남은 1963년에 있었다. 우리는 1964년 2월까지 사귀고 약혼했다. 결혼식을 치를 수는 없었지만 남편인 니가이 아나톨리가 약혼한 후에 혼자 살기 싫어해서 아파트를 임대했고 2월 27일부터 같이 살기 시작했다.

2014년 4월 24일에는 우리가 같이 산 지 50년이 된다. 2014년에는 동계올림픽이 열리고 5월에는 오랫동안 꿈꿔왔던 한국으로 첫 여행을 가게 되었다. 2014년 8월 나는 70살이 될 것이다. 시간이 이렇게 빨리 지나가는 것이 믿기지 않는다. 내 남편을 잘 아는 사람들은 그이를 일 중독자라고 하지만, 난 그이와 함께 살고 있어서 너무 행복하다.

우리는 2명의 아들과 2명의 딸을 낳았다. 2014년 12월 16일에 우리 장남인 니가이 블라디미르는 50살이 된다. 그에게는 5명의 아이가 있다. 첫 번째 부인과 2명의 딸을 낳았고, 두 번째 부인과는 2명의 아들과 1명의 딸을 얻었다. 1967년 5월 23일에 장녀 니가이 나탈리야가 태어났다. 장녀는 2명의 아들과 1명의 딸이 있다. 1969

[사진 11-8] 니 엘리자베타의 시댁 가족들과 함께

[사진 11-9] 사마르칸트에서의 니 엘리자베타(1961. 11.)

년 12월 9일에는 둘째 딸 니가이 랄리사가 태어났다. 그녀는 2명의 아들을 낳았다. 1973년 1월 24일에 막내아들 니가이 알렉산드르가 태어났다. 그는 1명의 딸과 1명의 아들이 있다. 그는 첫 번째 부인과 같이 살고 있지 않다. 1년 전 그는 다른 사람과 결혼했다. 두 번째 부인은 18살의 딸과 16살의 아들이 있다. 2014년 신년에 가장 바라는 일은 장녀 나탈리야에게 집을 사주는 것이다. 장녀는 3명의 아이와 임대아파트에서 살고 있다.

5. 리 블라디미르 니골라예비츠

나는 리 블라디미르 니골라예비츠이다. 나는 1940년에 카스피해 연안 도시인 아티라우, 구 도시명 구리예프에서 태어났다. 석유 산업과 어업의 도시인 우리 도시는 해수면보다 27m나 낮은 곳에 위치해 있다. 지난 세기 초에 노벨상의 창시자인 노벨이 이곳에서 석유를 발견했다. 소비에트 붕괴 전까지 구리예프는 캐비어와 철갑상어 종류인 붉은 물고기의 진액으로 세계에서 가장 유명한 곳이었다. 우랄강의 물고기 덕분에 스탈린의 강제이주 정책에 의해 1937년부터 이곳에 정착한 한국인들은 다른 곳의 한국인보다는 어렵지 않게 살았다. 또한 제2차 세계대전 직후 1946년, 1947년도의 대기근에도 물고기들은 크게 도움이 되었다. 우리는 북한의 쌀 배급처럼 빵 배급권을 받았다.

나는 8살이 되던 해에 할머니의 등에 업혀 초등학교에 입학하게 되었다. 나는 한국어를 알았고 카자흐어를 말할 줄 알았다. 그런데 나는 러시아어를 잘 몰라서 유급을 했다. 나의 외할머니의 성은 '림'이었으나 이름은 모르겠다. 우리는 그녀를 '할문 아먀'라고 불렀는데, 내 생각에 그것이 그녀의 이름인 것 같다.

1953년 스탈린이 죽은 후 고려인들은 소비에트 안에서의 이동의 자유를 얻게 되었다. 이때 많은 고려인들이 우즈베키스탄과 카자흐스탄에서 카프카스로 떠났다. 곧 그곳에서 쌀이 재배되기 시작했다. 우리 가족도 카프카스로 갔고 그곳에서 학교를 졸업했다. 나는 공부를 더 해야 했기 때문에 1960년에 로스토프-나-도누시의 강 전문학교를 들어갔다. 이곳은 폐쇄적인 교육시설로 국가의 생활 보장 아래 군사 교육도 받았다. 끝 무렵에 해군 소위 직위와 개인의 무기인 해군 사관의 단검을 받아야 했으나 이루어지지 않았다. 왜냐하면 소비에트의 우두머리였던 니키타 흐루쇼프가 전체 소비에트의 군인을 150만으로 줄인다고 선언했기 때문이다.

학교를 졸업한 후 항법 기술 졸업장을 받고 1년 동안 2등 항해사로 일했다. 그리고 돈강과 볼가강을 따라 배를 탔다. 그리고 1964년 육군에서 3년을 복무했다. 볼고그라드, 구 도시명 스탈린그라드시의 탱크 부대에서 2차 세계대전의 주력 탱크였던 T-34 탱크의 기술 운전사로 복무했다.

하천 전문학교 마지막 학년에 나는 결혼했고 아들을 낳았다. 그는 지금 러시아 로스토프-나-도누시에 살고 있고 올해 50살이며 두 아들이 있다. 군대를 제대한 후 나는 구리예프에 살고 계시는 부모님께 돌아가야만 했다. 하지만 나의 아내는 가기 싫어했고 그녀는 로스토프-나-도누에 남기를 결정하여 우리는 헤어지게 되었다. 그때 나의 아버지에게 두 번의 뇌졸중이 생겼다. 아버지에게는 4명의 어린 아이들이 남았는데 아이들을 먹고 가르치는 것을 도울 사람이 나를 제외하고는 없었다.

구리예프에서 나는 우랄강의 선장이 되었다. 아버지는 병상에 계셨고 동생들은 아직 어렸다. 어머니는 수박과 양파를 키우는 일을 하셨다. 나의 도움은 우리 가족에게 절실했다. 그러던 중 1969년에 나는 우랄강의 한 선박회사에서 선장으로 일하면서 육지에서 새 직업을 찾았다. 그리고 1975년에 건축자재 종합 기업의 사장 대리를 하게 되었다. 그리고 새 건축 기업을 조직했다. 할 일이 정말 많았다. 건축 자재의 공급에 대한 문제나 자금 공급, 기술적인 문제 등을 결정해야 했다. 그렇게 나는 5년을 일했다. 1982년에는 BN-300이라는 원자력 발전소를 세우는 일로 악타우 시, 구 도시명 셰프첸코로 보내졌다. 그곳에서 나는 다양한 분야의 기업에서 이사로 1997년까지 일했다. 마지막 5년 동안 악타우에서 '카즈콤스뜨로이 은행'을 관리했다.

아내인 니 로자 알렉세예브나와는 44년을 같이 살았다. 그녀는 64살이며 회계사로 일하고 있다. 그녀도 나처럼 집안의 장녀이다. 그녀는 성실하고 정직하며 고집이 센 것이 마치 자신의 별자리인 황소와 성격이 같다. 그녀의 어깨에는 큰 짐이 있다. 부모님께서 일찍 돌아가셔서 우리는 모든 여동생들과 남동생에게 더 높은 교육을 받게 하고 결혼을 시키기 위해 열심히 일했다. 그리고 신혼부부인 그들을 재정적으로도 도왔다. 지금 모든 여동생들은 그녀를 매우 존경하고 따른다.

우리 부부에게는 두 아들과 딸이 있다. 아들 세르게이는 1970년에 태어났고 '브또리츠노예 시리예'라는 주식회사의 사장으로 일하고 있다. 그에게는 막심이라는 아들과 알리나라는 딸이 있다. 손녀딸 알리나는 작년에 카자흐스탄 어린이 미인대회에서 'Miss little Kazakhstan 2013'이라는 칭호를 얻었다. 손자 막심에게는 3살인 아들이 있다. 그의 이름은 티무르이고 나의 증손자이다. 티무르에게는 카자흐와 한국과 러시아의 피가 흐르고 있다. 왜냐하면 며느리가 카자흐인이고 내 손자인 막심의 아내는 러시아인이기 때문이다. 셋째 아들인 데니스는 '트란스콤'이라는 공사에서 회계 매니저로 일하고 있다.

딸인 류드밀라는 쌍둥이와 내 가장 어린 손자들을 키우고 가르치고 있다. 사위인 강지마는 두 개의 카페를 운영하고 건축 일을 하고 있는 사업가이다. 지금은 알마티에서 가장 큰 무슬림 사원을 건축하고 있다.

나의 아버지의 성함은 리인길이며 1912년 평양 부근에서 태어나셨다. 15살에 빨치산 부대에 들어가셨다. 그 당시 일본인들은 만약 가족 중 누군가가 빨치산 부대에 들어가면 그를 죽이는 것뿐만 아니라 모든 가족을 처벌했다. 큰아버지는 아버지에게 일본인들과 싸우기 위해서는 가정으로부터 멀리 떨어져야 한다고 하셨다. 그리고 일본인에게는 아버지가 사냥 중 죽었다고 말하셨다. 아버지가 있던 빨치산은 중국으로 옮겼다. 그곳에서 그들은 몇 번이나 아무르강 등 넓은 강을 가로질러 갔다. 그곳에서 러시아의 공산주의자들이 여섯 개의 탄약통과 건빵, 새 각반을 주었다. 그리고 각자 1명씩 일본인을 죽이기 위해 죽음을 각오하고 다시 아무르강을 건너 중국으로 보내졌다. 하바롭스크 도시를 지나가는 도중 소비에트군에 의해 막혔다. 결국 아버지가 있던 빨치산 부대는 소비에트에 남게 되었다. 아버지는 자신의 빨치산 부대에서의 삶을 누구에게도 말하지 않았다. 왜냐하면 일본인 스파이라는 신고로 많은 빨치산들이 탄압을 당했기 때문에 자신도 그렇게 될까 두려웠기 때문이다. 내가 5살이던 어느 날 아버지가 집으로 달려와서는 모든 사진들을 난로에 넣고 태우셨다. 그러나 나는 한 사진을 또렷이 기억한다. 아버지가 한 동지와 두 개의 움막 앞에서 가죽 재킷에 벨트를 차고 낡은 모제르 권총[4]을 들고 찍은 사진이다. 움막은 가게였고 아버지는 콤소몰스크-나-아무레에 있는 가게의 관리자였다.

1950년 한국에서 전쟁이 시작됐을 때 아버지는 한반도의 지도에 깃발을 세워 놓으셨다. 그리고는 그것을 남쪽의 군대와 북쪽의 군대처럼 움직이면서 자주 우셨다. 전쟁이 끝나고 아버지는 한국으로 편지를 보냈다. 그러나 답장에는 아버지가 찾던 지역에 아무도 살지 않고 있다고 쓰여 있었다. 아버지는 가족 중에 가장 어렸고 위로 두 형이 있었다.

6살 즈음의 일을 지금도 기억한다. 밤중에 우리에게 두 남자가 총을 들고 침입

4) 독일제 권총 중 하나

해 옷을 벗은 아버지를 붙잡은 채로 침대로부터 입구로 끌고 가기 시작했다. 할머니는 그들에게 매달렸지만 그들은 할머니의 머리에 총구를 겨눴고 할머니는 피투성이가 되었다. 그러나 그들을 놓지 않으셨다. 그들이 입구를 향해 나가고 있을 때, 그들은 서랍장 위에 차와 보드카를 발견했다. 한 명은 차를 집어 들었고 나머지 한 명은 보드카를 가지고 나갔다. 할머니는 이미 의식이 없으셨다. 그들은 아버지를 세발 오토바이에 태운 뒤 떠나기 시작했다. 그들이 오토바이를 옆으로 꺾을 때 오토바이가 뒤집혔다. 아버지는 모터에 다리가 깔리고 화상을 입으셨다. 그들은 아버지를 끌어내리고 떠나버렸다. 그들은 국가안전위원회라고 불리는 곳의 요원들이었다. 그들은 분명 취해 있었다. 그들은 원래 우리 동네 이웃을 잡으러 왔었다. 왜냐하면 누군가가 그 이웃이 스탈린 얼굴이 있는 잡지를 화장실에 사용했다고 신고했기 때문이다. 그런데 이웃집이 잠겨 있어서 그냥 옆집인 우리 집으로 들어온 것이었다.

나의 어머니 김 알렉산드라는 1922년에 태어나셨다. 1939년에는 기술대학교 2학년 학생이었다. 나의 아버지는 어머니와 결혼을 하려 했는데, 어머니는 아직 나이가 어리다는 이유로 아버지를 거절했다. 나의 외할머니인 할문 아마는 줄을 가져가다 천장에 매달아 죽으려고 하셨다. 어머니는 외할머니를 말렸고 결혼하겠다고 말하셨다. 딸이 1명밖에 없는 외할머니가 왜 낯선 남자와 결혼을 하라고 했는지는 외할머니의 이야기를 들어보셔야 한다. 왜냐하면 아버지가 가게의 주인이었기 때문이 아니다. 사람들은 외할머니를 식모의 딸이라고 불렀다. 사실 외할머니는 양반 첩의 딸이었다. 그래서 양반가의 여자들과 같이 교육을 받았다. 그녀는 한국어를 알 뿐만 아니라 한자도 알았다. 그런데 외할머니는 오랫동안 적당한 짝을 만나지 못했다. 왜냐하면 양반들은 요리사(식모)의 딸을 며느리로 삼는 것을 부끄럽게 여겼기 때문이다. 결국 그녀는 결혼을 하게 되었는데, 그 남편은 알고 보니 노름꾼이었다. 그는 어느 날 내기에 져서 아내를 팔았다. 할머니는 어쩔 수 없이 한 살배기 아이를 안고 도망가야 했고 할머니는 자신의 딸은 딸에게 처음으로 청혼하는 남자에게 시집보내겠다고 스스로 다짐했다.

어느 날 내가 태어난 지 6개월이 되었을 때, 어머니는 나를 잠자리에 눕혔다.

갑자기 그녀에게 어떤 여자들이 우랄강에서부터 와서, 어머니의 양아버지가 조금 전 우랄강에 빠졌다고 이야기를 했다. 어머니는 나를 안고 강변으로 달려갔고, 그 당시 강은 우리 집으로부터 약 500m 떨어져 있었다. 옛날에는 집에 물이 없어서 여자들은 옷들을 우랄강에서 빨았다. 여자들은 머리 위에 빨래 바구니를 올리고 강가로 날랐다. 빨래에 비누칠을 하고 작은 나무방망이로 돌 위에 있는 빨래를 두들기고 강에 씻었다. 할아버지는 강가로 가서 옆에 있던 사람과 인사를 나눴다. 그리고 옷을 벗어 조심스럽게 옷들을 접어놓고 우랄강 한가운데로 헤엄친 후 손을 흔들었다. 그렇게 작별인사를 하고는 물속으로 들어갔다. 그리고 더 이상 보이지 않았다. 할아버지는 옛날에 잠수부였다. 그는 고의적으로 삶으로부터 떠났다. 왜냐하면 암으로 인해 아프셨기 때문이었다. 그는 내 어머니의 생물학적 아버지는 아니었으나 그녀는 아버지를 매우 사랑했고 몇 년 동안이나 그에 대한 회상으로 울곤 하셨다. 어머니는 그가 목사였다고 말했는데 종교행위의 탄압으로 인해 잠수부로 직업을 바꿨다고 했다.

1937년 나의 이모(어머니의 이복 언니) 김순옥은 러시아어 이름인 '류바'로 불렸다. 그녀는 친구와 함께 블라디보스토크에서 오렌부르크로 왔다. 그리고 직업기술학교 법학부에 입학했다. 첫 학기가 끝날 무렵 12월[5] 그들은 수업이 끝난 후 집으로 걸어가고 있었다. 그런데 그들에게 2명의 남자가 다가와 귀찮게 했다. 갑자기 자동차가 다가왔고, 그들은 이모와 친구를 자동차로 밀어 넣고, 어딘가로 끌고 갔다. 그들은 좁고 긴 벽장 같은 어떤 곳에 세워졌다. 몇 시간 후 장이 열리고, 만약 그들이 종이에 서명을 하면 풀어준다고 했다. 하지만 이모와 친구는 종이를 다 읽고 나서 단호하게 거절했다. 왜냐하면 그곳에는 그들의 존경하는 선생님이 일본의 첩자라고 써 있었기 때문이었다. 그때 그들은 이모에게 소금에 절인 청어를 주었다. 그런데 마실 것은 주지 않았다. 그리고 다시 벽장 안에 가두었다. 벽장 안에서는 오직 서 있을 수밖에 없었다. 그녀는 모든 것이 조작된 그 서명을 두고 이틀 아니면 삼일을

5) CIS 국가의 학기 시작은 9월이다.

버텼는지 모른다. 심지어 그곳에는 이모와 친구가 일본 첩자의 조수라고 써 있었다. 그리고 그들은 간첩행위를 위해 학생 신분으로 위장해 오렌부르크로 왔다고 써 있었다. 그들은 러시아 북쪽의 영원히 얼어 있는 섬 바이가치(Vaygach)로 보내졌다. 그곳은 6개월 동안 북극의 밤이었고 주위에는 온통 바다였다. 죽은 시체들을 땅에 묻지 않고 해안가 얼음 위에 버려두었다. 여름이 왔을 때 그 시체들은 바다로 떠내려갔다. 그곳에서 그녀는 괴혈병으로 아팠고 모든 이가 빠져서, 턱으로 겨우 음식을 먹었다.

전혀 인간적인 환경이 아닌 그곳에서 그녀는 10년을 살았고 1947년 자유의 몸이 되어 소비에트의 가장 더운 땅 남쪽의 우즈베키스탄으로 보내졌다. 다행히도 그녀는 그곳에서 어머니와 할머니의 주소를 알던 우리의 옛 이웃을 만났다.

1937년 3개의 거룻배가 96가족의 고려인들을 가득 실었다. 그리고 나홋카 항구로부터 블라디보스토크 항구까지 가는 중에 외할머니와 외할아버지 그리고 어머니가 타고 있는 배에 구멍이 나서 가라앉게 되었다. 배를 얕은 지역으로 끌어당기기 위해, 사람들은 모든 짐을 배 밖으로 집어 던져야 했다. 할머니에게는 1906년에 만들어진 '진게르'라는 재봉틀이 있었는데 이것을 줄에 매달아 밖으로 던질 수 없었다. 이 재봉틀은 지금 우랄스크에 있는 이모의 딸 순옥이 가지고 있다. 이 재봉틀은 우리에게 매우 유익한 것이었다. 기념일에 우리에게 새 옷을 만들어주었다. 이모는 옷을 잘 만드는 재봉사였는데 재봉틀로 여자의 원피스를 만들거나 남자의 정장을 만드는 일을 하곤 했다. 이 독일제 재봉틀은 나의 할머니에 대해서나 순옥 이모에 대해서 기억을 잘 떠올리게 만들어준다. 그 비인간적인 상황을 생각하지 않고 할머니는 74세까지, 이모는 87세까지 사셨다. 그들은 한 번도 자신들의 운명에 대해 불평하지 않았다. 그들은 미래의 행복을 믿었다. 그리고 그들은 옳았다. 나는 그들 앞에 무릎을 꿇고 낮게 절을 한다.

1993년 처음으로 한국에서 열리는 어떠한 축제에 가기 위해 한국에 갔다. 바로 그때 1993년 국제 전시회인 대전엑스포가 열렸다. 우리는 올림픽공원에서 살았고 그때 나는 처음으로 한국을 보았다. 나는 내가 일본에 있는 것이 아닌지 의심했다.

왜냐하면 어디에서도 한국에 대한 것을 본 적이 없었기 때문이다. 반대로 일본에 대해서는 텔레비전에서 자주 접했다. 그때 처음으로 만약 우리가 한국어를 모르면 우리가 고려인이 아니라는 것을 느꼈다. 나는 한국에 몇 차례 다녀간 후에 정말 의미 있다고 생각했다. 그리고 월드컵 한 · 일 축구 경기가 있었다. 나는 내 부끄러움을 뒤로 하고 한국어로 말을 하게 되었다. 옛날에 할머니가 나를 가르쳤었다. 내 말의 단어는 북쪽의 방언이고 뿌리는 한국어와 같지만 지금으로부터 150여 년 전의 말이다.

한국어에는 외래어가 많다. 예를 들어 쇼핑, 아이스크림, 텔레비전이 있다. 우리가 '덩삼'이라 부르는 것을 한국에서는 '겨울', '아슴차이서'는 '감사합니다', '능금'은 '사과'라고 부른다. 내 생각에는 두 언어 다 아름답고 재밌다. 그래서 "한국어가 옳다" 아니면 "북한어가 옳다"라고 말할 수 없다. 서로의 언어를 존중해야 한다. 우리는 한민족 한 국가 조선이었다. 지금 우리는 우리 자신을 조선 사람이라고 소개한다. 지금 한국과 북한의 대립은 정치적인 이면을 가지고 있다. 두 나라 사이에서 우리의 말은 북한과 가깝다. 한국은 영어를 받아들였는데 왜 조선어는 안 받아들이는 것일까? 늦든 빠르든 하나의 한국이 될 텐데…. 나는 중국에서 온 조선족을 만난 적이 있는데 그들은 우리가 말하는 것처럼 말했다. 카자흐스탄에서 오래 일한 한국인 사업가들은 우리가 말하는 것들을 알아듣다. 얼마 전 교육원에서 사업가와의 만남이 있었다. 그는 알마티에서 20년을 일했다. 그는 이 좋은 일에 투자하기 싫은 사람에 대해 몇 번이나 '타콥쨔(такоптя)'라고 말했다. 젊은 통역가는 '타콥쨔'라는 단어를 통역할 수 없었다. 나는 바로 웃기 시작했다. 왜냐하면 어렸을 때 내가 친구들과 무언가를 나누지 않았을 때 할머니는 나를 그렇게 불렀기 때문이다. 나에게는 서울에서 온 친구 호진이 있다. 그는 자주 카자흐스탄을 오는데 그는 우리 방언을 잘 이해한다. 그리고 우리는 만날 때마다 쉽게 대화를 한다. 서로 그렇게 되어야 한다고 생각한다. 나는 한국어를 잘할 줄 아는 노인들과 만나는 횟수가 줄었다. 내가 젊었을 때 소련에서는 오직 러시아어만 사용했다. 자신의 민족의 언어를 하는 사람은 사람들의 관심의 대상이 되었고 그 사람들은 더 높은 직위로 올라가지 못했다. 지금은 그런 시대가 아니다. 그리고 우리는 자신의 언어를 보호하려고 노력해야 한다.

우리 누르술탄 나자르바예프 대통령은 모든 민족의 평등을 정치 이념으로 삼았다. 우리 대통령은 모든 민족의 평등을 위해 카자흐스탄 민족총회라는 기구를 세웠다. 그리고 그 기구는 지금 권위 있는 기구가 되었다. 한국문화센터의 옛 회장 유리 차이는 지금은 상원의원이다. 카자흐스탄 고려인협회의 김 회장은 하원의원이 되었다.

20년 전에 카자흐 민족총회의를 세울 때 나는 창립위원회 중 한 명이었다. 나는 카자흐스탄의 법을 제정하는 일에 참여했다. 보통 카자흐스탄에서는 외국에서 온 사람들에게 자국의 신분증을 발급하지 않는데, 나는 받았다. 그리고 나는 대통령의 정원 외의 조언자들 중 하나였다. 나는 카스피해 악타우시의 한국문화센터의 회장으로 선출되었다. 악타우의 고려인들과 함께 사회 문화적인 일을 했다. 나는 카즈코므뜨로이 은행의 사장으로 일했고 고려인 문화센터, 고려일보, 고려인 극장의 후원자가 되었다. 이 일은 사회적이었지만 많은 돈을 필요로 한다. 설날만 해도 27만 루블이 들었는데 이 돈은 러시아 자동차 볼가의 가격과 맞먹는다.

소비에트 이후 고려인들은 많은 성공을 했는데, 그중 77명만 훈장을 받았다. 파시즘 독일인에 반대한 대조국 전쟁의 영웅적 정신 덕분에 고려인 장교 '민'은 소비에트의 가장 높은 금장을 수여받았다. 그러나 세는 것이 불가능할 정도로 유명한 고려인들은 많다. 나는 일본의 침략자들에 대항해 영웅과 애국자의 역사의 부흥에 대해 큰일을 하고 있는 '독립'이라는 조직의 회장인 니콜라이와 좋은 관계를 갖고 있다. 1년마다 카자흐스탄에 살고 있는 24명의 고려인 영웅들의 사진을 넣은 달력을 발행한다. 나는 한국의 젊은이들이 자신들의 언어와 관습, 문화, 역사에 대해 무관심하게 대하는 것이 마음이 아프다.

2013년 12월 13일 한국어교육원에서 졸업장을 받았다. 열심히 공부했고 수업을 한 번도 빠지지 않았다. 그곳에 400여 명이 있었는데 80여 명 정도가 고려인이었다. 나무가 약한 뿌리를 가지고 있으면 줄기를 강하게 지탱해줄 수 없고, 꽃을 잘 피울 수 없고 열매를 잘 맺지 못한다. 나는 지금 노인대학을 다니고 교육원에서 한국어를 배운다. 그곳에서 우리에게 한국의 전통과 관습, 문화, 역사의 경제적 성공을 가르쳐주고 있다. 나에게는 6명의 손자와 1명의 증손자가 있다. 나는 그들의 모범이 되고 싶고 그들 중 한 명이라도 나를 따라온다면 정말 기쁠 것이다. 나는 그들이 한국과 관계를 맺으며 한국어를 공부하면 좋겠다.

언어는 민족을 대표하는 것들 중 첫 번째이다. 가장 어린 아들인 데니스에게 누군가가 어느 민족인지 물어본 적이 있었다. 데니스는 그때 러시아 사람이라고 대답했다. 자신은 러시아어로 말하고 있으니 러시아 사람이라고 말한 것이다. 그런데 내가 그런 질문을 받는다면 나는 분명 고려인이라고 대답할 것이다.

'박일'이라는 철학자랑 알게 되어서 너무 자랑스럽다. 1993년 '한민족'이라는 축제가 한국에서 열렸는데, 그때 그가 나와 한국에 같이 있었다. 그는 새롭게 열었던 원불교 계몽운동을 했다. 나는 원불교의 철학적인 강연을 열심히 들었다. 그는 옆에서 러시아어로 통역해주었다. 즐거웠다. 한 여자가 박일에게 종교를 결정했냐고 물어봤다. 그는 그때 "나는 철학자입니다. 철학자는 일생 동안 진리를 찾는 사람입니다."라고 말했다.

나는 철학자나 목사는 아니지만 젊은 사람들에게 신을 제외하고 가장 우선순위는 부모님이라는 것을 상기시키고 싶다. 그리고 나는 '할문 아마'의 말을 전해주고 싶다.

"노인들은 외로움과 모욕으로 인해 죽는다."

우리 노인 세대의 고려인들은 잘살기 위해 열심히 공부하고 노력했다. 우리 아버지는 직접 손으로 집을 7채나 지었다. 내 나이 5살부터 못과 각종 기구들을 나르며 아버지를 도왔다. 지금 카자흐스탄에는 모든 민족 간의 평등과 우애가 있으니 우리는 한국의 언어와 정신으로 돌아갈 때가 되었다. 나에게는 손자들이 나의 길을 따라와 주었으면 하는 꿈이 있다. 이번 9월에 한국어를 더 깊게 배우기 위해 한국에 갈 예정이다. 우리 아버지는 4학년의 교육을 받았었다. 중국 친구와 만날 때 아버지는 일본어로도 때로는 중국어로도 말했고 카자흐어까지 잘 아셨던 분이셨다. 지금 젊은 세대 사람들은 꼭 카자흐어와 한국어와 러시아어를 알아야 한다. 카자흐어는 국가의 언어이고 한국어는 고향의 언어, 러시아어는 문학과 학문에 백과사전 같은 지식을 주는 언어이다. 젊은 시절에 오스뜨롭스끼 작가의《강철은 어떻게 단련되었는가》라는 책을 읽고 큰 감명을 받았다. 좀 더 자라서는 푸시킨의《예브게니 오네긴》과 톨스토이의《전쟁과 평화》를 읽고 감명을 받았다. 지금은 세계화가 되어서 영어는 우리에게 정말 필수적이다.

스탈린의 강제이주 시기인 1937년 한국어학교가 문을 닫게 되었었다. 소비에트의 그러한 정책이 우리 다음 세대 고려인들의 한국어교육을 방해했었다. 한국어를 다음 세대에 전해주지 못한 것은 우리 자식들이 한국어를 못하는 것에 대한 잘못이 없음을 의미한다. 그러나 나는 74년 동안 이것이 내 잘못이라고 생각해왔다. 그래서 나는 손자들에게 한국어를 공부시킬 것이다.

6. 민 타찌야나 산보예브나

나는 민 타찌야나 산보예브나이다. 결혼하기 이전의 성은 박씨이다. 1951년 2월 7일에 카자흐스탄의 첫 수도인 크질-오르다 지역에서 태어났다. 나의 아버지 박 산보이는 1918년에 태어났고 어머니 박 마리야 니꼴라예브나는 1923년에 태어났다. 부모님은 극동에서 태어났다. 1937년 강제이주 시 사람들은 양할아버지를 일본 간첩이라고 이야기했다. 하지만 1950년대 후반에 이것은 잘못되었음이 밝혀졌다.

각각 4명의 아이들이 있던 내 할머니들 환 아가피야와 안 올가는 똑같은 시간에 과부가 되었다. 그들은 다른 고려인들처럼 극동에서 카자흐스탄으로 추방되었다. 그들은 아주 긴 시간 동안 가축을 수송하는 공급 트럭을 몰았다. 대부분 사람들이 길에 가다가 배고픔과 질병으로 죽음을 맞았다. 그들은 주로 어린이와 노인들이었다. 내 할머님들의 아이들은 1937~1947년에 크질-오르다에 있는 참호에 살고 있었다. 기적적으로 그들 모두는 살아남았다.

아버지는 가족의 장남으로 할머니를 도왔고 현장에서 일을 했다. 그는 고등교육을 추구하는 꿈을 꾸었기 때문에 타슈켄트 산업대학교에 들어갔다. 그는 가족을 부양하기 위해 1년 공부하고 1년 일을 할 수밖에 없었다. 따라서 그는 30년 만에 대학교를 졸업했다. 그는 전기공학 학위를 받았다. 그는 농업대학에서 교사로 일했다. 그 당시에 자격을 갖춘 직원이 거의 없었으며, 아버지는 크질-오르다 지역에서 전기 사장으로 임명되었고 그가 은퇴할 때까지 거기에서 근무했다. 우리는 아버지를 집에서 거의 보지 못했다. 그는 출장을 자주 갔고, 모든 크질-오르다 지역에 전기를 보급했다. 어머니인 박 마리야 니꼴라예브나는 타슈켄트 의학대학교를 졸업하고 폐결핵 양호실에서 근무했다. 부모님은 지역에서 존경받은 유명한 사람들이었다. 카자흐 사람들은 부모님을 베시바르마크[6] 식사에 초대했을 때 아버지에게 항상 양머리를 공급했다.[7]

내 어린 시절은 명확했다. 학교에서 공부도 하고 음악 학교에도 다니며 농구도 했다. 공부를 잘했고 사회 활동에도 적극적으로 참여하여 국제 개척자 아르텍이라는 캠프에 여행으로 수상했다. 그리고 1969년에 고등학교를 졸업한 후에는 알마티 의학대학교에 입학했고 기숙사에서 살면서 열심히 공부했으며 시간이 날 때 극장에 가거나 소설책을 읽었다.

나는 보리스 폴레보이 작가의《진짜 남자 이야기》라는 책을 매우 감명 깊게 읽었다. 이 책은 두 번째 세계대전 때 군사 조종사였던 알렉세이 말레시예프에 대한 책이다. 그는 세계대전에서 부상을 입고 두 다리가 절단되었다. 그는 인공 다리에도

---

6) 카자흐스탄의 전통요리

7) 양 머리는 카자흐스탄에서는 가장 귀한 손님에게 대접하는 음식이다.

불구하고 전쟁이 끝날 때까지 싸웠다.

남편인 민국식은 우리가 공부했던 의학대학교에서 만났다. 국식은 아주 재미있는 사람이었고 역도를 했으며 역도 후보 마스터의 칭호를 받았다. 아코디언과 피아노를 잘 연주하며 항상 여자들 곁에 있었지만 결국 나를 선택했다. 나는 1975년에 결혼한 후에야 시아버지인 민연욱, 콘스탄틴 이바노비치가 대한민국 영웅인 민근호[8]의 아들이라는 것을 알게 되었다.

민연욱은 한국이 일본인의 손에 멸망하지 않도록 자신의 어머니와 여동생, 민긍호를 러시아로 보내고 안중근을 지원했다. 1937년에 이 가족은 카자흐스탄에 있는 쉼켄트 지역의 사이람 마을로 추방되었다. 민연욱의 아내인 김 타찌야나는 10명의 아이를 낳았지만 배고픔과 추위로 인하여 6명이 사망했고 4명만 남았다. 민연욱은 전쟁 동안 노동 군대에 석탄 광산에서 일했다. 전쟁이 끝난 후 그는 쉼켄트 지역의 마을에서 러시아어 교사로 일했다. 그는 매우 근면하고 정직한 사람이라고 많

〈표 11-1〉 민긍호에 대하여

민긍호의 출생 연도에 대해서 백과사전으로는 정확한 정보를 얻기 어렵습니다. 출생 연도 대신 '알 수 없음'이라는 단어가 쓰여 있습니다. 그러나 한국에서 민긍호는 1865년에 한양에서 가난한 가족의 아들로 태어난 것으로 추정되고 있습니다. 카자흐스탄에 있는 민(Мин) 일족은 조상들과 떨어져 살고 있지만 고향에 있는 친척들을 항상 기억하고 살고 있습니다. 민긍호는 민치본(Мин Чи Бон)의 외아들이자 민 가문의 27번째 후손입니다. 그는 1863년 1월 28일에 원주 지역에서 태어났고 '데(Дё)'라는 성을 가진 여성과 결혼했습니다. 그에게는 아들 1명과 딸 1명이 있습니다. 1897년에 민긍호는 의병을 조직했습니다. 처음에 그는 원주 지역에서 의병활동을 했고 나중에 주둔수비대를 역임했습니다. 민긍호는 상등병 계급을 받았을 때, 춘천으로 옮겨졌습니다. 1900년에 그는 중위가 되었고, 1901년에 다시 원주 지역으로 옮겨졌습니다.

8) 민긍호. 독립운동가. 이후 민긍호로 칭함.

[사진 11-10] 민 타찌야나의 시할아버지 민긍호의 묘역

[사진 11-11] 민긍호의 건국공로훈장증

은 마을 사람들이 기억한다.

민연욱은 누구의 아들인지 그리고 고향이 어디인지를 평생 잊지 않았다. 그는 고향에 대한 그리움으로 인하여 자기 아들에게 한식과 국식이라는 이름을 붙였다. 그들 이름의 첫 번째 부분을 연결하면 '한국'이라는 단어가 된다.

민연욱의 모든 자녀들은 대학교를 졸업했고 딸 시레나, 알렉산드라, 아들 국식은 레온티 의사가 되었고, 큰아들 한식(안톰)은 교사가 되었다.

현재 민긍호의 가족은 47명이고 그들 모두는 고등교육을 받았다. 그들 중에는 교사, 건축가, 은행원이 있다. 민긍호 가족 중에는 유명한 사람들도 있다. 카자흐스탄 한인협회 대리인 김 로만 우헤노비치와 국제 스케이팅 선수인 데니스 텐이 있다.

민긍호는 하늘로 돌아가셨다. 그러나 그는 잊히지 않았다. 그의 죽음 이후 그의 인생은 새롭게 시작되었다. 그는 한국 사람들에게 고마운 사람으로 기억되고 있다. 그의 무덤은 원주시 봉산동에 위치한 민긍호 의병장 묘역에 있다. 1908년에 돌아가신 그는 1962년에 대한민국 정부로부터 건국훈장 대통령장이 추서되었다. 이 상은 그의 손자인 민인식이 수상했다.

나의 딸 민은숙(나탈리야)은 1975년에 태어났고 대학교를 졸업했다. 지금은 '트란스텔레콤'이라는 회사에서 근무하고 있으며 그녀의 남편인 마민 루슬란은 육군

중령이다. 딸에게는 아들인 일리야스가 있다. 일리야스는 아스타나에서 살고 있다. 둘째 딸 민숙(마리나)은 1978년에 태어났고 대학교를 졸업했으며 석유 회사에서 근무하고 있다. 그녀의 남편 보타예브 니콜라이는 사업가이다. 그들에게는 딸인 가리나가 있다. 막내아들 민벤환(알렉산드르)은 1989년에 국제비즈니스대학교를 졸업했고 '코카콜라' 사에서 근무하고 있다.

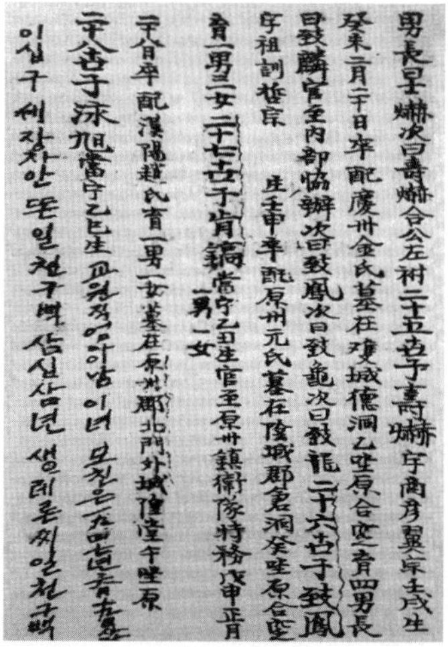

[사진 11-12] 민 타찌야나의 시댁인 민 일족의 혈통서

나 민 타찌야나 산보예브나는 의과대학교를 졸업한 후 산부인과 학위를 받았다. 산전 클리닉에서 일했고 나중에는 요양원에서 근무했다. 산부인과에서 오래 근무하는 동안 수많은 임산부와 어린이를 치료했다. 나는 내 직업을 사랑하고 자랑스럽게 여긴다.

1993년에 사랑하는 남편 민국식이 사망했다. 그리고 2년 이내 어머니, 아버지와 남동생이 죽음을 맞았다. '재건'이 시작되었고 공장이 돌아가지 않았다. 우리 의사들의 월급은 적었고 이마저도 한 달 이상 늦게 받게 되었다. 나는 세 자녀와 함께 혼자 남아 있었는데, 막내아들은 겨우 3살이었다. 그때 나는 우울증 때문에 살고 싶지도 않았다.

하지만 내 아이들이 나를 다시 생활로 돌아오게 했다. 나는 아이들을 먹이고 입혀야 했다. 많은 의사들이 벼룩시장에 일하러 갔는데 그들은 거기에서 돈을 잘 벌었다. 하지만 나는 의사로 계속 남아 있었다.

남편이 사망한 지 20년이 되었다. 딸은 결혼했다. 아버지 없이 자란 아들은 24살이다. 내 꿈은 내 아들 민벤환, 즉 민근호의 증손자가 고향에서 대학교를 공부하는 것이다. 대한민국 정부가 아들에게 그런 기회를 준다면 매우 감사할 것이다.

우리는 운명에 따라 고향에서 멀리 떨어져 카자흐스탄에서 살게 되었다. 카자흐스탄은 억압받은 많은 사람들의 두 번째 고향이 되었다. 현재 카자흐스탄에는 약

150개의 민족이 살고 있다. 우리 모두는 민족의 풍습을 존중함으로써 친절한 가족처럼 살고 있다. 우리 고려인들은 부지런하고 겸손하다. 이런 성품으로 우리는 카자흐스탄에서 존중을 받고 있으며 과학자, 의사, 교사, 건축가로 유명하다.

우리는 카자흐스탄 한국인들을 카자흐식 농담으로 네 번째 친척이라고 한다. 2013년 9월에 나는 알마티 한국문화센터 밑에 있는 노인대학교 학생이 되었다. 우리는 여기서 한국 역사를 배우고 있다.

7. 박 뽈리나

나는 박 뽈리나이다. 1950년 2월 26일에 태어났다. 우리 가족은 1937년 가을에 강제이주 된 고려인들 중 한 가족이다. 외할아버지인 알렉산드르 리얀은 매우 일찍 돌아가셔서 외할머니가 자녀들을 혼자서 키우셨다고 한다. 할아버지인 박 그리고리는 삼촌과 함께 우즈베키스탄에서 살았다고 하시는데, 나는 할아버지가 돌아가신 이후에 태어나서 뵌 적은 없다. 할머니 역시 일찍 돌아가셔서 아버지는 삼촌이 거의 키웠다고 한다. 강제이주는 우리 가족에게도 매우 힘들었다. 어머니는 큰언니를 임신했고 오빠는 1살이었다. 9월 13일에 기차가 크질-오르다에 도착하자마자 큰언니가 태어났다. 언니는 매우 약하게 태어났다. 외할머니는 그 아기를 마리야라고 불렀다. 언니는 일찍 죽었다. 부모님에게는 큰언니를 포함하여 일곱 자녀가 있었다. 두 아이는 어린 시절에 사망했다. 부모님은 자녀들의 돌과 10살 생일 기념식을 해주셨지만 평범한 가정이었던 우리에게 그 행사 사진은 없다. 하지만 자녀들이 돌잔치에서 무엇을 집었는지는 알고 있다. 나는 쌀을 선택했다. 부모님이 기뻐하면서 이제 배고프지 않을 것이라고 말씀하셨다고 한다. 배고프지 않은 것은 그때 매우 중요한 일이었다.

아버지 박 아파나시우스는 1912년생이다. 프리모르스키 크라이 지역에서 태어났고 하바롭스크 의학대학교의 3학년을 졸업했다. 그리고 어머니와 결혼했다. 어머니 랸 예카테리나는 1916년생이다. 어머니는 의료노동자 대학교를 졸업하셨다. 두 분이 이주된 크질-오르다 지역에는 의학대학교가 없었다. 이 때문에 아버지는 크질-오르다 사범대학교에서 생물학을 전공하였다. 아버지는 대학교를 졸업하고 과학적인 연구에 매진하기 위해 남아 있었다. 하지만 가족의 수가 빨리 늘어나면서 아버지는 작은 사립학교에서 아르바이트를 할 수밖에 없었다. 어머니는 바느질하고 집안일을 하며 자녀를 돌봤다.

나는 부모님이 직접 지은 집에서 태어났다. 아버지는 복권 추첨에서 큰 돈에 당첨되었고 그 돈으로 큰 집을 지었다. 그리고 쌀을 구입하기도 했다. 자녀들은 친절하게 자랐다. 우리는 부모님에게 요리하기, 빨래하기, 바느질하기, 그리기, 악기 연주하기 등 많은 것을 배웠다. 아버지는 플루트를 연주하고 어머니는 노래를 잘 부르고 바느질과 화초 재배를 잘했다. 화초는 집에 온실이 있었던 외할머니에게서 전해졌다. 큰오빠와 언니는 음악 학교에서 바이올린을 전공했다. 우리 집에는 항상 책이 많이 있었다. 아버지는 우리가 즐거워 읽는 모든 신문과 잡지를 등록하고 받아보았다. 또 가끔은 우리 모두가 도서관에 가서 세계적인 작품과 소련의 고전을 읽으며 클래식 음악을 들었다. 부모님은 우리 모두가 고등교육을 받도록 했다. 나에게 가장 깊은 감동을 주었던 책은 생 텍쥐페리의《어린 왕자》이다. 나는 그 주인공을 아직까지 좋아한다. 노래방에서 친구들과 같이 불렀던 〈어린 왕자〉라는 노래도 기억한다.

내 남편인 블라디미르 먀스니꼬브는 프로젝트 대학교에서 만났다. 우리는 공통점이 많았다. 동갑이었고 같은 음악을 좋아했고 비틀즈, 롤링 스톤스, 자연과 산을 좋아했다. 우리는 거의 매 주말을 산에서 보냈다. 산에서 약초, 열매, 버섯, 사과, 배, 살구, 자두와 샘물 따위를 채집했다. 또한, 아는 친구들에게 우유, 치즈 그리고 달걀을 구입하곤 했다. 산은 우리의 출구가 되었다. 키르기스스탄에 있는 이식쿨 호수에서 3년 동안 연속으로 산행을 했다. 그런 다음에 알프스 등산에 참여하게 되었다. 그 결과, 남편은 10회 등반했고, 나는 약 5천m 높이의 9상단에 있었다. 나와 함께하던 남편은 2009년에 사망했다. 현재 내게는 2명의 언니와 오빠, 2명의 조카, 2명의 손자가 있다.

나는 지금 두 가지 직업을 가지고 있다. 출판사 교정자이자 자연과학 도서관의 사서이다. 나는 1968년부터 1972년까지 크질-오르다 지역에 있는《레닌의 경로》라는 지역신문에서 교정자로 일했다. 그와 동시에 레닌그라드 출판 및 인쇄 대학에서 책과 잡지의 교정을 전공했다. 1973년에는 레닌그라드 문화대학교(현재 상트 페테르부르크 문화와 예술 대학교)를 졸업했다. '도서관과 자연과학 도서관의 문헌정보학'이라는 전공의 학위를 받았다. 또한, 민방위에서 예비 간호사 자격증을 받았다. 독일어 자격증도 받았다. 나는 노보시비르스크 과학의학도서관에 취직했다. 1979년에 우리 가족은 알마-아타로 이사했는데, 부모님께서 모든 자녀들이 곁에 머물길 바라셔서 나도 이사를 하게 되었다. 나는 알마-아타의 여러 도서관에서 일했다. 그리고 과학연구대학교와 '가즈급로컴무니스트로이'라는 프로젝트 대학교의 과학기술정보부에서 12년 5개월 동안 근무했다. 우리는 레닌그라드, 카프카스, 키르기스스탄, 독일, 헝가리에 출장을 가곤 했다. 1994년부터 나는 출판 사업에서 일하고 있다. '비코' 출판사에서 6년 이상 일했다. 2000년 이후,《법률신문》에서 교정자로 일하기도 했다. 그리고《새로운 세대》,《고려일보》,《파트너》신문에서도 일했다. 2005년부터 현재까지《파노라마》라는 신문에서 교정자로 근무하고 있다. 나는 일을 좋아한다. 그것은 러시아어를 잘하고 많은 경험이 있기 때문이다. 그러나 그 지식은 늘 나에게 부족하다. 그래서 나는 모국어와 영어를 배우고 싶다. 이렇게 하려면 공부를 많이 해야 할 것 같다.

카자흐스탄과 한국 간에 외교 관계가 설치된 후, 우리는 한국 문화에 대해서 알 수 있게 되었다. 나는 남편과(그는 한국을 매우 동경했다) 많은 한국 관련 문화 행사에 방문했다. 하지만 내 직업과 부모님의 질병 때문에 교육원에는 다니지 못했다. 그러다 직업과 집안일이 정리되었을 때, 나는 교육원에 다니기로 결심했다. 한국어는 나에게 매우 필요하며, 이곳에서 마음에 가까워진 고려인 친구들과 같이 시간을 보내는 것이 굉장히 즐겁다. 이제 우리는 한국어를 함께 배우고 한국 영화와 드라마를 같이 보고, 노래방에서 한국 노래를 같이 부른다.

고려인들의 자존심은 높은 수준의 교육과 겸손함, 놀라운 지식 습득 능력, 그리고 서로 돕는 태도에서 온다고 생각한다. 고려인은 연금 수급자마저 가만히 있지 않고 간단한 일을 한다. 우리 부모님은 마지막 날까지 일했다. 아버지는 업무 후에 정원에서 일하고, 목공을 하며 빗자루를 만들고, 슬리퍼를 꿰맸다. 어머니는 바느질을 하고, 자수를 하며, 꽃을 돌봤다. 항상 집이 여러 색상의 온실이었다. 우리는 부모님 집에서 세계의 다른 요리와 함께 한국 음식을 만들었다. 우리 부모님은 이제 우리 옆에 없지만(아버지는 2012년에, 어머니는 2002년에 돌아가셨다) 우리는 지금도 집에서 한국 음식을 만든다. 나의 취미는 등산, 사진, 뜨개질 그리고 요리이다.

나는 후손이 자신의 지식과 기술, 그리고 고향에 가까워지는 것을 원한다. 이를 위해 이들에게 이런 말을 전한다.

"당신는 당신에게 한국인의 피가 흐른다는 점을 자랑스럽게 생각해야 한다."

나의 자손들은 조상을 존경하며, IT 기술을 잘 알고 이 분야에서 많은 일을 한다. 또한 세계에서 최고 수준의 많은 노력을 하고 많은 것을 직접 손으로 할 수 있다. 우리 부모님과 조상들은 아마 유교적인 전통과 풍습을 잘 지키고 있는 우리 자손들을 보고 하늘에서 기뻐하고 있을 것이다.

8. 박 제야 그리골리예브나

나는 박 제야 그리골리예브나이다. 1941년 9월 9일에 탈디-쿠르간 지방, 카라탈 지역 우슈토베에서 멀지 않은 도스티제니예라는 집단농장(콜호즈)에서 태어났다.

[사진 11-13] 40대의 박 제야

나는 할아버지와 할머니를 본 적이 없다. 그들은 북한 사람이었지만 카자흐스탄 도스티제니예라는 집단농장에 살았고 거기에서 생을 마감했다. 아버지의 여동생 3명과 남동생 2명은 북한에 남겨졌는데, 그들의 행적은 알지 못한다. 나는 아버지가 항상 흰 천과 흰 실을 소포에 넣어서 보냈던 것을 기억하고 있다. 아버지는 편지봉투에 한글로 주소를 썼는데 나는 러시아어로 썼다. 내가 어디로 그리고 어떤 도시에 보내냐고 물어봤을 때마다 아버지는 "북제" 아니면 "북조"라고 대답하셨다. 아버지는 '진구'라고 불렀지만 서류에는 '박 그리고리'라고 적혀 있어서 그렇게 사람들이 불렀다. 큰아버지가 메르케에서 살았고 1982년에 돌아가셨다. 큰아버지의 이름은 진가이였다. 큰아버지는 돌아가셨지만 그의 아내는 아직 살아계시고 100세 가까운 연세이시다. 우리 아버지는 1967년에 잠불 지방 우즌나가시의 큰 마을에서 돌아가셨다. 우리 어머니 덴 예카테리나는 1937년에 극동에서 강제이주 당했고 1982년에 돌아가셨다. 우리는 어머니를 아버지의 옆에 매장했다.

외조부님들은 도스티제니예라는 집단농장에서 사셨다. 외할아버지는 빵 굽는 사람이고, 외할머니는 여주인이었다. 어머니는 5자매와 1형제가 있었다. 지금은 각수 역 근처에 살고 있는 여든의 막내 여동생만 살아 계시다. 우리는 그녀를 종종 방문한다. 이 역에서는 우슈토베까지는 가지 않는다. 많은 사촌들은 아스타나, 타라즈, 탈디-쿠르간 등 카자흐스탄의 곳곳에 살고 있다. 우리는 모두 좋은 관계로 지내고 있으며 모든 명절이나 행사가 있을 때 친척들과 만난다. 우리는 다인종으로 구성된 가족이지만 그것을 크게 신경 쓰지 않는다. 아직 증손자는 없지만 곧 생길 것 같다.

우리 부모님은 2형제와 2자매, 네 자녀를 낳았다. 그런데 2011년에 오빠가 죽고 지금은 장녀인 나와 동생들이 남아 있다. 남동생은 알마티에 살고 있고, 여동생

[사진 11-14] 박 제야와 남편

[사진 11-15] 박 제야의 고려인 친구들

은 우즌나가시라는 농촌에 살고 있다. 부모님께서 우리 모두에게 학교 교육을 받게 하셔서 우리 모두는 정상적인 생활을 하고 있다.

이제 나에 대한 이야기를 하려고 한다. 나는 교사이다. 결혼을 하고 나는 남편과 함께 우크라이나에 있는 군대로 일하러 떠났다. 남편은 헬리콥터 조종사로 일했다. 그러나 건강이 안 좋아서 우리는 조국 카자흐스탄으로 가지 않으면 안 됐다. 남편은 다시 공부해서 축산 전문가가 되었다. 우리는 소비에트 농장에 살았다. 1974년에는 알마티로 이사했다. 나는 현재 미망인이다. 딸과 손자들이랑 같이 살고 있다. 딸과 사위는 고등교육을 받았다. 손자들도 대학교를 졸업했다. 사위는 카자흐스탄 사람이다. 모두 일하고 있다. 책을 많이 읽고, 크로스 워드 퍼즐을 하는 것이 내 취미이다. 24살 된 손자가 결혼해서 아주 기뻤다.

나는 어린이와 성인들이 모내기할 때 무더웠으며, 작은 생선, 올챙이들, 개구리들이 헤엄치는 따뜻한 물이 있었던 어린 시절을 종종 기억한다. 수확기가 시작했을 때 우리는 밀과 쌀의 이삭들을 거뒀다. 깊은 가을에 땅이 약간 얼 때 감자를 팠다. 어머니가 감자를 씻은 후에 갈아서 물에 불렸다. 밑바닥에 녹말이 쌓이기 때문에 물을 가끔씩 바꿔 준 다음에 말려서 감자전을 만들었다. 우리 가족은 전쟁이 끝난 뒤, 그럭저럭 살아갔지만 이웃집들은 사탕도, 기름도, 비누도 없어서 힘들게 살아갔다.

우리는 재로 알칼리(잿물)를 만들고, 바구니에 재를 모아서 받침 접시에서 하루에 몇 번 물을 준 후에 더러운 것들을 이 물에 적셔서 세탁물들을 깨끗하게 씻어냈다. 그리고 명아주로 국을 끓이고, 클로버와 민들레꽃으로 샐러드를 해 먹었던 것들도 기억한다. 아버지는 농장 지배인으로 일해서 고기를 자주 먹을 수 있었다.

우리 집 옆에 텐텍 그리고 카라탈이라는 강이 있었는데, 아버지는 낚시를 하고 우리는 물고기를 소금에 절여 신선한 생선을 먹을 수 있게 해주셨다. 학교가 멀기 때문에 겨울철에는 가끔 학교에 가지 못했다. 러시아 사람, 카자흐스탄 사람, 체첸 사람, 쿠르드 사람, 한국 사람들이 우리 집 옆에 살았기 때문에 나는 그 민족들의 언어를 조금 말할 수 있었다. 그때는 자주 한국 노래를 불렀지만 지금은 못 부른다. 왜냐하면, 모든 노래를 잊어버렸기 때문이다. 그러나 고려말은 곧잘 한다.

나는 2011년부터 노인학교에 참석하기 시작했다. 우리 역사적인 고향인 한국에 대해 많이 알 수 있었다. 나는 조상들이 태어난 역사적인 고향이 자랑스럽다. 2000년에는 한국을 방문했다. 감동과 자부심으로 아무 말을 할 수 없었다. 나의 카자흐스탄과 역사적인 고향이 함께 번창하기를 바란다.

12장
고려인 자기생애사: 서 게르만~이 아나톨리 세메노비치

1. 서 게르만

내 이름은 서 게르만이고 1936년 3월 3일에 태어났다. 아버지는 서 이그나티로, 1912년에 태어나셨고 1980년에 돌아가셨다. 아버지는 블라디보스토크에서 태어나 공무원으로 일하셨다. 1937년 우리 가족은 카자흐스탄 알마티로 강제이주 되었다. 처음에는 살기가 아주 어려웠다. 먹을 것도 없고, 살 것도 없고, 할 수 있는 일도 없었다. 부모님은 일을 구하기 위하여 크질-오르다로 갈 수밖에 없었다. 1941년 전쟁 당시 우리는 크질-오르다에 머물렀다. 전쟁 기간 우리의 삶은 아주 어려웠다. 빵은 쿠폰으로만 먹을 수 있었다. 우리가 먹는 빵은 전선에 보내는 빵을 만들고 난 나머지 재료로 만들어졌다. 쿠폰을 잃어버린다는 것은 모든 가족이 굶어 죽는다는 것을 의미했다.

좀 더 나은 삶을 찾기 위해 부모님은 우슈토베로 이사했다. 그곳에서 움막집을 짓고 아버지, 어머니, 형 그리고 내가 함께 살았다. 나는 1944년에 학교에 진학했다.

1부 교실은 형이 가고, 2부 교실에는 내가 갔다. 왜냐하면 신발과 옷이 하나밖에 없었기 때문이다. 1950년, 부모님은 흙으로 벽돌을 만들어서 새로운 집을 지었다. 그 집은 아직도 그곳에 있다.

나는 러시아학교를 다녔다. 한국말은 금지였다. 초등학교에서 공부할 때 제일 기억에 남은 일은 1951년의 새해였다. 새해에 우리가 받은 선물은 버터가 발린 흰 빵 한 조각이었다. 나는 그 빵을 먹지 않고 집에 가서 나눠 먹었다.

1953년에 아버지는 우슈토베에서 알마티로 이주하였고, 거기에서 공무원으로 일하기 시작했다. 나는 1955년에 학교를 졸업한 후 소련군에 들어가게 되었고 거기에 있는 레닌그라드 군사공업대학교에 입학했다. 1,500명 생도 중에 나만 고려인이었다. 나는 운동을 자주 했다. 복서였고 경기에도 자주 출전하였다. 나는 대학교를 우수한 성적으로 졸업했다. 나는 1959년에 우등생 중 한 명으로 독일에 복무하기 위해 보내졌는데, 고려인은 나 하나밖에 없었다. 1년 후 나는 콤소몰위원회의 비서로 선출되었다. 그 일은 생도와 군인을 교육시켜주는 당의 일에 관한 것이었다. 그 후 나는 키예프로 보내졌다. 1967년, 타슈켄트에 지진이 났을 때 나는 무너진 건물을 재건하는 일로 타슈켄트에 출장을 갔다. 그리고 출장이 끝난 후에는 알마티로 보내졌다. 그 후 나는 카자흐 국립대학교에서 역사학을 전공하고 졸업하였다.

카자흐스탄에 대해 말하자면 카자흐스탄은 내 고향이다. 왜냐하면 여기 우리 부모님, 친척들이 묻혀 있고, 내 친구도, 자식들도 모두 이곳에 있다. 물론, 역사적인 고향인 한국에 자주 가보고 싶지만 한국은 멀리 있고, 그곳에 가기 위해서는 돈도 많이 든다.

나는 1962년에 은퇴했지만, 그 후에도 운전 학교, 교육부 일 등 다양한 일을 하였다. 그리고 나는 '노인회'의 주최자였다. 한국에 관한 모든 일에 참가하였고, 알마티 한국교육원에서는 강사로 일하기도 하였다. 또한, 장교 클럽의 회장이자 카자흐스탄 고려인장로위원회의 일원이다. 나의 부인은 김 베라이다. 딸은 1명이 있고 손녀는 4명이 있다. 2명의 손녀는 성인이고 캐나다에서 공부했으며 지금은 캐나다에서 일하고 있다.

2. 서 엘레오노라 보레노브나

나는 서 엘레오노라 보레노브나이다. 1954년 1월 30일에 태어났다. 아버지 서 보렌은 1923년 2월 23일생이고, 어머니 김차옥은 1925년 7월 19일생이다.

나는 학창 시절 체조, 육상, 자전거 타기 등의 운동을 했다. 그리고 나는 바느질과 뜨개질을 좋아했다. 이 기술은 가족생활에 많은 도움을 주었다. 좋은 옷이 부족했을 때 나는 가족과 이웃에게 옷을 만들어주었다. 내 남편과 아이들은 내가 만든 옷을 항상 잘 입었다.

17살에 고등학교를 졸업하고 학교에 가기 전 유치원 사범교육고등학교에 입학했다. 유치원에서 근무하는 교사가 되었고 유치원의 수석 교육자로서 취직했다. 21살에 결혼했지만 공부를 계속하고 싶어서 러시아어와 러시아 문학의 교사 자격을 받는 사범대학교를 졸업했다.

1992년에 카자흐스탄 한인협회의 요청으로 유치원과 학교, 대학에서 한국어를 가르쳤다. 그때는 한국어 전문가나 한국어 교재 그리고 교육 방법이 없었다. 한국어교육은 유치원과 학교 수업들이 주로 게임 하는 방식으로 이루어졌다. 한국 노래와 한국 시, 한국 춤을 배우고 러시아 민속 이야기들인 순무(Репка), 맨션(Теремок), 딱지(Варежка) 따위를 한국어로 무대에서 연주했다. 한국어교육에 적극적으로 참여했다는 이유로 대한민국 대사관이 설립한 교육센터로부터 명예 상을 받게 되었다. 또한, 내가일 대학과 카자흐스탄 한인협회, 내가 근무하고 있었던 알마티 문화센터로부터도 많은 상을 받게 되었다.

나는 내 직업을 사랑한다. 나는 아이들을 사랑한다. 카자흐스탄, 러시아, 우크라이나, 벨라루스, 체첸, 위구르, 그리고 많은 다른 국적의 아이들이 한국과 한국어 그리고 한국 문화에 큰 관심을 보였다. 한국어를 가르치는 몇 년 동안 나는 첫 번째 수업에서 한국어로 읽을 수 있는 방법을 가르쳤다. 한글은 매우 간단하기 때문에 누구나 쉽게 배울 수 있다. 세종대왕이 한글을 제작한 덕분에 우리는 한국 민족에 대해서 모든 것을 알 수 있게 되었다.

덴마크 소설가 한스 크리스티안 안데르센의 말에 빗대어 나는 이렇게 말한다.

"한국의 모든 사람들은 시인이다."

세종대왕은 다른 학자들과 함께 과학적인 문자인 한글을 만들었다. 한국 문학과 문화는 한글을 기초로 쓰인다. 세종대왕은 자연 악기인 인간의 음성 장치를 활용하여 한글을 제작했다. 또한, 하늘, 땅과 인간인 3개의 상징을 바탕으로 모음을 만들었다. 나는 이에 초점을 맞추어 한국어교육 방법을 만들었다. 내 교육 방법은 읽기, 쓰기, 듣기 그리고 말하기를 빨리 배우게 한다. 나는 언어뿐만 아니라 한국 문화, 한국 역사, 한국 전통풍습과 한국 사람들의 행동 예절도 학생들에게 가르치고 있다. 한국 음식이라는 주제로 수업을 할 때에는 학생들과 같이 김밥을 직접 만들어보거나 서울 식당에 데리고 간다.

내가 첫 한국어 수업을 했을 때 나는 카자흐스탄 사범협회를 만들었다. 카자흐스탄 곳곳의 유치원 및 학교 선생님들은 우리 유치원으로 내 수업을 들으러 왔다. 나는 매우 긴장하고 걱정했다. 나는 숨을 쉴 수도 없을 만큼 긴장했지만 아이들은 나를 실망시키지 않았고, 나의 설레는 마음을 알고 나의 모든 질문에 대답을 하면서 큰 도움을 주었다. 그 후에 유치원뿐만 아니라 학교, 대학에서도 그런 수업들이 있었다. 누군가 그런 수업을 지금 해달라고 하면 물론 조금 긴장할 수 있지만 그것은 1992년에 느꼈던 긴장과 다를 것이다. 왜냐하면 그동안 쌓였던 경험으로 자신감이 생겼기 때문이다.

2001년에 리스쿠로브 이름으로 카자흐스탄 경제대학에서 했던 설날 행사가 기억난다. 그 행사에는 주 카자흐스탄 대한민국 대사인 최승호, CPU의 교장인 신연선, 그리고 삼성 · 엘지 · 현대 · 대우와 같은 한국 대기업에서 온 손님들, 한국 극장에서 근무하는 노동자들, 그리고 바우르잔 모미슐리라는 군사 학교의 50명 군사들, 틴달레라는 여성 단체가 참석했다. 2시간 반 동안 한국어를 공부하는 학생들이

게스트로 참석했다. 그 행사에는 대한민국 대사와 대학교 총장이 참석했기 때문에 전체 프로그램은 한국어로 진행되었고 러시아어로 통역되었다. 나는 그 행사에서 한국 시를 읽고, 대한민국의 전통의상인 한복을 입고 춤을 추며 한국 노래를 불렀다.

나는 어느 학교나 어느 대학에서 일을 하든지 항상 한국식으로 사무실을 설계했다. 그리고 누가 들어가도 한국어반이고 학생들이 여기에서 한국어를 배우는 곳이라고 깨달을 수 있게 보여야 한다고 생각했다. 나는 늘 "우리의 지식은 우리의 힘이다!"라는 문구를 적어 놓았다.

나는 아바이 카자흐 국립사범대학교에 취직한 후에 한국어 교실을 한국식으로 꾸몄다. 겨울방학 때 카자흐스탄 장관인 베르가님 아이티모바와 우리 대학 총장인 사디코브가 학교를 방문하였는데, 그들은 제일 좋은 교실로 한국어 교실을 선택했다. 다음 날에는 한국어 교실에서 학생들과 함께 카자흐스탄 교육부를 마주했다. 그 분들 중에는 원로원인 도스만베토브, 고르키트 아타 크질-오르다 대학교의 전 총장인 아브드라실로브 등도 있었다.

알마티 한국교육원에서 어른을 위한 대학 교육을 만들었을 때 나는 모스크바에 있었다. 모스크바에서 돌아온 후에 이곳에서 초대를 받고 공부를 다시 시작하기로 했다. 고향인 한국에 가서 나는 매우 감동했다. 이제 우리는 고향에 대해서 잘 알게 되었다. 무엇보다도 가장 중요한 것은 우리 대학교의 주최들이 우리를 한국에 보냄으로써, 다른 것과는 비교할 수 없는 힘을 주었다. 우리는 세상에서 아무리 큰 상처를 받을지라도 자신을 잃어버리지 않고 끝까지 노력할 것이다.

3. 서 펠릭스 알렉세예비치

나는 서 펠릭스 알렉세예비치이다. 나는 1951년 12월 4일에 카자흐스탄 크질-오르다의 가르막신스키 지구 '3 국제'라는 농장에서 태어났다. 그 집단농장은 1937년에 중앙아시아와 카자흐스탄으로 고려인을 보내면서 생성되었으며, '모닝 스타', '마음의 땅'과 '3 국제'라는 3개의 고려인 농장으로 형성되었다. 그 농장은 농장이 생성된 이후부터 1984년까지 약 47년 동안 소련에서 유명한 사회주의 노동영웅인 저댄학 회장이 감독했다. 회장의 죽음 후에 중앙 부동산에서 그의 흉상을 설치하고 농장 중심에 시체를 묻었다. 그 사람의 이름으로 문화집이 호출되었고 그 문화집은 오늘날에도 인기가 많은 곳이다. 농장에는 저댄학 회장 외에도, 어린 시절에 같이 공부하고 자랐던 사회주의 노동영웅 칭호를 받은 내 친구들의 무덤이 있다. 그들은 바로 박젠일 위원장, 김희악 위원장이다. 이들 이전에는 크질-오르다에서 사회주의 노동영웅 상을 받은 사람은 없다.

3 국제 농장은 가르막치라는 지역의 중심과 주사르라는 기차역에서 37km, 그리고 크질-오르다 지역의 중심에서 185km 떨어진 곳에 위치해 있다. 농장은 우주기지인 바이코누르에서 직선거리 90km 지점에 위치해 있다. 농장에서 1km 정도 지나면 국제 고속도로인 '알마티 – 쉼켄트 – 크질-오르다 – 사마라'가 나온다. 그 국제 고속도로의 중간 지점인 '서유럽-서중국' 구간은 2015년에 건설되었다.

이 농장은 작은 내 고향이다. 처음 보기에 여기는 가난한 땅, 가난한 식물군과 가난한 동물군 그리고 사막으로 보인다. 하지만 그것은 첫눈에만 그렇게 보이다. 거기에는 매우 흥미 있는 식물군과 동물군이 있다. 오래 전부터 거기에서 메기, 철갑상어, 수염이 있는 물고기(barbel), 잉어, 처브와 큰 코 영양, 멧돼지, 늑대, 여우, 스라소니, 하이에나, 토끼, 꿩, 오리, 거위와 수많은 물고기 등이 풍부했다.

어머니 선 류보브와 아버지 서 알렉세이는 자신의 부모와 함께 우즈베키스탄으로 추방되었고, 거기에서 취업을 하지 못하게 되면서 이주 당국의 허가를 받고 카자흐스탄 지역의 크질-오르다에 있는 농장에 다시 들어갔다. 우리의 대가족 중 나는 형과 누나에 이은 셋째 아이이고, 세 형제와 세 자매가 있었다. 그때 마을에서는 사진 찍는 것이 아직 발전되지 않았기 때문에 아기였을 때의 사진은 드물다. 사진은 1960년대 후반부에 나타났다고 한다.

나는 학교 시절을 거의 기억하지 못한다. 우리 가정은 마을의 외곽에 있는 두 가정을 위해 건축된 집에서 살았다. 우리 집에서 40m 거리에 할아버지와 할머니가 큰아들(나의 큰아버지) 가족과 함께 살았다. 할아버지와 할머니에게 자녀 5명이 있었다. 아들은 하나였고, 딸이 4명 있었는데 그중 우리 어머니는 셋째 아이였다. 나는 항상 할아버지를 키가 컸고 날씬하며 마지막 날까지 머리에 한국 모자를 쓰고 손에 지팡이를 들고 다니는 모습으로 기억한다. 그분은 간결했지만 아주 공정했다. 할아버지는 집에서 전체 작업을 했다. 그분은 우리에게 정원을 만들고 식물에 물을 뿌리는 방법, 그리고 동물에게 줄 밥을 만드는 법을 가르쳤다. 어렸을 때 나의 큰형이 자주 아팠기 때문에 할아버지는 많은 일을 나에게 알려주셨다. 나는 튼튼한 편이었고, 나에게 맡은 모든 일을 열심히 하라고 했다. 그래서 할아버지는 나를 '둔구리(Дунгури)-화소'라고 불렀다. 일 사이에 쉬는 시간이 되면 할아버지는 작은 한국 의자(moktosae)에 앉아서 우리가 무엇을 어떻게 배우고 있는지, 학교에서 무엇을 하는지 등을 꼬치꼬치 물어보았다. 그리고 가끔은 먼 고향 한국에 대해서 거기에 있었던 자신의 작은 집, 빨간색 아침, 수많은 예쁜 꽃과 높은 산에 대한 추억을 이야기하셨다.

우리 집은 할아버지가 지으셨다. 집은 2개의 넓은 방과 객실과 복도로 구성되었다. 첫 번째 방에 가마솥과 구들이 있었고 두 번째 방에는 침대 3개와 둥근 탁자가 있었다. 집에 들어가면 큰 복도가 나왔다. 나무 벤치에 배럴들이 있는데 100~120리터 용량의 배럴 하나는 나무로, 또 하나는 철로 만들어졌으며 그 옆에 7~8개의 철 양동이가 있었다. 어렸을 때 물을 길어 오려고 끊임없이 다녔고 누가 몇 통을 갖고 왔는지 셌던 기억이 난다. 물은 집에서 50m 거리에 있었던 우물에서 받아왔다. 겨울에는 물을 손수레 나무 썰매로, 여름에는 나무로 만들어진 작은 외바퀴 손수레를 이용해서 집으로 가지고 왔다. 식품 저장실에서는 쌀, 밀가루, 콩, 완두콩, 옥수수를 보관하였다. 집 근처에 항상 큰 지하실이 있었고, 2~2.5m 깊이였으며 지하실 위를 갈대와 흙으로 덮었기 때문에 저장한 음식들이 얼지 않았다. 우리는 겨울을 위해 감자와 당근, 무를 보관하였다. 항상 지하실에 많은 호박이 있었고, 우리는 그 호박을 먹거나 돼지 밥을 만들었다. 또 다른 지하실에는 나무나 철로 된 배럴 3~4개가 있는

데, 그 배럴에는 김치, 소금에 절인 오이와 토마토, 그리고 소금에 절인 생선이 저장되고 있었다.

그 당시에는 낚시를 하는 것이 가정을 책임지는 중요한 일이었다. 특히 작물을 수확한 10월 중순 이후에 낚시를 자주 갔다. 물고기가 많이 있는 호수가 있었다. 먼저 경험이 풍부한 어부들이 거기에 가서 많은 물고기가 어디에 사는지 알아본 다음에 각 가정이 어디에서 낚시를 할지를 정하고 그곳으로 갔다. 또한, 당나귀가 어떤 가족에게, 몇 마리씩 있는지 물었다. 당나귀는 물고기 배럴을 가지고 오기 위해 꼭 필요했다. 가정마다 물고기를 잡기 위해 '로바'라는 도구를 만들었다. 낚시터에 도착한 후에는 갈대를 깎거나 잘라서 도구를 만들었다. 사람들은 물고기가 깊은 데에서 수영을 할 수 없도록 장치를 한 이후에 낚시를 시작했다. 아이들은 나무로 야구 방망이와 비슷한 것을 만들고 놀았다. 여자들은 바닷가에서 물고기를 소금에 절이고 통에 넣었다. 우리는 보통 이틀 동안(1박 2일) 낚시를 갔는데 그 기간은 우리에게 필요한 양의 물고기를 잡고, 그것을 상하지 않게 하는 데 충분한 시간이었다.

나의 아버지 서 알렉세이는 농장의 첫 번째 기사였다. 저댄학 회장의 빠른 눈치와 능력으로 말미암아 회장은 바이카누르 군사와 장기간 돼지고기를 납품받는 계약을 체결했다. 주변에는 무슬림 사람들만 살고 있어서 돼지고기를 찾을 수가 없었다. 우리 농장에 큰 돼지 농가가 생긴 덕분에 우리는 지속적으로 신선한 돼지고기를 먹을 수 있었다. 또한 군부와 했던 계약서에 따라 우리는 점점 군부들에게 달걀, 닭고기, 쇠고기를 제공하기 시작했다. 그 군부 농장은 첫 번째로 GAZ-66이라는 화물차를 구입하였는데 우리 아버지가 그 화물차로 바이코누르까지 고기를 운반했다. 그 수익으로 나중에는 농장에서 유명한 문화집을 짓고 지역 센터에서 고속도로를 만들었다.

농장자들은 일주일에 한 번, 상품과 제품을 받기 위하여 지역 센터에 갔다. 그 때 가끔 아버지는 우리를 데리고 갔다. 우리는 아침 일찍 출발해서 3시간 정도 이동하여 오전 11시에 도착했다. 그 당시에 시르다리야는 훨씬 넓었으며 다리가 없었기 때문에 나룻배로 강을 건넜다. 나룻배를 타고 강을 건널 때 우리는 굉장히 즐거웠다.

나는 항상 우리 농장을 부자 농장이라고 불렀다. 우리 농장은 다른 농장과 달리 곧은 거리, 동일한 집 그리고 도랑이 있었고 모든 주민들이 나무를 심고 나무를 돌보는 데다가 광장과 공원, 큰 문화집, 10년의 학교, 축구, 농구, 배구를 할 수 있는 큰 운동장, 높은 제방, 여름과 겨울 영화관이 있었다.

아버지는 1962년 가을에 암에 걸려서 일찍 돌아가셨다. 그분은 농장에서 첫 번째 운전기사이자 훌륭한 사냥꾼이었다. 그래서 그분이 계시는 동안 항상 우리 집에는 멧돼지, 토끼, 꿩 등 고기가 있었다. 그때 농장자들이 열심히 일을 하면 사냥 소총, 헝겊 조각, 알람시계 등을 상품으로 받을 수 있었다. 아버지가 돌아가신 후에 우리 집에는 사냥 소총이 5개(작은 구경 1개, 활강 엽총 4개) 남았다.

우리 농장에 있었던, 끝없이 펼쳐지던 녹색 벼와 옥수수 필드가 아직도 내 기억 속에 남아 있다. 거기에서 러시아 정류 쌀 구반스키를 심었다. 가을이 되면 6학년 학생들이 쌀을 수확하기 전에 노동을 하러 쌀 광장에 갔다. 왜냐하면 복식 수확기가 논의 가장자리 벼를 깎을 수 없었기 때문에 학생들은 논의 가장자리를 따라 2m 정도 베어야 했다. 또한, 학생들은 옥수수를 수확하기 위해서도 동원되었다. 벼를 벨 때 학생들은 20~25일 동안 학교에 가지 않았다. 학생들은 매일 50센트의 노동 대가를 받았다. 옥수수를 수확할 때는 수업 후에 3~4시간 동안 일을 하였다. 옥수수를 광장에 가지고 가서 그것을 깐 이후에 담당자에게 건네주고 한 포대당 5센트의 돈을 받았다. 우리는 농장을 위해 봉사하고 작은 도움이라도 줘서 무척 행복하다고 자랑스러워했다. 부모님은 우리가 모은 돈을 하고 싶은 대로 쓸 수 있도록 허락해주셨다. 우리는 보통 스케이트, 신발, 공을 구입했다.

우리 학교에는 여러 운동 동아리가 있었다. 나는 제일 어린 시절부터 축구를 잘했다. 게다가 농구와 배구도 했다. 뿐만 아니라 모든 남학생들이 권투와 육상을 했다. 11월 7일 소련의 제일 큰 명절인 '10월 혁명(October's Revolution)' 또는 5월 1일 '국제 노동자의 날', 그리고 5월 9일 '승리 날'과 같은 큰 명절에는 농장과 우리 학교에서 농장 청소년팀과 학교팀 사이에 축구, 배구, 농구, 전쟁 경쟁의 줄다리기, 100m 달리기와 가방 들고 달리기 시합이 열렸다. 경기가 끝나면 각 농장에서 모은 상품과 돈, 스포츠 컵 등의 가치 있는 선물들이 제공되었다.

또한 명절날에는 문화집에서 여러 가지 모임이나 공연이 개최되었다. 그 공연 마지막에는 모든 사람들이 함께 춤을 추었다. 학교에서는 브라스 밴드 악기 오케스트라가 만들어졌는데, 악기는 농장 돈으로 구입했다. 나는 그 오케스트라에 7학년부터 가입했고 '테너'라는 악기를 쳤다. 이 오케스트라는 농장 사회와 정치에 적극적인 역할을 하였다. 오케스트라는 농장의 모든 행사에 참가했다. 오케스트라는 고위 관료의 회의에서 애국가를 연주하고 모임이나 기념, 결혼이나 다른 행사에서 연주를 했다. 나는 군대에 간 동안, 그리고 경찰서에서 공부하는 동안에도 오케스트라에 참여했다. 그러던 중 어느 추운 겨울에 오케스트라에서 연주를 하다가 심한 감기에 걸렸고, 만성의 인후통에 시달리게 되었다. 지금도 큰 소리로 말하면 목이 너무 아파서 말을 할 수 없다.

학창 시절에 선생님들은 많은 책을 읽으라고 가르쳤다. 우리는 러시아와 소련의 고전, 세계적인 작가들의 시와 소설을 읽었다. 나는 특히 역사적인 소설에 제일 마음이 끌렸다. 나는 아버지를 일찍 여읜 후에 어린 나이부터 일을 스스로 해결하였다. 그래서 공정함과 정당한 몫에 관한 생각을 일찍부터 갖게 되었다. 나는 고등학교에서 운동을 하면서 학생들끼리 규칙을 안 지키는 것을 방지하기 위하여 공산청년동맹 자경단(OKOD)을 조직했다. 바로 그것은 나의 미래를 정했다. 나는 이 일로 10학년 때 지역 경찰서의 대령인 시즈디코프와의 대담에 초대되었다. 그분은 내가 군대에 다녀온 후에 나를 만나자고 하셨다. 그것은 내게 큰 자랑거리였다.

시간을 낭비하지 않기 위해 학교를 졸업할 무렵 울야노브스크시에 있는 육군사관학교에 들어가기 위해 지원서를 썼다. 그러나 한 군인 직원의 실수로 울야노브스크에 있는 탱크 학교로 보내졌다. 거기에서 군인들은 대학교 입학시험을 준비하는 대신 우리에게 막사를 수리하고 염색을 하도록 시켰다. 7월 초에는 여름 캠프장으로 갔다. 거기에서 우리는 팀을 나누고 새로 온 군인을 우두머리로 정했다. 하지만 그때 군대에서 '데도브시나'라는 것이 생겼고, 그것은 군대에 새로운 온 군인을 비웃거나 그들의 자원을 착취하는 것이었다. 그러면 안 됐지만 그것은 군대의 문화

[사진 12-1] 서 펠릭스의 군 복부 시절

[사진 12-2] 서 펠릭스의 아내와 딸(1978)

였다. 이 일은 알려졌고 200명 이상의 지원자들이 이 학교에 오기 싫은 이유로 그것을 들었다. 이 일로 군인들은 벌을 받게 되었다. 우리는 7월 말에 집으로 보내졌다.

마을에 도착한지 두 달 후인 1969년 10월부터 1971년 11월까지 군대에 징집되었다. 군대에 있었던 동안 알마티시에 있는 MIA 학교를 찾아서 거기에 들어가기 위한 조건과 방법을 알아봤다. 군대에서 제대 후 나는 농장 빌더에 근무하면서 입학시험을 준비하였고, 1972년 8월에 알마티 MIA 학교에 들어갔다. 그 학교를 졸업한 후에 크질-오르다의 내무부에서 일했다. 나는 25년을 근무하는 동안 모든 내무부 업무를 했다.

나는 작업하는 동안 사무실에서 동일한 관리에서 일을 하는 내 미래 아내인 한 스베뜰라나 막시모브나를 만났다. 내무부 직원 평균 100명 중에 한국 민족인 직원은 1명이었다. 미래의 아내를 만난 후에 우리는 1년 5개월 동안 사귀다가 1976년 12월에 결혼했다. 장인어른도 내무부에서 일을 하셨다가 연금을 받고 퇴직하셨다. 아마 그 같은 직업 관계가 아내를 선택하는 결정적인 계기가 되었던 것 같다.

결혼식 4개월 후에 아내와 나는 휴가와 2개월 분량의 월급을 받고 신혼여행을 떠났다. 신혼여행은 크림반도에서의 매우 사랑스럽고 행복한 시간으로 기억된다. 우리는 매우 겸손하게 살았으며 방 하나에 야외 화장실이 있는 집에 살았다. 집이 작은 것이 우리의 삶을 어둡게 하지는 않았다. 우리는 행복한 미래가 만들어질 것이라고 믿었다. 신혼여행에서 모스크바로 돌아올 때에는 주머니에 1루블조차 없었다. 기차를 타고 크질-오르다에는 밤 2시쯤 도착했고 돈이 없어서 경찰서에 전화해서 집으로 들어왔다. 1978년 봄, 딸이 태어난 후 우리는 작은 방이 둘 있는 아파트로 이사했다. 우리는 평범하게 살았으며 나중에 침실 가구 일체와 딸을 위한 피아노, 카펫 등을 구입하였다.

근무를 하는 것은 매우 힘들었지만 그 어려움을 극복하려고 열심히 노력했다. 내가 직장에 처음 갔을 때 어떤 사건을 감독하게 되었다. 그때 같이 일했던 동료는 나에게 "카자흐어를 아니?"라고 물었다. 나는 카자흐어로 "응"이라고 대답했다. 놀란 동료는 한국말을 하는지도 물었다. 내가 한국말로 대답하자, 동료직원은 나의 상관에게 이야기했다.

"이 친구는 고려 사람인데 러시아어도, 카자흐어도 할 수 있습니다."

업무를 하는 동안 아무 휴가도 명절도 없이 계속 일을 했다. 명절 때에는 술을 마시는 것이 금지되었는데 다행히 나는 술을 잘 마시지 않는 편이었다. 나는 일을 하느라 어떤 행사에도 참가할 수 없었지만 아내는 아이들과 함께 명절이나 기념일, 다른 행사 등에 꼭 참가했다. 사람들은 내 아내를 '미망인'이라고 불렀다. 내가 얼마나 일만 했으면 사람들이 그렇게 불렀을까. 하지만 나는 직장에서 열심히 일한 것을 후회하지는 않는다.

왜 우리 고려인들이 모국어와 문화를 잊기 시작했을까. 첫 번째 이유는 우리가 둘로 나누어졌기 때문이다. 카자흐스탄, 우즈베키스탄, 키르기스스탄, 러시아, 그리고 그 외의 다양한 공화국에 얼마나 많은 고려인이 있는가. 하지만 한국어로 교육이 이루어지는 학교가 없었다. 기업이나 금융기관이 모든 문서 및 지침에서 러시아어를 사용했기 때문에 고려인들은 그 언어를 배울 수밖에 없었다. 그러다가 결국 모국어와 전통문화를 잊기 시작했다.

삶을 살면서 친척들이 모일 때마다 이 질문이 떠오른다.

'우리는 모두 한국인들인데 왜 모국어로 말할 수 없을까? 왜 우리가 우리 민족의 풍부한 역사와 문화, 전통을 잊어버리고, 조상과 한국 그리고 한국어에 대해서 아무것도 모를까? 앞으로 우리 자녀와 손자에게는 무엇을 가르쳐야 할까?'

언젠가는 그 질문에 정확한 답이 나올 거라고 생각한다. 우리는 다른 도시에 살고 있는 다른 고려인들보다 조금 더 운이 좋다고 생각한다. 왜냐하면 이곳에는 알마티 한국교육원이 있다. 우리는 이곳에서 처음으로 나 자신을 대한민국 국민이라고 느꼈다. 센터에서 대한민국에 있는 꽃들과 그 꽃의 향기를 느껴본 후에 눈뿐만 아니라 마음까지 열었다. 할아버지와 다른 친척들이 아주 그리웠다. 교육원에서 우리의 글과 아름다운 말을, 그리고 전통의상과 신기한 젓가락으로 밥 먹는 방법을 배웠다. 그리고 얼마 전에 나의 꿈이 이루어졌다. 백 번 듣는 것보다 한 번 보는 것이 좋다는 말이 있듯이 한국을 직접 눈으로 보고 체험했다. 이제 고향이 무엇인지를 깨달았다.

우리는 한국 대사관 센터 원장님과 교수님들 덕분에 한국과 한국어를 배우고 보고 더 가깝게 느꼈다. 우리는 교수님들께 배웠던 지식을 러시아, 우즈베키스탄, 키르기스스탄 그리고 카자흐스탄의 다른 지역 — 쉼켄트, 크질-오르다, 타라즈, 카라간다 — 에 살고 있는 고려인들에게 알려줄 것이다. 이제는 그 사람들도 한국에 대해서 알게 될 것이다. 이제 나는 자녀와 손자, 그리고 나와 고향이 같은 젊은 사람들에게 무슨 말을 해야 할지를 잘 알게 되었다.

4. 신 이리나 자하로브나

내 이름은 신 이리나 자하로브나이다. 1950년 5월 17일에 중국에 있는 하얼빈에서 태어났다. 나는 약 150년 전에 한국에서 이주한 고려인의 후손이다. 우리 증조는 평산 출신으로, 우리 본은 평산 신씨이다. 1860년대에 이주한 최초의 고려인 정착민들처럼 나의 증조부는 러시아에서 세례를 받고 세묜(시몬)이라는 이름을 가지게 되었다. 1875년 10월, 신 세묜에게 아들이 태어났다. 바로 나의 할아버지이시다. 나의 할아버지의 이름은 신 세묜 세묘노비치이고, 1875년 10월 28일에 태어나셔서 1946년 8월 19일에 생을 마감하셨다. 할아버지가 어디에서 태어나셨는지 지금은 알 수 없지만, 1880년대 중반에 그는 부모와 함께 러시아의 프리모르스키주 우수리스키 지방 유즈노우수리스키 지역 포시에쯔키 구역 얀치힌 읍의 니즈네예 얀치헤(현재 추카노보)에서 살았다.

그때 당시도 지금처럼 대부분의 고려인들이 교육의 중요성을 알고 있었고 고려인 아이들은 학교에 다녔다. 처음에 다닌 곳은 교회에 속한 학교들이었다. 학교에서는 아이들에게 하나님의 율법, 구약, 성모기도, 서법, 산수 그리고 언어를 가르쳤다. 한국어와 함께 러시아어도 가르쳤다. 어떤 학교들은 작았지만, 얀치헤 학교는 좋은 자원과 뛰어난 교원으로 유명했다. 이 학교는 이 지역에서 뛰어난 모델 학교로 지정되어 러시아 왕위 계승자인 니콜라이 황태자가 방문하기도 하였다. 이로 인하여 나중에 이 학교의 이름은 니콜라예브스카야로 변경되었다.

나의 할아버지인 세묜은 이 학교를 다녔다. 그는 학교를 마치고 교사로 일하기 위하여 노보키옙스코예 마을에 있는 교육부의 공립학교에서 2년 동안 교육을 받았다. 얀치헤 학교 졸업자 신 세묜 세묘노비치가 18살 때 티진헤 마을의 학교에서 교사로 근무했다는 사실은 기록으로도 남아 있다. 옛날에 작은 학교에서는 1명의 교사가 전 직원을 대신하기도 하였다. 다시 말해 교사는 경리과장이면서 교장이기도 했다. 그는 한 달에 17루블을 받았고 난방과 조명이 되는 집을 제공받았다. 그에게는 3부로 나누어진 18명의 학생이 있었다. 1893년에 티진헤 마을 위원회는 학교를 방문하여 그 학교의 공무 상태와 학생들의 좋은 교육환경에 대해 언급하기도 하였다.

1899년부터 우리 할아버지가 동청 철도에서 러시아어문학 교사로 근무한 것으로 추측된다. 그때쯤 할아버지는 증조할머니인 김 안나 안띠포브나와 결혼을 하였다. 나의 증조할머니인 김 안나 안띠포브나는 언제 태어났는지는 전해지지 않지만 1950년 4월 11일에 하늘로 돌아가셨다는 것은 알고 있다. 나의 조부모님에게는 총 5명의 아이들이 있었다고 들었던 것 같은데, 지금 내가 정확하게 기억하는 것은 3명이다. 첫째 아들인 알렉산드르(1900년대~1970. 1. 12.), 둘째 아들인 자하르(1906. 9. 18.~1982. 2. 16.), 그리고 막내딸인 율리야(1915. 6. 15.~1974. 8. 8.)이다. 이들 중 나의 아버지는 둘째 아들인 자하르이다.

우리 아버지 신 자하르 세묘노비치는 프리모르스키주 우수리스키 지방 유즈노우수리스키 지역 포시에쯔스키군(현재 하산스키군) 노보키옙스코예 마을(현재 크라스키노)에서 태어났다.

1916년 3월, 철도청 직원인 할아버지는 철도의 건설을 위하여 온 가족과 함께 하바롭스크 지방 블라디미로프카라는 마을에서 중국의 하얼빈으로 이동을 했다. 하얼빈에서 자격과 학교에서의 교육 활동이 적절하게 보상되었으며, 1925년에 60세에 퇴직을 하였다. 그때 당시에 동청 철도에서 퇴직하는 분들은 양호한 금전 보상을 받았다. 또한 자기 집을 짓고 경작할 수 있는 토지도 받았다. 할아버지의 집은 큰 편이었다. 할아버지의 집에는 두 개의 출입구가 있었다. 할아버지가 돌아가시고 1950년대에 이르러 한쪽 출입구로 이어진 집에서는 아버지의 형인 알렉산드르 세묘노비치의 가족이, 또 다른 출입구로 이어진 집에서는 우리 아버지 자하르 세묘노비치의 가족이 함께 살게 되었다. 넓은 정원과 닭, 오리, 칠면조, 토끼 그리고 아버지의 사냥개 스패니얼, 그레이트 데인 그리고 닥스훈트가 있었다. 아버지는 열렬한 사냥꾼이자 낚시꾼이었으며 하얼빈의 사냥꾼 협회 회원이었다. 아버지는 가을 거위 사냥을 좋아했는데, 어머니 말로는 아버지가 70마리 이상의 거위를 잡아 하얼빈 신문에 나오기도 했다고 한다.

아버지의 형 알렉산드르와 아버지는 학교를 마친 다음에 영어 상업학교에서 교육을 받고, 할아버지의 도움을 받아 음악 제작소를 만들었다. 음악 제작소에서는 여러 악기를 만들고 수리하기도 하였다. 나는 아버지가 제작소에서 바얀, 아코디언, 트럼펫, 클라리넷, 플루트, 프렌치 호른, 발랄라이카, 만돌린, 기타, 콘트라베이스, 첼로, 바이올린 등의 악기를 본인의 손으로 수리하는 것을 보고 자랐다. 어떤 악기들은 아버지가 직접 자기 손으로 만들기도 하였다. 아버지에게는 내가 상상할 수 없을 정도로 어려운 공식과 수학적인 산정수치가 있는 여러 가지 도표와 그림 및 도면들이 있었는데, 이러한 도면 없이 정확하게 자르고 유약을 바르는 것은 불가능하였다. 아버지는 자기 손으로 만든 모든 악기에 자신의 도장을 찍었다. 참댓개비로 된 도장은 납액과 함께 쇠로 만든 박스 안에 보관되었다. 도장은 매끄럽고 깔끔해서 내 마음에 들었다. 특히 향기로운 납액을 종이 위해 찍을 때 남는 살짝 타원형의 그 흔적이 나는 참 좋았다.

어린 나의 관심은 실톱, 대패, 망치, 줄, 장도리 등 다양한 기구에 있었다. 화학약품, 산, 알칼리, 분말 안료 등 다양한 것들을 담은 예쁜 유리병들이 마음에 들었다. 그 유리병의 대부분은 매혹적인 모양의 뚜껑과 꽉 끼워진 코르크를 가지고 있었는데, 아무래도 향수 및 오드콜로뉴 병이었던 것 같다. 또한 상아색, 진주색, 값있는 나무 종류, 가죽, 현을 만들기 위한 여러 두께의 구리 및 강철 줄 등이 내 호기심을 끌었다. 특히 현을 꼬아 만들기 위한 긴 제작대가 기억에 남는다. 아버지가 현을 만들 때 그것은 예쁘게 붕붕거렸다. 소리뿐만 아니라 두꺼운 강철 줄에 더 얇은 구리 및 강철 줄이 꼬이는 모습은 나에게 마술을 걸었다. 아버지가 하나가 아닌 여러 두께의 현 몇 가지를 만들어야 하는 날은 정말로 내 마음속의 축제가 벌어지는 날이었다. 다른 날에도 제작대는 운동기구로 변하여 나를 이끌었다. 큰 탁자에 묶여 있던 것들을 언니와 나는 철봉대 삼아 매달리며 발을 간댕거렸다. 어느 날 제작대가 왠지 잘 묶여 있지 않았다. 언니와 나는 그 사실을 모르고 매달렸는데 제작대가 달가닥거리면서 뒤집혔다. 나는 탁자 밑에 모아놓은 나뭇더미에 떨어져서 무사했지만, 언니는 얼굴에서 피가 났다. 아버지는 하고 있었던 일을 멈추고 우리 언니를 둘러메고 밖으로 뛰어나갔다. 마차를 놓쳐 병원까지 언니를 업고 뛰어갔다. 감사하게도 병원은 멀지 않았다. 의사 선생님께서는 상처를 꿰매고 붕대를 맸다. 언니 림마의 상처는 곧 아물었지만 콧대에 영원히 흉터가 남게 되었다. 시간이 많이 흘러 그 흉터는 엷어지고 자세히 보지 않으면 모를 정도로 눈에 잘 안 보이게 됐지만 그것은 우리의 어린 시절을 생각나게 한다.

아버지는 기타, 만돌린, 발랄라이카, 알토 악기, 바이올린 등 여러 악기를 만들 줄 알았지만 그중에서 바이올린은 아버지의 특별한 사랑이었다. 왜냐하면 아버지는 마음의 모든 열정을 가지고 만든 바이올린이 내는 소리의 우아함을 누구보다도 잘 알고 있었기 때문이다.

아버지는 우리 어머니 신 예카떼리나 이바노브나와 1940년에 결혼했다. 어머니의 원래 이름은 문본째이다. 어머니는 평안북도 선정군 심정면 출신이다. 어머니는 건장한 농부의 딸이었다. 어머니는 7번째 아이이자 부모의 사랑을 많이 받는 막내였다. 어머니에게는 6명의 오빠가 있었다. 어머니는 1922년 3월 11일에 태어나 1998년 8월 8일까지 사셨다. 어머니는 6학년까지 학교를 다녔다. 그때 당시에 그것은 흔하지 않은 일이었다. 대부분의 고려인 여자아이들은 교육을 받지 못했고 집안일을 돕는 것이 일반적이었다. 하지만 어머니는 외할머니와 외할아버지에게 많은 사랑을 받았고 그들은 어머니가 원하는 것 모두를 하게 해주셨다. 어머니는 공부를 아주 잘했고 노래 실력도 뛰어났다. 그녀의 음악 선생님은 서울에 가서 공부하는 것을 추천했는데, 그녀의 부모님은 딸을 먼 곳으로 보내지 못했다. 어머니는 평생 음악을 사랑하면서 보냈다. 내 기억으로 어머니는 집안일을 할 때 여러 노래를 흥얼거렸다.

어머니가 태어난 지 7년이 지난 1929년, 평안북도에 닥친 흉년은 많은 고려인들을 더 좋은 운명을 찾아 가족과 함께 국경을 넘게 했다. 우리 어머니 역시 부모님과 함께 이때 북한에서 중국 하얼빈으로 넘어갔다. 하지만 외조부모에게는 돈이 부족했고, 결국 어머니의 바로 위에 오빠는 기차 좌석 아래에 놓인 가방 속에 숨어서 오게 되었다. 나는 이 막내 외삼촌의 이름만 알고 있다. 그의 이름은 문본구이다. 그는 나중에 평양에서 살았고 독일 대사관에서 근무했다. 1961년 여름, 어머니와 내 여동생 류바는 평양을 방문했다. 어머니는 평양의 생활방식과 규칙 그리고 결백성에 깊은 인상을 받았다. 어머니의 오빠는 러시아어를 할 줄 알았지만 어머니에게 편지를 보낼 때에는 한글로 편지를 썼다. 하지만 아버지를 위해 늘 한 장 이상의 러시아어 편지도 함께 보냈다. 내 기억에 따르면 1990년대까지 이런 교류가 계속되었다. 그에게는 4명의 아이가 있었다. 그들은 고등교육을 받았으며, 좋은 일자리를 가졌다.

우리 부모의 이야기를 계속 하자면, 나의 형제자매는 총 7명이다. 마리야(1941. 10. 14.), 클레오파트라(1943. 10. 25.), 표도르(1945. 9. 18.), 림마(1948. 2. 2.~2006. 5. 3.), 그리고 나 이리나(1950. 5. 17.), 니키포르(1952. 11. 27.), 류보퓌(1956. 1. 2.)이다. 이들 중 나까지 6명은 중국 하얼빈에서 태어났고, 하얼빈에 있는 소련 총영사관을 통하여 소련 국민이 되었다. 1956년 아버지는 온 가족과 함께 중국에서 소련으로 귀환했다. 그때 당시의 말로는 경작을 위한 땅을 소유하기 위해 갔다고 한다. 화장실이 없는 안 좋은 기차를 타고 긴 시간을 이동했다.

우리 가족은 크라스노야르스크 지방 아친스크의 국영집단농장에 도착했다. 우리는 그곳에서 겨울을 보냈다. 국영집단농장에는 아버지 분야의 일은 없어서 아버지는 크라스노야르스크시 음악학교에서 마스터 카스타로 취직했다. 우리 국영집단농장에 있는 가게에는 빵과 보드카 외의 식품은 거의 없었기 때문에 일주일에 한 번 기차로 여러 식품들이 배송되었다. 그런데 집에 식품이 다 떨어질 때마다 아버지가 일을 멈출 수는 없었다. 그럴 때는 집에 먹을 것이 없어서 아이들이 굶는 것을 피하기 위해 어머니는 자신의 옷과 음식을 이웃집 사람들과 교환하였다. 나는 비계로 만들어진, 고기가 없는 국의 맛을 아직도 기억하고 있다.

러시아에서 우리를 생각해주는 사람은 없었다. 우리는 러시아로 돌아오라는 설득에 돌아온 고려인이라는 외국인들이었다. 고려인 음악 명공의 큰 가족을 위해 시청과 직장에서는 집은 제공하지 않았다. 우리는 국영집단농장에 계속 있을 수 없었다. 왜냐하면 어머니에게는 갓난 딸이 있어 아버지의 도움 없이는 힘들었다. 다른 아이들은 중학교에 다녀야 했는데 집단농장에는 초등학교만 있었고 그 학교까지 거리는 1.5km였다.

1957년 여름, 우리는 아버지가 사는 크라스노야르스크로 이사해서 9명이서 25m^{2}짜리 방에 살았다. 아버지는 가족을 부양하기 위해 음악학교와 크라스노야르스크 음악당 두 군데에서 근무하였다. 이들은 모두 월급이 적었고 아버지의 자격과 능력에 비해 약한 곳이었다. 그럼에도 불구하고 아버지는 성실하게 일했고, 땅이 프랑스보다 4배 큰 크라스노야르스크 지방에서 제일 좋은 음악 공명으로 알려졌다. 아버지는 지방 남쪽부터 북쪽까지 출장을 다녔다. 그리고 1961년 우리는 크라스노야르스크시에 방이 3개 있는 고급주택을 얻게 되었다.

아버지는 항상 일하느라 바빴고, 어머니는 집안일을 하면서 스스로 러시아어를 배웠다. 나중에 우리가 서로 다른 도시에 살 때 어머니는 우리에게 러시아어로 편지를 썼고, 우리가 러시아어로 쓴 편지도 읽을 수 있었다. 또한 그녀는 재봉기술을 배워서 봉제공장에서 근무했다. 크라스노야르스크에는 부모님이 아는 고려인 두세 가정이 생겼다. 그래서 어머니는 그분들과 한국말로 대화할 수 있었다. 우리는 집에서는 러시아어로 말했는데, 어머니가 우리에게 한국말로 말을 해도 우리는 러시아어로 대답했었다. 우리 모두는 학교 외에 음악학교를 다녔다. 음악학교 1학년 때 아버지는 우리와 함께 따로 시간을 내서 도와주었다. 나이가 들면서 나는 우리 아버지가 얼마나 훌륭한 아버지이자 남편이었다는 것을 깨달았다.

내가 5학년일 때 나는 크라스노야르스크 어린이 도서관에 회원 가입을 했다. 거기에서 자주 많은 책을 빌려서 나중에는 부모님이 걱정할 정도였다. 부모님은 도서관에 나에게 책을 빌려주지 말라는 부탁까지 했다. 도서관원들은 부모님의 부탁 때문에 내가 빌린 책을 다 읽었는지 확인을 했고, 책을 빌릴 때도 문학 책은 허용하지 않았다. 그렇지만 과학적인 서적은 얼마든지 허락하였는데, 나는 그 기회를 잘 활용하였다. 8학년 이후에는 크라스노야르스크 지방 어린이 도서관 회원에서 어른 도서관으로 옮겼다. 하지만 나는 계속 어린이 도서관 회원으로 남고 싶어 요청을 했는데, 그들은 그것도 허용해주었다. 아마도 그들이 제일 좋아하는 독자이기 때문인 것 같다. 나는 어린이 도서관을 10학년을 마칠 때까지 2년 동안 꾸준히 다니다가 크라스노야르스크 시립도서관으로 옮겼다. 어릴 적에 읽은 책 모두는 나중에 내 공부와 일, 또 인생에 많은 도움이 되었다.

크라스노야르스크에서 생활할 때와 학생이었을 때가 제일 재미있는 시간으로 기억에 남아 있다. 왜냐하면 그때는 걱정 없는 어린 시절이자 아름다운 청춘이었기 때문이다. 작은 아파트와 먹을 것이 부족했는데도 그랬다. 어떨 때는 식품을 받기 위해 어머니와 동생들과 같이 하루 종일 긴 줄을 섰다. 왜냐하면 우리 큰 가족은 많은 것이 필요했고 1인당 조금밖에 주지 않았기 때문이다. 어느 때는 달걀, 버터, 빵, 전구, 칫솔 등이 갑자기 가게에서 사라지기도 했다. 그래서 우리는 그 제품들을 힘들게 구해야만 했다. 그래도 인생은 즐거웠다. 학교에서 공부하는 것이 재미있었고, 나는 우리 반 학급신문의 전속 화가로 예술적 활동을 했다. 5학년 때부터는 여름방학에 음악학교에서 파이오니어 캠프에 갔었다. 캠프는 아름다운 숲속에서 열렸고 좋은 분위기와 훌륭한 교직원들, 좋은 음식, 재미있는 여가 프로그램 등이 있었다. 난 너무 좋았다.

1967년도에 난 고등학교를 졸업하고 노보시비르스크 국립대학교 크라스노야르 분회[9] 생물화학과에 입학하였다. 우리 언니 마리야와 클레오파트라는 결혼해서 각자의 남편 조 레오니드, 그리고 허 겐나디와 함께 떠났다. 마샤(마리야)는 러시아 우랄 지역 즐라토우스트시로, 카파(클레오파트라)는 카라칼파키야 우즈베키스탄 쿤그라드시로 갔다.

아버지와 어머니는 남은 자식들과 함께(페댜를 제외하고. 왜냐하면 페댜는 우리 언니들과 함께 갔다.) 그해 여름에 우즈베키스탄 나만간시로 이사를 했다. 거기서도 아버지는 2번 음악학교에서 음악 연주자로 근무했고, 자기 일과 수세공을 자기 아들 표도르에게 가르쳤다. 표도르는 음악학교에서 바이올린을 배우던 어린 시절부터 완벽한 음악 감각을 보여주었다. 우리 부모님은 가족과 함께 나만간으로 가고 나는 크라스노야르스크에서 대학을 다니려고 남았다. 나는 '울랴 툐탸(울랴 고모)'라고 불린 아버지의 여동생 율랴 세묘노브나 집에 살았다. 울랴 고모는 나를 많이 도와주셨다. 감사하다. 신 율리야 세묘노브나는《크라스노야르스키 라보치》신문의 편집부에서 근무했고, 잘 숙련된 텔레타이피스트였다. 그녀는 학식이 있고 지식이 있었으며 자신의 일을 아주 잘했다. 율리야는 크라스노야르스크로 이주하기 전에 하얼빈에서 우

9) 나중에 크라스노야르 국립 대학교로 이름이 바뀜.

리와 같은 집에 살았다. 한국전쟁(1950~1953) 때 큰 지휘관의 참모이자 무선 통신사 및 영어 통번역자로 근무했다. 고모는 그때에 전쟁의 포상을 받았었다.

울랴 고모는 독서를 많이 좋아했다. 고모는 아침 일찍 5~6시쯤에 일어나서, 빨리 준비하고 차 마시고 출근을 했었다. 그녀의 하루는 다른 사람들보다 먼저 시작하고 먼저 끝났다. 늘 5시까지 집에 도착했다. 고모는 저녁식사를 하는 동안 그리고 저녁식사 후 책이나 잡지를 읽었다. 고모는 좋은 책에 돈과 시간을 아끼지 않았다. 1960~70년대의 소련은 좋은 책은 신청을 해야지만 구할 수 있었다. 1970년도에 작고 약한 울랴 고모는 이런 책 전시회에서 많은 사람들에게 밀려서 그들에게 깔리게 되었다. 고모에게는 경혈이 생겼고 나중에는 멍이 들었다. 가슴 부위에 다친 부분은 심하게 아팠는데 엑스레이 찍은 결과로는 골절은 없는 것으로 나왔다. 그러나 약 2년 뒤에는 유방암을 발견했고, 1970~71년 겨울에 수술을 했는데 성공적이지 못했다. 1971년 여름에 고모는 모스크바에 사는 사촌 미샤와 함께 최고의 의사들을 만났다. 의사들은 암이 온몸으로 전이되어 이제는 아무것도 할 수 없다고 했다. 몸 상태가 안 좋아도 그녀는 크라스노야르스크에 돌아가서 계속 일을 했다. 1972년 봄, 내가 학위 논문을 쓸 때 고모는 치료를 받기 위해 다시 모스크바로 갔다. 그리고 고모는 다시 돌아오지 못했다. 울랴 고모는 1974년 8월에 이 세상을 떠났다. 내 기억에는 그녀의 키는 작았고, 집에서도 청초한 옷차림에 깔끔한 머리스타일을 유지했다. 그리고 동그란 안경을 썼으며 프리마 담배와 책을 든 모습으로 남아 있다. 아 참, 우리 아버지도 일하지 않고 집에 있을 때에는 꼭 독서를 했다. 가족의 책 사랑은 우리에게도 내려왔다.

나는 1972년에 크라스노야르 국립대학교를 졸업한 후 고모의 방 열쇠를 주택관리인에게 맡기고 나만간으로 갔다. 거기에서 1년 동안 생물학 및 화학 교사로 일했다. 1973년에 알마-아타로 이사해서 소련의 카즈파스 글라브립보드에서 양어하는 기술자로 근무했다. 전 소련에 출장을 다니면서 물고기와 비싼 물고기 알을 카자흐스탄 저수지 환경순응을 위해 가져왔다. 그 다음에는 카자흐 양어관리 어업관리부에, 그 다음에는 카자흐스탄 어업부에, 그 다음에는 카자흐스탄 환경부로 자리를 옮겼다. 내 주된 일은 카자흐스탄 어업 재단 모니터링 및 합리적인 사용, 물고기와 자연을 위한 일, 그리고 중재에 관한 일이었다.

1993년도 환경부가 다른 도시로 배치되면서 나는 일을 그만두고 '오네라' 제작소에 취직하였다. 나는 그곳에서 태피스트리 만드는 법을 배웠다. 동시에 '유스코'라는 한국 회사에서 하루에 3시간씩 아르바이트를 하기 시작했다. 왜냐하면 유스코는 오네라에서 1분 거리였고, 자유로운 스케줄 때문에 두 가지의 일을 할 수 있었다. 태피스트리 만드는 법을 다 익혔더니 오네라 사장님이 러시아로 이사를 가서 나는 더 이상 일을 할 수 없었다. 그때 유스코에서 일했던 것이 나에게 큰 도움이 되었다. 이 회사 덕분에 출세할 수 있어서 감사하다.

하지만 나는 일에 지나치게 많은 시간을 뺏겼다. 가끔 사무실에서 밤을 새고 아침에 집에 가서 씻고, 옷만 갈아입고 다시 출근했다. 그래서 우리 가족은 나를 거의 보지 못했다. 나는 가족을 위해 많은 것을 해주지 못했다. 내 인생에 많은 것을 놓쳤다. 예를 들어 우리 어머니는 1998년 8월 8일에 이 세상을 떠났는데, 그날 원래의 퇴근시간은 정오까지였는데 나는 퇴근을 저녁에 했다. 알고 보니 어머니를 위해 아침에 구급차가 왔는데, 그날 어머니가 맞은 주사는 아무 도움이 되지 않았다. 우리 어머니를 돌봐주고 있던 언니 클레오파트라가 나에게 전화를 걸었지만 내 전화기는 사무실과 떨어져 있어서 나는 전화를 받지 못했다. 내가 저녁에 집에 갔을 때 이미 늦었다. 두 번째로 부른 구급차가 도착할 때까지 시간이 오래 걸렸고, 도착할 때쯤 어머니는 내 앞에서 돌아가셨다. 어머니의 무덤은 어머니가 좋아했던 알마-아타에서 35km 드미트리에브카에 있다. 나는 지금까지도 일에 대한 책임감이 많고 열심히 했지만, 어머니에게는 신경을 많이 못 썼다는 자책감을 가지고 있다.

만약 셋째 언니 림마가 갑자기 병에 걸려 이 세상을 떠나지 않았으면 나는 계속 유스코에서 일하고 있을 것이다. 왜냐하면 내가 정년을 할 때가 되었지만 그 누구도 나에게 일을 그만두라고 말하지 않았다. 물류 관리자의 일은 나에게 어려우면서도 재미있었다. 정확함과 눈에 보이는 결과가 있었다. 계약을 맺고 세계에서 10만 달러어치의 물건을 구매하고, 공장에 필요한 물건들을 할인도 많이 받고 빠른 송달도 받을 수 있도록 했다. 그래서 잘 한 일에 대한 성취감도 있었다. 그것은 값진 것이다. 전체적으로 나는 내가 행복하다고 생각했다. 나에게는 재미있는 일, 친구, 동료, 아파트, 남편 그리고 아이들이 있었다. 그런데 언니의 갑작스러운 죽음(언니 무덤은 어머니 무덤 옆에 있다) 이후에는 내 인생을 다르게 바라보게 되었다. 그래서 일을 그만두고 퇴직하였다. 그것에 대한 후회는 없다.

현재는 주로 가족과 나 자신을 위해 살고 있다. 남편은 우크라이나 사람이다. 남편은 볼로신 알렉산드르 이바노비치로 1951년 6월 15일에 태어났다. 결혼식은 카자흐스탄이라는 호텔의 레스토랑에서 올렸다. 우리에게는 아들 2명이 있다. 1981년 1월 30일에 태어난 얀과 1983년 2월 10일에 태어난 자하르, 1986년 2월 26일에 태어난 며느리 줄피야, 그리고 2009년 2월 13일에 태어난 손녀 알리사가 나의 가족이다. 35년여 전인 1980년에 결혼해서 가족을 위해 한 것이 별로 없는 것 같은데 어떻게 이런 멋있는 아들이 자랐는지 모르겠다. 가족생활은 무엇일까? 사샤가 점심시간에 내 사무실 앞에 찾아와서 만났을 때가 꼭 최근처럼 느껴진다. 그리고 우리가 결혼하고 1년 동안 살았던 집도 생각난다. 첫 아들이 거기서 태어났다. 아무 문제없이 아들이 태어났고 그에게 얀이라는 이름을 지어준 것도 기억난다. 그는 문제없이 자라주었다. 제시간에 자고, 제시간에 먹고, 학교에 지각하지 않았고, 학교에서도 대학교에서도 공부를 잘했다. 똑똑하고 재능 있고 어엿한 사람으로 자랐다. 지금은 작은 사업을 하고 있다.

5. 심 타마라 니콜라예브나

내 이름은 심 타마라 니콜라예브나이다. 나는 1946년 12월 27일 우즈베키스탄의 레닌스크 지방에서 태어났다. 어머니는 나를 누구의 도움도 없이 혼자 낳으시고 탯줄도 혼자 자르셨다. 그 시간에 어머니 곁에는 아무도 없었다.

나의 증조할아버지는 북한 평양에서 사셨고 위원회에서 일하셨다. 일본이 한국을 강제합병 했을 때 일본 순경들이 증조할아버지를 체포했다. 증조할아버지가 집에 안 돌아오셔서 초준 할아버지가 무슨 일인지 알아보러 가셨다. 위원회에서는 일본 순경들이 그를 체포하고 끌고 갔다고 했고, 할아버지는 왜 자신의 아버지를 체포했는지 알아보러 경찰서에 갔다. 일본 순경들은 아무 말도 해주지 않고 할아버지를 쫓아냈으며 심지어 때리려고 했다. 할아버지는 그런 불손한 행동을 참지 못하시는 성격이었다. 할아버지는 복수를 결심하시고 그 일본인을 죽였다. 일본의 순경들이 할아버지를 찾으러 2~3명씩 도시를 순찰했다. 일본인들은 할아버지를 잡아 넘기면 포상을 한다고 도시 곳곳에 수배지를 붙였다. 어느 날 어떤 사람이 와서 아마 오늘 밤 일본인들이 초준 할아버지를 잡으러 올 것이라고 예고했다. 그 당시에 할아버지에게는 5명의 아이들이 있었다. 할아버지는 두 큰 아이들은 남겨두고 아내와 어린 세 자식들과 함께 먹을 것을 조금 챙겨 중국으로 갔다.

발길은 아주 멀고 깊은 시골에서 멈추었고 할아버지는 중국 사람의 땅을 빌렸다. 할아버지는 중국인에게 땅을 빌리면서 수확의 일정량을 가을에 지불하기로 약속했다. 가을에 할아버지는 땅 주인에게 약속한 만큼의 곡식을 넘겨주었다. 얼마 후 중국인이 다시 와서 곡식을 더 달라고 요구하기 시작했다. 말싸움이 시작됐고 몸싸움으로 이어져 할아버지는 중국인의 땋은 머리를 잡아 뜯어버렸다. 늦가을이었고 눈이 내렸다. 그날 밤 가족들은 산으로 떠났다. 아침이 되자, 중국의 백부장이 말을 타고 시골 전체를 수색했다. 할아버지의 가족은 중국을 떠나 러시아로 향했다. 초준 할아버지는 1865년에 태어나셨고 1938년에 돌아가셨다. 할머니 리예준은 1869년에 태어나 1938년에 돌아가셨다. 할아버지는 의사였다. 사람들이 그의 도움을 필요로 하여 밤낮으로 그에게 호소했고 그는 한 번도 거절한 적이 없었다. 사람들은 그에 대한 감사로 자신들이 줄 수 있는 물고기나 곡식 등을 가져왔다.

아이들이 조금 자라서 이미 스스로 일할 수 있는 나이가 되었다. 가족들은 다섯 가정이 살고 있던 안뿌도라는 촌락으로 이사를 갔다. 땅을 빌려 경작하고 그곳에 정착했다. 나의 아버지는 형제 중 셋째였다. 아버지의 성함은 박남수이다. 아버지는 나의 어머니인 천현수와 결혼을 하시고 큰오빠 안드레이, 둘째 오빠 이센, 언니 크세니야와 옥순을 낳았다. 그러나 옥순은 어려서부터 잔병치레가 많았고 곧 어린 나이로 세상을 떠났다. 우리는 1934년 지방도시인 블라디미르-알렉산드롭스코예로 이사를 갔다. 그리고 1937년, 이 지역에 사는 조선에서 온 모든 주민들은 우즈베키스탄으로 강제이주를 당했다.

우리가 먼 동쪽에서 살았을 때 할아버지는 민족학교를 세웠다. 부모님은 아이들이 5살 때부터 한문을 가르쳤다. 할아버지는 엄한 훈장님이었고 만약 숙제를 하지 않으면 벌로 종아리를 회초리로 때리셨다. 벌을 받는 것을 본 아이들은 숙제를 잘 해왔다. 한반도로부터 넘어온 우리 민족의 모든 아이들은 공부할 수 있는 기회를 가졌다. 나의 아버지도 학교에서 가르치셨다. 후에 지방정부가 한국어 학교를 여는 것을 금지하기 시작했고 많은 이들이 한국어 공부를 더 이상 할 수 없었다. 이주당한 대부분의 사람들은 한반도에 친척을 많이 남기고 왔고 우리 또한 그랬다. 점점 나라 간의 우편이 발달해서 편지를 주고받을 수 있게 되었다. 우리는 양봉업을 하는 집단농장에서 살았다. 부모님은 먼 동쪽에서 사실 때 한 그리스인에게 벌을 돌보는 법을 배웠었다. 부모님은 그가 보여주었던 것을 잘 이해하지 못했었지만 이 지식들은 쓸모가 있었다. 우리는 깔리니나 집단농장의 유일한 고려인 가족이었다. 남은 고려인들은 산에서 흐르는 물로 만들어진 나린강 옆에 철도가 다니는 우츠쿠르간 지역 근방에 살았다. 그곳에는 러시아 학교도 있었다. 우리 집단농장은 이 지역으로부터 5km 떨어져 있었다. 그곳으로부터 고려인들은 편지를 한국의 친족에게 보내려고 우리에게 왔다. 그들은 무엇인가를 아버지에게 말했고 아버지는 그것을 받아 적으셨다. 그리고 그들이 답장을 받았을 때 다시 우리에게로 와서 아버지에게 읽는 것을 부탁하고 답장 쓰는 것도 부탁했다. 이것 외에 아버지는 정기적으로 북한의 신문을 받아 보셨다. 그리고 세계와 한반도의 각종 사건과 뉴스에 대해 읽으시고 수업에서 이야기하셨다. 아이의 돌잔치나 다른 기념일과 같은 행사가 고려인 가정에서 있을 때, 많은 사람들이 아버지를 초청하였다. 우리 아버지는 말을 잘하시는 달변가이셨고 많은 고려인들에게 존경을 받으셨다. 아버지는 고려인에게 한국어의 기초를 가르치셨다. 아버지께 이것에 대해 감사하고 있다.

1946년 12월 27일에 나는 우즈베키스탄에서 태어났다. 그곳에서 나의 어린 시절을 보냈고 우츠쿠르간 지역에서 6학년까지 러시아 학교를 다녔다. 처음에는 큰 오빠가 학교까지 자전거로 데려다주었고 조금 큰 이후에는 혼자 걸어 다녔다. 가끔 착한 우즈베키스탄 사람이 마차를 태워주기도 했다. 집단농장과 우츠쿠르간은 약 5km 떨어져 있었다. 안드레이 오빠는 우즈베크어를 잘 알았고 집단농장 안의 우즈베키스탄 학교에서 수학과 물리를 가르쳤다. 그는 페르가나시에서 사범전문학교를 졸업했다. 이센 오빠는 금메달을 받으며 학교를 졸업했다. 학교는 그에게 레닌그라드 대학교를 시험 없이 입학할 수 있는 초청장을 주었고 대학교를 졸업한 후 결혼했다. 그는 북쪽에 있는 아르한겔스크시에서 부인과 함께 일했다. 올가라는 딸을 낳고 3년 후에 레닌그라드로 돌아왔다. 그는 레닌그라드 대학교의 수학 교수가 되어서 2011년 가을 82살까지 일을 했다. 그의 사위는 수학 부교수이다. 그들은 모두 레닌그라드에 살고 있다. 레닌그란드의 현재 이름은 상트-페테르부르크이다. 나는 공부를 잘해야 했다. 선생님들은 항상 나에게 오빠가 공부를 잘했던 것을 상기시켰다.

우리는 집단농장의 뜰에서 살았다. 뜰에는 벌집이 있었고 그 자연 벌집을 양봉하기 위해 작은 기구를 씌웠다. 그리고 그곳에 살구나무가 정말 많았고 그것 외에 사과나무, 배나무, 복숭아나무와 아몬드나무가 있었다. 아몬드나무가 다 자랐을 무렵에 나는 나무 위에 올라가 앉아 있는 것을 좋아했는데 내 옆에는 딱따구리도 함께 앉아 있고는 했다. 딱따구리는 나무의 가장 높은 곳에 앉아 있었고, 나는 그 밑에 앉아 있었다. 우리는 같이 아몬드를 먹었다. 그리고 나무 안의 구멍에 나만의 공간을 만들곤 했다. 나는 각각의 열매가 언제 익는지 알았고 사과나 복숭아, 살구를 따서 부모님께 가져가면 부모님은 저보고 먼저 맛보라며 열매를 주셨다. 내 어린 시절은 참 행복했다.

1960년 6학년을 마치고 우리 가족은 쿠이비셉스카야주의 부자예프카마을로 이사했는데 그곳에서 9학년을 마치고 쿠이비셰프시로 이사를 갔다. 그리고 쿠이비

셰프 에너지기술대학교에 입학했다. 1969년 대학교를 졸업 후에는 극동지방의 블라디보스토크로 일하러 갔다. 나의 전공은 지질측정이었다. 나는 난방회사에 들어갔고 처음에는 가장 뛰어난 지질측정가의 조수로 일하다가 점차 설치기사가 되어 일했다. 부모님 특히 어머니가 나를 많이 걱정하셨다. 그렇게 혼자 멀리 집으로부터 떨어져 사는 것이 처음이었다.

블라디보스토크는 나의 부모님의 고향이다. 그들은 평생 동안 이곳으로 돌아오기를 갈망했다. 당연히 그들의 마지막 목표는 한반도로 가는 것이었다. 아버지는 항상 공산주의 이념을 가지고 계셨다. 한반도가 통일이 되지 못하는 것은 미국 때문이라고 간주하셨다. 내가 블라디보스토크에서 일할 때 부모님이 한번 오셨었다. 그때 나는 그들의 고향인 블라디미르 알렉산드롭스코예로 보시고 갔다. 그곳은 부모님이 알아보기 힘들 정도로 변했다. 길을 걸어가면서 고려인들이 살았던 곳을 발견했다. 그 집에 살던 고려인들을 내보내고 불도저로 건물을 다 부쉈다고 집주인이 말해주었다. 부모님은 말도 하지 못할 정도로 크게 놀라셨다. 부모님은 우수리스크시에 집을 사셨다. 그곳에는 외할머니의 가족들이 살고 있다. 그들은 오랫동안 만나지 못했었는데 그때의 만남이 정말 기뻤다고 하셨다. 이후에 부모님은 레닌그라드 주변에 작은 집을 사셨고 그곳에서 남은 생을 보내시다가 아버지는 1991년 12월 16일 향년 98세를 일기로 별세하시고, 어머니도 1997년에 생을 마치시고 아버지의 옆에 묻히셨다.

나는 1972년 8월에 결혼을 했다. 남편은 블라디보스토크 의대를 1972년 졸업하고 소비에트 연방 도시인 투바주로 일하러 가야 했다. 우리는 결혼식을 빠르게 하고 그 도시로 갔다. 투바의 투란시에서 살 때 텔레비전이 없었고, 사는 것은 지루했다. 3년간 일을 하고 두 아들을 낳고 다 같이 알마티로 갔다.

남편은 병원에서 일했는데 병원에 전문 의사가 부족해서 외과, 산부인과, 내과와 응급실에서도 일했다. 3년 동안 많은 의료 경험을 쌓았다. 나는 건축회사 생산 기술부의 기술자로 일했다. 그곳에서 두 아들을 낳았다. 1973년 5월 20일에 로베르트를, 1975년 1월 1일에는 알베르트를 낳았다. 나는 아이들을 낳기 전에 시어머니를 모셔왔다. 시어머니는 내가 아이들을 낳는 데 많은 도움을 주셨다. 시어머니 김운센은 현명한 여자였다. 나는 시어머니께 많은 것을 배웠고 함께 잘 살았다. 1903년에 태어나신 시어머니는 1995년 2월 25일에 돌아가셨다. 1941년부터 1945년까지 전쟁이 있었고, 모든 사람들은 전쟁터로 보내졌다. 시어머니에게는 6명의 자식이 있었다. 시어머니는 어떻게든 아이들을 먹여 살려야 했다. 논에서 사람들이 수확을 한 후에 그녀는 언니들과 이삭을 주우러 갔었다. 그리고 그녀는 거의 한 포대의 곡식을 주워왔다. 그때 그들은 움막에서 살았었다. 남편은 강제이주 이전에 체포되어 북쪽으로 보내졌던 상태였다. 그런데 누군가가 시어머니가 곡식을 훔쳐갔다고 윗사람에게 신고를 했고, 그녀는 체포되어 카라간다의 수용소로 보내졌다. 6명의 자식을 남겨두고 수용소로 가야만 하는 마음을 상상이나 할 수 있을까. 그때 시어머니의 맏딸은 19살이었다. 가장 어린 아들은 6살이었다. 카라간다의 수용소에서 시어머니는 항상 아이들 생각을 했다. 그러던 중 그녀는 수용소장에게 자식들에 대한 사정을 말하고 기적적으로 풀려나게 되었다. 시어머니는 1년 후에 아이들이 있는 움막으로 돌아왔다.

우리는 1975년 8월에 투란시에서 카자흐스탄 알마티로 이사를 와서 지금까지 살고 있다. 알마티에서의 삶은 편안하지 않았다. 승진도 어려웠고 불공평한 일도 많았다. 우리 기업은 비밀이 조금 많았다. 명절이나 기념일을 회사 안에서 보냈다. 우리 고려인의 자랑은 성실함이었다. 카자흐스탄과 우즈베키스탄으로의 강제이주가 있었지만 포기하지 않고 삶의 방향을 찾아 나갔다. 남편은 알마티로 이사를 온 이후에는 여러 회사에서 마취와 심폐소생을 전문으로 하는 의사로 일했다. 마지막 13년은 침을 놓는 의사로 일했고 2013년 11월에 일을 그만두었다. 남편은 일하면서도 가정을 잘 돌보는 자상한 사람이었다. 두 아들 다 의대를 졸업하고 외국 기업에서 일하고 있다. 큰아들 로베르트는 약학과를 졸업한 러시아 여자와 결혼했다. 며느리와 함께 약국을 열었고 후에 두 번째 약국도 열었다. 같이 번 돈으로 그들은 지굴리라는 차를 샀다. 1999년 8월에 결혼했고 2000년 8월 딸 안나를 낳았다. 그들은 2001년 3명이 살기 적당한 아파트를 샀다. 8월에 안나의 돌잔치가 있었는데, 안나는 돌잡이로 핸드폰을 집었다. 아마도 사업가가 될 것 같다. 그리고 2002년 3월에 손자 아르세니를 낳았다. 그는 착하고 바른 아이이다. 지금 안나는 7학년이고 아르세니는 5학년이다. 며느리는 나에게 손자들을 부탁했다. 나는 그때 연금을 받지 못하여 시장에서 무언가를 팔았는데 며느리 스베따가 한 달에 2만 텡게씩 주기로 해서 시장 일을 그만두었다. 그리고 2004년 12월 연금 수속을 받았다. 남편은 국립병원에서 일했다. 국립병원은 돈을 적게 주었지만 먹을 것을 살 돈은 충분했다. 2007년 아들들이 일을 할 수 있는 나이가 되었을 무렵 로베르트의 아파트는 리모델링을 시작했다. 그리고 2010년 다시 새로운 집을 지었다. 그들은 아이들에게 좋은 교육을 시킨 후 해외여행을 떠나 쉴 수 있는 충분한 돈을 아직 가지고 있다.

우리 고려인들에게는 정말 많은 시련이 있었지만 우리는 결국 이곳에 살아남았다. 모든 것은 하나님 덕분이다. 우리 역사를 기억해야 하며 우리가 어디서부터 왔는지를 아이들과 손자들에게 전해주어야 한다. 우리는 나쁜 민족이 아니다. 우리는 카자흐스탄에 사는 다른 민족을 존중하고 함께 잘 살고자 노력하고 있다.

6. 염 니나 테렌티예브나

나는 염 니나 테렌티예브나이다. 결혼하기 전의 성은 '현'이고, 1934년 5월 25일에 프리모르스키 크라이 지역의 한카이스키 구역, 가멘-리볼로브 마을에서 태어났다.

할아버지와 할머니는 내가 태어나기 전에 세상을 떠나셨다. 아버지인 헨 테렌티 니콜라예비치는 1909년생으로 러시아에서 태어났다. 아버지는 안그렌(우즈베키스탄의 광산마을), 우르겐치, 호레즘 지역에서 일했다. 또한 한카이스키 구역에 있는 기계와 트랙터 역(MTC)에서 회계사로 근무했다. 마을은 국가 경기장 근처에 위치했고

[사진 12-3] 염 니나

마을에서 사는 젊은이들과 우리 아버지는 국가 경기장을 보호하는 데 적극적으로 참여했다. 그곳에는 취악대가 있었으며 아버지는 첫 번째 나팔로 활동했다. 1964년에는 알마티에 있는 공장에서 주요 회계사로서 근무했다. 그는 1970년에 사망했다. 어머니인 헨 류보브 게오르기예브나(결혼하기 전 이름은 강수니)는 1913년 3월 5일에 한국에서 태어났다. 아버지가 세상을 떠난 이후에 어머니는 알마티에 있는 오페라와 발레 극장에서 사장으로 근무하였다. 현재 어머니는 우리 집에서 살고 있다. 2015년에 나와 오빠들은 어머니의 100세 기념 행사를 했다. 나에게는 오빠 2명이 있다. 첫째 오빠인 헨 레브 테렌티예비치는 1941년생으로 물리학 교사이다. 둘째 오빠인 헨 루슬란 테렌티예비치는 1945년생으로 알마티에 위치한 국가경제대학과 외국어대학교를 졸업했다.

나는 1942년에 우즈베키스탄의 광산마을인 안그렌에 있는 초등학교에 다니기 시작했다. 1952년에 타슈켄트에서 학교를 졸업했고 대학교에 입학하러 모스크바에 가려고 했지만 1956년 전까지 고려인들의 여권에서 '우즈벡 소련에서 거주할 권리'라고 표시되어 있었기 때문에 나가는 것에는 한계가 있었다. 그래서 나는 1952년에 타슈켄트 외국어대학교에 들어갔고 1956년에 졸업했다.

1955년에 타슈켄트 외국어대학교를 졸업한 염 니콜라이 블라디미로비치와 결혼했다. 그는 프리모르스키 크라이의 니콜스크-우수리스크시(옛 우수리스크)에서 1931년에 태어났다. 그의 아버지(나의 시아버지)인 염 힌체르는 1905년생으로 한국의 단천 출신이다. 1982년에 시아버지는 일본 반일운동에 참여했다. 이 때문에 그는 일본 군인들의 박해를 피하기 위해 욘덴(중국)으로 떠날 수밖에 없었다. 1930년에 일본의 중국 침입이 시작되자 그는 1930년 12월 30일에 어머니와 아내를 데리고 소련 영토에 있는 니콜스크-우수리스크로 떠나게 되었다. 거기에서 그는 학교의 수학

[사진 12-4] 13세의 염 니나(1948)

[사진 12-5] 염 니나의 남편과 시아버지(1988)

선생님으로 근무했다. 그러나 1933년 9월, 그는 58 UK RSFSR 조로 10년 동안 감옥에 가게 되었다.

1933~37년에 시브라그에 있었고 1946년 2월부터 1947년 8월까지는 우흐타시에 있는 코리 소련 지역에 있었다. 전쟁 때도 나가지 못했다. 1960년 스탈린이 사망한 이후에 감옥에서 나오게 되었다.

나에게는 자녀 2명이 있다. 아들인 염 세르게이 니콜라예비치는 1956년생이고 쉼켄트에 있는 화학기술대학교 출신이다. 딸은 1964년생인 염 갈리나 니콜라예브나이며 프레하놉 모스크바 국민경제대학교 출신이다. 손자는 3명이 있다. 염 나탈리야 세르게예브나는 1990년생이고 캐나다에 있는 윈저대학교(Windsor University)를 나왔다. 염 올렉 세르게예비치는 1992년생으로 알마티에 있는 키멥(KIMEP) 대학교 학생이다. 또 다른 손자인 김 바짐 이고레비치는 1993년생으로 영국에 있는 켄트대학교(Kent University)에서 대학생으로 공부하고 있다.

나는 17년 동안 쉼켄트에 있는 31번 전문학교에서 외국어 교사로 근무했다. 나는 학교에서 교육적인 활동과 KID(국제우정클럽) 활동을 하였다. 카이샤도리스시(리토바 소련)에 있었던 축제에 두 번이나 다녀왔다. 또한 레제그느(라트비스카야 소련)에 가서 체코슬로바키아와 베트남에서 재학 중인 학생들을 마주했다. 그리고 레닌 탄생 100주년 기념일에 '용감한 노동' 메달을 수여받았다.

많은 사람들은 우리 고려인들을 좋은 근로자라고 생각한다. 고려인들이 어디에서 일하든 다른 사람들보다 더 열심히, 더 믿음직하고 더 정확하게 일하는 사람이라고 생각한다. 소련 시대 때 많은 농업 회사에서의 리더들은 고려인들이었으며 사람들은 고려인들이 리더 역할을 잘한다고 생각한다. 예를 들면, 우즈베키스탄에서의 김병화 이름으로 명명된 콜호즈, 폴리토젤, 프라브다, 스베르드로브, 드미트로브 등의 콜호즈가 있다. 그리고 카자흐스탄에서의 아반가르드, 3 국제 콜호즈, 보로봄에 있는 새 공장 등이 그렇다. 그 외에도 카자흐스탄과 우즈베키스탄에서의 많은 유명한 학자들, 의사들, 교사들과 지도자들은 고려인이다. 복권 전 1956년까지 고려인들은 지도자의 자리에 올라가는 것에 한계가 있었다. 하지만 1952년부터 고려인들이 소련 군대에 가게 되면서 군인 학교에서는 고려인들을 채용하기 시작하였다.

7. 유 타마라 페트로브나

나는 유 타마라 페트로브나이고, 1951년 9월 28일에 탈디-쿠르간 지역 우슈토베시에서 태어났다. 아버지 쪽을 보면, 증조할아버지인 유 미트로판은 1870년에 러시아 연해주 지역 슬라비얀카 마을에서 태어나셨고, 1908년에 세상을 떠나셨다. 우리 할아버지인 유 일리야는 1895년에 포세트 지역 브루셰 마을에서 태어나셨고, 1942년에 돌아가셨다. 우리 할머니 성은 '이'이며(이름은 아무도 모른다), 1889년에 태어나셨고 1939년에 돌아가셨다. 조부모님께서는 남자 2명, 여자 2명의 총 4명의 자녀가 있었다. 장남이자 우리 아버지인 유 페트르 일리치는 1917년에 태어나셨다. 나는 고모들이 일찍 돌아가셔서 한 번도 뵌 적이 없다. 작은아버지 아나톨리는 1935년에 태어나셨고 33세 되시던 1968년에 자동차 사고로 목숨을 잃으셨다. 나는 자주 작은아버지를 생각하곤 한다. 그는 어렸을 때 부모를 잃은 후 베풀지 못한 모든 사랑을 조카들에게 나누어주었다. 그는 기혼이었으며 2명의 아이가 있었다.

우리 아버지는 소련 프리모르스카야 지역 브루세 마을에서 태어났다. 1932년에 바라바쎄브스카야의 7년제 학교를 졸업했다. 1932~1934년에 블라디보스토크 교육전문학교에서 공부했다. 1937년에는 강제이주 이후 카자흐스탄 크질-오르다 지역에서 살았다. 전쟁 때(1941~1944) 노동전선에 휘말리며 카라간다시 근처 54광산에서 일하셨다. 아버지는 그때의 기억을 떠올리는 것을 힘들어하시며 생각하고 싶어 하지 않으셨다. 1944~1953년, 선생님으로 일하셨던 아버지는 우슈토베시 레닌학교 교장까지 올라갔다. 아버지는 그 지역의 전문가로 1953년에 모스크바 노동조합동맹에서 4년 동안 공부했다. 그때 고려인들이 이웃 지방에 가는 것은 전례 없는 일이었다. 아버지는 모스크바 생활을 자랑스럽게 이야기해주시곤 했다. 모스크바 생활이 쉬웠던 것은 아니다. 그 생활 역시 힘들었다. 어머니는 아버지가 모스크바로 떠난 2년 후에 아이들을 데리고 아버지의 작은 기숙사 방으로 이사했다. 그때 6살이었던 언니는 모스크바에서의 기억이 많이 남아 있는 반면에 나는 대극장에 간 것만 기억하고 있다. 휴게실에서 옷맵시가 좋은 분들이 어머니를 쳐다보면서 "세 아이의 어머니세요?", "젊고 예쁘시네요."라고 이야기하며 어머니를 당황하게 하기도 하였다. 나와 언니는 그 사람들을 무서워하며 어머니 뒤에 숨었지만 우리 막내 남동생은 아무도 무서워하지 않았다. 또, 나는 대극장의 반짝거리며 빛나던 강당이 아직도 기억에 남는다. 지금 생각해보면 모스크바에서의 생활이 제일 좋았고 편했던 것 같다. 우리 어머니는 부유한 가정 출신이었기 때문에 수도에 살면서 더 세련되어졌다. 아버지는 공부를 끝낸 후 블라디보스토크로 가기 위해 최선을 다했지만 카자흐스탄으로 파견되었다. 그래서 블라디보스토크에서 사는 이모와 카자흐스탄으로 이사 간 우리 어머니는 10~12년에 한 번씩만 서로 만날 수 있었다. 운명의 장난이라는 게 이런 것이구나! 우리 이모는 현재 88살이며 하바롭스크에서 자녀들과 손자들과 함께 살고 계신다.

아버지는 우슈토베로 온 뒤, 1957년부터 1975년까지 프룬제 학교 교장 일을 맡으시고 정년 퇴직하셨다. 몇 년 후 부모님은 알마-아타(알마티)로 이사했다. 아버지는 2004년에 돌아가셨다.

어머니 쪽을 보면 증조할아버지인 김 야코브는 1870년에 북한에서 태어나셨고 1931년에 돌아가셨다. 1884년에 러시아 국경을 넘고 포시예트스키 지역 아디미 마을에서 자리를 잡으셨다. 증조할아버지는 성이 '정'인 여자(1872-1895)와 결혼했다고 했으며, 증조할머니는 아이를 낳자마자 세상을 떠났다고 했다. 그 아이는 바로 우리 할아버지인 김기일이다. 할아버지는 한 나데즈다와 결혼하셨다. 12명의 자녀가 있었는데 그들 중에서 지금은 두 딸, 우리 어머니와 어머니의 여동생인 리자만 살아 있다. 할머니의 아버지는 러시아 귀족이었다. 그는 러시아-일본 전쟁 때 돌아가셨다. 우리 친척들과 어머니의 친구들은 어머니가 어렸을 때부터 예뻤고 19살에 미인대회에서 '미스 블라디보스토크' 칭호를 받았다고 알려주었다.

1936년, 그 후에는 크질-오르다 지역 카잘린스크의 아무도 모르는 마을에 있는 간이역으로 강제이주 되었다. 그 당시 사람들은 기아 또는 병 때문에 겨우 살아 있기는 했지만 입을 것이 부족해서 맨발로 다녔다. 그들은 1937년 11월 말, 눈이 덮인 초원 한가운데 떨구어졌다. 엄한 서리와 찬바람이 몰아치는 날이었다. 현지 사람들에게 고려인은 일본 간첩이라는 소문이 났으며, 현지인들이 고려인에게 다가가는 것조차 금지되었다. 하지만 어머니는 카자흐스탄 사람들이 그때 도와주지 않았으면 죽었을 것이라고 항상 이야기하곤 했다. 우리는 이런 이야기를 어른이 된 후에야 들을 수 있었다. 왜냐하면 그때에는 강제이주에 대한 말이 금기시되었기 때문이다. 내가 생각하기엔 1937년 후 정부를 무서워했던 고려인들은 자기를 매국노라고 부를까 봐 서로 피하게 되었다. 지금 이것이 습관처럼 되어서 고려인들은 위구르나 체첸 등 카자흐스탄의 소수민족들처럼 뭉치는 협동조합 같은 것이 없어서 아쉽다. 소련 고려인들은 한국의 식민지 침략자로 일본인들을 평생 동안 싫어하면서 살았다. 내가 하고 싶은 말은 나에게도 이 원한이 어머니로부터 전해 내려왔다는 것이다. 생각해보면, 일반 일본 사람들이 나에게 나쁜 짓을 한 것은 없다. 그들이 어디에 살고 우리가 어디에 사는지 상관없이 옛날부터 전해 내려온 원한이 바로 이런 것이구나! 힘들었던 부모님의 이야기를 들었던 우리를 상상해보라. 우리는 짐승 같은 소련의 관리 방식을 무서워하기도 하고 당황하기도 했다. 시간이 흐르고 고려인들이 차츰 복직되고 나서 권력의 악행은 비판받았다.

그것은 다 과거의 이야기이다. 우리는 여러 민족의 아이들과 함께 자랐다. 고려인들이 살아가는 데 있어서 우선시되는 것은 아이들에게 가치 있는 교육을 시키는 것이었다. 공식적인 자료에서는 소련에서 고려인들이 제일 유식한 민족이었다. 내가 10~12살 때쯤 되었을 때 우리가 러시아나 유태인 아이들과 다르다는 것을 깨닫게 되었다. 러시아인이나 유태인 아이의 부모는 자기 아이의 자유를 중요하게 여기고 자기 아이가 제일 똑똑하고, 예쁘고, 최고라는 것을 어렸을 때부터 인지시켜준다. 그런데 우리 어머니는 늘 겸손해라, 어른들에게 쓸데없는 말 하지 마라, 대화할 때 정면으로 주시하지 마라, 소리 크게 웃지 마라, 생각 없이 웃지 마라 등등 엄격하게 나를 기르셨다. 현재 50~60대인 지난 세대의 고려인 어머니 입에서 "우리 아이가 얼마나 모범적인 우등생인지 몰라요."라는 말보다는 "우리 바냐, 페댜, 페땨는 아무 생각이 없어요." 같은 말을 들을 수 있었다. 앞선 세대의 고려인에게는 자신의 자식들의 능력을 낮춰서 이야기하는 그런 이상한 습관이 있었다. 그런데 얼마 전 어떤 한국 드라마를 봤는데 거기에서도 우리 어머니와 같은 행동이 나왔다. 바로, 드라마 속의 딸이 갖은 노력을 통하여 성공을 하고, 그것을 바탕으로 자신의 어머니에게 최선을 다해 잘해주는데도 딸은 어머니에게 야단만 맞고 살고 있었다. 나는 이를 통하여 한국인들의 사고방식은 유럽 사람들과 많이 다르다는 것을 깨닫게 되었다.

부모님께서 백방으로 항상 지켜주셨기에 어렸을 때 두려운 것은 없었다. 우리는 우슈토베에서 친척들과 떨어져 살았다. 물론 친척들도 많았는데 그들은 먼 집단 농장에서 살았다. 우리는 친척들을 명절 때만 볼 수 있었다. 우리 집안에는 우리만의 전통과 풍습이 있었다. 그중 매년 1월 1일에 어머니가 응접실에 있는 식탁 위에 식탁보를 덮었던 것이 기억에 남는다. 그날 아침 10시가 되면 우리는 조부모님께 절을 드렸다. 물론 우리가 돌아가신 할아버지와 할머니를 뵌 적이 없었지만, 어린 우리에게는 그 모든 풍습이 놀이 같았다. 그리고 더 중요한 것은 맛있는 음식을 많이 먹을 수 있었다. 어머니는 절을 하면서 그해의 행운, 건강 그리고 편안함을 빌었다.

나는 영어 교수로 일했는데 공산 청년 동맹에서 일을 하였다. 처음에 카라탈스키 구역 위원회의 총 비서 일을 맡았고 그 다음에 알마티로 이사한 후에는 꼼소몰 주위에서 교사 일을 하였다. 그리고 카자흐스탄 꼼소몰 중앙 위원회에서 위원이었다. 젊은이들과 같이 일을 하면서 많은 것도 알게 되었고 여행도 자주 갈 수 있는, 내 인생에서 제일 즐거웠던 시간이었다. 은퇴하기 전, 10년 동안 'USCO' 사 인사부에서 일했다. 나는 한평생 좋은 분들을 만났다. 하나님께 감사드리고 싶다.

나에게는 3명의 여동생 그리고 1명의 오빠가 있다. 우리는 모두 대학교를 졸업했다. 모두가 좋은 일자리를 가졌고 오빠와 작은 여동생은 아직도 일을 계속하고 있다. 나는 아직도 행복한 결혼 생활 중이다. 나의 남편인 빅토르는 공대를 졸업했고 상트-페테르부르크에서 인문학 교수의 일을 하고 있다. 우리 딸 올가는 1982년생이며 시집간 지 8년이 되었다. 사위 김 브로니슬라브는 착할 뿐만 아니라 자기 가족을 무엇보다도 먼저 생각하는 사람이다. 둘 다 키멥(KIMEP) 대학교 학사, 석사를 졸업한 후 성공적으로 일을 하고 있다. 둘의 전공은 경제 마케팅이다. 손녀 2명은 잘 자라고 있다. 한국인들의 사고방식에 따라 7살인 카리나와 3살인 디아나의 자랑은 하지 않겠다.

내가 알마티 한국어교육원을 어떻게 알게 된 것은 너무나 당연한 일이라고 생각한다. 나이가 들수록 자기 민족의 특징과 같은 민족들과의 커뮤니케이션이 필요하다고 많이 느낀다. 나와 같은 나이라면 누구나 자기 민족의 뿌리에 관심을 가지게 된다. 젊었을 때에는 우리 민족에 관해서 아무 생각도 없었다. 하물며 여권에 적혀 있는 'национальность(민족)'이라는 줄에 'советский(소비에트스키)'라는 단어를 붙인다고 했는데도 신경을 쓰지 않았다. 지난 70~80년에는 한국 극장이 알마티 시내 제르진스키 비노그라도브에 있었는데, 그때에는 그곳으로 공연을 자주 보러 갔었다. 그곳은 아름답고 극장 앞에 작은 푸른 공원이 있었다. 부모님과 함께 공연을 보러 갔을 때 이어폰을 끼고 흥겹게 콘서트나 공연을 보았던 기억이 난다. 그 극장은 늘 사람들로 가득 차 있었기에 예약을 해야만 공연을 볼 수 있었다. 그런데 무엇보다도 마음에 든 것은 행복해하는 동포들을 볼 수 있었다는 점이다. 우리 부모님은 비슷한 또래들과 한국말로 이야기를 나눈 반면에 자녀들과는 러시아어로 이야기했다. 그다지 한국말의 필요성이 없는 것 같았다. 소련이 붕괴되지 않았으면 아마도 지금까지도 그랬을 수도 있었다. 한자까지 잘 아시는 어머니는 자녀들을 가르치고 싶어 하셨지만 허사였다. 어머니는 노래를 한국어로만 불러주셨다. 미성의 목소리를 가지신 어머니는 어디에 가든지 인기가 많았다. 지금은 그때 어머니의 말씀을 잘 듣지 않아서 후회가 된다. 어머니께서 살아계셨다면 내 인생의 변화를 보시며 얼마나 기뻐하셨을까? 어머니께서는 2002년에 세상을 떠나셨다. 고향을 그리워하셨던 부모님께 한국을 보여주지 못해 후회가 더 많다.

나는 이제 자녀들과 손녀들에게 한국 문화와 풍습에 관심을 가지게 하고 있다. 현대인들은 우리보다 정보도 많고 한국의 빛나는 성과까지 잘 알고 있다. 그들은 텔레비전 프로그램, 드라마, 콘서트를 자주 보고 각자 좋아하는 연예인도 있다. 그들은 고려인이라는 것을 자랑스레 말한다. 구소련 때의 모든 고려인들이 조국을 자랑하며 다른 민족들과도 자유롭게 이야기할 수 있는 것은 현재의 대한민국이 좋은 이미지를 가지고 있기 때문이라고 생각한다.

8. 이 아나톨리 세메노비치

내 이름은 이 아나톨리 세메노비치이다. 나는 1943년 7월 2일에 브로스로브 집단 노동 카라탈스키 지역에서 태어났다. 그리고 7살에 레닌 초등학교에 들어갔다. 초등학교를 졸업하고 중학교는 막심이라는 학교에 들어갔다. 거기서 3학년까지 공부를 했다. 3학년을 마치고 일을 시작했다. 일을 하면서 작업 청년들을 위한 학교를 다녔다. 어린 시절을 재미있게 보냈다. 아침에는 일을 하고 저녁에는 친구들과 만나서 노래를 부르고 등산도 갔다. 19세에 군대에 가려고 했는데 건강이 좋지 않아 가지 못했다. 나는 독서와 낚시를 좋아했다.

아내와는 1965년 새해 파티에서 만났다. 그때 나는 에끄스베디찌야에서 기사로 일하고 있었다. 그때 아내는 우슈토베에 있었고 나는 니꼴라옙까에 있었다. 나는 일을 하면서 방송으로 세미팔라틴스크 도시지질학과에서 공부를 했었다. 우리는 만난 지 2년 후에 결혼을 했다. 아내도 방송학교를 졸업했다.

어머니 말씀에 따르면 우리 할머니와 할아버지는 달니 보스토크 출신이다. 어머니는 한국말로 공부를 했다. 아버지는 북한 출신이었고 어부였다. 1939년에 부모님은 카자흐스탄으로 강제이주를 당했다. 부모님과 같이 형 3명과 누나 2명이 이주했다. 큰형은 1927년생이고 둘째 형은 1929년생, 셋째 형은 1939년생이다. 누나들은 1932년생과 1935년생이다. 그해 10월에 우슈토베 역에 내렸다. 그곳에는 아무것도 없었다. 기차역에 몇 그루의 나무만 있었다고 한다. 겨울을 지내기 위해서 그들은 땅을 파서 움막집을 만들기 시작했다. 처음에는 지역 주민들이 고려인들을 위험하게 생각했었지만 나중에는 고려인들이 위험하지 않고 부지런한 사람인지 알게 되었다고 한다. 봄에는 국가가 밭을 빌려주었고, 우리는 그 밭에서 농사를 시작하였다.

지금 내게는 4명의 자식이 있다. 딸 3명과 아들 1명이 있다. 지금 8명의 손자 손녀, 사위 3명과 며느리 1명이 있다. 아이들은 모두 공부를 하고 결혼을 하였다. 나는 아들과 같이 살고 있다. 아내는 2003년에 세상을 떠났다. 2005년에는 알마티로 이사했다. 2012년 3 · 1절에는 한국교육원에서 열린 60세가 넘는 사람을 위한 한국어 수업을 신청했다. 그때 그 수업은 한국교육원에서 처음 열린 것이었다. 그 이후로 2년 동안 나는 그곳에서 친구들을 많이 사귀었고 친해졌다.

13장
고려인 자기생애사:
정 발레리 아나톨리예비치~현 잔나 미하일로브나

1. 정 발레리 아나톨리예비치

나는 정 발레리 아나톨리예비치이다. 1953년 2월 19일에 광부와 가정주부의 아들로 카자흐 소비에트 지역에서 태어났다. 아버지 정삼옌은 1918년 3월 5일 사할린에서 태어나셨다. 아버지는 자식 중 셋째였다. 사범학교 7학년을 졸업한 후 어업 협동조합에서 일했다. 22살에 결혼을 했고 4년 후 이혼하셨다. 그는 두 번째 결혼을 나의 어머니인 황 류보피(사랑이라는 뜻)와 카라간다시에서 했다. 어머니는 1921년 10월 23일에 사냥꾼의 딸로 블라디보스토크에서 태어나셨다. 외할아버지는 사냥꾼이자 인삼을 캐는 사람이었고 마부이기도 했다. 1930년 가을 그는 사냥을 마치고 집으로 돌아오고 계셨는데 만주의 마적들이 그를 죽였다. 9살 때 어머니와 두 언니들은 아버지를 여의고 가족들을 부양해야 했다. 1937년 강제이주 시기에 그들은 광부의 도시인 카라간다에 있었다. 임시건물에서 살아서 춥고 굶주렸고 얼은 감자로 겨우 끼니를 때웠다. 1945년에 아버지와 어머니는 결혼을 하셨다. 이 결혼을 통해 1946년 8월 28일에 갈리나 누나와 1949년 10월 7일 율리야 누나, 1952년 2월 19일 나와 1956년 4월 10일 남동생 뱌체슬라프가 태어났다. 1953년 스탈린이 죽은 이후에는 강제이주를 당한 고려인들이 살 곳을 스스로 정할 수 있게 되었다. 부모님은 1953년 3월에 카프카스로 돈벌이를 찾아갔다. 그들은 모를 심었으며 채소와 참외를 길렀다.

나는 어린 시절을 카프카스의 바바유르뜨 촌락에서 보냈다. 우리 가족은 카프카스에서 사람의 손이 닿지 않은 땅들을 개간했다. 고려인들은 배급표를 받기 위해 씨를 뿌렸고 땅을 어떻게 경작할 것인지 계획을 세웠다. 그리고 소금기가 있는 땅에 적당한 다른 채소들을 재배하기 시작했다. 매 여름방학이 시작되면 모든 아이들은 논으로 가서 잡초를 뽑았다. 뜨거운 태양 아래 무릎까지 차오르는 물에 발을 담그고 손으로 또는 낫을 사용해서 잡초를 제거했다. 태양에 의해 따뜻해진 물 안에서 물고기는 매우 빨리 자랐다. 논의 물길에서 고기를 잡기도 했다. 가을에는 손으로 벼를 수확했다. 낫으로 벼를 기울여 단을 묶었다. 그때 일에 너무 열중하다가 오른손에 흉터가 났는데 지금까지 남아 있다. 약속한 만큼의 쌀을 넘겨주고 남은 쌀은 '제르벤뜨'나 '마하치칼라' 같은 도시의 시장에서 팔았다. 부모님이 시장으로부터 돌아오시기를 초조하게 기다렸다. 왜냐하면 부모님은 신발이나 옷, 각종 맛있는 것들을 가지고 오셨기 때문이다.

학창 시절에 나는 공부를 열심히 했고 또 잘했다. 수학과 물리, 화학은 내가 가장 좋아하는 과목이었다. 러시아어와 문학은 좀 어려운 편이었다. 숙제는 집에서 스스로 했다. 가끔 문학 글쓰기는 율리야 누나의 것을 베껴서 쓰기도 했다. 좋아하는 공부는 독서였다. 전기가 일찍 끊기는 것이 너무 아쉬웠다. 왜냐하면 디젤 발전기로부터 온 빛이었기 때문이다. 나와 율리야 누나는 바바유르뜨 도서관의 모든 책들을 여러 번 읽었다. 각종 사건들이나 스파이에 대한 판타지를 좋아했다. 가장 좋아하는 작가는 쥴리 베른, 레이 브레드베리, 스티벤손, 그리고 율리안 세메노프였다. 또, 《학문과 삶》과 《젊은이의 기술》이라는 잡지에 빠져들어 읽었다. 책을 많이 좋아했지만 읽을 수 있는 책은 매우 부족했다. 사람들은 책을 읽기 위해 줄서서 이름을 적어 놓았다. 9학년 때 나는 화학과 물리 경시대회가 열리는 마하치칼라에 갔다. 그때 나는 그런 큰 도시에 가본 것이 처음이었다. 고려인, 독일인, 체첸인 등 많은 민족이 잘 살았고 같은 반에서 공부했다. 유감스럽게도 지금은 그곳에 테러가 일어나 많은 선한 사람들이 죽고 있다. 1970년에 10학년을 졸업하고 나는 키르기스 소비에트의 프룬제시로 갔다. 그곳에서 기술대학교에 광산기술학과에 입학했다. 열심히 공부해서 많은 장학금을 받았다. 전공을 살려 크바르지노 발카르 소비에트의 티르니아우즈시의 공장에서 광석 재련 기술자로 들어가 일했다.

부인 잔나는 프룬제에서 알게 되었다. 우리는 1976년 10월 30일에 티르니아우즈에서 결혼했다. 내가 아파트를 얻었고 거기서 그녀와 함께 살게 되었다. 또한, 그 도시에서 카프카스에서 온 발레리와 먼 동쪽에서 온 아르카지와 타슈켄트에서 온 게나를 알게 되었다. 우리는 함께 엘브루스산에 있는 체게뜨 스키장에 같이 몇 번 다녀왔다. 1978년 부모님은 프룬제시로 이사를 오셨다. 그리고 나와 가족들도 티르니아우즈로부터 이사 왔다. 그곳에서 1978년에 첫아들 안드레이를 낳았고 1984년에 둘째 아들 알렉세이를 낳았다. 프룬제에서 나는 금속 제련공장에서 기술자로 일했다. 그해에 대다수의 한국인들은 프룬제에서 고본지[10)]를 시작했다. 1983년에 나는 돈을 벌기로 결심했다. 고려인들은 우크라이나에서 블라디보스토크까지 자주 오갔다. 양파, 수박, 참외와 오이 등을 재배했고 돈을 조금 버는 반면에 쓰는 돈은 많아서 다른 민족들이 모든 고려인들을 대부분 부자라고 생각했다.

그리고 1998년부터는 사업가로 일하게 되었다. 그때 처음으로 UAE(아랍에미리트)에 가보았다. 나는 도시를 보고 너무 감동을 받았다. 밤에도 도시는 낮처럼 밝았다. 여기저기에 외국인들이 있었고 모르는 외국어가 사방에서 들렸고 매우 더웠다. 비슈케크시에 있었을 때는 전기의 끊김이 많았다. 아이들은 추위 때문에 아팠다. 사람들은 어두운 표정으로 걸어 다녔다. 나는 이곳에는 미래가 없을 것이라고 느꼈다. 그러나 사업은 점점 나아졌고 자신감이 생겼다. 지인들도 사업에 참여했다. 재봉 공

10) 토지임대계약 경작

장을 열었고 생산품을 러시아나 카자흐스탄으로 보냈다. 나는 두바이로부터 진보된 기술과 전자제품을 가져다 카자흐스탄과 키르기스스탄에서 소매나 도매로 팔았다.

큰아들 안드레이는 키르기스스탄 민족대학교를 졸업한 후 내 사업을 돕게 되었고, 내 친구의 딸과 결혼했다. 그들에게 자녀는 2명이 있다. 딸인 지아나는 2010년생이고 아들인 블라디슬라브는 2011년생이다. 둘째 아들은 큰 회사에서 회계사로 일하며, 아직 미혼이다.

키르기스스탄에서는 2005년 봄에 민족의 슬로건을 건 튤립혁명이 일어났다. 이 혁명으로 인해 국가 시스템과 집권세력이 바뀌었다. 그리고 2010년에 다시 더 큰 혁명이 일어났다. 우리는 가족회의를 열고 사업을 그만하기로 결정했다. 우리는 국적을 바꾸기로 하고, 2011년 알마티로 이사 와서 지금까지 살고 있다. 알마티에서는 한국교육원 덕분에 다른 고려인들을 만날 수 있었다. 교육원에서 한국의 역사와 문화, 전통음식, 관습을 배운다. 그리고 2013년 봄에는 오랫동안 꿈꿔왔던 염원을 이루게 되었다. 나는 조상들의 고향인 한국에 갔다 왔다. 한국 사람은 정말 열심히 헌신적으로 일하고 있었다. 과거에 그렇게 힘들었던 나라가 지금은 낙원으로 변했다는 점이 정말 놀라웠다.

2. 차 류드밀라 페트로브나

나 차 류드밀라 페트로브나는 1948년 7월 4일에 태어났다. 유년에 찍었던 사진은 없다.

내 조상은 한국에서 태어났고, 내 아버지가 1살이었을 때 아버지의 가족은 더 나은 삶을 위해 러시아 연방의 극동으로 이사했다. 나는 내 조상에 대해 잘 모른다.

증조할아버지는 유명한 집안의 아들이었다. 외증조할아버지는 의사였고, 서울에서 의대를 졸업했다는 졸업장이 있었다. 근처에 살고 있는 사람들은 할아버지를 의사로 알고 있었다고 했다. 우리 아버지, 차 페트르 니코노비치는 1901년에 태어났다. 아버지의 가족 식구들은 많았다. 아들 5명, 딸이 1명이었고, 아버지는 그중 장남이었다. 러시아 학교에서 기본 교육을 받았고 학교를 졸업해서 12살부터 어른들과 같이 일하기 시작했다. 밭에서도 일하고 작은 공예품도 만들었는데, 광주리를 엮었고, 빗자루도 엮였다. 아버지가 엮은 빗자루 한 개가 아직 집에 남아 있다. 아버지는 18살이 되었을 때 군대로 징집되었다. 아버지는 볼로차예브스끼 연대에서 복무하셨다. 어머니인 김 옐리자베타 블라디미로브나는 1906년에 태어났다. 어머니는 가정주부셨다. 어머니의 말씀에 따르면 어머니가 10살이 되었을 때 할머니께서 돌아가셔서 어머니가 가정 일을 했을 뿐만 아니라 약품을 만들기 위해 아버지를 도와 식물을 따기도 했다. 어머니는 약초를 잘 알았다. 어머니는 러시아 사람들이 러시아정교의 교회에 가기를 무력으로 강요했다고 하셨다. 그래서 러시아 이름을 갖게 되었다고도 말씀하셨다.

내가 태어나고 공부한 곳은 우슈토베에서 20km 떨어진 작은 농촌, 도스티제니예라고 했다. 우슈토베에는 다른 뜻도 있었다. 우슈토베는 소비에트에 머무는 한국인들의 고향이었다. 국외 추방 후에 이곳은 모든 한국들에게 고향이 되었다. 내가 살았던 농촌은 산을 등진 토지에 위치해 있었다. 땅이 비옥해서 모든 채소, 쌀과 밀을 재배하고 축산업도 유명했다.

우리 세대 학생들이 공부했던 중학교는 우리 모두가 같이 선택하고 같이 만들었다. 학생들이 많기 때문에 2부 수업을 했다. 겨울에는 잉크가 굳어져서 녹기를 기다리다가 펜촉으로 쓴 것을 기억한다. 물론, 생활 형편 역시 넉넉하지 않았지만 아무도 티를 내지 않았다. 나는 초등학교부터 독학했다. 여름에는 방과 후에 모든 가정 일을 했고 남동생을 돌봤다. 여름에 부모님은 밭에서 일했다. 중학교 7학년 때 나는 오스뜨롭스키의《강철은 어떻게 단련되었는가》라는 책을 읽었다. 이 책을 읽고 나서 나는 콤바인 운전수나 금속전문가로 일하고 싶었다.

나는 결혼을 했지만 그렇게 낭만적이지는 않았다. 이혼한 후에 어머니와 함께 딸을 키웠다. 딸은 대학을 졸업하고 시집을 갔다. 그녀의 가족은 단란한 가정이고 아이 2명을 키우고 있다. 손자들은 학교에 다니고 있다. 손자들은 공부를 잘한다. 나는 손자들이 한국 노래 아리랑을 부르는 모습 보는 것을 좋아한다. 큰손자가 한국어를 배우고 노래도 하고 모든 행사들에 참석하고 있다. 그는 내가 도움이 필요할 때 나를 언제든지 도와준다.

나는 남들보다 좋은 교육을 받았다. 나는 경제 전문가였고 은퇴하기 전 37년 동안 재정 분야에서 일했다. KazSSR(카자흐소비에트연방공화국) 국가보장 본부, 카자흐스탄의 재무부, 카자흐스탄의 국가 은행에서 일하고 화려한 경력을 지녔다. 소련 재무부에서는 '우수한 성적을 올린 재정 직무'라는 칭호도 받았다. 나는 일을 하면서 모든 소련 국가들을 가보았고 모든 공화국을 방문하고 세계적인 세미나, 대표자 회의, 컨퍼런스에 참석했다. 옛날에 최고의 지도부는 모스크바에 있었다.

이러한 상황이 기억이 난다. 나는 지도부 격인 부설교원 강습소에 일이 있어서 모스크바에 갔다. 거기서 유럽에서 온 지도자가 나에게 어떤 나라에서 오셨냐고 물어보았다. 그는 나를 한국에서 왔다고 생각해서 한국 사람들이 왜 카자흐스탄에서 살며 러시아어를 한국어처럼 모국어로 생각하는지를 이해할 수 없었다고 했다.

일의 모든 시스템은 피라미드식으로 되어 있었다. 그래서 가끔 지방 수도에서 먼 곳에 있는 직원들을 마주쳤다. 그들은 나를 찾아 일에 관한 질문을 하고 문제도 같이 해결했다. 출장을 가서 많은 직원들을 도와주고 가르쳤다. 그때 당시에는 힘들었지만 행복한 시간들이었다. 사람들이 필요로 하면 모든 일을 같이 했다. 많은 직원들은 나를 목소리로 알아봤다. 우리는 자주 전화로 이야기를 했기 때문이다. 일했던 때는 나에게 좋은 기억들을 주었고 행복한 시절도 줘서 나는 감사하게 생각한다.

카자흐스탄에서 고려인들이 못하는 일은 없다. 고려인들이 뛰어난 성적을 받았고 많은 고려인들은 '노력 영웅'이라고 하는 최고의 칭호를 받았다. 우리는 근면하고 강한 민족으로 좋은 생활과 교육도 받고 가족관계도 행복하게 살아가고 있는 한국인이다. 우리는 우리 민족의 언어, 문화, 역사에 대해서 알아야 한다. 그 문제는 쉽지 않지만 우리는 작은 걸음으로 해낼 수 있을 것이다.

3. 차 림마

내 이름은 차 림마이다. 우리 아버지의 운명은 짧고 슬프다. 사람들이 그를 차 체르소이라고 불렀다. 그의 어머니는 가난한 가정에서 태어난 어린 소녀였고, 노인과 억지로 결혼하게 되었다. 그는 5명의 자녀를 낳으셨는데 아버지는 그중 세 번째였다. 아들 넷을 낳은 후에 딸 하나를 낳았다. 그녀는 사랑하지 않는 노인과 계속 살 수 없었다. 결국 그녀는 막내딸을 데리고 젊은 남자와 도망갔다. 전 남편이 그녀를 찾아서 죽일 거라는 이야기가 돌았다. 그녀는 결국 나머지 아이들을 고아원에 보낼 수밖에 없었다. 그때부터 그녀는 첫 남편에 대한 소식을 듣지도 않고 그를 보지도 않았다. 나의 아버지는 고아원에서 '이반'이라는 이름을 갖게 되었다. 아버지는 1937년에 다른 고려인들과 같이 카자흐스탄으로 이주를 하게 되었다.

어머니인 남 산하는 1934년에 먼 동쪽에서 태어났다. 그녀의 아버지인 남 멘희와 어머니인 이 센희는 모두 한국에서 태어났다. 어머니의 가족은 11명으로 대가족이었다. 먼 동쪽에서 여러 질병으로 그들의 자녀 중 3명이 사망하였다. 이주를 당하고, 배를 타고 가는 길에 또 다른 딸이 이 세상을 떠났다. 그녀의 무덤이 어디인지를 아는 사람은 없다. 카자흐스탄에 도착해서 아들 1명이 또 사망하였다. 이제 그녀에게는 아들 3명과 딸 2명만 남았다. 이들 중 1명이 바로 우리 어머니이다. 어머니의 가족은 잠불로 이사하게 되었다. 전쟁 후에 우리 부모님은 잠불에서 만났다. 나는 그들의 첫 자녀이며 1948년 5월 7일에 잠불 지역에 있는 노보뜨로이츠꼬예 마을에서 태어났다. 1950년에 남동생 사샤가 태어났으며 1952년에 여동생 로라가 태어났다. 아버지는 28살이던 1953년 3월에 병으로 인해 세상을 떠났다. 그리고 6개월이 지나 막내 여동생인 로라도 사망했다.

1956년에 어머니는 텐시엔과 두 번째로 결혼한다. 그는 1946년에 북한에서 얻은 이익을 러시아에 임대했다. 그리고 몇 년 동안 먼 동쪽에서 숲 재료를 준비하는 곳에서 일했다. 그는 러시아 국적을 받고 러시아에서 계속 살기로 결심했다. 그의 친척 모두는 고향을 떠나지 않았다. 그는 일을 마치고 친구들과 같이 카자흐스탄으로 이주했다. 그리고 여기에서 어머니와 만나 결혼했다. 이 결혼을 통하여 딸인 갈랴와 아들인 유라가 태어났다. 그 당시에 거의 모두가 가난했다. 어려운 시대였다.

나는 1955년에 초등학교 1학년에 다니기 시작했다. 그리고 우리는 우슈토베로 이사했다. 어렸을 때 집에서 한국말로 얘기했던 기억이 남아 있다. 학교에 가면 모든 것이 러시아어로 되어 있었다. 한국어 수업은 있었지만 적었다. 어디 가도 모든 사람들이 서로에게 러시아어로만 얘기했다. 우리는 점차 우리의 언어를 잊게 되었다. 나중에 태어난 아이들은 처음부터 한국어로 말을 하지 않았다. 부모님은 밭에서 일하셨고 채소를 키웠다. 자녀들은 공부를 마치고 시간이 남을 때마다 부모님을 도와드렸다. 나는 공부하는 것이 어렵지 않았고 좋은 성적을 얻었다. 내가 좋아하는 과목은 수학과 기하학이었다. 나는 독서를 좋아했다. 주로 학교 도서관에 있는 러시아나 외국 고전문학 작품을 읽었다. 그중에서 한 책이 마음을 특별하게 움직이게 했고 평생 기억 속에 남아 있다. 그 책을 읽은 후에 밤새도록 울었다. 그 책은 에텔 릴리안 보이니치의 《오보드》(말파리)라는 책이다. 나는 주로 책을 밤에 읽었는데, 부모님은 밤에 책을 본다고 잔소리를 하셨다. 아쉽지만 학교 도서관에 있는 책 중에서 한국 문학작품이 없었다.

책에 대한 이런 사랑은 나의 미래를 결정하였다. 1966년에 탈디-쿠르간시의 학교에서 11학년을 졸업했고 바로 그해에 렙신스크 도서관 테흐니쿰에 입학했다. 1967년에 이 테흐니쿰은 알마티 지역의 까스껠렌으로 옮기게 된다. 여기에서 나의 앞으로의 삶을 결정한 특별한 사건이 있었다. 11월 7일, 나와 같이 사는 친구들은 명절을 보내러 집으로 떠났다. 나는 저녁에 산책하러 혼자 밖에 나갔다. 우리 집 근처에는 영화관이 있었는데, 그 영화관 주변에는 사격장이 있었다. 나는 그때 사격을 할 줄 알았는데, 사격하는 대회에도 참석해본 적이 있었다. 사격장에는 아무도 없었다. 성공적인 날이었다. 내가 쏜 모든 총알이 목표물에 명중했다. 총을 내려놓은 후에 칭찬을 보내는 목소리와 박수 소리가 들렸다. 뒤를 돌아보니 아무 말 없이 나의 사격을 지켜본 젊은 사람 2명이 있었다. 사비르와 그의 친구였다. 우리는 서로 소개한 후에 함께 영화를 보러 갔다. 〈10월의 레닌〉이라는 영화였다. 영화관에는 몇 명밖에 없었다. 영화가 끝난 후에 사비르의 친구는 어디론가 사라졌고 사비르는 나를 집까지 데려다주었다. 그리고 우리는 다음 날에 만나기로 약속했다. 사비르도 테흐니쿰 학생이었고, 우리는 아주 친한 친구가 되었다. 친구들이 우리를 보며 내가 사비르를 사격했다고 항상 농담을 했다. 우리는 테흐니쿰을 졸업할 때까지 하루도 빠짐없이 매일 만났다. 나는 그보다 테흐니쿰을 1년 먼저 졸업했다.

1968년 6월에 나는 테흐니쿰의 빨간색 졸업증명서(우등생을 의미하는 졸업증명서)를 받는다는 것을 알았다. 졸업한 학생들은 특정한 기준에 따라 곳곳으로 배치되었다. 나는 구리예프(현재 아티라우) 지역으로 이주하였다. 그 당시에 졸업증명서를 바로 받을 수 없었으며 그 분야에서 2년 동안 일한 뒤에 받을 수 있었다. 구리예프에 가기 전에 어머니가 살고 계신 투르가이스까야 지역에 잠시 머물렀다. 거기에서 한 달 동안 있다가 8월에 구리예프로 떠났다. 우수 학생인 나는 구리예프에 있는 지역 도서관에서 일했고 아파트도 제공받았다. 다른 친구들처럼 멀리 떨어져 있는 곳에 일하러 가지 않고 지역 도서관에 취직하게 돼서 매우 기뻤다. 일한 지 일주일 된 어느 날에 지역 문화 관리에게서 전화가 왔다고 나를 불렀다. 전화를 받았는데 수화기 너머로 사비르의 목소리가 들려 굉장히 놀랐다. 그는 나를 따라 여기로 왔다고 했다. 나는 너무 놀랐다. 왜냐하면 우리가 헤어진 후 그는 나에게 아무 편지도 쓰지 않았고 전화 한 통도 하지 않았기 때문이다. 나는 그를 마중하러 나갔고 그는 우리가 헤어졌을 때부터 매일매일 썼던 편지를 나에게 주었다. 그는 그 편지를 어디로 보내야 할지를 몰랐다. 그가 머물 숙소가 없어서 역에서 밤을 함께 보냈다. 다음 날 낮에 그는 내가 일하고 있는 도서관에 와서 함께 가자고 나를 설득했다. 나는 그를 따라가지 못했다. 그와 같이 가면 졸업증명서를 받을 수가 없었기 때문이다. 우리는 지역

문화원의 원장님과 이 문제에 대해서 이야기했지만 원장님은 이것이 법이기 때문에 지키지 않으면 안 된다고 했다. 사비르가 온 지 일주일이 된 후에 우리는 경찰관에게 들켰고 이 상황을 설명하는 데 오랜 시간이 걸렸다. 나는 어떻게 할 것인지 빨리 결정해야만 했다.

나는 사비르와 같이 가기로 결정했다. 졸업증명서는 어쩔 수 없었다. 사랑하는 사람이 더 중요하니까. 우리는 우리 어머니의 집에 갔다. 어머니는 결혼에 반대하셨고 아무 말도 듣고 싶어 하지 않았다. 그런데 우리는 그래도 같이 있겠다고 했다. 일주일 후에 우리는 공식적인 서류에 사인하고 남편과 아내가 되었다. 앞으로 무엇이 기다리고 있을까? 사비르는 걱정했지만 나는 무엇을 겪을지 상상하지도 못했다. 사비르의 부모님은 그가 어디로, 왜 사라졌는지도 모르고 그를 잃었다. 그는 아무에게도 어디로 그리고 왜 갔는지를 얘기하지 않았다. 시간이 흐르고 그는 혼자서가 아니라 고려인 아내와 같이 집에 돌아왔다. 이런 일은 그 당시에는 아무도 겪지 않았던 일이었다. 우리는 밤을 그의 할아버지 집에서 보냈다. 늦은 밤에 시할아버지의 아내가 뛰어와서 우리가 빨리 도망가야 한다고, 우리를 죽이려는 사람이 있다고 했다. 그 사람은 사비르의 아버지였다. 그의 아버지는 우리가 여기로 온 것을 듣고, 총을 들고 "그들을 죽여버릴 거야!"라고 소리를 지르면서 집에서 뛰어나왔다. 나는 도망가고 밤새 숨어 있었다. 우리의 가족생활은 이런 식으로 시작됐다. 사비르의 부모님과 수많은 친척들의 반대를 극복하는 것은 쉬운 일이 아니었다.

자녀들이 태어난 후에도 이런 반대가 사라지지 않았다. 사람들은 사비르가 곧 나를 버릴 것이라고, 그럼 그때는 사비르가 가족들과 괜찮아질 것이라고 생각했다. 그런데 시간이 지나고 우리는 여전히 함께 살고, 일하고, 아이들을 키우고, 집을 짓고, 정원을 만들었다. 20~25년이 지나서야 시어머님은 터키 며느리보다 고려인 며느리가 더 낫다고 고백했다. 가족의 한 구성원이 되기 위해서는 수많은 인내심이 필요했다. 나는 터키어를 배웠고 터키 음식을 만드는 법을 배웠으며 그들의 전통과 풍습을 지켰다. 그리고 무슨 일이 있어도 시아버님과 시어머님, 또는 많은 친척들을 존중했다. 우리는 어려운 생활이었지만 재미있고 행복한 삶을 살았다. 사비르는

2011년 6월 22일에 자리에서 일어나지 못했다. 그의 심장은 일어나지 못할 만큼 아팠다. 나는 그와 43년 동안 같이 살았다.

우리에게는 레이라와 아시야라는 딸 2명이 있다. 2명 모두 결혼했으며 고급교육을 받았고 각자 자기가 졸업한 전공으로 근무하고 있다. 큰딸은 러시아 남자와 결혼했고 2명의 자녀, 딸 1명과 아들 1명이 있다. 그들은 그다지 크지 않은 자기의 건설 회사를 갖고 있다. 그들은 바브로다르에서 근무하고 있다. 막내딸은 타지키스탄 남자와 결혼했고 그들에게는 아들 2명이 있다. 둘째 사위는 음향감독이며 자신의 녹음 스튜디오가 있다. 우리 가정에서 제일 중요한 것은 서로에 대한 사랑과 존중이다.

우리 가족에게 이런 일이 있었다. 내가 결혼한 후에 남동생은 카자흐스탄 여자, 여동생은 우크라이나 남자, 그리고 막내 남동생은 독일 여자와 결혼했다. 그는 독일에서 산 지 23년이 되었다. 그는 우리를 보러 여기에 오고 우리도 그를 보러 독일에 간다. 우리 가족 중에 우리 외의 고려인은 없다. 그래도 우리는 그대로 남아 있다. 그것은 시간이 흐를수록 더욱 잘 느껴진다. 나는 나의 자녀와 손자들이 무엇을 느끼는지는 모른다. 자녀들은 내가 항상 그들의 옆에 있기 때문에 자기를 고려인이라고 느낀다. 나는 그들이 한국의 뿌리, 역사, 문화, 전통 그리고 풍습에 대해서 알면 좋겠다. 모든 손자들에게 한국식 돌상을 치렀다. 막내딸과 손녀는 한국에 가본 적이 있었고 거기에서 자기 어머니 조상들의 자랑할 수 있는 역사적인 고향을 직접 눈으로 보았다.

우리는 까스껠렌에 남았다. 나는 졸업증명서를 받았고 지역 도서관에 취직했다. 야간대학교에 입학해서 고급교육도 받았다. 10년 이후에는 경제대학교에 입학하고 졸업했지만 경제학 쪽이나 회계원으로 근무해본 적은 없다. 다만 학교에서 고등학교 학생들에게 경제학을 가르쳤다. 나는 사서라는 직업을 좋아한다. 왜냐하면 사서들이 가장 고급교육적이고 문화적인 사람들이라고 생각하기 때문이다. 도서관에는 다양한 사람들이 온다. 읽기 시작한 지 얼마 되지 않은 아이들을 비롯해서 교사, 의사, 학생, 대학생 그리고 교수가 온다. 사서는 이들 모두에게 그들이 필요하고 유익한 책을 찾을 수 있게끔 도와준다. 그 당시에는 거의 모든 정보가 인쇄물에 있었다. 이 외에 도서관에서 작가 및 시인들과 만남이 있었고 독자적인 학술대회, 분쟁, 책 토론, 문학-음악적인 행사 등 많은 행사가 진행되었다. 나는 일을 매우 좋아했다. 뿐만 아니라 나는 사회적으로도 적극적인 일을 했다. 시 협의회에서 대리 역할을 했다. 도서관 산하에 학문-기술적인 정보 교실이 생긴 후에 나는 그곳의 원장이 되었다. 정보 및 업무 교류를 위해 모스크바에 출장을 가게 되었다. 전 소련 연합 세미나에도 참석했다.

나이가 들면 들수록 나 자신을 고려인이라고 더 많이 느꼈다. 잊었던 나의 모국어를 배우고 싶어졌다. 나는 주변에서 터키인이 있는 환경에서 살았고 터키어로 애기했으며 한국말을 듣지 않았고 한국말을 아예 하지 않았다. 나의 부모님과 친척들이 멀리 떨어져 있는 곳에서 살았으며 그들과는 드물게 애기했다. 까스껠렌에 한국교육원이 만들어졌고 지역 한국문화원과 연결되었다. 그들의 도움으로 우리는 까스껠렌 역사상 처음으로 '한국 문화 날' 행사를 만들었다. 행사가 중앙광장에서 진행되었고 우리 구역에 있는 모든 고려인과 수많은 다른 민족 사람들이 참석했다. 모든 사람들이 이런 행사를 구경하고 싶어 했다. 그동안 우리 도시에서 이런 행사는 없었기 때문이다. 알마티에서 성가대가 와서 까스껠렌인들이 보지 못했던 한복을 모두가 입고 한국 노래를 불렀다. 젊은 태권도 선수들이 시범을 보여주었다. 그리고 태어난 지 1년 된 아이들을 기념하는 돌잔치 풍습도 보여주었다. 그리고 한국교육원 산하에 한국어반이 생겨서 신청해 다니기 시작했다. 1년 뒤에 1급과 2급 한국어 능력시험을 봤다.

그리고 나중에 무엇이 있었을까? 만약에 말을 듣지 않고 소통도 하지 않으면 언어가 바로 잊히게 된다. 그때 나는 알마티에 있는 학교 도서관에서 근무하고 있었고 학교 교장선생님의 동의를 받아 도서관 산하 한국어 동아리를 만들었다. 음악 선생님과 같이 우리는 아이들에게 한국 노래와 어렵지 않은 춤을 가르쳤다. 교육원도 우리를 응원하며 우리에게 몇 벌의 한복을 선물했다. 그리고 우리 '한국인들'이 학교의 모든 행사에 참석했다. 이것은 나에게 제일 재미있고 창의적인 근무 시간이었다. 우리는 여러 가지의 의복을 바느질했고 꾸몄다. 아이들은 기꺼이 이런 수업에 다녔다. 학생들의 부모님은 아이들이 재미있는 일을 하고 있어서 매우 만족스러워 했다. 그들의 말로는 아이들이 집에서 한국 노래를 부르고 있다고 했다. 경제적으로 얻은 이익은 적지만 이것은 모든 마음을 놓은 나에게 가장 중요한 일이었다. 자녀들은 내가 이 일을 굉장히 재미있어 하는 것을 보고 최선을 다해 도와주었다. 그리고 아이들과 그들의 부모님도 도와주었다. 나에게는 우리 가족의 응원이 중요하다. 사비르와 자녀들은 내가 하는 일을 존중한다.

2004년에 교육원은 한국에서 3주 동안 열리는 한국어 교사 세미나에 나와 다른 선생님들을 파견 보냈다. 비록 길지는 않았지만 매우 유익한 세미나였다. 내가 학생들에게 말했던 곳을 직접 눈으로 보는 것은 아주 색다른 경험이었다. 나는 2008년에 40년 동안 근무하고 퇴직했다. 계속 일할 수 있었지만 목소리에 문제가 생겨서 일을 그만두게 되었다. 이렇게 적극적인 활동 이후에 일하지 않고 집에만 있는 것은 매우 힘든 일이다. 집안일이나 손자들을 돌보는 것은 물론 필요한 일이지만 이것은 다른 삶이다. 늘 무엇인가가 부족하고 그리웠다.

교육원 산하에 있는 노인대학은 새롭고 재미있는 삶을 열어주었다. 나의 인생은 터키 사람들 주변에서 진행되었고 한국 사람들과의 교류는 적었다. 교육원에서는 많은 한국 사람들을 만나게 되었다. 새로운 친구를 사귀었다. 누군가 이렇게 될 줄 알았을까. 그때는 인생이 이미 다되었고 변화하는 것이 없다고, 재미있는 일이 없을 거라고 생각했었다. 한국에 출장 갔었던 운명이 내게 주는 또 하나의 선물이었다. 한국에 머문 그 시간은 매우 예쁘고 아름다운 데다가 평생 잊지 못할 사건이다. 나는 내가 느꼈던 것을 다른 어른들도 느껴보길 바란다. 자녀와 손녀들이 나의 기쁨을 보고 함께 기뻐했다. 나는 그들이 나를 행복한 고려인으로 기억하고 있다고 생각한다. 그들에게도 한국의 피가 흐르고 있고 이것은 매우 자랑스러운 일이라는 것을 우리의 후손들은 기억할 것이다.

4. 채 예브게니야 벤세고브나

나는 채 예브게니야 벤세고브나이다. 1938년 3월 2일에 야쿠츠크 네자메드너 지역에서 태어났다. 어머니의 부모님이 부유했다고 전해지지만 그분들에 대해서 잘 알지는 못한다. 아버지는 부모님과 본인, 동생으로 구성된 4인 가족이었다. 아버지의 남동생인 김 팬체르는 1948년에 고려인 최초 사회주의 노동영웅이 되었다.

나는 부모님의 다섯 번째 아이였지만 나보다 앞서 태어났던 아이들이 어린 시절에 모두 죽었다. 부모님은 내가 40세 이상 살게 하고 싶은 마음에 내 이름을 '잘 태어난, 고귀한'이라는 뜻을 가진 '예브게니야'로 지었다. 나에게는 3명의 동생이 생겼다. 류다, 트로핌, 보리스이다.

초등학교 1학년에 다닐 때 남동생인 트로핌과 자주 놀았다. 나는 남동생과 인형을 만들어 선생님 놀이를 하였다. 남동생은 초등학교에 갈 때, 1학년이 아니라 바로 2학년부터 시작했다. 남동생은 나의 첫 번째 학생이었고 나는 남동생의 첫 번째 선생님이었다.

1950년에 우즈베키스탄으로 이사를 했다. 나의 취미 중 하나는 공부하는 것이었다. 이 취미는 지금까지도 계속되고 있다. 공부의 결과가 항상 뛰어난 것은 아니지만 그 과정이 재미있다. 대학교에서 공부하는 동안 체조를 하였는데 성인부에서 1등상을 받기도 하였다. 모터스포츠를 남편이 금지했고 낙하산 부대팀은 내가 너무 가벼워서 그만둘 수밖에 없었다.

나는《안나 카레니나》라는 소설을 몇 번이나 읽어봤지만 그 책을 펼 때마다 새로운 것을 발견한다. 15살 때 그 소설책에 나오는 여자주인공의 성공에 대해서 많이 생각했다. 그리고 '그녀처럼 사랑을 위해서 모든 것을 포기할 수 있는 사람이 있을까'라는 생각이 들었다. 30살 때 그 여자주인공의 감정과 상황을 마음속에서 깊이 느끼고 10명 중 1명 여성의 마음에 카레니나가 있는 것을 경험해봤다. 지금은 사랑하고 사랑을 받은 여자가 이 세상에 많지 않고 만약에 그렇게 된다면 경험도, 남들

[사진 13-1] 채 예브게니야의 가족사진(1948)

[사진 13-2] 신혼 시절의 아나톨리와 채 예브게니야

의 충고도, 주변 사람들의 의견도 아무 힘이 없을 것이다. 당신은 그저 운명의 장난감이 될 것이다.

최근 조 라이트 감독의 영화 〈안나 카레니나〉를 보고 많은 감동을 받았다. 그는 처음부터 클래식 방식으로 조심스럽게 관객의 주의를 끌었다. 나는 그 영화를 몇 번이나 봤다. 영화를 통해서 안나의 태도를 몇 번이나 볼 수 있었고, 볼 때마다 15살 때 느꼈던 감동을 다시 한 번 가까이서 느낄 수 있었다.

나의 남편 톨랴(채 아나톨리)에 대한 이야기를 하려고 한다. 그 사람은 미치도록 나를 좋아했고 어느 날 우리가 만났을 때 헤어지고 싶지 않았다. 그 사람은 레닌그라드 의료대학교에서 공부하고 나는 프스코프 사범대학교에서 공부했다. 그 사람은 토요일마다 수업 후에 나를 만나기 위해서 기차를 타고 왔다. 우리는 결혼식을 두 번이나 올렸다. 첫 번째는 동창들끼리 학생 식으로 했고 두 번째는 타슈켄트에서 한국 전통혼례를 올렸다.

남편은 늘 부지런했다. 그는 모든 일에 첫 번째가 되고 싶어 했다. 나는 농장에 살기를 거부하고 대학원에 입학하여 시골 병원을 주도하는 것에 도전했다. 그 결과, 그도 대학원에 입학했고 나보다 훨씬 일찍 타슈켄트 고급의사대학교에서 박사학위를 얻었다. 그 사람은 거의 잠을 자지 않았다. 지속적인 야간 근무와 수많은 의학

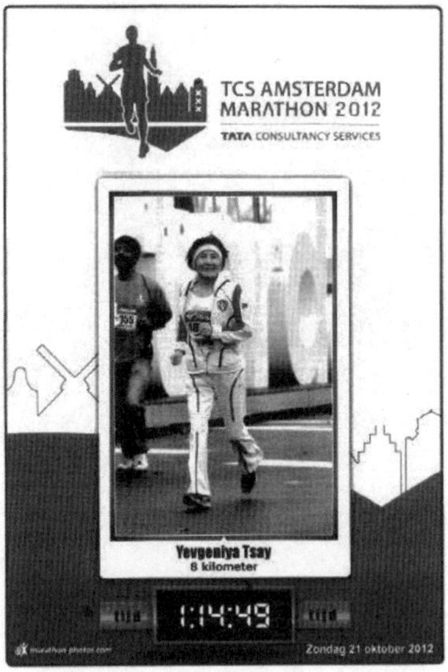

[사진 13-3] 채 예브게니야의 암스테르담 마라톤 참여 사진

책을 읽었다. 그리고 그의 조언을 받고 싶은 사람들의 전화가 끊이지 않았다. 늘 바빴던 그는 비극적인 사고로 38살에 죽었다. 그 사람은 인생을 좋아하는, 건강하고 힘이 센 사람이었다. 그는 한 번도 여행을 가본 적이 없었다. 건강을 회복하기 위해 키슬로보츠크에도 나만 보냈다. 아마 그는 일이 무척 많아서 일하기를 싫어했을지도 모른다.

한 달 전에 눈 수술을 받기 위해서 딸이 서울에 있는 안과에 갔을 때, 의사를 기다리는 환자들을 보고 옛 이야기가 떠올랐다. 우리 아파트의 계단에는 늘 환자들이 줄을 서 있었다.

그래도 지금 자녀, 손자, 며느리, 사위 등 자녀들이 행복하게 살고 있고 그들 인생에 뭐니 뭐니 해도 제일 중요한 사랑이 있어서 다행이다. 자녀들은 나를 잘 돌본다. 그들은 나에게 유행에 맞는 옷을 입으라고 한다. 내 나이 일흔다섯에 나는 자녀들과 암스테르담 마라톤에 참여했다. 나는 아들과 며느리, 그녀의 부모와 함께 8km를 달렸다. 정말 즐거운 일이었다.

손자들은 친절하다. 바로 그것은 나에게 가장 큰 행복이다. '군도'라는 액션 스튜디오를 만든 장남 손자의 역할이 매우 크다. 그는 할리우드 블록버스터 〈아브라함 링컨: 뱀파이어 헌터〉의 제작에도 참여했다. 손자들은 나와는 완전히 다른 차원과 시간에 살고 있어서 나를 기쁘게 한다. 특히 집에서 국제전화를 하면서 로스앤젤레스, 서울, 모스크바와 이야기할 때 그것을 더욱더 크게 느낀다. 멀리 있는 사람을 더 가깝게 하는 국제전화, 왓츠앱(WhatsApp), 인스타그램(Instagram) 같은 통신의 발달도 기적 같다.

손자들에게는 꿈과 공부할 수 있는 기회가 있다. 그것은 매우 중요하다. 당시

[사진 13-4] 채 예브게니야와 연구소 동료들

앞줄 오른쪽 두 번째가 채 예브게니야이다.

우리의 부모는 최고의 교육을 제공하기 위해 노력했는데, 이제는 내 아이들은 최고의 학교에서 교육을 받을 수 있다. 내년에 막냇손자는 알마티에 있는 '헤일리 베리'라는 영어학교를 졸업할 예정이다. 그의 앞에 모든 곳으로 갈 수 있는 길이 열려 있다. 정말 행복하다.

나는 오랫동안 학교 및 대학교에서 가르쳤다. 젊었을 때 나는 열심히 일을 했지만 돈은 적게 받았다. 그것은 남편이 죽고 2명의 아이들과 내가 혼자 남아 있을 때 많이 느꼈다. 박사학위를 얻기 전에는 작업 후에 강의를 할 수 없었다. 박사학위를 얻은 후에는 '모든 연합과학연구소 건물의 구조'라는 월급이 좋은 북부지점 실험실에 취직했다. 그것은 우리 가족을 살리기 위한 방법이었다.

[사진 13-5] 70살 때의 채 예브게니야

나에게 일은 세상을 알게 해주는 눈이자 지금도 계속 필요한 것이다. 물론, 지금 나는 팀을 감독하지도 않고 석유 산업의 높은 내구성 콘크리트 브랜드를 만들지도 않지만 내가 하고 있는 일은 필요하다고 생각한다.

카자흐스탄 고려인들은 잘 살고 있다. 이곳은 사업뿐만 아니라 정치 분야에도 성공한 나라이다. 모두가 대통령, 공적 인물, 과학, 문화에 대해서 알고 있다. 내 아들은 28살에 카자흐스탄의 최연소 코치가 되었다. 현재 경력을 계속 추구하지 않지만, 성공적인 사업가가 되었다. 1985년에 레닌그라드 의과대학교를 졸업했다. 나는 자손들에게 늘 이렇게 이야기한다.

"항상 정직하면서 가족, 집과 고향을 사랑하거라!"

5. 최 니나

내 이름은 최 니나이다. 나는 1944년 2월 7일에 우즈베키스탄에서 태어났다. 할아버지는 1974년에 돌아가셨다. 할머니는 1960년에 사할린의 그라스노자보츠크 도시에서 돌아가셨다. 외할머니는 1930년에, 외할아버지는 1937년에 돌아가셨다고 한다.

나의 아버지는 최 안드레이 베드로비치이다. 아버지는 1918년에 블라디보스토크에서 태어났다. 우리 부모님은 1950년에 우즈베키스탄에서 러시아에 위치한 도시 '고리기'로 이사했다. 아버지는 소브나르호즈에서 재계인으로 근무를 했다. 그리고 나중에 자동차 부품을 관리하는 팀의 관리인이 되었다. 아버지는 간암으로 인해 1971년에 고리기에서 돌아가셨다.

어머니 김 알렉산드라 안드레이브나는 1919년에 나홋카에서 태어났다. 어머니의 직업은 선생님이었다고 한다. 하지만 대부분 집에서 아이들을 키웠다. 어머니는 1987년에 고리기에서 돌아가셨다. 우리 부모님께는 4명의 자녀가 있었다. 아들

[사진 13-6] 최 니나의 외조부모(블라디보스토크)

[사진 13-8] 4살 때의 최 니나

2명과 딸 2명이다. 큰오빠의 이름은 최 빅토르이고 1941년에 태어났다. 나는 우리 가족에서 둘째이다. 남동생은 최 발레리로 1947년생이다. 여동생은 최 스베뜰라나로 1951년생이다. 우리 모두는 고리기에서 자랐다. 거기서 학교와 전문학교를 다녔다.

내가 자란 곳은 시골로 집 근처에 강, 과일나무 등이 있다. 어린 시절은 동갑내기 아이들과 같이 지냈다. 이들과 집 옆에서 같이 놀고 배구를 했다. 학교 시절은 빠르고 재미있게 지나갔다. 학교에서 공부를 하는 것은 쉽지 않았지만 우리는 열심히 했다. 학교에는 재미있는 수학, 문학과 체육 같은 동아리들이 있었다. 여름은 캠프에서 지냈다. 나는 어렸을 때 음악, 연극에 관심이 있었고 자주 박물관과 전시회를 방문했다. 나는 아주 다양한 책을 읽었다. 그 책들 중 감동받은 책을 하나만 꼽기는 어렵다. 나는 책을 통해서 많은 것을 배웠다.

남편의 이름은 드미트리이며 1938년생이다. 우리는 1962년에 결혼했는데, 그때 우리 남편은 벌써 기술대학교를 졸업한 후였다. 남편은 대리 같은 직책을 가졌다. 1975년에는 남편과 알마티로 이사했다. 나는 남편과 같이 볼가강, 배로 소치, 코카서스(카프카스), 캄차카, 바이칼, 무르만스크 같은 곳에 여행을 했었다. 그리고 북한, 안다리아, 에미리트 등의 해외여행도 하였다. 우리에게는 2명의 자식이 있다. 딸과

[사진 13-7] 최 니나의 가족사진(1960)

[사진 13-9] 최 니나의 결혼사진(1962)

아들이다. 딸의 이름은 리다라이고 1963년생이다. 1985년에 민사 및 산업 건설 전공으로 모스크바 교통엔지니어대학교를 졸업했으며, 지금 '카즈코메르스 은행'에서 일하고 있다. 아들의 이름은 바짐이고 1975년생이다. 1997년에 전자공학 전공으로 알마티 전자대학교를 졸업했고 지금 '국민은행'에서 일을 하고 있다.

나에게는 손주가 3명 있다. 딸의 자녀인 나타샤는 1989년생이고, 바이올린 연주자이다. 아들에게는 아들과 딸이 1명씩 있다. 아들 이름은 다비드이고 2008년생이며, 딸은 2011년생이다.

6. 최 자랴

나 최 자랴는 1954년 6월 5일에 카자흐스탄의 중심지에 위치한 작은 우슈토베 읍에서 태어났다. 우슈토베는 1937년에 우리 부모님이 연해주 지역에서 거주하고 있던 다른 한인들과 같이 강제로 이주해온 곳이다.

우슈토베는 카자흐스탄에서 두 번째로 큰 규모의 육류 생산 공장을 갖추고 있으며, 해바라기 기름 공장, 농기계수리소, 공업조합, 벽돌 공장, 3개의 중학교, 큰 영화관, 그리고 매일 열리는 시장과 유일한 유르타 건설 공장[11]을 갖추고 있는 주요 철도 교차점이다.

우슈토베에는 '카라탈'이라는 운하가 있다. 카라탈 운하는 시내를 통과하며, 벼농사, 사탕무농사 및 기타 농산물 등이 재배되는 데 사용된다. 이 운하는 고려인들이 이 지역으로 이주할 때에 이미 만들어져 있었다. 카라탈강의 하류에는 'Nizhnee Karatalskoe(하류 카라탈)'이라는 수렵장이 있다. 이곳에서는 많은 수렵 동물들이 서식하고 있는데, 포유류 중 멧돼지, 토끼, 여우, 사향쥐 등과 같은 상업적인 가치가 높은 동물들이 살고 있으며, 조류 중에서는 꿩, 거위, 오리, 왜가리, 황새, 학 등이 있다.

그날은 우리 어머니가 주택 구매계약서를 작성하는 날이었다. 그날까지 우리는 연해주 지역에서 이주해온 동포들이 살고 있는 '오소아비아힘(OSO: Osoaviahim)'이라는 콜호즈에서 살았다. 당시 우리 가족에게는 아이가 3명 있었고, 나는 네 번째로 태어났다. 내가 태어날 무렵에 우리 형제들은 할머니 댁에 머물고 있었다고 한다. 어머니가 주택 구매계약서를 작성하고 계실 때 갑자기 진통이 시작되었다. 그래서 어머니는 계약서에 서명을 빨리 하고 집으로 향하셨다. 어머니가 집에 가는 도중에 양수가 계속 나왔기 때문에 길바닥을 닦으면서 가셨다고 했다. 근무 시간이어서인지 밖에 사람이 많지 않았다. 그럼에도 불구하고 어머니는 길거리에서 출산할 것 같은 두려움과 부끄러움을 가지고 있었고, 간신히 문지방을 넘자마자 나를 출산하셨다. 어머니는 나를 옷자락으로 겨우 움켜잡았고 재봉용 가위를 요오드로 소독하여 뱃속 태반을 직접 빼셨다. 당시 8살이었던 언니는 내가 이불에 싸여 있었을 때 처음 봤다고 했다. 해가 질 무렵, 우리 집 어른들이 퇴근하여 집에 올 때쯤이었다. 그래서 어머니는 방 밖에 있는 아궁이에서 저녁밥을 만드셨다고 했다.

할아버지의 성함은 리 벤게르였다. 할아버지는 벼농사 일을 하는 분이셨다. 당

---

11) 이동이 가능한 유목민족의 전통적인 천막형 가옥을 세울 때 사용되는 자재들을 생산하는 공장

시 벼 재배를 손으로 직접 하는 시기임에도 불구하고 할아버지는 능숙한 벼농사 전문가로 유명했다. 할아버지는 겨울에 당나귀가 끄는 수레로 마을 근처에 있는 습지에서 갈대를 꺾어 집에 가져오셨는데, 우리는 그 갈대로 아궁이에 불을 땠고, 할아버지는 돗자리를 만드셨다. 할아버지가 돗자리를 많이 만드신 이유는 추위를 피하기 위한 구들장에 사용되는 돗자리 주문이 많았기 때문이다. 할아버지는 돗자리의 가장자리를 따라 예쁜 무늬를 새겨 아름답게 만드셨다. 그리고 이 돗자리들은 아주 튼튼했다. 또한 갈대로 다양한 크기의 빗자루도 만드셨고 이웃 동네에서 그것을 사러 사람들이 많이 오곤 했었다. 할아버지는 버드나무 가지로 쓰임새와 모양새가 다양한 받침 접시, 요리용 체, 바구니, 키, 햇빛가리개와 같은 가정용품과 이름이 정해져 있지 않은 또 다른 일용품들을 만드는 데 장인으로 유명했다. 그리고 호박으로도 참 예쁜 그릇을 만들기도 하셨다. 우리는 아무것도 안 하고 있는 할아버지의 모습을 한 번도 보지 못했다. 할아버지는 신문지를 천천히 접어 사람의 얼굴 모양새를 만드셨다. 접은 신문지를 다시 펴면 아주 아름다운 모양이 되었는데 우리는 그것을 신기하게 생각했다.

우리는 신 수노이 할머니의 화난 얼굴을 단 한 번도 본 적이 없다. 할머니는 언제나 친절한 미소를 지으시며 조용히 말씀하시는 편이셨다. 할머니는 한국어를 못 알아듣는 우리를 보고 밝은 미소로 손을 흔드시며 자기가 하고 있는 재봉 일을 계속 하셨다. 60세 되던 해에 할머니는 트럭에 치여 다리를 다치셨는데, 트럭 운전기사가 할머니를 병원에 모시고 갔다. 병원에서 당직이었던 외과의사는 앞뒤 생각 없이 할머니의 다리를 잘라버렸고, 이로 인해 할머니는 장애인이 되었다. 그때 할아버지는 할머니의 잃어버린 다리를 대신하여 도끼로 나무를 잘라서 의족을 만들어주셨다. 의족이 너무 무거웠는데도 할머니는 그것을 다리의 남은 부분에 달고 다니셨다. 할머니는 가끔 밖에 나와 마당에 있는 의자에 앉곤 하셨다. 바로 옆 5층 아파트에서 살고 있는 할머니들도 와서 앉으셨다. 할머니는 러시아어를 모르셨지만 몸짓으로 이야기하시면서 다른 분들과 잘 어울리셨다. 얼마 안 되어 할아버지는 돌아가셨고 할머니는 자신을 보살피면서 86세까지 사셨다. 자유롭게 움직이지 못하셨기 때문에 집에서 수공과 재봉 일을 하셨다.

할머니는 각양각색의 천 조각으로 다양한 물품을 만들 수 있는 재봉틀을 갖고 있었다. 우리 친척들이나 친구들이 재봉하고 나서 남은 각색의 조각들과 입지 않는 옷 그리고 헌 옷을 할머니께 갖다 드리곤 했었다. 할머니는 이 조각의 닳아빠진 끝을 단단하게 묶고 다양한 반제품 형태를 만드셨다. 그리고 각양각색의 조각들을 리본으로 짜서 만들며, 그것을 비틀어서 롤 형태로 말았다. 이 반제품들의 색상, 형태 그리고 크기가 정해져 있었다. 할머니는 이 반제품들을 사용하여 의자에 깔 원형이나 직사각형, 또는 정사각형의 방석을 만드셨다. 그리고 친한 친구들이나 집에 방문해온 손님들에게 이 방석들을 선물로 주는 것을 좋아하셨다. 가끔 나는 누군가의 집을 방문할 때 할머니가 만드신 방석들을 보게 된다. 그때마다 머리에 숄을 쓰고 재봉틀로 아주 예쁜, 주옥같은 물품을 만들고 있는 할머니의 친절한 모습이 선하게 떠오른다.

아버지의 성함은 최동석이고, 1921년에 태어나셨다. 아버지가 3살 때 부모님이 돌아가셨고 먼 친척들의 밑에서 자라게 되셨다. 아버지에게는 스스로 길을 개척할 수 있는 형과 누나가 각각 2명 있었다. 아버지의 제일 큰 누님이 결혼하고 한국에 가셨다고 했는데 그 이후로 그분에 대한 소식을 들을 수 없었다. 제2차 세계대전이 발발하자 아버지는 강제노동에 동원되셨고 툴라산 탄광에서 일했다. 아버지는 노동자들이 전선에 있었을 때 그들을 탄광에서 못 나가게 하였기 때문에 탄광에서 포탄 터지는 소리만 들었다고 하셨다. 아버지는 군대에서 결핵에 걸려서야 제대할 수 있었다. 그때 아버지와 같이 노력동원에 징집되었던 어머니의 외사촌이 아버지와 같은 탄광에서 일했다. 노력전선에서 제대한 후 아버지는 외사촌과 함께 조부모와 형제들이 살고 있는 'OSO' 콜호즈로 돌아왔다. 어머니의 외사촌 밑으로는 여동생이 1명 있었는데, 외사촌은 자기의 여동생과 우리 아버지가 혼인하는 것을 원했다고 한다. 하지만 아버지는 한 번 본 우리 어머니에게 마음이 끌려 어머니와 결혼하고 싶어 했다. 그래서 어머니 집에 혼인 허락을 받으러 가셨고, 어머니의 부모님은 자신의 딸과 아버지의 결혼을 허락해주셨다. 당시 어머니는 17살이었고 결혼하고 싶지 않았다고 한다. 그래서 어머니를 불렀을 때 어머니는 머리에서 발끝까지 물에 젖은 상태로 남자 앞에 나타났다고 한다. 하지만 그 당시 부모들의 말이 자식들에게는 곧 법이었다. 그리하여 소박한 결혼식을 거행하게 되었다. 결혼식 밥상에는 사모곤(술)과 정직한 농부의 음식물이 있었다.

부모님은 소박한 생활을 하셨다. 아버지는 회계사였다. 아버지의 건강이 안 좋으셨기 때문에 남자들이 해야 할 모든 일을 어머니가 도맡아 하셨다. 어머니는 요리사와 제과제빵사 등 여러 가지 일을 하셨다. 여자 농업 노동자들이 콜호즈에서 일했을 때 어머니는 무거운 가마니를 직접 싣고 내렸다.

나는 어린 시절을 우슈토베에서 보냈다. 그때 우리는 유치원에 대해서 몰랐다. 어머니와 아버지는 직장을 다니셨다. 집에서 우리를 언니가 돌봐주었으며 우리와 점심 식사를 하러 온 아버지에게 밥을 해주었다. 언니는 나와 여동생의 옷을 세탁해주기도 하고 옷을 꿰매주기도 했다. 우리는 여름 동안 맨발로 다녔고 관개수로에서 씻고 가끔 집에서 가지 말라고 하는 운하에 가곤 했었다. 나는 우슈토베에 있는 15호 초등학교를 다녔다. 겨울에 수업이 끝나면 우리는 썰매놀이를 하고 스케이트 타며 하루 종일 밖에서 지냈다. 학교 바로 옆에는 겨울에 물에 잠기면 얼음판이 되는 운동장이 있었다.

15호 학교는 높은 교육 수준을 지닌 교수진으로 구성되어 있었다. 교수들은 전쟁을 겪었던 모스크바나 레닌그라드 중앙대학교 출신들이었다. 그중에 대부분은 전쟁으로 인해 장애인이 된 분들이었는데 도시에서 '국민의 적'으로 살았다. 시민은 러시아인, 우크라이나인, 독일인, 타타르인, 체첸인 등 다양한 민족으로 구성되어 있었다. 내 친구들의 부모님은 대부분 '국민의 적'이라는 이름으로 재산을 몰수당하고 추방된 자들이었다.

초등학교에 7학년 때 나는 청년동맹단원이 되었다. 그때 우리 가족은 언니가 졸업하고 가서 자리 잡은 알마티로 이사했다. 나는 알마티 고등학교로 옮겼다. 나는 공산 청년 동맹에서 문화 관련 일을 하게 되었다. 학교에 다니면서 나는 알마티를 둘러 싸고 있는 훌륭한 산 여행, 캅차가이 호수 여행을 하고 극장, 영화관을 가며 좋은 추억을 갖게 되었다. 나는 공원, 소공원, 위대한 현대 건축학의 건물, 넓은 길, 가로수 길, 유일한 교통정리 장치, 메데오 스케이트장, 그리고 얼마 전에 만든 지하철도로를 처음 본 사람마저 매혹하게 하는 우리 도시를 너무 좋아한다.

학교를 졸업한 후 나는 설계대학에 취직했다. 이 대학은 내가 경리 보는 사람으로 시작하여 총무부장까지 승진한 곳이다. 나는 공학전문대학교에서 회계를 전공하였다. 그 후 소련의 개편정책이 시작되었다.

어느 날 길을 가다가 우슈토베에서 같이 학교를 다녔던 친구를 만났다. 그녀는 설날을 같이 보내자고 권했다. 거기서 나는 젊은 고려인 남자를 만났다. 파티가 끝나고 나서 3명이 같이 우리 집에 왔다. 어머니는 한국어로 말하는 남자를 보며 놀라셨다. 그가 그다음 날 우리 집에 왔을 때 어머니는 그에게 왜 왔냐고 물었다. 그는 "따님하고 결혼하고 싶습니다."라고 대답했다. 어머니는 "사돈에게 오시라고 하세요."라고 말씀하셨다. 그다음 날 그 남자의 부모님이 왔다. 그때 나는 18살이었다. 어머니는 그분들을 다 알고 계셨다. 남자의 고모 중 1명이 어머니의 친구분이셨다. 결혼에 대해서 생각조차 못했던 나는 18살에 나의 훌륭한 3명 딸의 아버지인 김 유리 알렉산드로비치와 결혼을 했다. 딸 3명도 대학교를 졸업하고 전문가로 성공하였고 결혼해서 행복하게 살고 있다. 그리고 나에게 4명의 손녀를 선물하였다. 21살의 큰손녀인 야나는 곧 비즈니스 아카데미를 졸업했다. 동시에 일도 하고 있다. 그녀의 남자친구는 결혼하자고 프러포즈를 했는데, 그녀는 그것을 받아들였다.

나는 대학교를 졸업하고 전문가로 성공한 사람들을 사위로 맞이해서 만족한다. 그들은 크게 출세하였다. 집안일이나 아이교육에 있어서 너 나 할 것 없이 의무를 다하며 내 딸들을 아껴주고 보살펴주는 그들의 관계가 내 마음에 쏙 든다.

나는 지금 정년퇴직을 했지만 아직도 카자흐스탄 한인회에서 일하고 있다. 안타깝게도 남편은 중병에 걸려서 2009년에 돌아가셨다. 그분과 함께 보낸 시절이 좋은 추억으로 남게 되었다. 나의 젊은 시절, 대학 시절, 그리고 내 인생 모든 것이 그분과 연관되어 있다.

아버지는 뇌졸중에 걸려 62살 때 갑자기 그리고 빨리 돌아가셨다. 그분은 치료를 받지 않았으며 그 누구에게도 호소하지 않고 조용히 견디셨다. 아버지의 죽음은 우리가 보상받을 수 없는 큰 손실이었다. 어머니는 77살 때 돌아가셨다. 어머니도 뇌졸중에 걸린 후 7년을 더 살다 돌아가셨다. 마지막 몇 년은 고통스러웠다. 어머니는 원래 너무 강하고, 강인하고 독립적인 성격을 가지고 계셨으나 허약한 상태에서 고통을 겪으셨다.

부모님은 우리를 정직하고 서로 도우며 갖고 있는 것을 귀중히 여기고 다른 사람을 부러워하지 말라고 가르치셨다. 부모님은 우리를 같은 도시에 모아 가까이 살 수 있게 하셨다. 둘째 오빠가 소련 개편정책 시기에 미국으로 이민을 간다고 했을 때 어머니는 낙담했고 오빠에게 너무나 심한 말을 하셨다. 하지만 부모님이 우리에게 투자한 모든 것들이 둘째 오빠에게 남았다. 어머니가 최근 몇 년 동안 와병 중일 때 오빠는 매년 한 달의 휴가를 이용하여 미국에서 날아와 어머니와 같이 보냈다.

우리 친척들 모두는 알마티에 거주하고 있다. 알마티는 우리 형제들이 교육도 받던 곳이며 직장도 다니던 곳이다. 그리고 지금도 직장 생활을 하고 있는 곳이다. 우리의 모든 후손들이 이곳에서 태어났고 교육도 받았고 결혼도 하여 애도 낳았다. 그리고 그들의 자식들도 이곳에서 자라면서 교육을 받고 직장도 다니고 있다. 우리는 어린 아이에서 어른들의 생일까지의 모든 잔치 및 명절들을 지내고 있다. 우리는 모두가 모여 낚시 여행, 산 여행, 호수 여행 그리고 캅차가이 호수 여행을 자주 간다. 알마티 시내와 시외 그리고 산맥 기슭의 작은 언덕과 연못에는 아름다운 곳들이 많다. 그래서 우리 모두가 모일 이유만 있다면 갈 때가 많다. 휴가 때면 가족끼리 보로보이나 이식쿨 호수로 단체 가족여행을 자주 간다. 우리 모두가 모일 때 풍요로운 밥상이 차려지는데, 우리는 그것을 항상 즐거워한다.

언니는 1946년에 태어나셨다. 언니 베네라에게는 1남 1녀가 있다. 그들은 언니에게 7명의 손자를 낳아주었다. 큰오빠의 이름은 보리스이며 1948년에 태어났다. 오빠와 올케 타마라 사이에는 2명의 아들이 있고 3명의 손자도 있다. 1951년에 태어난 게오르기 오빠는 미국 뉴욕에서 살고 있다. 부인의 이름은 로자이며 이들 사이에 1남 2녀 그리고 2명의 손자가 있다. 동생인 스베뜰라나는 1957년에 태어났는데,

남편은 미하일이며 그들 사이에는 아들 2명과 손자 2명이 있다. 모든 가족과 친척들이 다 같이 한자리에서 모이면 대식구가 되어 큰 파티가 열린다.

카자흐스탄은 나의 어릴 적에는 별개 나라들의 사람들이 살던 곳에서 쫓겨나 귀양 왔던 곳이었다. 그때 카자흐스탄은 인구 밀도가 희박하고 가난한 나라였다. 역사에서 알려져 있듯이 이곳에 최초로 강제이주 해온 사람들은 '고려 사람'들이었다. 어떠한 죄도 없이 비난을 받게 된 우리 조상들은 이곳에서 살아남아 있었을 뿐만 아니라 이곳을 쌀과 밀이 잘 재배되는 풍요의 땅으로 만들었다. 우리는 이곳에서 태어났고 자랐다. 교육도 이곳에서 받으며 가정도 이루었다. 우리의 자식들도 이곳에서 자랐는데, 우리 손자들도 우리 삶의 방식들을 따를 것이다. 우리는 이 땅에서 명확히 자리를 잡았다. 우리의 조상들을 감싸준 땅은 우리에게 생명과 음식 그리고 안식처를 주며 양성해준 곳이다. 그래서 카자흐스탄은 우리의 땅이며 고국이 되었다. 우리는 카자흐스탄에서 유명한 고려 사람들이 자랑스럽다. 왜냐하면 그들은 고위 공무원으로서 많은 역할을 하고 있기 때문이다. 우리의 짧은 성은 학문, 의학, 문화, 스포츠, 생산 산업, 교육, 재정과 같은 많은 분야에서 잘 알려져 있다. 우리의 사업가들은 건축건설, 산업, 농업 분야에 기여하는 것으로 알려져 있다. 고려 사람들은 이 나라에서 높은 수준의 교육과 노동 능력, 그리고 맡은 일에 대한 강한 책임감으로 두드러지고 있다. 한국민족의 형성과 자기의 조상에 관한 관심을 가지고 있는 우리 자손들을 보면 매우 기쁘다. 고려 사람들은 강제이주를 당해 많은 고난과 역경을 겪으면서 타민족인 카자흐스탄에서 인정받았다. 꾸준한 노력과 높은 수준의 교육으로 성과를 거둘 수 있다는 것을 우리의 조상들이 보여주었다. 이를 위해 공부와 일을 열심히 하고 자기 자신을 다른 사람들에게 보여주기 위해 노력해야 한다.

7. 한 스베뜰라나 막시모브나

나 한 스베뜰라나 막시모브나는 1953년 7월 8일 카자흐스탄 크질-오르다주 잘라가슈 마을에서 태어났다. 나의 아버지 한 막심 이바노비치는 1912년 프리모르스키 지방의 니콜라옙스크시에서 태어났다. 어머니 안 프라스코비야 이바노브나는 1919년 프리모르스키의 보로실로브시(우수리스크의 옛 이름)에서 태어났다. 나의 부모님은 1937년 프리모르스키의 파르티잔스크시에서 카자흐스탄으로 추방되었다.

우리 한국인들은 평생을 다양한 민족들과 함께 마치 하나의 연합공동체로 불리는 소비에트의 국민으로, 하나의 가족으로 살았다. 여기에서는 러시아인처럼 사는 것이 보편화되었다. 당연히 소비에트라고 불린 러시아어, 러시아 문화, 러시아의 전통들이 지배했다. 사회에서 자신의 언어로 말하는 것과 한국 전통을 지나치게 강조하는 것은 장려되지 않았다. 따라서 우리는 러시아어, 문화, 전통을 완전하게 습득하게 되었고 이와 동시에 우리의 문화와 전통, 언어를 잊게 되었다. 나는 카자흐스탄 사람들과 어울리면서 한국말보다 카자흐 말을 더 알게 되었다.

나는 나의 어린 시절을 매우 흐리게 기억한다. 아버지는 군에 계셨고 우리는 다른 지역으로 자주 이사했다. 이사 다니는 곳에는 어디에나 어도비 벽돌로 지은 집들이 있었고, 길거리와 좋은 도로는 없었다. 어디에나 모래와 황무지가 있었고, 땅이 가뭄으로 갈라진 타키르(아무것도 없는 땅)가 있었다. 그리고 나는 어떻게 어머니께서 한국말로 노래를 불렀는지 기억한다. 그중에서 나는 아리랑과 도라지 노래의 몇 소절 정도만 기억하고 있다. 1955년 우리 가족은 주의 중심인 크질-오르다시로 이사를 했다. 우리 가족에는 3명의 언니들과 3명의 남자 형제가 있었다. 한 오빠는 어린 시절에 죽었다. 나는 가족에서 다섯째였고, 집안일과 어린 남동생을 돌보는 것은 내 일이었다. 아버지는 계속 파견을 나가셨고 어머니는 직장에, 언니 오빠들은 학교에 있어서 나는 어린 남동생과 함께 항상 집에 남겨졌다. 그러나 우리는 좋은 카자흐스탄 이웃들이 있어서 자주 이웃집에서 이웃 아이들과 어울려 놀았다.

1960년이 되자 나는 1학년이 되었다. 학교에서 새 친구들이 생겼다. 수업은 나에게 쉬웠다. 나는 수업 중에서 체육수업을 가장 좋아했다. 왜냐하면 거기에는 체조수업이 있었기 때문이다. 나는 체조에 몰두했고, 졸업할 때까지 계속하였다. 또, 나는 노래 부르는 것과 동화책 읽기를 좋아하였다. 나는 세계 동화와 러시아의 옛 이야기와 다른 다양한 책들을 많이 읽었다. 동화에는 항상 좋은 결말이 있었기 때문에 좋아했던 것 같다. 책 속에서는 모두가 만족하고 모두가 잘된다. 그리고 나는 특히 《셜록 홈즈》, 코난 도일의 책들, 탐정소설을 좋아하게 되었다. 지금까지도 나는 이 유명한 탐정에 대한 영화를 즐겁게 본다. 어린 시절의 사진은 전혀 가지고 있지 않다. 단지 취미로 찍었던 학교, 대학교 시절 사진들이 있을 뿐이다.

1970년 나는 학교를 졸업하고 1972년까지 노브시비르스크시의 언니 집에서 지냈다. 그다음에는 크질-오르다에 있는 부모님께 돌아와 고등사범학교에서 공부를 하면서 교화소의 특별세션 부서에서 1972년부터 일하기 시작했다. 1975년 나는 평생 운명을 같이할 사랑하는 사람을 만났다. 그는 나의 남편 서 펠릭스 알렉세예비치이다. 1976년 우리는 결혼을 하였고, 벌써 37년을 함께 살고 있다.

우리는 크질-오르다주의 내부무에서 같이 일했다. 비록 나는 선생이 직업이었지만, 처음에는 내무부의 비서과에서 일했고, 그다음에는 재정부서의 회계원으로

[사진 13-10] 한 스베뜰라나와 동료들

[사진 13-11] 한 스베뜰라나의 결혼식

[사진 13-12] 한 스베뜰라나와 자녀들

[사진 13-13] 한 스베뜰라나의 큰아들 결혼식

일했으며, 이후 급여부서의 감독관으로 일했다. 1977년 우리는 예쁜 딸 나타샤를 낳았고, 1980년에는 아들 유리를 낳았다. 지금 딸은 '프타 은행'에서 일하고 있으며, 아들은 사업을 하고 있다.

1997년 4월 말, 아들의 병 때문에 알마티시로 이사 와서 지금까지 살고 있다. 젊은 시절에는 모든 시간을 일하거나 가족과 아이들을 돌보는 데에 썼다. 항상 집에 들어오지 않는 배우자의 직업 때문에 모든 것의 대부분을 내가 짊어졌다. 다른 이들에 대해 생각할 시간이 없었지만, 항상 어디에서 그리고 어떻게 우리 조상들의 문화와 전통에 대한 지식을 얻을 수 있을까에 대해 고민을 하였다. 왜냐하면 윗세대들이 점점 세상을 떠나시고 있고, 곧 우리가 그들을 대신할 것이기 때문이다. 나는 정말 내 고향의 언어를 알고 싶었지만, 부모님이나 나의 주변 사람들과 항상 러시아어와 카자흐어로 소통했다.

2006년 나의 아들이 결혼하였고, 카자흐스탄 며느리를 두게 되었다. 며느리는 법의학 전문위원회에서 조직학자로 일한다. 2009년에는 사랑스러운 손자 '잔'이 생겼다.

그리고 2011년 2월 말, 우리는 독립 단체장 계씨로부터 한국교육원에서 진행하고 있는 3 · 1운동과 관련된 행사의 콘서트 초대장을 받았다. 여기에서 우리는 한국에서 있었던 비극적인 사건에 대해 처음으로 알게 되었고, 행사 끝 부분에는 윗세대를 위한 한국 역사, 문화 그리고 한국어 수업을 열 것이라는 것을 알게 되었다. 처음 우리가 수업에 참석 했을 때, 수업에서 우리는 스스로 잊고 있었던, 멀게 느껴졌던, 알지 못했던 그러나 매우 고향적이고 가까운 것이었던 어떤 것들에 대해 알게 되었다. 처음으로 우리는 오늘날의 변화된 그리고 성공한 한국에 대해 알게 되었다. 짧은 시간 만에 한국은 전자 분야, 기계제작 분야, 선박건조, 건축 그리고 다른 분야들에서 세계를 선도하는 강국 중 하나가 되었다. 여기 이 수업에서 그때까지 그림들이나 영화에서만 보았던 생기 있는 한국 전통의상인 한복을 처음으로 보았고, 심지어 스스로 입어보기도 했다. 우리는 고국의 역사와 함께 한국의 문화, 전통을 알게 되었다. 우리는 한국 감독이 만든 예술 영화들과 한국에 대한 다큐멘터리도 보았다.

물론 우리 고향의 언어인 한국어를 완전히 내 것으로 만들진 못했지만, 우리 선생님으로부터 한국어를 듣는 것이 너무 좋았다. 아이들을 위한 이러한 수업이 더 개설되었으면 좋겠다. 나는 한국 전통음식인 김밥, 김치, 비빔밥, 그리고 다른 음식을 만드는 법을 배웠다. 마치 진짜 한국 집에 잠깐 들른 것 같은 느낌이 들었다. 2013년 5월 나는 역사적인 고향인 한국에 잠깐 있었고, 거기에서 내 눈으로 본 것을 말로 표현할 수가 없다. 한국은 경탄할 만한 나라이다. 자연, 청결, 곧게 뻗은 도로, 어디서나 모든 곳이 아늑하고 친절하고 항상 웃는 사람들, 이것은 모두 한국인 그들의 근면함과 고국에 대한 충성심 덕분이다. 나는 내가 한국인이고 세상에 이런 사랑스러운 한국이라는 나라가 있다는 것이 너무 자랑스럽다. 2013년 8월 남편과 함께 친척들을 모아 공동 기념일을 보냈다. 여기에서 우리는 한국에서 지원해준 한국 전통의상인 한복을 처음으로 입어보았다.

요즘 카자흐스탄에 살고 있는 고려인들은 우리 고유 언어와 문화, 자주성을 부흥시키기 위해 노력하고 있다. 많은 문제와 복잡성 가운데, 가장 중요한 문제는 우리 고유 한국어를 대부분이 알지 못하고, 문화와 한국 전통을 알지 못한다는 것이다. 후손들에게 이렇게 얘기하고 싶다.

"고유 언어인 한국어를 공부하세요. 그리고 음력 달력 기준으로 설날, 3 · 1절, 8 · 15 광복절, 11 · 17 순국선열의 날과 같은 큰 한국 행사에 모두 참여하세요. 결정은 각자가 하지만, 모든 한국의 문제는 한국인들이 스스로 해결해야 하므로 꼭 참여하세요."

8. 현 잔나 미하일로브나

나는 현 잔나 미하일로브나이다. 나는 1952년 7월 22일에 크질-오르다주의 튜멘아리크에서 태어났다. 부모님은 집단농장에서 일하셨다. 그들은 1937년 강제이주를 당하고 프리모르스키 크라이로부터 이곳으로 오게 되었다. 어머니는 길게 공부를 하지는 못하셨다. 어렸을 때 친척으로부터 편지가 오면 말의 끝을 길게 늘여서 읽었던 것을 기억한다.

나는 집안에서 늦둥이였다. 왜냐하면 부모님에게는 두 번째 결혼이었기 때문이다. 나에게는 이복 언니가 있는데 나보다 20살 많다. 외할아버지에 대한 것은 잘 기억하지 못한다. 좀 마르셨고 키가 작으신 분이었다. 내가 3살이 되던 해에 가족들은 일자리가 있는 도시인 잠불주의 카라타우로 이사를 왔다. 그때 그곳은 산에 있는 광석공장에서 인회토 개발과 채취가 되고 있었다. 이 소도시는 빠르게 발전했으며 다른 소비에트 지역의 노동자와 전문가가 다니기 시작했다. 그리고 도시 주위에 작은 위성도시들이 생기기 시작했다. 학교가 건축되었고 병원과 영화관이 들어섰다. 부모님은 땅에서 수박이나 참외 등을 재배하셨고 이른 아침부터 늦은 저녁까지 밭에서 일하셨다. 우리는 이웃 아이들과 온종일 거리에서 시간을 보냈다. 어린 시절 나에게는 장난감이 없었는데 어느 날 어머니가 걸레 조각으로 뜨개질을 해서 인형을 만들어주셨다. 어렸을 때의 일 중에 나에게 정말 특별한 감동이 하나 있었다. 콕

셰타우주에 살던 언니가 소포를 보냈다. 그 안에는 나를 위한 꽃무늬 원피스가 있었고 정말 예쁜 갈색 가죽 구두가 있었다. 나는 그 구두와 이불 아래서 함께 잠이 들었다. 구두와 떨어지기 정말 싫었다.

1959년 7살이 되자 나는 학교에 가게 되었다. 도시에 '카를 마르크스'라는 이름의 4층짜리 새 학교가 문을 열었다. 나는 1A반에 들어갔다. 10년 동안 학교에서 공부를 했다. 우리 반에는 러시아인, 우크라이나인, 벨라루스인, 독일인, 그리스인, 유태인, 오세트인, 아르메니아인, 카자흐인, 고려인 등 다양한 민족들이 있었다. 우리 학교의 교장은 타마라 이바노브나 말체바 선생님이었다. 그녀는 매우 착하고 좋은 사람이었다. 아이들은 그녀를 매우 존경하고 따랐다. 학교에는 알파벳 하나도 모르고 갔다. 학교에서 알파벳 읽기를 정말 어렵게 공부했다. 나는 수학이 쉬웠다. 그리고 5학년 때부터 영어를 공부하게 되었는데, 영어는 내가 가장 좋아하는 과목이 되었다. 나의 영어 선생님인 마르가리따 바실리예브나 찜첸꼬는 나에게 학교를 졸업 후 인야즈(카자흐스탄 외국어대학교)에 입학하기를 권했지만 그렇게 되지는 않았다. 나는 화학도 참 좋아했다. 과학실에 있는 멘델예프의 표와 실험들이 좋았다. 화학 선생님인 유가이 니나 예메리야노브나는 고려인이었다. 그 선생님은 자신의 과목인 화학을 정말 좋아했다. 매 수업시간마다 선생님이 이렇게 말씀하셨던 것을 기억한다.

"사람이 하는 모든 일에 화학이 있다."

2009년 가을에는 졸업 40주년 기념 동창회가 열렸다. 이 동창회에서 과학 선생님이던 니나 예메리야노브나를 만날 수 있었다. 그녀는 그 당시 75살이었지만 활동적이었고 명랑했고 모임의 회장을 맡고 있었다. 베라 레빨롭스까야는 사랑받는 나의 담임 선생님이었다. 선생님은 톰스끼 국립대를 졸업했고 톰스크에서 살았다. 그녀의 말들은 따뜻하고 좋았다. 그리고 훌륭한 수학선생님인 올가 페도로브나 이바쇼바도 기억이 난다.

나는 학교에 다닐 때 레프 니콜라예비치 톨스토이를 좋아했다. 그의 역사적인 소설인 《전쟁과 평화》, 《안나 까레니나》, 《부활》 등을 여러 번 읽었다. 우리 반에는 훗날 뛰어난 수학자가 된 볼로댜 셰인이 있었다. 그의 아버지는 광석 재련공장의 사장이었다. 그분은 우리 반을 물심양면으로 후원해주셨다. 잠불(옛 타라즈)이나 켄타우로 등산이나 저수지 등의 여행을 갈 수 있도록 도와주셨다. 사장님께 받은 가장 좋은 선물은 1968년 여름에 있었던 10일간의 모스크바 여행이었다. 이 여행은 시골의 아이들에게는 정말 잊을 수 없는 황홀한 감정과 기쁨을 주었다. 붉은 광장, 크레믈, 마브졸레이 레니나, 국영백화점, 보로비요비 산에 위치한 모스크바 국립대학교 캠퍼스, 푸쉬킨 예술박물관, 보론초비 농가박물관 등을 방문했다. 나는 얼마 전 새해 전야에 아들과 모스크바를 방문했다. 러시아는 새해를 번쩍번쩍하고 빛나는 밝은 빛 속에서 맞이한다. 그러나 그런 밝음도 어렸을 때 내가 모스크바에서 보았던 황홀경과는 비교도 되지 않는다. 어린 시절과 젊음은 우리 세대에 있어서 정말 행복 그 자체였다.

1969년 학교 졸업 후 나는 옴스크에 있는 기술대학교의 그래픽아트 생산공학과에 입학했다. 옴스크는 북쪽의 이르티시강 옆에 있는 아름다운 도시이다. 그곳에서의 5년은 정말 빠르게 지나갔다. 나는 기숙사에서 살았는데 4명이 한 방을 썼다. 내 룸메이트들은 러시아 여자들이었는데, 그들은 파블로다르와 톰스크에서 왔다. 우리는 바로 친해졌다. 식료품을 사왔고 저녁을 만들었다. 그들은 무엇이든 좋으니 아시아의 음식을 만들어달라고 했다. 보통은 기념일마다 나는 쁠롭(우즈베키스탄식 볶음밥)을 만들기 위해 노력했다. 다른 여자애들은 겨울이 되면 항상 집에서 얼린 북쪽의 뻴메니(중앙아시아식 작은 물만두)를 가져왔다. 아직도 그때 그 맛이 기억이 난다. 나는 나타샤 콜빠코바와 함께 리듬체조를 하러 운동부에 다녔다. 정말 크고 아름다운 체육관이 대학교에 있었다. 모든 새로운 예술의 영화들을 보았고 코미디 음악의 연극장과 소비에트 경연극장에 가는 것을 좋아했다. 소비에트 연극에 '밝은 아이들팀'과 '천연보석팀'이 있었다.

대학교를 졸업한 후에 나는 키르기스스탄의 푸룬제시에서 일을 하게 되었다. 그 지역의 그래픽아트 공장에서 나는 생산 전문가로 일했다. 처음에는 일하는 것이

쉽지 않았다. 내가 그동안 살던 곳과는 정말 다른 환경이었다. 무언가 뜻대로 되지 않을 때 노동자들은 험악한 말을 하였다. 나는 그런 경험이 없었다. 하지만 점점 일에 익숙해졌다. 그렇게 나의 힘든 노동이 시작되었다.

나의 남편인 텐 발레리 아나똘리예비치는 한 파티에서 알게 되었다. 그는 나에게 춤을 신청했다. 그는 키가 크고 매력적인 남자다. 우리는 이야기를 많이 나눴다. 그는 대학교의 마지막 학기를 보내고 있었다. 그때 나는 이미 일하는 중이었다. 그는 대학을 졸업하고 치타로 가서 일했다. 우리의 편지 연애가 시작되었다. 후에 발레라는 티르니아우즈(카프카스)로 직장을 옮겼다. 1976년 가을 휴가에 나는 그에게 찾아갔다. 그렇게 우리의 본격적인 사랑의 이야기가 시작된다. 우리는 혼인신고를 했다. 나는 그가 사는 곳으로 이사를 갔다. 우리는 1978년 첫째 아들을 낳았고 그해에 푸룬제로 이사를 갔다. 나는 일을 해야 했기에 아들이 2살이 되었을 때 아이를 유치원에 보냈다. 그리고 나는 '키르기스스탄'이라는 출판사의 생산 부문 전문기술자로 일했다. 예술적이고 학술적, 기술적인 다양한 종류의 책을 출판했다. 특히, 칭기즈 아이트마토프[12]의《다음 세기에도 세계는 존재할 것인가》,《단두대》 등의 세계적인 문학작품도 출판했다. 1986년 말 나는 출판사로부터 방이 3개가 있는 협동조합 아파트를 받았다. 그 전까지 우리는 부모님의 집에서 살았다. 부모님의 집에는 11명이 살았다. 그 무렵 우리는 둘째를 낳았다. 우리에게 아파트가 생긴 직후에 집에는 오직 침대밖에 없었다. 큰아들은 남편이 직접 손으로 만든 책상에서 공부했다. 이 무렵에 남편과 상의해서 퇴직하고 남편과 함께 땅에서 일을 하기로 했다. 이것으로 나의 전공과 관련된 직업이 끝났다. 이후 10년간 카자흐스탄에서 일을 했다.

소비에트 붕괴 직후에는 정말 힘든 날들이 계속되었다. 땅에서 일하는 것은 모두 의미가 없게 되었다. 어디에나 강도들의 금품 탈취나 협박이 있었다. 우리에게도 찾아와 일을 그만두라고 협박했다. 그래서 사업을 하기 시작했다. 중국으로부터 물품을 가져왔고 다음엔 UAE(아랍에미리트)로부터 물건을 가져왔다. 사업 덕분에 살림

12) 키르기스스탄의 작가

은 눈에 보일 정도로 좋아졌다. 그러나 키르기스스탄에서의 환경은 안정적이지 않았다. 2005년 튤립혁명이 일어났다. 정치의 불안정으로 인해 거주지를 옮기기로 결정했다. 카자흐스탄에서 태어난 우리는 카자흐스탄으로 다시 돌아오게 되었다. 그리고 2011년 여름 최종적으로 알마티로 이사를 왔다.

현재 나는 연금 수령자이다. 남편은 아직 연금을 받을 나이가 되지 않았다. 한국교육원에 있는 노인대학에 다니는 것은 우리의 행복이다. 이곳에서 우리 민족의 문화와 전통, 관습 그리고 언어를 잘 알고 있는 새로운 친구들을 사귀었다. 한국으로의 잊을 수 없는 여행은 정말 좋은 공부였다. 한국인들은 그들의 손으로 기적을 만들었다. 이것은 민족의 고향에 대한 애국심에서 나오는 끝없는 사랑이며 따뜻한 감정이다. 이것은 돈으로 살 수 없다. 러시아 문학의 대문호가 말한 것처럼 '삶은 헛되이 살아지지 않는다.'라고 생각한다.

"매일 최선을 다하면서 살고 이전의 삶을 바라보면 후회하지 않는다."

- 오스트롭스키(Н. Островский)

우리 고려인 노인 세대의 사명은 자식과 손자들에게 문화, 전통, 관습, 역사적 뿌리를 잃지 않게 하는 것, 자주성과 동일성을 전달하는 것이다. 우리 가족에게는 며느리 아이다가 있는데 그녀는 비슈케크 한국어교육원에서 한국어를 공부하고 있다. 큰아들인 안드레이의 가족도 그곳에 살고 있다. 작년 9월 며느리와 2명의 작은 애기들은 한 달 동안 한국에 있었다. 우리 며느리의 사촌들은 서울에 살고 있다. 그녀는 한국에서 거의 10년 동안 살았다. 병원에서 통역사로 일하고 있고 한국어를 정말 잘한다. 키르기스스탄 국립민족대학교 동양어 학부를 졸업했다.

참고문헌

갈라노바 딜노자 · 박미숙 · 김영순(2016). "우즈베키스탄계 고려인 결혼이주여성의 자녀 이중언어교육 방식에 대한 사례 연구". 《교육문화연구》 22(2): 317-342.

강니꼴라이(2006). "중앙아시아 고려인 재이주 실태와 과제". 한중관계 발전의 새로운 패러다임과 조선족사회 공동국제 학술회의, 147-171.

강재식(2001). "CIS체제 이후 중앙아시아 지역 고려인의 생활 문화와 민족정체성: 현지 설문조사의 분석을 중심으로". 《아태연구》 8(1): 105-131.

강현모(2011). "우즈벡 고려인의 구비설화 전승양상과 의미: 전승방식을 중심으로." 《比較民俗學》 45: 351-379.

_____(2012). "우즈벡 고려인의 구비설화의 양상". 《比較民俗學》 47: 387-416.

_____(2013). "우즈벡 고려인 구비설화의 전승 내용과 의미". 《比較民俗學》 51: 147-169.

_____(2015a). "우즈벡 고려인 영웅, 김병화 서사담 연구". 《한국언어문학》 93: 111-133.

_____(2015b). "중앙아시아 고려인 사회와 구비문학". 《민속연구》 30: 305-335.

강희영(2013). "한국사회에서 구소련권 한인의 수용과 배제에 관한 연구: 유학입국여성의 인터뷰에 나타난 법적 지위와 현실을 중심으로". 《법학논총》 30(1): 133-157.

고가영(2008). "우랄지역 원로 고려인들의 생애사 연구". 《역사문화연구》 30: 51-86.

김게르만(2004). "소련연방 붕괴 이후 러시아 고려인의 이주 현황". 러시아 고려인 역사 140년: 성찰과 새로운 인식. 재외동포재단 · 재외한인학회 공동주최 국제학술회의.

_____(2009). "CIS(독립국연합: 러시아 중앙아시아) 고려인의 역사성과 정체성"(원제: 소련의 붕괴와 CIS 고려인들). 서울 제10회 세계한민족 포럼: 한반도 한민족의 시대적 과제와 미래, 274-292.

김경학(2014). "중앙아시아 고려인의 한국 이주와 정착: 광주 '고려인마을'을 중심으로". 《국제지역연구》 17(4): 259-281.

_____(2015). "우즈베키스탄 고려인의 한국 이주와 가족유형의 성격: 광주광역시 고려인 사례를 중심으로". 《디아스포라연구》 9(2): 37-67.

_____(2016). "우즈베키스탄 고려인 이주자의 노부모에 대한 '초국적 돌봄': 광주 지역의 사례를 중심으로". 《비교문화연구》 22(1): 169-226.

김나경(2013). "재한 고려인의 공간 형성과 공동체 활동: 광주광역시 고려인 마을 사례 분석". 전남대학교 세계한상문화연구단 제2회 학술축제.

김낙현(2015). "디아스포라 고려인 시에 나타난 조국과 고향의 변화양상". 《어문연구》 43(4): 323-349.

김떼밀(1998). "러시아 연해주 한인의 문제". 《재외한인연구》 7: 57-62.

김명훈(2013). "고려인 작가 신순남의 탈식민성과 민족적 정체성 탐구". 《인물미술사학》 9: 9-42.

김문욱(1999). "우즈베키스탄 고려인들의 현황과 과제". 《정신문화연구》 22(1): 163-191.

김보희(2012). "1917년 독일포로 고려인이 부른 독립운동가요". 《한국독립운동사연구》 42: 75-106.

김보희 · 엄경희(2009). "해외 한민족 디아스포라 예술집단에 관한 연구: 독립국가연합 고려인을 중심으로". 《한국문학과 예술》 4: 141-165.

김영순(2015). 《문화기호학과 공간 스토리텔링》. 경기성남: 북코리아.

김영순 · 박봉수(2016). "영주귀국 사할린 한인의 한국어 교사 경험에 관한 연구". 《언어와 문화》 12(4): 55-81.

김영순 · 윤희진(2010). "다문화시민성을 위한 스토리텔링 활용 문화교육 방안". 《언어와 문화》 6(1): 27-46.

김영순 · 최희(2017). "고려인 여성 Y의 생애 과정에 나타난 한국인의 문화유전자". 《한국민족문화》 64: 309-342.

김영술(2007). "고려인 사회의 문화예술 특성에 대한 연구: 표현문화를 중심으로". 《민족문화논총》 35: 357-404.

김영술 · 홍인화(2013). "중앙아시아 고려인의 광주지역 이주와 문화변용에 관한 연구". 《디아스포라연구》 7(1): 131-161.

김영천(2013). 《질적연구방법론》. 경기파주: 아카데미프레스.

김영천 · 한광웅(2012). "질적 연구연구방법으로 생애사연구의 성격과 의의". 《교육문화연구》 8(3): 5-43.

김중관(2016). "중앙아시아 고려인의 이주과정과 민족문화의 정체성". 《글로벌문화연구》 7(1): 6, 1-29.

김현동(2007). "연해주 고려인 농업정착지원사업과 연해주농업: 연해주에서의 남-북-러 삼각 농업협력 2". 전남대학교 세계한상문화연구단, 전남대학교 세계한상문화연구단 국제학술회의, 16, 43-53.

김현미(2001). "연암 박지원 문학 속의 여성형상과 그 의미". 《동양고전연구》 15: 87-110.

김혜진(2016). "한국 거주 고려인 청년층의 민족정체성 변화". 《슬라브학보》 31(2): 31-69.

동북아평화연대(2013). "이주 150주년과 고려인의 과거 · 현재 · 미래". 고려인 이주 150주년 기념사업 준비위원회 발족식 및 기념 심포지엄.

류수열 외(2007). 《스토리텔링의 이해》. 서울: 글누림.

마정미(2014). 《문화번역》. 서울: 커뮤니케이션북스.

박경용(2012). "코리안 디아스포라 생활사 연구의 구술사 활용방법 인류학적 관점을 중심으로". 《민족문화논총》 50: 255-295.

박안토니나(2013). "우즈베키스탄 고려인 문학의 연구 필요성과 방향". 《韓民族語文學》 3: 69-94.

______(2015). "구소련 고려인 소설의 인문지리 연구: 《십오만원 사건》과 《금각만》 중심으로". 《韓民族語文學》 69: 205-231.

박영진(2007). "연해주 고려인의 재이주 정착과 한민족통일농업 방안". 전남대학교 세계한상문화연구단, 전남대학교 세계한상문화연구단 국제학술회의, 16, 93-104.

반병률(2008). "러시아 한인(고려인)사회와 정체성의 변화: 러시아원동 시기(1863~1937)를 중심으로". 《韓國史硏究》 140: 99-124.

배명숙(2017). "동대문 고려인 커뮤니티의 현황과 변화". 《고조선단군학》 36: 127-161.

배은경(2008). "시베리아 과학자 김파벨 가족의 구술 생애사 연구". 《역사문화연구》 30: 87-117.

백태현 · 이애리아(2000). "중앙아시아 고려인의 고본질". 서울대학교 비교문화연구소, 《비교문화연구》 6(1): 63-131.

선봉규(2014). "카자흐스탄 고려인의 현지 적응과 차별 연구". 제376회 학 · 연 · 산 연구성과 교류회 및 공동 국제학술대회, 5-17.

_____(2016). "광주광역시 광산구 고려인마을의 공간적 특성". 전남대학교 세계한상문화연구단 2016년 공동국제학술대회, 44-57.

선봉규 · 전형권(2012). "러시아 연해주 고려인의 디아스포라적 삶에 관한 연구: 구술사 연구방법론의 관점에서". 《한국동북아논총》 65: 271-293.

성동기(2012). "체제전환기에 나타난 우즈베키스탄 고려인 독립세대의 정체성 문제와 대응방안 고찰: 국가정체성과 민족정체성 확립을 위한 교육정책을 중심으로". 《歷史敎育》 121: 191-219.

송명희(2012). "고려인 시에 재현된 '시월 모티프' 연구: 《시월의 해빛》을 중심으로". 《한국문학이론과 비평》 16(4): 41-680.

_____(2015). "고려인 시와 캐나다한인 시에 반영된 문화변용의 비교연구: 형성기 작품을 중심으로". 《국어국문학》 171: 535-572.

송정란(2006). "현대시의 고전시가 패러디 양상과 담론: 〈제망매가〉와 〈청산별곡〉의 패러디를 중심으로". 《국제어문학회》 38: 65-105.

신명섭(2006). "연해주-고려인 희망 캠페인 사업계획서: 연해주 고려인 농업정착지원 캠페인 사업계획". 전남대학교 세계한상문화연구단, 전남대학교 세계한상문화연구단 국제학술회의, 23, 248-253.

심헌용 · 김상철(2007). "고려인 강제이주의 역사". 한국현대문학회 2007년 고려인 강제이주 70주년 기념 학술대회, 24-32.

엄안토니나(2009). "실크로드의 도시 사마르칸드에서 고려인으로 살아가기". 재외동포와 다문화, 21-41.

오세호(2016). "중앙아시아 고려인사회의 정체성과 홍범도 인식(1937~1964)". 《한국독립운동사연구》 55: 260-297.

오정은 · 김경미 · 송석원(2015). "국내 거주 러시아 · CIS(고려인) 현황 조사 II". 2015 재외동포재단 조사연구용역보고서 1.

외교부(2005). "CIS지역 재외동포 지원 대책".

외교부(2017). "2017 재외동포 정책 및 현황".

외교통상부 재외동포영사국(2006. 3). "참여정부의 재외동포정책".

유철인(1998). "생애사 자료의 수집과 텍스트의 해석". 《간호학탐구》 7(1): 186-195.

윤경호(2013). 《한국사의 이해》. 서울: 청목출판사.

윤금선(2014). "러시아 지역 해외 한인의 모국어 교육 활동 연구: 근대 '고려인' 사회를 중심으로". 《국어교육연구》 54: 191-250.

윤병석(2005). "소비에트 건설기의 고려인 수난과 강제이주". 《中央史論》 21: 572-594.

윤희진 · 강현민(2014). "드라마의 문화코드 연구". 《문화교류연구》 3(1): 49-65.

이광규(1998). "러시아 교포 강제이주 60주년의 의미". 《재외한인연구》 7: 5-16.

이남주(2015). "국내 거주 고려인 노동자 부부들의 적응경험에 관한 질적 연구". 순천향대학교 대학원 석사학위논문.

이동성 · 김영천(2012). "질적 연구방법으로서 근거이론의 철학적 배경과 방법론적 특성에 대한 고찰". 《열린교육연구》

20(2): 1-26.
이명호(2010). "문화번역의 정치성: 이국성의 해방과 이웃되기". 《비평과 이론》 15(1): 233-250.
이병조(2012). "구술생애사와 문화콘텐츠를 통해 본 고려인". 《在外韓人硏究》 27: 213-221.
이복규(2012). 《중앙아시아 고려인의 생애담 연구》. 서울: 지식과 교양.
이봄철(2007). "고려인 농업형태인 고본질의 변화와 시설농업의 전망". 전남대학교 세계한상문화연구단, 전남대학교 세계한상문화연구단 국제학술회의, 16, 45-64.
이승하(2011). "카자흐스탄 고려인 시인 강태수 시세계 연구". 《한국문학과예술》 8: 197-226.
이원봉(2001). "중앙아시아 고려인 강제이주에 관한 연구". 《아태연구》 8(1): 75-104
이은정(2015). "우즈베키스탄 고려인의 귀환이주: 대구지역 고려인의 사례를 중심으로". 《지방사와 지방문화》 18(1): 219-249.
이채문 · 박규택(2003). "중앙아시아 고려인의 러시아 극동지역 귀환 이주". 《한국지역지리학회지》 9(4): 559-575.
임경화(2016). "'붉은 한글운동'의 기원: 소련시대 연해주 고려인 사회의 언어운동". 《한국문화》 73: 179-205.
임영상(2003). "코리안 디아스포라와 구술사". 《역사문화연구》 19: 1-22.
임영상 · 김상철(2000). "중앙아시아 3, 4세대 고려인의 의식과 생활문화 변화". 《국제지역연구》 4(4): 187-222.
임영상 · 박마야(2010). "타슈켄트의 신코리아타운 <시온고> 고려인마을과 한국". 《글로벌문화콘텐츠》 5: 41-86.
임영상 외(2005). 《고려인 사회의 변화와 한민족: 소련 해체 이후》. 한국외국어대학교 출판부.
장동훈(2013). "고려인 결혼이주여성의 한국생활적응에 관한 연구". 평택대학교 대학원 석사학위논문.
장윤수(2007). "중앙아시아 정치체제와 소수민족으로서 고려인". 고려인 강제이주 70주년 디아스포라, 179-201.
전신욱(2007). "중앙아시아 고려인의 재이주 요인과 정착현황: 연해주 지역을 중심으로". 《한국정책과학학회보》 11(3): 77-107.
전영섭(1998. 5). "구소련 고려인 강제이주와 연해주 귀환문제". 《시민과 변호사》 53호.
전형권 · Yulia Yim(2006). "우즈베키스탄의 민족정책과 고려인 디아스포라 정체성: 고려인 설문조사 분석을 중심으로". 《슬라브학보》 21(2): 351-380.
정막래 · 주동완(2017). "광주고려인마을의 발전을 위한 위키백과 구축 연구". 《슬라브학보》 32(3): 149-171.
정병진 · 남빅토르(2011). "고려인의 이주와 정체성". 《관훈저널》 120: 228-260.
정영국(2001). "우즈벡 고려인의 민족문화 및 사회의식". 《새천년 한국인의 정체성》, 한국정신문화연구원.
정성호(1997). "중앙아시아한인을 위한 정책과제". 《지역개발연구》 5: 147-153.
정진아(2014). "국내 거주 고려인, 사할린 한인의 생활문화와 한국인과의 문화갈등". 《통일인문학》 58: 35-65.
조옥라(1995). "가족연구에 있어서의 질적 연구방법". 《간호학탐구》 4(2): 216-225.
지충남 · 양명호(2016). "소련지역 고려인 한글학교 설립과 운영: 광주한글학교를 중심으로". 《한국민족문화》 58: 3-44.
최야나 · 임영상(2017). "카자흐스탄 고려인 협회의 활동: 알마티 고려인 사회의 민족문화 재생을 중심으로". 2017 글로벌문화콘텐츠학회 하계학술대회, 221-225.
한발레리(2011). "중앙아시아 고려인의 적응 및 사회적 지위, 그리고 성공". 《디아스포라연구》 5(2): 153-171.
홍숙영(2017). "고려인의 귀환과 이주의 내러티브 탐색". 《다문화사회연구》 10(2): 119-143.
홍용희(2010). "구소련 고려인 디아스포라 시 연구: 양원식의 시 세계를 중심으로". 《한국근대문학연구》 22: 489-516.

홍웅호(2013). "《레닌기치》에 나타난 1938년 카자흐스탄 고려인 사회". 《아시아문화연구》 32: 347-378.

_____(2014). "강제이주 직후 중앙아시아 고려인 사회의 스타하노프운동". 《韓國史學報》 54: 221-253.

황영삼(2008). "고려인 학자 박 보리스 드미트리예비치 교수의 구술생애사". 《역사문화연구》 30: 3-50.

Чжон, Бон-Су(2013). "부랴트 공화국 고려인의 이주와 사회적 적응: 고려인 구술생애사를 중심으로". 《한국시베리아연구》 17(2): 93-132.

Greetz. C.(1988). *Works and Lives: The Anthropologist as Author*. Stanford: Stanford University Press.

Tina Miller(2000). "Losing the Plot: Narrative Construction and Longitudinal Childbirth Research." *Qualitative Health Research*, 10(3): 309-323.

찾아보기